U0899412

江恩商品期货教程

(美)江恩(Gann,W.D.)　著
Stu　译

中国纺织出版社

内 容 提 要

本教程囊括了江恩理论里的绝大部分重要内容，包括江恩投资法则、两日转向图、几何角度线、时间与价格成正方、江恩九方图，江恩六边形、江恩圆周图、螺旋图表、行星经度与价格变化等。

这里的章节内容，都来自当年的江恩亲授教程，是研习江恩理论的第一手资料，第一次在国内出版。全书最大特色是，通过大量的当年各商品期货的交易价格，详细地说明了各种交易工具和方法的使用。

Original English language edition published by
Lambert-Gann Publishing Co.
P.O. Box 0
Pomeroy, WA 99347 USA
509-843-1094
www.wdgann.com

著作权合同登记号：图字：01－2012－7026

图书在版编目（CIP）数据

江恩商品期货教程／（美）江恩（Gann，W. D.）著；Stu 译．—北京：中国纺织出版社，2013. 1

书名原文：The W. D. Gann Commodities Course

ISBN 978－7－5064－9063－4

Ⅰ．①江…　Ⅱ．①江…②S…　Ⅲ．①期货交易—教材
Ⅳ．①F830. 9

中国版本图书馆 CIP 数据核字（2012）第 198330 号

策划编辑：关　礼　张永俊　　责任编辑：赫九宏　　责任印制：陈　涛

中国纺织出版社出版发行

地址：北京东直门南大街 6 号　邮政编码：100027

邮购电话：010－64168110　传真：010－64168231

http：//www. c－textilep. com

E－mail：faxing@ c－textilep. com

三河市航远印刷有限公司印刷　各地新华书店经销

2013 年 1 月第 1 版第 1 次印刷

开本：787×1092　1/16　印张：20

字数：320 千字　定价：58. 00 元

序

十分荣幸为此书作序。江恩理论是技术分析王冠上的一颗璀璨明珠。

在这浮躁的年代，能将这本厚厚的书逐字读完者少，读完后能深入研究和思考者会更少，学有所成者将凤毛麟角！这很正常，因为资本市场从来都是在少数人走向成功的同时成为大多数人希望的坟墓。

15 年前我初入股市，第一次见到有关江恩的书籍时我曾将那本书束之高阁，怀疑江恩的神奇是否真的存在；一年后，当我深入学习比较过各类技术分析方法后，开始重视江恩理论，因为江恩直面了市场涨跌这样的基本问题并力求用系统化的方法解决。1999 年我就有在美国直接购买《江恩商品期货教程》和《江恩股票市场教程》的想法，时隔 13 年，竟有幸为此书作序，思绪万千。

《江恩商品期货教程》和《江恩股票市场教程》是江恩本人所著图书中介绍其投资方法最详尽的两本书。在有关江恩理论的其他书中很多令人费解的技术和话语，江恩本人在此书中直接给出了确切答案并有大量应用例证。例如江恩说的单数或者双数的平方，早年我一直猜测究竟何意？在《江恩商品期货教程》中江恩清晰直白地进行了解释。这样的例子很多。要想全面了解学习江恩理论，本书是当之无愧的首选。

为何对江恩理论质疑声不绝！为何大多数人学不到江恩理论的精髓？

我想原因大体如下：

(1)缺乏信念。不相信他的存在，半途而废。

(2)缺乏严谨的逻辑。仔细阅读江恩的所有文字会发现其思维逻辑十分严谨。

(3)缺乏必要的知识。导致本来他说的很透彻的一句话，你却不理解。

(4)抓不住重点。大多数人将问题复杂化。重术轻理，迷失在他给的大量测市工具中。

(5)缺少正确的方法。方法论是学习的捷径。我正是从他看问题的视角方法开始学习江恩理论的。

(6)追求完美,神化江恩。追求何时何价,忘记我们学习任何理论的目的是实用,而不是追求完美。

(7)忽视了细节。江恩经常将他认为最重要的话放在了字里行间。为了深藏其思想核心他甚至写了《时空隧道》这本看似是科幻的小说,只有那些拥有智慧并懂得理解的人才有可能读懂他。用他的话说那些值得教诲的人,他将给予神奇的数字和神奇的字句。《江恩商品期货教程》和《江恩股票市场教程》中提供了其研究方法的大量细节。

如今在中国机构投资者中价值投资成为主流,技术分析多在民间。技术分析,数量化分析没有得到充分的重视,甚至被某些人排挤诋毁,这些人不是孤陋寡闻就是别有用心!

江恩说过的最震撼人心的一句话是:"预测一天和100年的道理是一样的!"

2011年8月12日我发表博文,预测了中国股市近8个多月的走势,给出了其间所有重要的高低转折的精确时间和涨跌节奏。彼时的预测不断被市场印证——直到现在,用铁的事实证明了江恩的这句话并非妄语,强有力地捍卫了技术分析的价值。著名数学家詹姆斯·西蒙斯利用数学模型认知市场,通过程式化交易策略实现利润,1989~2009年二十年间,创造了年均收益率35%的惊人回报,股神巴菲特同期的年均收益也仅略超20%。

一个强大的中国需要有一个强大的金融,强大的金融需要超一流的人才。我相信在不久的将来中国必将出现像江恩、西蒙斯这样的人物。

江恩直面资本市场涨跌基本问题的精神将永远激励后来者!让我们从学习开始,并最终实现超越!

百年一人

2012年7月5日

出 版 者 序

《江恩商品期货教程》通过法律人士的精心指点，外籍朋友的热情斡旋，出版同仁的多年努力，终于可以顺利出版了！回想十年前，当读者以万元以上的价格求购本书时，版权部就开始对本书的引进工作。十年专业证明了品质，十年诚信收获了友谊。在江恩诞辰134周年之日，终于签订了《江恩商品期货教程》与《江恩股票市场教程》，同时引进了美国江恩公司核心工具"江恩自然正方形计算器"、江恩秘不示人的核心教程图表册和江恩技术大师比利·琼斯集数十年研究大成的遗著《江恩手稿讲解》。舵手和所有江恩迷多年魂牵梦绕的夙愿终于实现！

随着江恩最精华作品的出版，舵手开通了专门的网站平台，在舵手投资俱乐部（www.duoshou108.com）的江恩专区，分享丰富的江恩研究资料、图表和专业工具，搭建了一个江恩技术爱好者的网络栖息地和技术乐园，让国内投资者与全世界的江恩技术权威交流互动。

舵手证券图书

译 序

在我所译的英文投资书籍和资料之中,《江恩商品期货教程》是最耗费心血的一本,也是我最钟爱的一本。在翻译本书期间,我认识了数名江恩理论的爱好者。他们一次次地通过实例,让我体会到江恩理论的魅力,也引发了我对江恩理论的极大兴趣,乃至促使我最终完成这本译作。

关于江恩理论,也会有一些不同的声音。我就曾经因为网络上一篇批驳之作,与江恩理论擦肩而过。足足晚了四年,我才重新有机会接触和学习它,有时深为那错过的四年光阴而遗憾。一种有着广泛影响力的投资理论与方法,必然有其内在的合理性与科学性。任何一种理论方法,都不是所有人皆能掌握的。所以,只有当自己潜心研究之后,才知道它适合不适合自己。将结论留给自己去作,而不要任听他人妄议。

一直以来,与其他方法相比,江恩理论似乎都笼罩着一层神秘的面纱。几何角度线,时间与价格成正方,江恩九方图,江恩六边形,江恩圆周图,螺旋图表,神奇字句,主宰数字等,人们总是可以从江恩理论的字里行间,产生各自不同的认知和心得。因此,学习江恩理论,不仅可以让你体会投资赢利的快乐,还可以让你从研习过程中获得另类的美妙享受。现在,你就有机会从比较原始的江恩资料开始,自行去探究神秘的江恩理论,验证前人的结论,或者得到属于自己的成果。

然而,毫无疑问,无论你从各种具体的江恩方法中有着怎样的研究体验,只要掌握和遵循作为灵魂的江恩投资法则,你都一定可以享受到投资成功的喜悦。

限于本人的能力,本书不可避免地会有一些错漏之处,敬请各位读者批评指正。在此,我还要向曾经和正在帮助完成本书的所有人表示感谢。没有你们的支持,我肯定无法坚持到终点,谢谢你们。

Stu

2012 年 6 月 8 日

为什么时间循环周期可以预测商业、股票和商品市场

（代前言）

在52年的经验积累和对过去数百年的研究之后，我充分自信，我已经证明了历史是重复的。当我们知道了价格的过去，我们就能判定价格的未来。我已经在自己的交易中检测过时间循环周期，而且，50多年来，我对股票市场和商品期货市场发表过的年度预测已经被证明是准确的。

我是《圣经》的笃信者，自然而然地相信未来不过是过去的重演。《圣经》教导我们，无论对于人还是国家，所收获的，无外乎是早先播种的。时间循环周期一再重复，是因为人性不变。这就是为什么战争会定期发生。老人不希望战争，经历过一次战争的人不愿意再发生战火。年轻人好战，因为他们读过历史故事，想要成为英雄。国家的领导人怂恿那些涉世未深的年轻人，把他们送向战场。驱动人类在战场上冒死的欲望，同样驱动他们在商场和投机市场上放手一搏。在商场上长期的成功之后，在商品期货市场和股票市场长期的上涨之后，他们变得太乐观，太好战。

商场中的人，在长期繁荣之后，变得过于乐观，过于膨胀。长期繁荣之后很容易借到钱。那些因为乐观情绪而借钱的人，不得不在悲观情绪控制他们心智的时候，同时也是环境最恶劣的时候，作出偿还。这就是为何周期在商业中，在商品期货市场和股票市场中，过去一再重复，而且未来永远重复下去。

自然法则是不变的，没有某个人或者某种人能改变它。新政拥护者未曾证明过他们能够阻止通胀。他们声称能够防止萧条和恐慌，但是在过去，从来没有谁曾经成功做到过，而且，接下来的几年会证明，政府领导人不可能通过铺张浪费阻止萧条发生。新政拥护者把种子播撒在风中，只能收获西北风。

在过去的20年里，他们已经消费和浪费了我们国家175年来积累的所有财富。联邦、州、个人负债，都是历史最高水平，这样的条件使得未来的几年成为历史上最严

峻的几年。知道时间循环周期的人可以预先判断未来,保全他们的资本并且挣钱,而那些猜测未来的人,会失去财产。现在,正是开始学习数学和科学法则的时机,用以作出准确的推演,来判断商业、股票和商品期货市场的趋势。

W. D. Gann

1954 年 4 月 5 日

目　录

第一章　投机，一份有利可图的职业

这是一份经过时间考验的可供实践的谷物交易规则指导教程。

1911年，我在股票和商品交易中获得巨大成功之后，公众要求我写一本有关我的成功交易规则的书。这个要求在我的第一本小册子《投机：一份有利可图的职业》里得到回应。在过去的这些年里，我学习了更多的关于市场的知识，并且意识到，其他人需要我给予帮助。于是，我写了更多的书来帮助那些正在努力自助的人们。

1954年5月，我就要过76岁生日了，写这份新的指导教程不是为了赚钱——因为我的收入比花费更多，而是意识到这么多人需要更多的关于期货交易的知识。现在，我凭借自己52年的经验去帮助那些需要它的人。这份教程的价格是合理的，以便让只有少量本钱的男男女女也可以得到市场教育：倘若他们在学习规则以后遵循了它们，用少量的资金就可以开始，并取得成功。

我的经历已经证明，商品交易比股票交易更有利可图。你可以冒更小的风险，用同等数量的资金获取更大的利润。当你进行商品交易时，你是在交易生活必需品。商品价格服从供需定律，并且大多数时间遵循季节性趋势。

当你学习这些规则并遵循它们时，你就不再根据希望、恐惧和猜测去交易，这些是没有用的，只是赌博而已，而你不能拿自己的钱去承担赌博的风险。你必须在交易中遵循已经被我证明具有现实指导意义的数学规则。你必须向自己证明，这些规则在过去始终有效，而且在将来仍然有效。当你证明已经遵循这些规则时，你将使投机成为一份有利可图的职业。

一、如何使投机成为一份有利可图的职业

如果你想做生意，投机或投资是世界上最好的生意。但是，为了获得成功，你必须学习和有所准备，不要猜测、听从内部消息，或者依赖希望或恐惧。如果你这样做，你将会失败。你的成功依赖于了解正确的规则，并且遵循它们——基本规则——请牢牢地记住：商品价格要显示上升趋势并且继续上涨，它们必须形成更高的底部和更高的

顶部。当趋势向下时，它们必须形成更低的顶部和更低的底部，并持续地下跌到更低位。但是，请记住，价格也可以在一个狭窄的交易区间运行数周，或数月，甚至数年，而不创出新高或新低。但是，在一段很长的时间之后，当商品价格突破进入新低时，它们预示着更低的价格；在一段很长的时间之后，当它们上涨到过去的高点或过去的顶部❶之上时，它们就处于一个更强的位置，并且预示着更高的价格。这就是为什么你必须要有追溯期很长的图表，以便观察商品价格刚好处于什么位置，以及它处于最高点和最低点❷之间的什么阶段。

（一）要保存的图表种类

请记住一句古老的中国谚语："一图抵万言。"在进行交易之前，你应该绘制图表和研究商品图表。你应该有周高低点图表、月高低点图表和年高低点图表。年高低点图表应该追溯到5年、10年或者20年，如果你能够得到那时的记录的话。月高低点图表至少要追溯10年，周高低点图表应该追溯2～3年。在商品交易非常活跃时，你应该有日高低点图表，它的追溯期不超过数月。在商品交易进入最活跃的状态之后，就要开始绘制日图。

（二）追随主要趋势

通过追随商品向上或者向下的主要趋势，你总会赚钱。请记住，只要趋势向上，商品价格从来不会高得不能买，而只要趋势向下，它们从来不会低得不能卖。绝不要仅仅因为商品价格高，或者因为你认为它太高而卖空。绝不要仅仅因为价格高而卖出并兑现利润。买入和卖出要根据明确的规则而不是希望、恐惧或者猜测。绝不要仅仅因为商品价格低而买入商品。通常会有很好的理由说明，为什么商品价格这么低，以及为什么它可以走得更低。

（三）买入和卖出的规则

在开始应用任何规则之前，你要记住的第一件事情是，你必须始终使用止损单来保护你的资金。在进行交易时，请记住，你可能是错的，或者市场也许会改变趋势，而止损单会保护你，并且限制你的损失。一个或几个小损失可以通过一个大的利润很容

❶ 在译文中，"high"和"low"大部分翻译成"高点，低点"，或者"最高点，最低点"，或者"最高价，最低价"。"top"和"bottom"根据情况，翻译成"顶部和底部"，"高点和低点"。

❷ 原文"extreme high and extreme low"直译"极限高点和极限低点"。中文股票术语里很少使用这个词，所以统一翻译成"最高点和最低点"。另外，注意在中文股票术语中"最高点"指的是某个时间范围内的"最高点"，而不是所有时间范围内的"最高点"。英语中的"最高点"相当于中文股票术语里的"历史最高价"。"最低点"与此类似。

易地赚回来。但是，当你让巨大的损失迎着你奔跑时，赚回来就很困难了。

二、证明所有一切，并且坚定地坚持正确的方法

这是《圣经》告诉我们的，要牢牢地记住。许多人相信，在新高买入，或者在新低卖出是错误的，但是实际上，这是最有利可图的。你必须向自己证明这一点，因为当你在新高买入或在新低卖出时，你正在与市场趋势同行。你赚钱的机会，比通过猜测或者依据希望或恐惧来买入和卖出要大得多。

（一）持续地上涨

当商品价格有了持续上涨，在大多数情况下会以一个快速的、活跃的❶单边市场冲高来结束。之后它们下跌得非常迅速，比它们涨上去的时候要快得多，或者花更短的时间。这就是为什么你必须在活跃行情发生时保存一些日图，并且用周图来判断最初的趋势变化，从而能够跟随它。

（二）短期内的急速下跌

这通常跟在一个快速上涨之后，最初的急跌也许持续一个月到七周，通常调整了超买状态，并且使市场为第二次上涨做好准备。

当你能够在任何大的时间周期❷结束时抓住这个拐点，你就可以在快速的、活跃的市场里，在一年的交易中赚取一大笔钱，而且一些巨大的利润是在一个月里获得的。这与你抓住了最低点或者最高点没有关系——倘若你选择那些将领涨的商品，赚钱的机会是巨大的。

（三）以小风险换大利润

倘若你能使用止损单，同时应用所有的交易规则，并且在交易之前等待趋势向上或向下变化的明确信号，你就可以冒很小的风险赚取巨大的利润。

（四）固执的想法和固定的价格

不要有任何价格将走多高或多低的固执想法。绝不要在一个固定的价格来买入和卖出，因为你可能会基于希望或者恐惧去交易，而不是追随市场趋势，并运用判断趋

---

❶ 原文“active”直译“活跃的”。“快速的”与“活跃的”在中文不那么连贯，翻译成“剧烈的”“猛烈的”更好。

❷ 原文“time period”，意思是“一段时间”。也曾译为“时间长度”“时长”“时间间隔”。后一律统一为现在译法。

势何时改变的规则来交易。

(五)如何保护利润

在你积累了利润之后,用止损单来保护它们,就像保护你的资金一样重要。因为一旦你赚取了利润,它就成为你的资金,必须用止损单来保护它。你可能做得最危险的事情,是开始逆向交易,并损失你的利润。止损单将会保护这些利润,而且当你拿着资金在场外时,你始终可以再次进场。请记住,当你在市场以外时,你可能损失的或错过的仅仅是一次机会。

我的52年经验告诉我,数以千计的人们破产,是因为直到趋势转向仍然试图持有。同时,在市场行情开始之后,当你有了一些很小的利润时,要避免太早离场。这可能是一个很大的错误。在你发现犯错之后,要尽早地离场。如果你设置了止损单,这会自动地让你脱离市场。

(六)太晚或太早

进入市场太早或太晚,会使你亏钱或错失机会。这是因为在明确的趋势变化显示出来之前没有等待,或者是在你看到明确的趋势变化时,没能及时行动。你要一直等到非常明确的趋势改变信号出现时再进行买卖,并遵循我的《如何从商品期货交易中获利》一书中的所有规则。有许多规则在我的《如何从商品期货交易中获利》一书里,而不在这本指导教程里。通过使用所有的这些规则,你会取得更大的成功。

(七)希望和恐惧

我再次重申这一点,因为我看到如此多的人基于希望或恐惧交易而破产。当你希望市场上涨或下跌时,你永远做不到成功地买入和卖出,当你恐惧市场上涨或下跌时,你永远不会通过交易获得成功。希望会使你破产,因为它不比痴心妄想更好,不能提供行动的依据。恐惧经常会挽救你,如果你能在发现犯错的时候迅速地行动。对市场的敬畏是智慧的开始。你只能通过深入研究而获取知识,这将帮助你取得成功。你研究过去的记录越多,你越能确定未来的趋势。

(八)使市场顺应你的意愿

你必须学会认识到,你不可能让市场顺应你的意愿,你必须顺应市场的方向,必须跟随趋势。许多习惯于命令别人,并让别人贯彻执行的成功商业人士,在他们进入市场时,尤其是初次进场时,期望市场听从他们的命令,或者按他们意愿行动。他们必须学会了解,他们不可能让市场趋势顺应他们的意愿。他们必须遵循规则所显示的市场趋势,使用止损单来保护他们的资金和利润。发生一些错误和一些小的损失没有什么损害，因为小的损失是一位成功投机者的学费。如果你想要使投机成为一份有利可图的职业，你就必须学习所有规则，并用它们来判断趋势。专业人士，如律师、医生、会计师和工程师等，花费多年的训练和大量的金钱，去学习如何在他们选择的职业上获得成功。你必须花点时间和金钱，去学习这份职业，并成为一位成功的投机者或投资者。

三、如何在最短的时间内获取最多的利润

多数人想要快速地致富，这就是他们为什么亏钱的原因。他们没有首先做好准备或者经过交易培训，就开始投机或投资。他们没有所需的知识，结果是他们犯下了失去金钱的严重错误。当你有了知识并且做好准备时，你就能在最短的时间内赚到最多的钱。你必须学会遵循我所制订的，并且通过实例向你证明了的规则。当市场正好处于快速上涨和下跌阶段时，你就能在短时间内赚到很多钱。

不要试图领导市场或操纵市场。追随由赚大钱的大户们所创造的趋势，你将会赚钱。在大的造市者准备使价格快速地上涨时买入，在他们准备使价格快速地下跌时卖出，你就会在短时间内赚取大笔利润。只在市场显示出明确的趋势时才交易，并且要根据明确的规则去交易。

研究 1953 年和 1954 年的大豆图表，以及我曾经给你的例子，假如你按照我的建议设置止损单，你不可能不赚钱。

从 1954 年 3 月 8 日～1954 年 4 月 27 日，5 月大豆从 343½上涨到 422，在 50 个自然日和 35 个交易日里增加 78½美分/蒲式耳❶。这将在 10000 蒲式耳上得到 7800 美元的利润，并且你是在价格从 1953 年 8 月的低点上涨了 1.05 美元/蒲式耳以后买入。这不是猜测而是遵循规则。在大户们买入时买入，你当然就是在追随大的交易者所创造的趋势。

参考 5 月黑麦的交易实例，你将会看到，在价格下跌到最高点略低的价位之后，通过做空，可以在短时间内赚到多么巨大的利润。

（一）为什么人们买卖商品却赚不到钱

我已经在我的书里多次声明，市场不会击败你，是你自己的人性弱点导致你击败了自己。普通人几乎总是想要买低和卖高。农民想要在高价卖出他所生产的任何东西，而在低价买入他所需要的东西。工人总是想要高薪，并且低价买吃买穿，这违反了基本的经济规律，它简直无法实现。要想投机成功，你不能期望买低和卖高。当你所做的和普通人想做的或努力做的——他们所试图做的结果是失败和亏损——恰好相

❶ 蒲式耳，计量单位，在美国，1 蒲式耳＝35.238L。

反时，你就会赚钱。

当你学会买高和卖低时，你将会赚取利润。你必须学会追随价格的趋势，并且意识到，只要趋势向上，从来不会高得不能买，只要趋势向下，从来不会低得不能卖。

（二）一种谷物在上涨而另一种谷物在下跌

实例：五月大豆和五月黑麦。

1946年5月7日，五月黑麦以历史最高价286½交易❶。许多人记住了这个高价，并且在一路下跌中买入而不是卖出。他们为什么买入？因为五月黑麦在286½交易之后，2美元看起来很便宜，于是他们买入；在150美分看起来更便宜，于是他们买入，但是趋势是向下的，于是价格更低。到了125美分看起来更便宜，但是，价格走向更低，因为主要趋势是向下的，因此供给超过了需求，或者卖出比买入更好。

五月大豆1948年高点436¾。价格从1947年10月的334美分开始上涨，在趋势转而向下之后不到1个月的时间里，五月大豆交易在320½，3个月后又上升到了425。这些宽幅波动是买入和卖出的结果。太多的人太晚成为多头，因此买入太晚，然后在价格下跌了1美元/蒲式耳时，又变得悲观，然后他们就开始卖出，而价格再次上涨。

1953年8月20日，五月大豆低点239½。1953年4月，它们曾经以309交易。在五月大豆开始上涨之后，交易者判断价格太高，于是他们在270卖空。知道趋势是向上的聪明人开始买入。当五月大豆在1953年12月到达以前的高点311¼时——这是1953年4月的高点，公众判断价格太高了，因为在4个月的时间里，即从8月份以来，价格上涨超过了70美分/蒲式耳，因此他们卖出全部仓位并卖空，希望能在更低的价格买入。

1953年12月17日，五月大豆下跌到295¾形成底部，然后上涨到1953年12月高点附近的310。公众判断价格太高并卖空，而聪明的交易者遵循我的规则在新高买入，并且持续地在新高买入，因为趋势是向上的。

1954年4月27日，五月大豆交易在422，在8个月零7天里上涨了1.82美元/蒲式耳。这是历史上最大的上涨，也是所有合约里最大的涨幅。不仅小的交易者，而且包括拥有成千上万美元的人们都在对抗趋势，并且一路向上地卖出大豆，直到大豆穿过了4美元/蒲式耳，这时他们全都变得恐慌，买入以回补空单并接受亏损，而且许多人变得如此看涨，以至于他们买入并且希望会上涨到5美元/蒲式耳。这里充斥着有关于垄断、逼空和供应短缺的言论。这些言论使得人们恐慌性地买入。

4月26日，5月和7月大豆以涨停收盘，一天里涨了10美分/蒲式耳。报纸上有

❶ 原文“sold at”直译“卖出在”或“卖于”。考虑买卖总是成对出现，在无特定主语或语境下，说“卖出”并不太合适，所以统一翻译为“交易于”。

这样一则消息，市场收于涨停，没有卖盘。当价格低 50～75 美分时，那些原本看空和卖空的人们恐慌性地买入，并希望有更高的价格。这意味着空头已经失去了希望，希望已经变成了绝望，他们回补空单或买入。

4 月 27 日，五月大豆开盘在 422 美元，但是收盘是 411 美元，比 4 月 26 日没有大豆卖盘时的收盘更低。4 月 27 日，七月大豆开盘在 415 美元，并且收盘是 405 美元，比前一天晚上没有大豆卖盘时低了 4 美分。图表一夜之间改变了。从 240 美元一路向上买入的聪明买家变成了卖家，他们曾在新高买入，现在他们在新低卖出，逆转他们的头寸，并且不断在新低卖出。

价格反弹到 4 月 30 日，但是没能到达 4 月 27 日的高点。5 月 3 日，真正的卖出开始，价格跌了 10 美分/蒲式耳封在跌停价。五月大豆收盘于 400⅝，七月大豆收盘于 398⅛，一天下跌了 10 美分。为什么价格会像这样下跌呢？因为在价格突破 4 月 20 日的低点时，聪明的交易者在新低卖出，而且当价格不断地走低时，他们会不断地卖出，而想要买低卖高的人们，会在一路下跌中买入而亏损。当大豆在 350 美元，250 美元以及最终低于 2 美元卖出时，它们看起来像非常廉价的便宜货，贪便宜的人会想起 1954 年 4 月 27 日的高点 422 美元和 415 美元，于是买入，因为他们希望价格会再次上涨到高位。而结果可能只会有一个，他们会亏钱，而追随趋势的人们会在一路下跌中卖空，在新低卖出并获得财富。

获利的方法是按市场的方向走。不要试图让市场按你的方向走。应用我在《如何从商品期货交易中获利》一书中的所有规则，追随主要趋势，并且不管价格走得多低，只要趋势向下就卖出；只要价格在上涨，持续在新高买入。用这种方式，你会使投机成为一份有利可图的职业，并且会让利润取代亏损。

四、商品交易规则

(一) 八个规则

规则一：在新高或者以前的[1]顶部买入。

规则二：当价格上涨到以前的低点以上时买入。

规则三：当价格下降到以前的顶部或高点以下时卖出。

规则四：在新低卖出。通常，等到价格上升到比前期高点最少高 2 美分是比较安全的，更重要的是在买入之前，要等收盘价于这些价位以上。同样地，等价格下跌到前期低点价位以下 1/2 美分是比较安全的，并且在做交易之前，等到收盘价低于这些价

[1] 原文“old”直译“旧的，老的，以前的”。“previous”是“前期的”，两个相似，但不完全相同。前期与现在在时间上比较紧密，而“old”指的就是从前。

位要更安全。

规则五:收盘价。当市场处于非常活跃并且快速变化的阶段时,在日、周图表上,等收盘价高于以前的高点,或低于以前的低点时才去买入和卖出。使用日高低点图表,并且收盘价高于以前的高点或低于以前的低点,是很重要的。在这一天里价格可能上升得很迅速,但是到了收盘时间,它们可能会下跌几美分,收盘比上一个交易日更低。同样地,当这里是一个急速地下跌时,价格可能会走到前一天低点之下,但是在收盘时,它们收在高点附近。因此,在日、周、月、年高低点图表上坚持使用收盘价格总是非常重要的。当价格上穿以前的高点或跌穿以前的低点时,经历的时间越长,对趋势变化以及涨跌的重要性越大。请记住这一项总体规则:当价格上涨到新高时,通常要回调到以前的高点,这是一个安全的买点;当价格下跌到以前的低点之下时,通常要反弹到以前的低点,这是一个安全的卖点。当然,始终要用止损单进行保护。

规则六:止损单。你的资金及利润必须始终用止损单来保护,在你进行交易时必须及时设置止损单。

规则七:需要的资金量。确切地知道在任何一次交易上,你能够承受多大的资金风险,并且永远不要亏掉全部资金,是非常重要的。当你进行交易时,永远不要让风险超过交易资金的10%。如果你已经有1~2次的损失,就减少交易单位。对于黑麦和大豆期货的交易,你应该至少有1500美元来交易5000蒲式耳。假定你在交易中冒3美分/蒲式耳的风险,你必须连续亏损十次才会亏光。只靠猜测来交易,你几乎肯定会亏掉资金。而通过遵守这些规则,亏掉全部资金则是不可能的。在做大豆交易时,尤其是在高位,对于每交易5000蒲式耳,至少应该有3000美元的资金,因为通常冒5美分/蒲式耳这样的风险是必须的。但是,利润比你交易的其他品种大很多。

如果你希望交易1000蒲式耳,或2000蒲式耳,当然可以从500美元的资金开始,并在所有的交易中,限定损失不能超过3美分/蒲式耳。通过遵守这项规则,在许多情况下,风险不会超过1美分/蒲式耳。同样的规则适用于小麦、玉米及猪油。燕麦的波动区间比较小,交易它只需要黑麦或小麦的一半资金。

规则八:此规则既适用于买入,也适用于卖出。

买点:当价格下跌了最高卖出价的50%时,你可以买入,同时止损单设在低点之下3美分。下一个最好买点是最高点和最低点之间的50%位置。例如,黑麦交易的最高价是286½美分,它的50%是143¼美分,当这个价位被跌穿超过3美分时,就处于非常弱势[1]。黑麦交易的最低价是30美分/蒲式耳,286½美分和30美分之间的50%就是158¼美分。现货黑麦曾经的交易最高价是3.35美元,它的50%就是167½美分。我们曾经给出一个例子,是关于黑麦或其他农产品跌到167½美分、158¼美

[1] 原文"position"除了当"位置"以外,也可以译为"形势,趋势"。

分、143½美分之下时，将会发生什么情况的。

卖点：当价格在 50% 位置[1]下方很远处开始上涨，并首次触及该位置时，这是一个卖点，或者可以做空的地方，可用 50% 价位之上不超过 3 美分的止损单来保护。例如，假设五月黑麦上涨到 143½美分。它第一次触及此价格时，如果日图表的指标显示它正在形成顶部，那就是个短期卖出价位，止损在 146½美分。下一个点位是 158¼美分，它在 30 美分与 286½美分之间的 50% 位置。当五月黑麦上升到此价位，你应该观察阻力，并将止损单设在 161½美分来卖空。

在这一点之后，下一个卖出价位 167½美分，即 335 的 50%。下一个区间在 30 美分与 335½美分之间。它的 50% 是 182½美分，它将是最强的阻力，也是最重要的卖点，将止损单设在 185½美分来保护。

在你开始交易时，确保知道所有这些规则，并遵循它们，确保设置了止损单。

（二）在何处设置止损单呢

你一定要将止损单设在波动的低点之下，而不是日图表中的低点。止损价格必须高于周或月图表上的前高，或低于周或月图表上的前低。[2] 止损单设在日或周图表的收盘价之下更安全，而且可能很少被触发，因为你正在按照趋势变化来改变[3]止损位。止损放在日或周图表的收盘价之上，与放在日低点或高点之下相比，更少被触发。市场中的波段顶点或反转点，正是以各种方式设置止损单的地方。知道在哪里设置正确的止损单，是非常重要的。对于售价小于 1 美元/蒲式耳的谷物，当你在低于低点 1 美分，特别是低于收盘价 1 美分，或者高于收盘价 1 美分时设置止损位，通常是安全的，而且很少被触发。当价格从 1 美元/蒲式耳上升到了 2 美元/蒲式耳时，止损至少应该在高点之上 2 美分，或低点之下 2 美分，或者在收盘价上下 2 美分。

在 2～3 美元/蒲式耳之间的价格时，在此价格区间，止损至少应该在低点之下 3 美分，或高点之上 3 美分。

在 3～4 美元/蒲式耳之间的价格时，在此高价区间，波动是快速的、宽幅的，为了安全，止损位必须设置的远一些，要在高点之上或低点之下至少 4～5 美分/蒲式耳。只要止损是安全的，并且出现明确的趋势改变之前不被触发，那么在哪里设置止损位都没太大关系。在高价位的末端，3.50～4 美元/蒲式耳很少出现，止损可以设在日收盘价之下 1～2 美分，或者日收盘价之上 1～2 美分的位置。在极高价位，你必须依靠日高低点图表来给出最初的趋势变化信号，它随后会被价格走势的日高低点图表所确认。

---

[1] “50% 位置”即前文所说的高点的 50% 位置，或高低点之间的 50% 位置。

[2] 一句话里用到了 3 处“或”。中文中不常见，但是仍然是符合中文语法的。这一句很好理解。

[3] 原文“move”直译“移动”。本身也有“变化，改变”的意思。

当价格在极高位时，请遵从在我的《如何从商品期货交易中获利》一书中的所有规则。如果你已经拥有我的《核心预测教程》，请在大时间周期里和小时间周期里应用这些规则。

请记住，你永远不会知识过剩。继续研究和学习更多的知识，总会转化为今后的利润。

1. 在交易之前做什么

检查所有的年月周日的价格记录，并注意所有时间周期。请注意价格接近最近数周或数年内的一些历史高低点的时间。然后计算在你进行交易前后将承担的风险，设置止损单，作为万一出现错误时对你的保护。

2. 周高低点图表

周高低点图表是一个非常重要的趋势指标。当价格上涨超过一系列周高点，或下跌超过一系列周低点时很重要，它预示着可能持续数周的较大趋势变化。

3. 月高低点图表

当价格涨过或跌过几个月前出现的价位时，它意味着将可能持续数月的较大趋势变化。

4. 年高低点图表

当价格升过或跌过过去几年中所出现的价位时，它几乎总是一个大走势的可靠信号，这个走势持续很长的时间周期，或者在短期内至少有一个较大上涨或下跌。当前期高点被突破，或者前期底部被击穿时，毫无例外地要等待反弹回到前期高点或略低价位附近。在它们被突破后，预期反弹将回升到前期高点或者略低位置附近。

研究年高低点图表，你就会看到实据。请记住，时间周期越长，当它被超越时，后市的上涨或下跌就越大。

(三)黑麦高低点记录

我们将以3000美元的本金开始，依据上述规则来交易黑麦，以此来证明这些规则。首先，我们打算交易五月黑麦，因此必须知道黑麦的一些历史。

1951年7月23日，低点169处于50%价位以上1½美分处，显示了强势以及不错的买点，因为8月20日的低点169，与它在这一时间区形成两次支撑。我们在169美分买入10000蒲式耳，并且将止损设在165½，即50%位置之下2美分。

随后市场上涨，9月20日我们在181美分又买入10000蒲式耳，因为它在两个顶部或高点之上。1951年11月，我们在210美分又买了10000蒲式耳，因为价格到达1951年4月3日的前期高点208美分之上。1951年12月10日和12日的高点分别为221½美分和221美分，这是与高点218美分紧邻的高位。我们已经分别在169美分、181美分、210美分各买了10手，所以我们在219美分卖出所有这些仓位，获利94美分/蒲式耳，即 9400 美元。现在，我们取出 3000 美元的本金，开始仅用利润去交易。

1951 年 12 月 12 日，我们在 218 美分卖出[1] 20000 蒲式耳，并且将止损设为 223½ 美分。1952 年 1 月，我们在 204 美分又卖出 20000 蒲式耳，并将止损下移到 208 美分。2 月 5 日、11 日、27 日和 3 月 4 日的低点分别为 194 美分、192½美分、193½美分和 193 美分。我们在 195 美分平空仓，并买入 40000 蒲式耳，然后将止损设在 190 美分。这些交易的利润是 8200 美元，加上前次的利润，就得到 17600 美元可用来交易。

1952 年 3 月高点 211 美分，比上次略低的顶部。我们在 207 美分卖空 40000 蒲式耳。

5 月 1 日低点 193 美分，与 3 月 4 日的低点相同。我们在 194 美分平空仓，赚得 13 美分/蒲式耳，即 5200 美元。加上前面的 17600 美元，就得到资金为 22800 美元。因为它在 5 月 20 日即将到期，所以我们停止交易五月合约。我们虽然可以交易 7 月、9 月、11 月合约，但是我们等到 1953 年的 5 月黑麦合约上市交易，并显示出趋势，然后才开始再次交易。

1952 年 7 月 23 日高点 218½美分，在前期高点 221½美分之下。7 月 19 日下跌到 207 美分，8 月 14 日高点 219 美分，是第二高点，略低于 1951 年高点。我们在 218 美分卖空 50000 蒲式耳，并将止损设在 222½美分。此时趋势向下运动。在 8 月 18、19、29 日和 9 月 20 日，价格分别是 196½美分、195½美分，和 1952 年 5 月相同。因为我们知道季节性的趋势通常是在 8 月末和 9 月初是低点，所以我们在 197 美分平空仓 50000 蒲式耳，又在 197 美分买入 50000 蒲式耳，并将止损设在 194 美分。11 月 13 日高点 213¾美分，比 8 月 14 日的高点更低的高点。但是，我们等到获得明确信号时才卖出。11 月 24 日和 28 日低点是 204 美分，我们将止损提高到 203 美分。后来此止损被触发，因此我们在 203 美分平仓 50000 蒲式耳多仓，并卖空 50000 蒲式耳，这让我们的总利润或周转资金达到 263000 美元。我们在 203 美分卖空 50000 蒲式耳[2]时，将止损升到 209 美分。

12 月行情突破了前期低点 195 美分，我们在 193 美分又卖空 25000 蒲式耳，并将这 75000 蒲式耳的止损设在 196 美分。1953 年 1 月，价格突破了 1952 年 7 月的低点 190 美分。我们在 188 美分卖空 25000 蒲式耳，并将这 100000 蒲式耳的止损设在 193 美分。

1953 年 1 月 12 日低点 180 美分，1 月 18 日高点 187 美分，将 100000 蒲式耳的止损降到 189½美分。

---

[1] 此处“卖出”是“卖空”，而不是原有仓位的卖出。

[2] 这一句话是重复前面在 203 美分卖空 50000 蒲式耳的行为，而不是再次在 203 美分卖空 50000 蒲式耳。它是为了说明其后将止损提高到 209 美分的原因。

2 月 13 日低点 171 美分。

3 月 3 日高点 182½美分，将止损降到 186 美分。

3 月后期价格向下击穿低点 171 美分。当价格击穿 1927 年 7 月 21 日的低点 169 美分时，我们又在 166 美分卖空 25000 蒲式耳，这时价格已经击穿了 335½美分的 50% 位置，也就是 167¾美分，随着主要趋势向下，这使得行情处于非常疲软的状态。

5 月 11 日低点 154 美分，我们在 156 美分买入 125000 蒲式耳来平仓，因为五月合约将在 5 月 20 日到期。我们现在总共有 69550 美元的利润可以用来交易。所以，现在我们就可以安全地交易 100000 蒲式耳了，这相当于赚到 70 美分/蒲式耳的利润，按亏损 3 美分/蒲式耳来计算，100000 蒲式耳的损失只有 3000 美元。如果我们连续 10 次亏损，将仍然有原来资金一半以上的资金去交易，这是非常安全的。

现在，我们等 1954 年交割的 5 月黑麦给出它打算怎样走的信号。

1953 年 7 月 6 日，该合约以新低 153 美分开盘。7 月 7 日高点 156 美分，当它击穿了 153 美分时，我们在 152 美分卖空 100000 蒲式耳，并将止损设在 157 美分。随后行情暴跌，于是我们又在 140 美分卖空 25000 蒲式耳，因为它在 286½美分的 50% 位置，即 143½之下 3½美分处，143½也是 1946 年 5 月 7 日的高点。在做空前，我们一直等到价格跌至此价位以下 3 美分，这使得价格处于非常弱势位置。

1953 年 7 月 28 日，低点 133½美分，8 月 6 日高点 140¾美分和 140 美分；我们将 125000 蒲式耳的止损设在 145 美分，下跌在继续并且突破了低点 133½美分。我们在 131½美分又卖出 25000 蒲式耳，并将止损设在 142½美分。

8 月 13 日低点 121 美分，8 月 17 日高点 135½美分，我们将止损降到 137 美分。

8 月 28 日、9 月 15 日和 9 月 23 日的低点分别为 116½美分、114¾美分、115 美分。我们知道季节性低点常常产生在 8、9 月，趋势转而向上，所以我们将空头止损降到 121 美分。后来止损被触发了，而且我们在 121 美分买入 150000 蒲式耳。现在我们有 127500 美元资金可用。然后，我们在 121 美分买入了 100000 蒲式耳，并将止损设在 114 美分。

11 月 2 日高点 134 美分，11 月 17 日和 30 日低点 133½美分。我们将止损设在 120½美分。12 月 14 日高点 133½美分，这是一个略低的高点，我们将止损提高到 129 美分。后来止损被触发。我们在 129 美分卖出了 100000 蒲式耳，获利 8.5 美分/蒲式耳，这让我们的可用资金达到 135500 美元。然后我们在 129 美分卖空 100000 蒲式耳，并将止损设在 136 美分。

12 月 23 日低位 120 美分。

1954 年 1 月 3 日和 14 日，低点分别是 120½美分和 121¾美分，这是更高的底部。我们在 124 美分买入 100000 蒲式耳，获利 5 美分/蒲式耳，现在获得的资金是 140500 美元。然后，我们在 124 美分又买入 100000 蒲式耳。

1954 年 1 月 22 ~ 27 日,高点 128 美分,一个更低的顶部。我们将止损提高到 124 美分。随后止损被触发,我们只损失了佣金。

我们在 124 美分卖空 100000 蒲式耳,止损为 125 美分。3 月 29 低点 101½美分,4 月 2 日高点 110½美分,我们将止损降到 112½美分。4 月 19 日高点 108¾美分,我们将止损降到 110¾美分。4 月 30 日低点 93½美分,主要趋势仍然向下,我们维持做空,将止损设在104½美分,即 3 月 29 低点 101½之上 3 美分处。假设我们已经在 96 美分处平空仓,这将使 3000 美元资金在 33 个月内达到 173700 美元。假如我们减去 50%,利润仍将达到86850 美元。这就是来自基于规则的记录证据,证明你不用猜测,就可以以小风险博大利润。

这也证明了不管价格有多低,你都能通过卖空赚取大笔利润。同时,不管它有多高,只要你正在跟随趋势买入,你都可以赚钱。问题自然出现:为什么大多数人在商品市场中赚不到钱? 答案就在于人性的弱点。人们凭希望、恐惧来交易,认为价格太低而不能卖出,或者太高而不能买入。如果他们做实盘,他们就与规则的指引背道而驰。但是,请记住,总是有一些大户,他们买入和卖出,而不管价格有多低或多高,这些就是赚大钱的人。杰西·利莫佛尔就曾这样交易,并一次赚了 15000000 美元。像克劳佛德博士这样的人,才敢于在下跌趋势中进行极高位或极低位的买入和卖出,并赚取数百万美元。而害怕或凭希望交易的人,就不会有这样的勇气。他不仅会错失大笔利润,而且会亏损。如果你期望成功,就必须学会遵守规则,在你亲自验证这些规则是有效的之后,要敢于去遵守它们,盈利也就有了保证。

(四)大豆——高低点记录

五月大豆期货交易开始于 1936 年 10 月 5 日,那时五月大豆开盘于 120 美分,并且一直涨到 1937 年 1 月的 164 美分。

1938 年 10 月低点 69 美分,1937 年 7 月 27 日低点 67 美分。这是五月大豆曾经交易过的最低价。

1940 年 8 月低点 69 美分。从这个价位上涨到 1941 年 9 月 14 日高点 202 美分。

10 月 19 日低点 154½美分。

1942 年 1 月高点 203 美分,刚好在 1941 年 9 月的高点之上 1 美分。

12 月低点 166 美分。

1943 年 1 月高点 186 美分。这时政府停止了大豆交易,直到 1947 年 10 月交易恢复之前,一直没有交易。1947 年 10 月五月大豆从 334 美分——这位于 1920 年以来所有顶部之上,那时的高点是 405 美分——开始上涨,因此,您应该在 334 美分或 336 美分买入,因为它们处在新高,可以持有直到出现一个明确的卖出指示。

1948年1月15日高点436¾美分，这是历史最高价。这时你应该用日高低点图表和周高低点图表来识别趋势何时变化，并且知道在哪里设置止损，以及在哪里平仓并做空。这个指示给出在1948年1月19日你应该做空。紧跟着行情大跌到1948年2月9日五月大豆的低点320½美分。在这里，日图再次给出了回补空头并买入的指示。从这以后，价格在1948年5月上涨到425美分。1948年10月，1949年合约开盘并下跌到239美分，这是从1932年12月低点44美分到最高点436¾美分的50%位置，使得这里成为一个买点，同时用设在236美分的止损单来保护。

1948年11月高点276¾美分。日高低点图表和周高低点图表显示这是一个卖点，同时也是一个多翻空的时间。随后出现因大量清算而导致的急跌。

1949年2月14日低点201½美分，下跌到1941年的前期低点，这成为一个买点，因为它恰好高于2美元/蒲式耳。

1950年5月高点323½美分。朝鲜战争在1950年6月25日爆发，战争对于商品期货总是利多的。因此，我们应该寻找买入机会。紧跟着行情大涨，大部分合约在1950年7月涨到了280美分以上。

1950年10月16日，五月大豆的低点是232½美分。这个价位随后出现急涨。

1951年2月8日高点344½美分。这时，政府在五月大豆设置了333美分的价格限制。实际上，也在所有其他大豆合约上设置了限制。这时十一月大豆从334美分的高点开始下跌，并且一直跌倒7月的262美分。

1951年，1952年交割的五月大豆，在6月开盘于287美分。

1951年7月9日低点268¾美分。10月，价格穿越了281美分，达到283美分的3个月高点。你应该在这时买入，因为价格再次处于新高，按照规则你应该买入。

1952年3月、4月和5月初，价格到达282美分的低点。此时可以买入，因为它有3个月在相同位置。

1952年5月高点314美分。和1951年12月一样高，因此是一个卖点。

1952年8月——新合约低点是291美分，8月底高点是314¾美分，3个顶部出现在相同价位。卖出并将止损设在317美分。

1952年10月低点298美分。

1952年12月高点311美分，这是一个更低的高点，因此是一个卖点。

1953年2月低点282美分，比1952年3月，4月和5月的低点284美分没有低出3美分，因此是个止损设在279美分的买点，。

1953年4月高点309美分，比1952年12月更低的高点，因此是一个卖点。

1953年，五月合约下跌到292美分。

(五)如何对五月大豆使用高级计算器

首先，了解如何使用价格刻度很重要。所有谷物和股票的刻度都是相同的。计算器左边的刻度从0~144。如果价格在144以上，你把它减去144，然后把刻度放在正确的位置。

例如，当大豆交易价在288以上，这是从0向上的第2个144方形。在任意重要的高低价位所对应的时间，你把高级计算器的0放在288上，然后在日、周和月图表上，你就得到正确的价位和预测的趋势。

每条边从0~4320的刻度是针对棉花、禽蛋和其他商品的。在棉花的日图表上使用10点的刻度，1440在图表的顶部，即向上144格。周图表使用15点对1/8英寸的刻度，图表顶部的价格是2160，2个2160是4320。在月图表上，使用30个点对应1/8英寸，高级计算器的顶部144等于价格4320。

使用20个点的刻度，图表顶部等于2880，并且向上的第2个刻度72，它等于4320[1]。

首先，在正方形里找到价位总是很重要的。

例如，五月大豆的极高点436¾，它是3×144(即432)，加上第4个正方形里的4¾。

现货大豆的极低点是44美分。从436¾减去44得392¾，它是2个144加上104¾。五月大豆期货的极低点是67美分，从436¾减去67得369¾，其中81¾在第3个正方形里。注意81=9×9，是一个重要的阻力位。

1948年1月15日，五月大豆的高点436¾，1949年2月14日，低点201½。下跌了235¼。减去144得91¼，在第2个正方形里的90是一个强阻力位。

从1949年2月14日低点到1951年2月6日高点344½上涨了143½，它正好在第1个144方形里的边缘，因此是一个强阻力位和卖点。这个价格将出现在144方形的顶部。

1951年12月15日距离1932年12月28日是989周。

1952年8月16日距离1932年12月28日是1024周。五月大豆高点314½。

1952年12月6日距离1932年12月28日1040周。高点311。

1953年2月13日低点280，距离1932年12月28日1050周。

1953年3月21日距离1932年12月28日1055周。

3月21日也距离1948年1月15日270周。这是一个360°圆周的3/4，也是第2个144方形的7/8，使得它对趋势变化很重要。

为了在高级144方形上得到价格，我们把144加上67得到211，144加上211得

[1] 144对应2880，72对应1440，第二个72就是2880+1440=4320。

到355。这是第5个正方形，结束于1953年5月16日。这个正方形在周图表上用绿色标出来。

1. 五月大豆目前的位置

如上所说，3月21日是1948年1月15日以来的第270周。从价格44开始的第2个144方形是332，从价格67开始的第2个144方形是355。

1953年3月19日是1949年3月(那时的低点是210)以来的第4年，这是趋势变化的重要日期。

注意从1952年9月1日332点向下的绿色45°线，在1952年3月14日这周末穿过303½，从436¾开始以每周1/2美分下降的2×1线穿过302½，从1952年12月高点311引出的2×1线，在3月21日这周末穿过303½。这是一个阻力位和卖点，以设在307的止损位来保护。

大豆在3月21日这周末跌穿299，预示着走低。跌穿295，它们将处于从1950年10月16日低点232½引出的2×1线之下。这使得它们处于弱势。从211引出的45°线在1953年3月21日这周末穿过296，如果大豆交易价低于此价位，它将处于更加弱势。

2. 五月大豆在月图表上的位置

从重要高点和低点引出的所有的45°线都被放在这张图表上，并且从“0”引出的绿色45°线也被放在这张图上。

从1948年5月以来每周下跌2美分的2×1角度线，在305这个价位形成了阻力，从1948年1月极高点引出的2×1线穿过307，使得304~305成为卖点。月图表也显示，当价格在1953年3月20日前后低于299和295时，那么大豆将处于弱势。

对照月高低点图表，还有周图表上的所有时间周期，你将会看到，3月16~27日对趋势变化很重要。

通过把高级计算器放在月和周高低点图表上，你可以看到所有如上归纳的指示。在练习高级计算器以后，你将很快地学会使用它，把几何角度线放到图表上将不再必要。但是，时间周期应该全部保持，你应该检查高级计算器来确保你没有在计算从前期高低点价格开始的时间周期上犯任何错误。

3. 五月大豆的日图表

从1953年2月13日低点280引出的45°线在3月16日穿过300。自从它收盘于280以后，价格从没有收盘低于这条角度线。它收盘低于45°线的第一天，将预示着下跌。这条角度线在3月18日穿过302，这是从1952年12月2日的最近一个高点311以来的第72个交易日。从311引出的8×1线也在3月16日穿过301，并与从280引出的45°线相交叉，使它变得非常重要，因为价格本应该在1953年3月16日收于299或者更低。

通过把高级计算器放在日高低点图表上，你可以得到所有这些正确的位置。你将会注意到，1952 年 3 月 17 日的高点是 302，价格下跌到 4 月 21 日的 281。这也使得 1953 年 3 月 17 对于趋势变化很重要。并且 4 月 2 日是重要的，因为它将是 12 月 2 日的高点 311 以来的第 4 个月。

（六）五月大豆的历史最大上涨

当我说最大上涨时，我的意思是所有合约从低位到高位的最大上涨。五月大豆的买入过程：我们以 3000 美元的资金开始，并且根据上述规则买入。

1953 年 8 月 20 日，五月大豆低点 239½美分。我们应该在 240 美分买入 10000 蒲式耳，并在它下面 3 美分设置止损单，风险是资金的 10%，即 300 美元。我们为什么在这里买入呢？因为这是与 1948 年 10 月相同的低点，并且应用了相同的数学规则。1932 年低点 44 美分，1948 年高点 436¾美分，它们的 50% 位置是 240⅜美分，在止损单的保护下，这是可靠的买点。

1954 年的五月合约在 256 美分开盘，上涨到 259¾美分，然后跌到 239½美分。

1953 年 9 月 2 日高点 263 美分，同一天收盘于 259 美分。虽然我们现在看到[1]价格正在走高，但是我们不会更多买入，而是等着满足收盘规则，等到价格收盘于 260 美分之上，这是上市以来合约存续期的高点。

9 月 16 日低点 248¾美分。我们将在 240 美分所买入的 10 手的止损提高到246¾美分。在 10 月 10 日结束的这周里，五月大豆收盘于 261 美分。我们现在在 261 美分又买入 10 手，并将把所有大豆仓位的止损提高到 255 美分，或这周低点之下 1 美分。

后来的上涨很迅速，在 10 月 31 结束的这周，价格收盘于 282 美分，在 1953 年 2 月的前期低点 280 美分之上，这是价格上涨的信号。因为我们有了大笔利润，我们可以在 282 美分买入 5000 蒲式耳，并且把止损提高到 275 美分。查一下记录，看一看新的前期高点在哪里，这样我们就会知道何时形成阻力。我们发现这些高点在 314¾美分、313½美分、311 美分和 309 美分。这些高点形成于 1952 年和 1953 年，因此，我们应该料到在这些价位附近的一些调整。

1953 年 12 月 2 日，高点 311¼美分，和 1952 年 12 月高点一样。我们在 310 美分卖出25000蒲式耳，获利 12300 美元，加上 3000 美元的投资本金，共有 15300.00 美元的资金可供操作。我们在 311 美分卖空 25000，并将止损设在 316 美分。虽然我们知道趋势是向上的，但是我们预计到从这些前期高位会有回调。市场快速下跌到 12 月 17 日的低点 295¾美分，这是 1953 年 3 月、4 月和 5 月的前期低位。我们在 297 美分

[1] 原文直译为“有一个价格正在走高的指示”。

回补25000蒲式耳，获利13美分/蒲式耳，就得到18800美元的操作资金。在这个价格，我们可以安全的算出每蒲式耳30%的利润是没问题的，即10000蒲式耳赚300美元，或者25000蒲式耳赚7500美元。这还是保守的交易。

我们在297美分为多头账户买入25000蒲式耳，止损设在293美分。价格开始从12月17日的低点上涨，并且形成了更高的底部和更高的顶部，显示出上升趋势。我们遵循收盘价规则，就是当价格收盘高于数月前或数年前形成的高点时，预示着价格必定会走高。

1954年1月9日高点315½美分，收盘314½美分，还没有高出前期高点很多。我们等待收盘在316½美分时来买入。

1月22日收盘于317美分。我们在317美分又买入25000蒲式耳。

2月22日低点309¼美分，下跌到1953年的最近高点。我们将止损设在307美分。从前面的记录我们知道，下一个前期高点在1951年2月的334¼美分上方。

因此，这是下一个要注意的价格。

2月24日和25日，高点分别是340½美分和342美分。3天的低点在335½美分，在价格高过前期高点344½美分以前——这预示着价格会走高，我们将止损提高到333½美分。

3月4日高点359¾美分，收盘359美分。3月5日低点349美分，3月8日低点343½美分，这是前期的高点，因此是一个买点。我们在345美分又买入15000蒲式耳，并且将止损位提高到341美分。

3月19日，价格穿越前面3月4日的高点359½美分，预示着价格会走高。3月19日我们在361美分又买入15000蒲式耳。3月25日高点371美分。4月1日低点354½美分，这是比3月1日和3月16日更高的底部。我们把已经买入的五月大豆全部持仓的止损提高到352美分。4月9日价格形成新高，收盘在375美分，预示着更高的价格。

4月13日高点382½美分，4月14日低点376½美分。将止损提高到373美元。4月15日高点388美分，收盘于387¼美分。我们在387美分又买入10000蒲式耳。

4月20日高点402美分，收盘于396美分。我们知道，在价格收于4美元之上时，将预示着有更高的价格。我们知道，最近的高点425美分在1948年5月。因此，这预示着五月大豆将涨到这些前期高点附近。但是，现在是保护利润的时候，不要买入更多。

4月27日高点407½美分，收盘402美分，比高点低，但是比4.00美元高，这预示着更高的价格。

4月23日低点298½美分，收盘403½美分。现在，我们把所有的多仓止损提高到395美分。

4 月 27 日高点 422 美分，在 1948 年 5 月高点 425 美分的 3 美分范围内。从 239½ 美分涨到 422 美分，价格上涨了 182½美分，这是历史上最大上涨。

4 月 28 日低点 406½美分，离止损只有 1/2 美分。4 月 28 日、29 日和 30 日，高点分别为 317½美分、315½美分和 316¾美分。在 4 月 30 日出现 316¼美分的价格时，我们把止损提高到 411¾美分，即从高点向下 5 美分处。因为价格已经开始形成更低的顶部，我们必须提高止损来保护积累起来的利润。参见图 1-1。

4 月 30 日晚些时候，五月大豆跌到了 410¼美分，于是止损被触发。我们在 411 美分卖出所有的多仓。在 8 个月零 10 天的时间里，3000 美元资金的总利润是 926000 美元，而且交易是很小心谨慎的，所冒风险也一直是很小的。这毫无疑问地证明，如果你遵循规则并用止损单进行保护，价格从不会高得不能买。当这些极值出现时，财富就被有胆量和知识并遵循规则的人获得。在这次交易中，我们没做任何猜测，诸如在哪里买入或卖出。我们让市场自己来说明。我们以明确的规则买入，基于明确的规则设置止损单，根据明确的规则在极高位卖出，因为合约临近结束，即到了 5 月 1 日时我们不再交易合约。大豆的大涨并不是例外。它还发生在其他商品上——比如咖啡，可可，棉花，棉籽油，猪油，黑麦，小麦和玉米。如果你仅仅学习这些规则，当市场运行到这些极值位时，不去猜测高点将在哪里，而是直接跟随趋势，并全程用上止损单：当新高形成时，不计价格地买入，你不会赚不到巨大的利润。参见图 1-1。

(七)5 月玉米

你会发现，这幅 5 月玉米的图表涵盖了从 1925 年 1 月起到目前的主要波动。研究这张图表，并且和我们在大豆和小麦的例子里一样，应用这些规则。

你会注意到这张图表从 1925 年开始，价格从 137 美分开始下跌。它形成了更低的顶部和更低的底部，直到 1926 年，在 67 美分和 69 美分附近出现两个相同价位的底部。这是一个买点。从这里价格开始上涨，当它穿越另一个高点 97 美分时，你应该买入更多仓位。1927 年 8 月的高点是 122 美分，这是一个卖点。之后价格下跌，在 1928 年形成一个稍高的底部，并反弹到 1928 年 5 月。接着就在 80 美分下方出现三个低点。这些低点出现在 1928 年和 1929 年，对应的这些高点在 110 美分和 112 美分附近。

1930 年 7 月是最近的高点，在这里你应该逆着前期顶部卖空，当价格突破低点 77 美分和 78 美分时，你应该卖空更多。当价格跌到 1926 年低点 67 美分以下时，你应该卖出更多。下跌继续形成更低的底部和更低的顶部，直到 1932 年 5 月，此时的低点是

28 美分❶。这里反弹到 41 美分，最终的低点在 1933 年 2 月，此时的低点是 24 美分。罗斯福总统在 1933 年 3 月上台后，交易所重新开市。所有商品以及股票的趋势都反转向上，当价格穿越顶部时，就像你在图表上看到的，你应该买入。这里有一个急速上涨。五月玉米在 1933 年 7 月的高点是 82½美分。这恰好在前期低点之下，因此它是一个卖出指示。

1934 年 4 月低点 40 美分，高于先前的底部，并在其他底部附近。从这个价位开始，主要趋势再次反转向上，一直涨到 1935 年 5 月。然后，1935 年 9 月，下一个合约在 56 美分形成低点。当它穿越顶部并形成更高的价位时，你应该在高位继续买入。你会看到，主要趋势持续向上，从不曾跌穿波动底部，最终穿越 1937 年 5 月的高点，并在 1947 年 4 月上涨到 187½美分，在 1947 年 6 月下跌到 142 美分，然后上涨重新开始。当价格穿越了高点 173 美分和 187½美分时，你应该买入更多。这里出现了一个伴随着小幅调整的急剧上涨，直到 1947 年 9 月的高点 288 美分。这在 5 月玉米所有前期高点之上，你应该等到日图表和周图表上出现一个指示，显示趋势已经反转向下。从这时起，主要趋势持续向下，并形成更低的底部和更低的顶部，直到 1949 年 2 月到达最终的低点 110 美分。回顾图表，你会发现，前期顶部在 112 美分和 108 美分。因此，当 5 月玉米在 1949 年 2 月下跌到 110 美分时，这是一个买点，因为行情已经猛烈地下跌，多头仓位已经被清理。你在这里观察日图和周图，就会看到它们在哪里显示了趋势变化。注意紧随其后的两个更高的底部，后一个底部出现在 1950 年 2 月，低点为 124 美分。在这儿你应该买入，当价格穿越 137 美分——1949 年 5 月的高点时，你应该在新高位买入更多。

当价格穿越 1948 年 12 月的高点 152½美分时，你再次应该买入更多。市场继续上涨，在 1951 年 12 月到达最后的高点 198½美分。你应该始终想到在偶整数 2.00 美元附近卖出，这里应该是卖光多仓，并卖空的地方，因为价格恰好在 192 美分这个前期底部之上，并且比所有其他底部都更低。从这个高点起，主要趋势反转向下，你可以保持空头。5 月玉米继续下跌，在 1953 年 9 月形成低点，那时的低点是 138 美分。

市场在 1953 年 12 月上涨到 162½美分，再次未能穿越 1953 年 3 月的高点，你应该再次卖空。下跌重新开始，在 1954 年 4 月形成了 148 美分的低点，之后的反弹很小。直到撰写本文时，5 月玉米的主要趋势还是向下的，但合约将在 5 月到期，因此你应该跟随 7 月和 12 月合约作为趋势指示。12 月合约是最好的趋势指标，因为新作物将在 12 月交割。因此，你应该在 12 月玉米上建立周，日和月图，并在 1954 年余下的日子遵循那上面的指示。你应该始终备有 5 月、7 月和 12 月的玉米图表。我给你的 5

❶ 原文直译“低点是 28 美分/蒲式耳”。考虑低点就是价格信息，所以译为“低点是 28 美分”。后文此类情况均如此处理。

月合约的记录，一直追溯到了1925年，是除了12月和7月合约的日、周和月图之外，你所需要的图表。

我再次重申，你必须始终使用止损单，而且必须始终继续研究和学习更多的相关记录，你将在其他商品上和玉米一样取得成功。

(八)5月玉米走势(1925~1954年)

主要趋势从1925年1月的高点136美分反转向下，并持续向下直到1926年5月的低点67美分，然后在1927年4月有一个稍高的底部。这是一个买点。价格上涨到1927年8月的高点122美分，这是紧邻着前期顶部的卖点，在此以后主要趋势是向下的，形成了更低的顶部和更低的底部。

1928年和1929年，低点在76美分附近。在这些价格有三个低点。当这些价位的低点被突破时，你应该卖空。然后当它突破65美分时卖空更多。最终低点在1933年2月达到24美分。回顾许多年前，1860年、1893年和1896年玉米的低点曾经是20美分。因此，当它在这些低位附近时，这是一个长线投资买点。你会看到在2月的低点之后主要趋势持续向上，一直到1933年7月，此时价格上涨到了83美分，刚好在一系列的前期底部之上。这是一个快速上涨，预示着应该卖出。然后价格下跌到1934年4月，形成双底，而且形成的底部与前期顶部在相同价位，这是一个买点。然后价格一直上涨到1935年的95美分。1935年8月低点56美分，这是一个买点，在行情上穿68美分时，你应该买入更多。然后，在96美分附近卖出，这是一系列的前期顶部，然后价格开始回调。当价格上穿97美分时，你应该买入更多。

1937年5月高点139，这是一个卖点，正如日高低点图和周高低点图所指示的那样。在此以后，主要趋势是向下的，形成更低的底部和更低的顶部，直到1937年8月的低点42美分，这是在1934年4月的相同低点附近，因此是一个买点。从这时起，底部越来越高，顶部也越来越高。每当一个前期顶部被穿越时，你都应该买入，并且当穿越142美分的前期顶部时，你应该重仓买入。上涨持续到1947年9月的高点288美分。日图和周图都显示这是一个快速下跌的顶部。

随后的下跌持续形成更低的顶部和更低的底部，直到1949年2月，此时出现恐慌性下跌，5月玉米交易于110美分。回顾1928年和1929年，你会发现在112美分和110美分附近有一系列顶部，使这里成为一个买点。在此以后，主要趋势反转向上，形成更高的底部。当价格穿越135美分时，你应该买入更多，并且当它们穿越150美分时，你应该继续买入更多。上涨持续到1951年12月的高点198美分。玉米一直在2美元之下，因为即使在牛市里也总是有回调。然而，这时主要趋势已经反转向下，而且价格持续走低，直到1953年9月的低点137美分。1953年12月高点为162美分，与1953年3月的高点相同，因此是一个卖点。

1954 年 3 月，价格下跌到 148 美分。到目前为止，价格一直在一个狭窄的交易区间里。然而，主要趋势是向下的，这时候你应该构建 12 月玉米的日和周图表并研究它，只要主要趋势向下就跟随空头一边。

将所有应用在玉米上的规则，运用于所有其他的商品上，你会在交易它们时获得成功。玉米常常有很宽幅的波动。当它交易活跃时，有绝佳的获利机会。

（九）5 月黑麦走势（1932～1954 年）

黑麦非常适于交易，同小麦相比在多数时间显得更有利可图，而且有时候仅次于大豆。你可以通过图表，看到底部和顶部如何形成。当它下跌到新低时，你应该买入，并在它突破到新高时卖出。请注意 1938～1945 年，那时的低点在 42 美分和 40 美分附近——一系列底部使这里成为一个真正投资买点。1941 年 2 月——当最终低点达到 41 美分时，价格开始上涨。当它上穿 54 美分时，你应该买入更多。上涨持续到 1942 年 1 月高点 93 美分，趋势从这个价位暂时转而向下，并下跌到 1952 年 5 月和 11 月，低点分别是 68 美分和 66 美分，这是比 1941 年 10 月更高的底部，因此是一个买点。当上穿 81 美分时，你应该买入更多。后来，在它调整到 1943 年 4 月之后，它再次上穿 90 美分时，你应该买入更多。当它穿越 95 美分时，你应该买入更多。最后，当价格穿越 1933 年、1936 年和 1937 年的高点时，你应该买入更多，因为这预示着更高的价格。最近的低点是 1944 年 9 月的 94 美分，行情从这个价位起，快速上涨并穿越了 1944 年高点，在那里你应该买入更多。然后当它穿越了 152 美分时，你应该买入更多。上涨很迅速，直到 1946 年 5 月 7 日高点 286½美分，这是历史最高价。在这里你应该绘制日高低点图，而且这预示着高点，因此是一个卖点，你应该卖空。其后快速下跌随之而来。

1948 年 7 月，下一个合约开始于 196 美分，远远低于其他到期的合约，因此你应该卖空。主要趋势继续向下形成更低的顶部和更低的底部，直到 1949 年 2 月低点 115 美分。这是对应着 1943 年 7 月高点的买点。从这个价位开始，行情快速上涨并形成了更高的底部和更高的顶部。当穿越 160 美分时，你应该买入更多。当穿越 165 美分时，你应该买入更多。

1951 年 5 月高点 210½美分，合约即将到期，你当然应该停止交易。

1951 年 8 月低点 168 美分，日图显示趋势向上，你应该买入。

1951 年 12 月高点 221½美分，日高低点图显示卖点，你应该做空。

1952 年 3 月低点 190 美分，显示这是底部，你应该再次买入。

1952 年 8 月高点 219 美分。一个更低的顶部，因此是卖点。

1952 年 10 月低点 193 美分。一个更高的底部，因此是买点。

1952 年 11 月——最终高点是 214 美分，第 3 个更低的顶部，因此是一个卖点，你应该一路向下卖空。当跌穿193美分时，你应该卖出更多。当跌穿190美分时，你应该卖出更多。在那之后的反弹很小，并且合约于1953年5月在153美分到期。新合约在1953年7月的156美分开始，你应该卖空。同时，只要它跌到前期底部以下152美分就继续卖出。

1953年9月15日低点115美分。和1949年2月的低点相同，因此是一个买点。价格上涨到11月2日的134美分，然后回调到11月17日，再于12月14日上涨到134美分，形成了一个双重顶，因此是一个卖点。在这以后，它继续走低，形成更低的底部和更低的顶部。当价格跌穿118美分时，你应该卖出更多。当它跌穿115美分时，这是1949年和1953年的低点，你应该卖出更多。下跌持续到1954年5月，此时五月合约交易于88¾美分，7月合约下跌到91½美分，11月合约是1美元。这是剧烈的下跌和最终的清算，此时未平仓数量降至多年的最低位。

在写作这本书时，行情显示黑麦足够低，至少有一次反弹。你会注意到，5月合约的低点跌至1943年3月的前期高点，并且在87～90美分附近有一系列的高点。但是，为了将来在1954年和1955年进行交易，你应该记录7月和11月合约，然后当1955年的五月合约开始时，记录日高点图表和周高低点图表，你就能够判断黑麦的趋势，并通过交易它赚取大笔利润。

遵循《投机，一份有利可图的职业》里的所有规则，还要认真阅读《如何从商品期货市场中获利》一书中关于黑麦的所有规则。如果你做到了这点，并设置止损单作为保护，并只根据明确的指示来交易，你就可以在交易黑麦期货中赚取相当丰厚的利润。

（十）五月大豆10美分及以上的波动（1950年10月16日～1954年5月）

我们将这个走势显示在这张起始于1950年10月16日的图表上的原因是，因为那是朝鲜战争爆发后，开始于8月大幅上涨后的急剧下跌的低点。你可以看到，从1950年10月16日的低点232½美分开始，行情快速上涨到1951年2月8日的高点344¼美分。这时，政府在333美分给大豆设置了限价，我在图表上把买点标记为“B”，卖点标记为“S”。

1951年，当政府在333美分给大豆设置了最高限价时，如果你有十一月大豆图表，就会看到它显示了顶部，因此你应该卖空11月的合约。

1951年7月9日——五月大豆下跌到了268¾美分，主要趋势再次反转向上，并上涨到1951年12月10日的高点314美分。

1952年2月27日和4月21日，低点分别是281美分和228美分，正如显示的那样，这是一个买点。随后，价格在1952年5月21日涨到了311美分。这是一个紧邻着1951年12月高点的卖点。但是五月合约到期了，你当然应该等待新合约，它开盘于1952年7月24日的291美分。趋势反转向上，并且上涨到314美分。

8 月 14 日跌到 306 美分，8 月 26 日形成双顶，9 月 3 日是 314 美分，这是一个卖点，止损设在 316 美分。主要趋势继续向下，直到 1953 年 2 月 13 日的低点 280 美分，它在 1952 年 4 月的低点附近，因此是一个买点。然后行情快速上涨到 4 月 16 日的高点 309 美分，这是最后的高点。随后，合约跌到了 296½美分并到期。

1953 年 7 月 25 日，新合约开盘于 256 美分，并且上涨到 259½美分。当它跌破 256 美分时，你应该卖空，因为这比所有前期底部都要低，因此预示着行情走低。价格下跌到 8 月 20 日 239½美分的低点。周和日图显示出这是一个买点。市场在 9 月 3 日上涨到 263 美分，9 月 16 日回调到 248¾美分。你会注意到，我用"B"标出了这张图表上一路向上的买点。底部和顶部越来越高，显示出主要趋势是向上的。

1954 年 1 月 22 日高点是 317½美分，它在 314 美分、311 美分和 309 美分这些高点之上，因此是价格会走向很高的明确信号。2 月 2 日，当价格回调到前期高位 309¼美分时，你应该买入。当价格穿越 317 美分时，你应该买入更多，并且持续地一路向上买入。当价格穿越 345 美分时，你应该买入更多。3 月 4 日高点 359¾美分，3 月 8 日低点 343½美分，恰好回到了 1951 年 2 月 8 日的前期高位，因此是一个买点，用设在 342 美分的止损单来进行保护。上涨继续形成更高的底部和更高的顶部，你应该每当它上涨到新高时就买入，直到 1954 年 4 月 27 日的最高点 422 美分。4 月 28 日低点是 406½美分，4 月 29 日高点是 417½美分，这是一个更低的顶部，因此是一个卖点。无论如何，当价格跌破 406 美分时，出现了明确的弱势和卖出信号。

1954 年 5 月 12 日，五月大豆跌到了 372 美分，自从 4 月 27 日以来下跌了 50 美分。

7 月合约在 4 月 27 日形成高点 415 美分，并于 1954 年 5 月 12 日交易于 368⅛美分，下跌了 47 美分。笔者于 4 月 30 日在 412 美分卖空七月大豆，并且在 400½美分卖空更多。在 396 美分和 390½美分再次卖出，因为价格跌穿了前期低位，预示着明确的下跌趋势。我们于 5 月 12 日在 370 美分回补空头，因为我们的日高低点图和小时高低点图显示，市场正在形成底部，准备反弹 1～2 天。你应该备有 5 月、7 月和 11 月的大豆日高低点图和周图。如果你根据规则来交易，就能赚到大笔的钱。大豆确实是"百万富翁的制造者"，但是记住，如果你对抗大豆的趋势，它能使百万富翁破产。因此，在你进行每次交易时，都要使用止损单来控制风险，并且不要过度地交易，你就能在大豆交易中获取巨额利润。

（十一）小麦

和其他商品一样，你始终需要知道小麦的长期价格记录。1852 年小麦低点 28 美分；1867 年高点 3 美元；1877 年高点 176 美分；1888 年高点 165 美分；1898 年高点 185 美分；1905 年高点 122 美分；1909 年高点 135 美分；1912 年高点 119 美分；1915 年高点 167 美分。

1914 年 6 月的低点是 84 美分，这恰好在战争爆发之前，当它穿越 119 美分和 122 美分时，你应该买入，并且预期下一个重要阻力位是前期高点 165 美分。1915 年 9 月，高点 167 美分，没能比 165 美分高出 3 美分，使得这里成为一个卖点，止损设在 168 美分。

1916 年，当 5 月小麦上涨到 167 美分之上时，你应该遵循规则并在新高买入，然后观察在 185 美分的下一个前期高点，当它被穿越时，你应该在新高买入更多，因为自从 1898 年形成 185 美分以来已经过去很久了。既然已经消耗了那么多时间，你就应该期待非常高的价格，特别是在战时市场中。

下一个前期高点是 3 美元，1867 年的最高价。当它被穿越时，以后的高点不得不通过趋势变化来显示，因为已经没有其他高点来作为指示

1917 年 5 月 11 日，高点 325 美分。政府停止了交易，期货交易直到 1920 年才重新恢复。我们指的是 5 月合约，从这时起我们将谈 5 月合约，并给出 5 月合约的交易指示。

在 1920 年，从这时起，你可以看一看，哪个前期低点被突破。当价格跌到前期高点和前期低点以下时，说明主要趋势是向下的，你应该继续卖出。参考小麦 1914 ~ 1954 年的图表。注意 1921 年到 1924 年间的低点 105 美分、104 美分和 101 美分，最近的低点 101 美分形成于 1924 年 3 月，这是一个买点，止损设在 99 美分。

接下来的顶部是 127 美分、150 美分和 181 美分。当这些高点被超越时，你应该遵循规则在新高时买入。

1925 年 1 月的高点是 205⅞美分。从这个高点开始，趋势反转向下，你可以通过图表看到顶部更低和底部更低，显示了下降趋势。在这里，你应该遵循所有规则并卖空。

1928 年 4 月，最后的高点 171 美分，当 116 美分、112 美分、93 美分和 84 美分被突破时，你应该卖出更多。84 美分是 1914 年 6 月低点，跌到这个水平之下，预示着价格会走得非常低。

1932 年 12 月，五月合约最近的低点 43⅜美分，这是 5 月期货曾经交易过的最低价和 1895 年 1 月以来的最低价。1895 年 1 月那时的最低价是 49 美分。

在 1932 年 12 月低点之后，你应该查找最近的前期高点，并观察它们。这些前期高点是 62 美分、73 美分、130 美分、135 美分、150 美分、164 美分、171 美分、181 美分、185 美分和 205⅞美分。

1933 年，在主要趋势已经反转向上时，当价格穿越 62 美分，73 美分时，你应该买入，并注意 130 美分，这个最近的 1929 年 2 月的前期高点。

1933 年 7 月，5 月小麦形成高点 128 美分，恰好在 130 美分之下，使得这里成为

卖点。

1939 年 9 月，希特勒发动了战争，战争对于小麦而言总是利多的。当战争开始时，你总是应该买入。5 月小麦在 1939 年 8 月 62½美分附近交易，这是 1932 年 5 月的前期高点，使得这里成为买点。当然，用 60 美分左右的止损来保护。当价格涨到以前的高点 86 美分、117 美分、128 美分、164 美分、171 美分、185 美分和 205⅞美分之上时，你应该买入。

请注意 1937 年的高点 145 美分和 1944 年 9 月最近的低点 144 美分——你应该在这儿买入，因为它是前期的高位，将止损设在它下面 3 美分。

1944 年和 1945 年，政府在小麦上设置了价格限制，这些限制直到 1946 年才被废除。

1946 年 9 月，5 月小麦最近的低点是 180 美分。当它涨到 185 美分以上时，你应该在新高买入更多仓位，然后当价格上穿 1925 年高点 205⅞美分时，你应该遵循规则在新高买入，并留意 300～325 美分这些期货最高价所形成的阻力位。

1947 年 11 月和 1948 年 1 月，5 月小麦高点 306⅞美分。研究周和日图上这些高点形成的时间，你会看到趋势如何反转向下，这是卖出小麦所有多仓并放空的时候了。

1948 年 1 月高点之后的第一波下跌非常迅速，在不到一个月的时间里，于 1948 年 2 月跌到了 229 美分，然后反弹到 252 美分，并在 1949 年 2 月跌到了 196½美分。通过图表你会看到，1949 年 7 月的低点是 191¼美分，这之后的趋势反转向上，并形成了更高的底部和更高的顶部。

1951 年 2 月高点 216 美分，在 235 美分形成下一个低点。

12 月高点 265½美分，这是此波上升走势的最终高点。你应该卖空，并在价格跌到 235 美分以下之后，一路向下卖出更多。

1953 年 8 月低点 186¾美分，次级趋势从这个价位开始反转向上，1954 年 3 月的高点是 231 美分，没能上涨到 1951 年 5 月低点 235 美分，预示着弱势和更低的价格。随后趋势反转向下，1954 年 5 月 12 日 5 月小麦跌到了 195¼美分，7 月小麦跌到了 189½美分。在写本书的时候，主要趋势仍然向下。参见图 1－2。

遵循《投机：一份有利可图的职业》这份指导教程里的和《如何在商品市场中获利》一书中所有规则。绝不要断定它们你全都知道！继续绘制图表并研究，你会使投机成为有利可图的职业。

我从不认为我已经学会所有要学的知识，在 75 岁之后，我形成了一些最重要的发现，完善了我的 9 和 12 主图表。我的三维图表证实，价格、时间和成交量之间的关系显示了市场的速率或速度和趋势。另外，我还发现了新的主时间图表。

自从 75 岁生日以来，我已经花费超过 20000 美元来研究和预测未来趋势。学会努力地工作和研究。你研究的越多，你的成功就越大。知识是你能够拥有的最美好事物。它比银行存款更好。你永远不会失去知识，而且没有人能够从你那里把它偷走。因此，尽可能地获取你能得到的所有知识。

（十二）总结

我写这份指导教程——《投机：一份有利可图的职业》是为了帮助他人在商品交易中取得成功。生活中没有比为他人提供良好服务更快乐的了。《圣经》告诉我们："人们不应该将蜡烛藏在容器内。"我愿意公布我的秘密发现来帮助他人，通过帮助别人，我常常能够发现更多快乐，并获得更大成功。

获悉真相而自己保存的人，
占有着并不属于他的东西，
却让需要的人们远离珍珠，
是个犯了致命错误的家伙。

（无名氏）

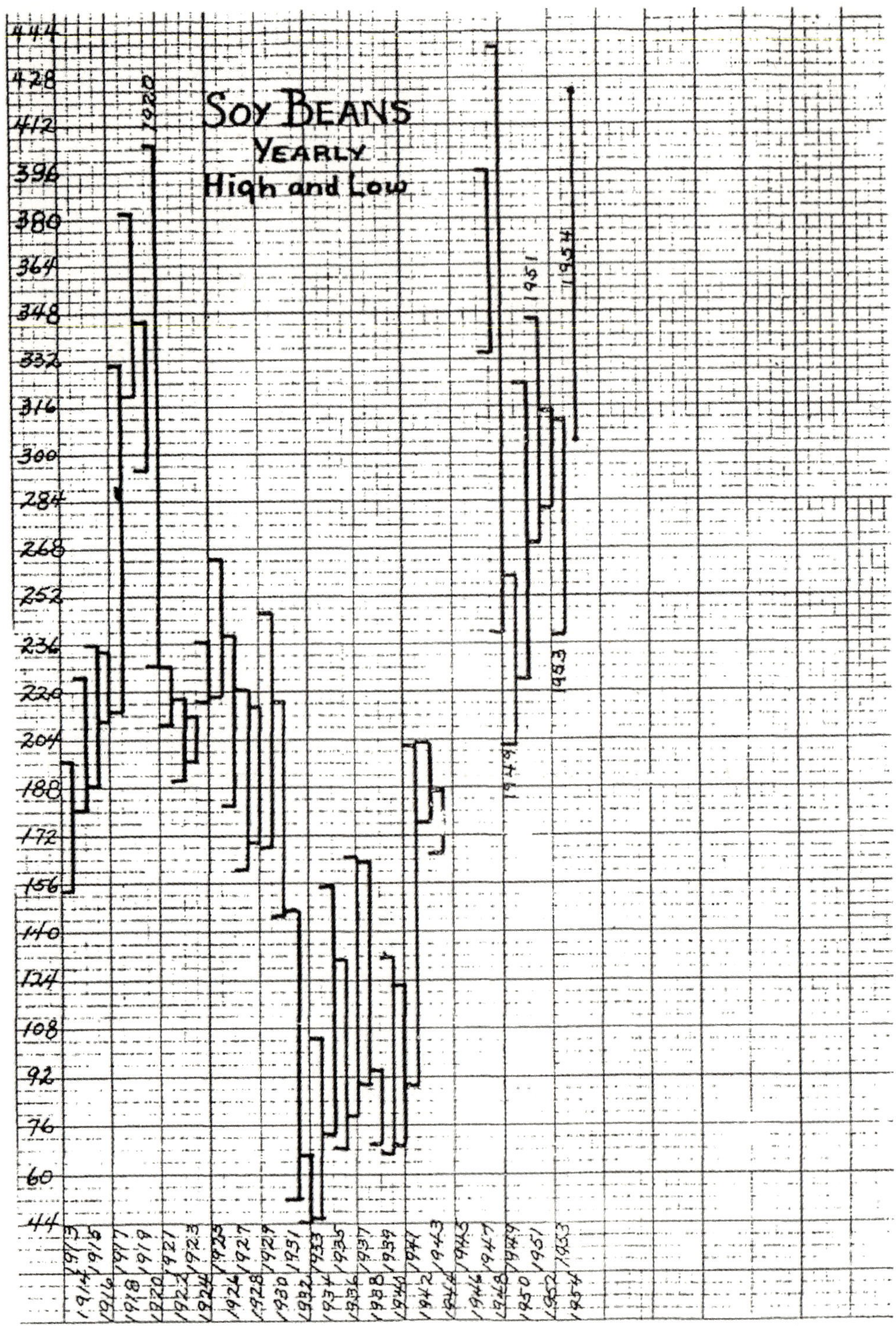

图 1－1　大豆年高低点图表

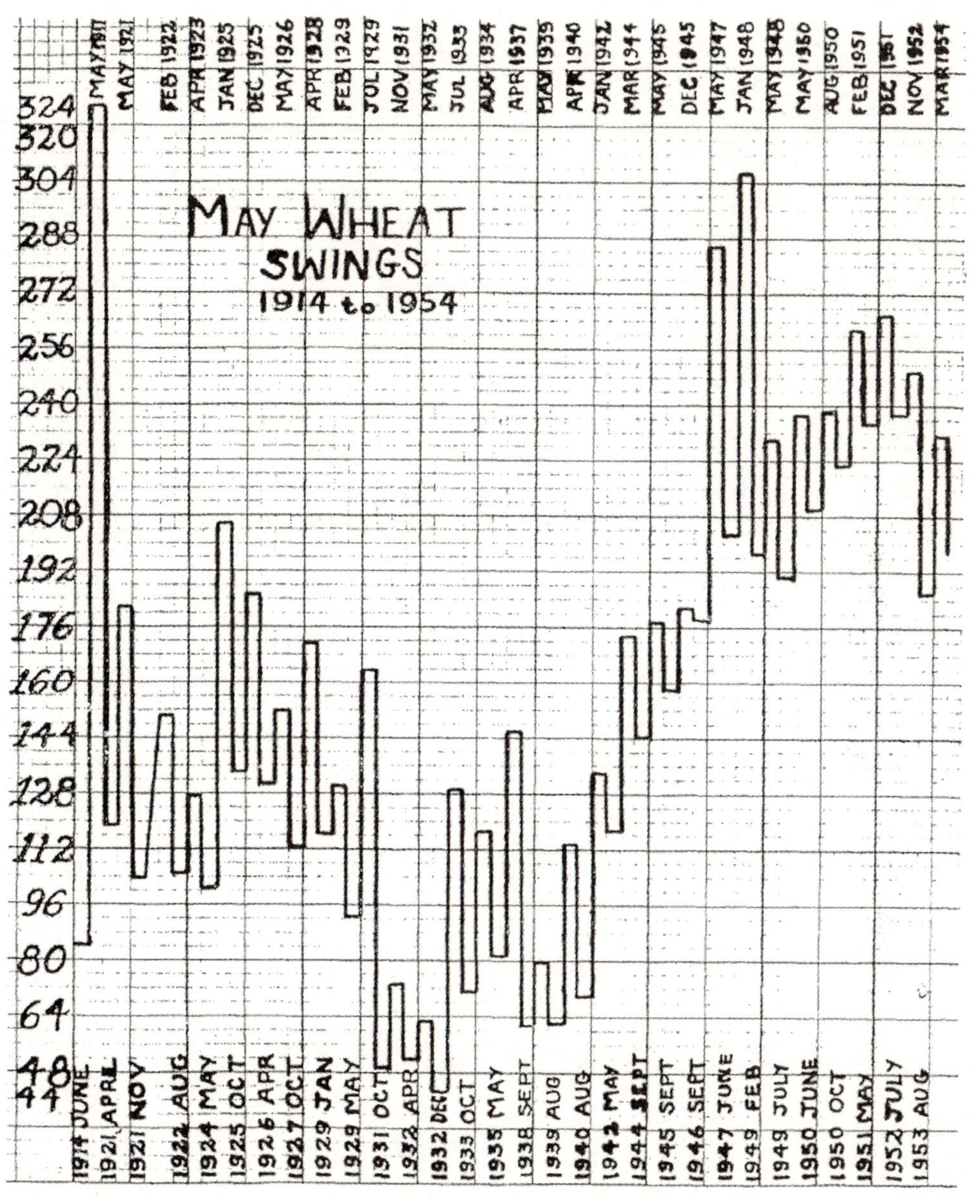

图 1－2　五月小麦走势(1914～1954 年)

第一章补充

对你学习本章有帮助的图表是第 15 号、16 号、17 号。

想进一步了解大师图表的第 9 号、12 号图表，请参看第十章“大师图表”。三维图表的例子见第 13 号、27 号图表。

在本章中，江恩阐明了你需要有周、月、年的图表。记住，你不能仅靠日线图交易，这点非常重要。你必须有周线图等图表去构建商品期货的完整图景。

关于止损单及其放置位置，由于今天期货价格比江恩的时代更易变，因此，你需要重新调整你的止损，很可能你需要将止损单放置在比江恩所说的 1 ~ 3 个点更远一些的地方。

说明：每章补充内容中带有编号的图表都是大图，面积相当于本书 3 页以上，而且数量非常多，不方便装订带入本书中。因此我们单独印刷了这些图表，制作了《江恩教程图表册》。有需要的读者可以登录舵手投资俱乐部查看 www. duoshou108. com.

第二章 小麦、玉米、黑麦和燕麦机械交易方法及趋势指标

一、资金需求

在你开始交易时，首先要考虑的事情是，资金总量能保证你持续地交易 1 年，2 年，3 年，5 年或 20 年，而且绝不能亏损本金。如果你总是有资金能够再次开始交易，你就可以弥补亏损并赚钱。但是，如果你在一两次交易里冒险投入所有资金，并亏掉它，那么机会就会离你而去。"安全第一"是首先要遵守的规则。

芝加哥期货交易所的小麦交易单位是 5000 蒲式耳，然而你也可以在操作中交易 1000 蒲式耳。当小麦在 50 ~ 100 美分之间交易时，你需要 750 美元来交易 5000 蒲式耳。根据规则，止损单应该设在日低点，或趋势线低点以下 1 ~ 2 美分处。

如果你的平均风险在 1½美分/蒲式耳，即每 5000 蒲式耳 75 美元，在亏掉 750 美元本金之前，你可以连续亏损 10 次。这从来没有发生过，也永远不会发生。如果你根据规则，在趋势线的低点和高点，以及三重底和三重顶买入和卖出的话，你很少会连续三次亏损。但是如果你连续三次亏损，就减少 200 ~ 250 美元的资金，然后争取使下一次交易 5000 蒲式耳时，你所冒的风险只有 1 美分/蒲式耳。

如果你在三次交易中损失了 5 美分/蒲式耳，然后你又抓住了行情，并赚得 10 美分/蒲式耳，就获利 5 美分/蒲式耳。当然，在活跃的宽幅震荡行情里，大多数时候，如果采取金字塔交易方式，在以金字塔方式建立的仓位被抛售完时，你将赚得 50 美分/蒲式耳，甚至 1 美元/蒲式耳的利润。要做的主要事情是，总是追随趋势，永不与趋势作对，不考虑你有多少资金。

当小麦在 75 美分 ~ 1 美元之间交易时，你应该有 1000 美元来交易 5000 蒲式耳。当小麦在 1 ~ 1.5 美元之间交易时，你的资金应该达到 1500 美元。当小麦在 1.5 ~ 2 美元之间交易时，你的资金应该达到每 5000 蒲式耳 2000 美元。

玉米和黑麦：当它们在 25 ~ 40 美分之间交易时，交易这两种谷物的资金应该达到

500 美元。当它们在 40 ~ 75 美分之间交易时,你的资金应该达到 750 美元。当它们在1 ~ 1.75 美元之间交易时,需要的资金是 2000 美元。但是,在价格高位,经纪人可能需要更多的保证金。

二、该有的图表类型

你应该一直备有一份日高低点图表,上面有开盘价和收盘价,并且在这张日图表上有趋势线。

你还要分别准备一张三日图和一张周高低点图表。

你应该有一张追溯 15 ~ 20 年的月图表,以便你能知道重要的高低点在何处,前期阻力位在何处形成。这经常是很有用的。

三、具有趋势线指标的图表

给这两种活跃合约绘制一张日高低点图表,并在图表上标出开盘价和收盘价。趋势指标或趋势线通过跟踪日走势而获得。只要合约正在上涨,并形成更高的底部和更高的顶部,就将该指标或趋势线向上移到每天的最高价,并且只要市场形成更高的顶部和更高的底部,就持续地向上移动。

在合约反转并且形成低 1/4 美分或更多的低点的第一天,你把趋势线向下移到那个低点。然后,在第二天如果合约下跌到更低的低点,你就把趋势线移到那天的低点。只要它形成了更低的低点,就持续地向下移动趋势线。

然后,在合约创出更高的底部和更高的顶部的第一天,你把趋势线再次向上移到那天的高点。

这条趋势线直接追随着合约的波动。

(一)新高和新低在同一天

如果一份合约在当天早期形成了比头一天更高的顶部,然后在市场收盘前,下跌并且形成了比头一天更低的底部,你把趋势线向上移到当天早期到达的更高的高点,然后把它向下移到当天晚些时候形成的底部。

趋势指标的思路是显示每个更高的顶部和更低的底部,以便你总是知道合约从上次[1]高点开始下跌,或者从上次低点开始上涨的位置。

[1] 原文“last”直译“最后的,最近的”。指的是从当前位置数,最近的符合某个条件的位置、时间。

(二) 内限日[1]

就“内限日”来说，我是指合约形成了更高的底部，但是没有形成一个比头一天[2]更高的顶部的这一天。换句话说，它保持在头一天的区间里。

应用相同的规则，当合约正在上涨，并形成更低的顶部，但是在同一天没有形成更低的底部，而是保持在头一天的区间内，然后如果它在第二天上涨到一个更高位置，趋势线不应该向下移动，止损单也不应该向上移到这个底部之下，除非在快速运动的市场里有持续的上涨。

“内限日”有时持续 2 ~ 3 天，也就是连续 2 ~ 3 天震荡，而没有击穿前一天的底部，或穿过那天的顶部。在这种走势之后出现变化就跟随它。如果行情在一系列“内限日”之后击穿底部就卖空。如果它在一系列“内限日”之后穿过顶部，就认为趋势上涨并做多。

四、如何使用止损单

就这种方法来说，你必须始终在趋势指标形成的底部之下或顶部之上 1 美分、2 美分或 3 美分设置止损单。

请记住，止损被设在趋势指标的高点之上或低点之下，而不是设在当天的高点之上或低点之下，除非你正在应用 7 ~ 10 天规则，并遵从向上或向下的金字塔交易方式。或者这里是顶部信号日或底部信号日，此时你将止损单设在信号日的高点之上，或其低点之下。

当行情走势缓慢时，你可以使用 1 美分的止损单，并获得更大成功和更多利润。但是当行情波动迅速时，走势经常涨到高点之上或跌到低点之下 1½美分，但又不到 2 美分的地方。因此，2 美分的止损单通常不会被触发。在趋势线低点之下或高点之上 3 美分的止损单，将比 1 美分或 2 美分的止损单更少地被触发。但是，通常我建议只在非常活跃的市场使用 3 美分的止损单。

当小麦交易价格很高时，你必须将止损单设得比较远，但是在大多数情况下，我不建议使用超过 3 美分的止损单。但是，在小麦大涨或大跌，并且你赚得大笔利润之后，你既可以在每天低点以下或高点以上 1 美分设置止损单，也可以在 3 美分，或者是 5 美分来设置止损单来跟随行情，直到止损单被触发为止。绝不要在任何一次交易中冒

---

[1] “内限日”是译者造的词。“withinday”是指高低点都在头一天高低点的范围之内的这样一天。所以，译者翻译成“内限日”。“头一天”的解释见下。

[2] 这里“头一天”并不单指“昨天”。如果昨天是“内限日”，那么这个“头一天”就是昨天的昨天。如果昨天的昨天也是“内限日”，就继续前推。

5 美分/蒲式耳的风险,只有当你有大笔的利润时,你才能将止损单设在 5 美分远。

1/2 点的运动和止损:在小麦于相同价位形成一系列底部或顶部,并变得非常活跃之后,最好还是将止损设在一系列底部之下 1/2 美分,或者将止损设在一系列顶部之上 1/2 美分。通常,当价格下破或上穿 1/2 美分时,就预示着价格在此突破方向走得更远。

五、何时不要交易

绝不要在交割月交易合约。换句话说,在 4 月 30 日一定要退出 5 月小麦,不要在 5 月交易它,不要在 7 月交易 7 月合约,也不要在 9 月交易 9 月合约,也不要在 12 月交易 12 月合约。请坚持交易远期合约。

六、交易指南

(一) 买卖点

规则 1:只根据趋势线信号交易。最简单和最容易的规则是,你在开始交易时,买入 10000 蒲式耳、5000 蒲式耳或任何其他单位,在最近的趋势线低点之下 1 美分设定止损单,然后跟随着趋势而不使用任何其他信号去卖出,直到趋势线跌破了前次趋势线低点下方 1 美分,你的止损被触发为止。然后反过来,卖出 100 包或任何其他单位,在每个趋势线高点之上 1 美分设止损单,直到止损单被触发,然后反过来再次做多。

请记住,总是让你的趋势指标作为你的指引。当它转而向下时跟随它,不要期望趋势变化,除非趋势指标显示出趋势改变。这就是趋势线的目的——让你跟随市场趋势。当它改变时,你必须随之改变,并且相应地反转头寸。这条规则使得谨慎的投资者或交易者每年赚取很多利润,如果他在棉花活跃时交易的话。棉花的交易价格越高,这条规则就赚钱越多。

规则 2:在双重或三重底买入。在双重或三重底部买入,根据价位高低和活跃程度,用 1 美分、2 美分或 3 美分的止损单来保护。当合约相隔几天形成相同价位,它在趋势指标上形成我们所谓的双重底。三重底是当合约在相同价位第三次形成底部。第二重底或第三重底可以比前一次底部略高或略低,但是请记住这条规则。

在合约到达三重底买入时,你应该不要冒超过 1 美分的风险,当第三重底被击穿时,尤其是如果这个底部是在相同位置,你的止损位被触发的话,它将预示着主要趋势已经发生改变,你应该止损并做空。

当趋势改变时,一定要反转头寸。如果你是市场多头,止损位被触发时,你必须做空。如果你是市场空头，趋势改变了，并且止损被触发时，你必须做多，或者买入相等数量。

最安全的买点，是当合约在相同价位附近形成三重底部时，在三重底的最低位以不超过1美分的止损单保护。

规则3：在双重或三重顶卖出。这条规则刚好与规则2相反。在双重或三重顶部卖出，在这个顶部之上1美分、2美分或3美分设止损单，但是在第三重顶部不要使用超过1美分的止损单，因为通常当合约第四次到达相同价位时，它将会穿越并走得更高。因此，当行情上穿第三次顶部时，它始终是一个明确的信号，告诉你可以买入，并且等着更高价格。

最安全的卖点是，当合约在几乎相同价位形成三重顶时，要以不超过三重顶的最高点以上1美分的止损单来保护。

规则4：第4次到达相同价位。三重底部是最强的，三重顶部也是最强的，但是观察合约第四次到达相同位置很重要，因为此时它几乎总是穿越。因此，反转头寸是安全的，同时在合约穿过三重顶或第四次穿过相同位置时，要采取金字塔方式交易。

在下跌方向，把这条规则反过来用。当三重底紧邻在一起形成时，合约第四次到达这个位置，它几乎总是穿过。因此，当三重底被击穿时，将头寸反转，卖出全部多头仓位并卖空，始终跟随着趋势，而不要逆着它。

规则5：在三重底之后向上的或上涨的底部。在合约形成第三个或三重底时之后，就会有一个反弹，然后从这次反弹再次调整，形成比前一次底部更高的第四个底部，它是强支撑信号，预示着更高的价格。然后，如果第五个底部更高，它是更强的信号，预示更大的上涨将要发生的。

规则6：在三重顶之后向下的或更低的顶部。在三重顶之后，观察第四个顶部，或合约跌穿三重顶之后的第一次反弹。如果第四个顶部比前一个顶部更低，它是行情弱势和价格走低的信号。然后，在下跌之后，如果下一个反弹的高点（它是从第一个顶部开始数的第5个顶部）更低，它是市场极弱的信号，预示着会有非常低的价格。

规则7：快速活跃运动市场的7～10天规则。当一种谷物的合约非常活跃，快速下跌并且每天形成更低的顶部和更低的底部时，在它下跌7天或更多天以后，你应该在每天的高点之上1美分设止损单，当止损被触发时，反转头寸并买入，止损单设在前一天低点之下1美分。

当一种合约非常活跃并且上涨迅速时，在它没有跌穿前一天的底部，并且上涨了7～10天或更多天以后，你应该把买单上移，将止损单放在每天低点之下1美分，直到止损被触发。然后，转手卖空，止损单设在前一天高点之上1美分。

但是，不要判断主要趋势已经改变上涨或下跌，除非合约上穿趋势线高点或跌穿趋势线低点。

（二）金字塔加仓

规则8：如何加仓。很多较大的利润都可以通过加仓而赚取，如果你严格地遵守这项规则，它就像金字塔一样安全。

如果你正在使用750～1000美元的资金交易5000蒲式耳，在你第一次买入或者卖出5000蒲式耳之后，当市场按照你所期望的方向运行了5美分，即你有了200～500美元的利润时，只要趋势指标显示主要趋势仍然向上或向下的话，就再买入或卖出5000蒲式耳。每次市场按你所期望的运行了5美分时，就继续买入或卖出5000蒲式耳。如果你在做多，始终在不超过趋势线底部以下或每天最低价的之下1美分的地方设置止损单；如果你在做空，就在不超过趋势线顶部或者每天最高价之上的1美分设置止损单。如果你已经加仓到了25000蒲式耳，你应该在止损位卖出30000蒲式耳，这将让你开始一笔新的做空5000蒲式耳的交易。只要市场运行对你有利，就再次以相同方式加仓。

但是请记住，当交易于60美分～1美元的合约，按你期望的方向运行了15～25美分，你必须注意趋势的变化，小心买入或卖出更多[1]，这里你必须承担损失。

规则9：加仓过程。加仓中的利润是在仓位积累和派发之间赚取的。加仓应该在双重或三重底部之后开始。然后，你在此过程中，每上涨5美分买入一次，并以设在每天低点之下，或最近的趋势线低点之下1美分的止损单来保护。通过跟着上移趋势线之下1美分的止损单，你就不会在主要趋势改变之前离场。但是，你在快速运动的市场中买入五六笔之后，那么将止损单保持在每天低点之下1美分是最安全的，因为在高位的快速活跃运动的市场，合约经常在两天里下跌10～12美分，而且不跌破趋势线底部，或使三日图上的趋势线向下移。如果你使用规则来判断高点日，那么你就可以在趋势改变之前，甚至在合约击穿前一天底部之前离场。

规则10：只根据趋势线指标加仓。这种加仓计划是简单的、易用的。你直接使用规则1去做第一笔交易，在趋势线指标跌穿趋势线顶部1美分，显示出上涨趋势后买入第一笔，然后使用规则9在合约突破交易区间之后买入第二笔，但是请记住，在合约穿过交易区间的最高点之前不要买入第二笔。

在下跌市场中，当趋势线击穿趋势线底部1美分，显示出向下趋势之后卖出第一笔，然后使用规则9在合约突破交易区间之后卖出第二笔，只在合约击穿交易区间的最低价卖出第二笔。

规则11：最安全的加仓规则。在合约处于极高位或极低位时，最安全的加仓规则是以5000蒲式耳开始，当市场在有利于你的方向上运行了5美分时，买入另外的5000

---

[1] 原文指的是另一笔5000蒲式耳。

蒲式耳，然后当它又运行了5美分时，再次买入或卖出5000蒲式耳。然后，在行情再一次按你所期望的方向运行5美分时，再次买入或卖出5000蒲式耳。不断地以此数量跟随着市场的涨跌，直到主要趋势出现了变化。

规则12：快速市场和宽幅波动。在快速运动的市场里，像1915～1917年，以及1929年、1933年、1945年和1946年，当你加仓并赚取了大笔利润之后，你应该用距离当前行情大约7～10美分的止损单跟随向下。然后，在猛烈的下跌之后，降低止损单，把它们设在低位之上大约3～5美分的地方。因为当市场运动得如此快速时，你不应该等到趋势线指标穿越趋势线顶部，甚至前一天的顶部，显示出趋势变化时才改变头寸。同样，也要应用这个规则，通过信号日以及开盘和收盘价来判断底部。在上涨行情中，将这个规则反过来用。

规则13：何时不要加仓。当合约在双顶附近时，绝不要加仓买入第二笔。或者当合约在双底附近时，绝不要加仓卖出第二笔。

在谷物合约上开始或继续加仓时，首先要考虑安全。错误发生于买入或卖出第二笔时太靠近积累点或派发点。在大涨或大跌之后，开始加仓之前，始终等待明确的趋势变化。

合约经常在一个区间，即10～12美分里维持数天或数周，既不穿越最高的高点，也不突破最低的低点。当它走出这个区间，穿越了最高的高点或突破了最低的低点时，预示着更大的走势。你应该开始加仓，在它形成新高时买入第二笔，或突破新低时卖空第二笔。

小麦市场有独特的和非同寻常的运动。在长期趋势结束之前，它经常有伴随着小幅回调的直线上涨或下跌，期间常常只有2日的反弹或回调。在这些长期的上涨或下跌之后，小麦会突破一个持续数天、数周或数月的狭窄交易区间。当它处于这个交易区间时，无论是积累还是派发，你必须反向于顶部或底部交易，在开始新的加仓之前，等到它向上或向下突破这个交易区间。当小麦处于这些狭窄的交易区间时，你不得不薄利交易[1]。

(三)如何判断趋势变化

规则14：次趋势指标。在跌市中，除非趋势线图上的趋势改变，否则不要认为次级趋势已经转而向上。根据合约的活跃程度和价格，无论你在先前的顶部之上使用1美分、2美分还是3美分的止损单，趋势指标若要改变趋势，合约必须涨到趋势指标的前期顶部之上1美分或更多。在涨市中，除非合约跌穿趋势指标或趋势图的前期底部1美分或更多，否则不要认为次级趋势已经转而向下。

[1] “薄利交易”指每次交易只赚很少的利润。

记住跌穿日低点 1 美分,或者上穿日高点 1 美分,不改变趋势。

规则 15:主趋势指标。在持续上涨之后,除非三日图上形成的顶部被涨穿,否则不要认为主要趋势已经改变,在持续下跌之后,除非三日图上形成的底部被跌穿,否则不要认为主要趋势已经改变。

规则 16:突破点。观察最近这波走势开始上涨的点位和价格,当这个价格被跌穿时,考虑主要趋势正在变为下跌。

当合约在高位处于强势位置时,观察最近的低点,或者最近这波创新高走势的起点,当这个价位被突破时,这是主要趋势正在转而向下的信号。

观察最近这波走势开始下跌的点位和价格,当这个价格被穿越时,视为主要趋势已经变为上涨。

当合约在低位处于弱势位置,并且缓慢地走向更低,形成了更低的低点和更低的高点时,观察最近的高点,或者合约突破并形成新低的位置是重要的。除非合约开始穿越它所突破的价位,否则不要认为主要趋势已经反转。

规则 17:第二个和第三个更高的底部和更低的顶部。观察第二个和第三个更高的底部。当合约突破第二个更高的底部时,考虑主要趋势已经变为向下。

观察第二个和第三个更高的顶部。当合约突破第二个更低的顶部时,考虑主要趋势已经变为向上——至少是暂时的,然后跟上它。

规则 18:走势的各个阶段。研究合约在第一个低点和运动的第 1 ~ 第 4 或第 5 个顶部之间形成的不同阶段或运动是重要的。在合约有了数个上涨走势和回调之后,当它接近走势终点时,超过前期顶部的涨幅将会减少,而且从最近的底部到最近的顶部的走势,将会少于这波走势的初期阶段,这是走势已经耗尽,并接近顶点的信号。然后,应用你的其他规则,观察趋势指标和三日图的趋势反转。

在跌市中,应用相同的规则。当下跌或跌势阶段变得更短时,这表明卖盘压力正在减弱。

留意高/低点形成之后的第一次反弹或回调,如果棉花运行了 50 ~ 60 点,那么就留意下一次的 50 ~ 60 点的涨跌。棉花经常反弹或回调大约相同点数 3 次或 4 次,但是,第四次要留意趋势的变化。

在一个大的运动中,棉花经常反弹或回调 90 ~ 100 点。留意第一次反转走势超过 100 点的时候,因为这经常意味着主要趋势的变化。

规则 19:在底部或顶部的整 3 美分信号。在很弱的市场中,留意从任何低位开始的第一个整 3 美分的上涨,在很强的市场中,留意第一个整 3 美分的调整,这将预示着次级趋势的变化。

对于整 3 美分,我的意思是,例如,从低点 60 美分,反弹到 63 美分是整整 3 美分。如果这个低点是 59½美分,我们直到合约反弹到 63 美分才计为 3 美分整。

当合约正在上涨时，把这个规则倒过来用。假若它上涨到了50⅞美分，而没有出现一段整3美分的调整时间，然后如果跌到了47美分，我会认为这是整3美分的回调，以及次级趋势正在反转的信号。在这种情况下，如果合约仅仅下跌到47½美分，甚至47¼美分，我们不会把它算作整3美分的回调，因为整数点位是基于整数的。

规则20:2天快速运动。在持续下跌后，合约经常有两天快速的反弹，形成宽幅的价格区间，然后在这个区间里运行数天或数周，既没有比2天反弹的高点更高，也没有击穿前期低点。这显示支撑或积累。然后，当2天反弹的高点被穿越，它是你应该加仓买入的信号。

在2天快速下跌后，应用相同的规则，它不改变主要趋势，因为合约没有第三天下跌，但是后来当这个2天快速下跌的低点被击穿时，它是主要趋势转而向下，你可以再次开始加仓的信号。

(四)开盘价和收盘价的重要性

规则21:顶部信号日。当合约非常活跃，并到达极高和极低时，开盘价和收盘价很重要。在大涨之后，走势达到极高价这一天，如果合约收盘于当天低点，或收盘于当天区间的中点以下，或收盘于开盘价以下，它意味着卖出比买入更好，合约已经准备转势向下，至少是暂时的向下。当出现这种走势时，你应该毫不犹豫地清仓并卖空，在最后一天高点之上1美分设空头止损。

规则22:底部信号日。在持续下跌之后，合约急速地突破的这一天，如果它收盘高于开盘价，或者在中点之上，或者它收盘于极高位更好，在形成宽幅区域，并比前一日走低之后，它预示着买入比卖出更好，趋势准备转而向上，或者可以看到较大的反弹。因此，你应该不等合约形成比前一日更高的高点，或等到趋势转而向上——穿过趋势线高点，就平空仓并买入。

规则23:在高/低点附近收盘价与更高/更低的开盘价。如果合约大涨，并收于高点附近，或正好在高点，然后次日开盘价低1~2美分，这是弱势信号，预示着合约将走低，尤其是如果它未能上穿前日高点。

当合约正在下跌，并收盘于当天低位附近，然后次日开盘高1~2美分，而且一直未击穿开盘价，并收盘于当天最高价附近，它是获得支撑的可靠信号，预示着合约将走高。如果合约在收于弱势后高开，并保持到当天11点钟，且一直未击穿开盘价，它是价格走高的信号，你应该买入。

规则24:急速下跌或上涨之后的窄幅波动的日子。在合约已经下跌一段时间后，又急速跌破，收于弱势，或接近低位，如果在随后一天，区间非常狭窄，合约只是略微走低，并收盘在同样位置，它预示着走势耗尽，你的止损单应该下移到窄幅波动日的高点之上1美分处。

在合约上涨了一段时间后,又急速上涨,收于强势或接近高位,如果在第二天,区间非常窄,它预示着定点很近,你的止损单应该被上移到在窄幅波动日的低点之下 1 美分处。

规则 25:连续数天在相同价位收盘。留意在持续上涨或下跌之后的合约收盘价。如果合约连续多日收盘于相同价位,这预示着它在这个价位受到支撑或遇到阻力。然后,它第一次收盘于这些收盘价之上或之下,将是趋势变化的信号,你应该跟着它。

规则 26:接近相同价位的三重顶/底与收盘价格。留意合约如何收盘,当它急速上涨并形成顶部时。如果它收盘于中点之下,或当天低点,这预示着它正在形成顶部。然后,当天第二次或第三次上涨到同样位置时,如果它同一天回调,并收盘接近于低点,这明确预示着好的卖点,趋势准备转而向下。

在跌市将这条规则反过来。如果底部出现在相同价位,每次合约收盘接近当天高点,这预示着更高的价格,合约准备转而向上。

请注意:所有规则在快速活跃市场最有效,丰厚利润形成于在活跃市场交易。如果你遵从这些规则,你就会赚钱。在你开始之前,用这些规则填充你的大脑,成功是有保证的。

(五)空间图表——高价位活跃市场的规则

小麦历史上多次在 1.75 ~ 3.00 美元之间交易。这些高价将会在某些时候重现,所以你需要知道在每天波动 10 ~ 20 美分的市场里如何交易,如何在接近顶部或底部时离场,因为走势将会很快,以至于你不能每次等到趋势线底部被跌穿,也不能等到日低点或高点被穿越,尤其是区间为每天 15 美分,甚至 7 ~ 10 美分时。

当行情正在这样快速上涨或下跌时,你应该绘制一张 3 个点的空间图。我的意思是,在这一天,当小麦从某个高点下跌 3 美分,或从某个低点上涨 3 美分,你应该记录它。然后,当小麦第一次跌穿前面的低点❶,视为趋势已经暂时反转。这可以只是一天或 1 ~ 2 天,但是它是一个离场的警告。如果你正在看磁带机,那么你也应该记录 1 美分的走势。但是,当行情在高价非常活跃时,我认为最好记录 3 美分的走势的图表。

(六)小时图表

在活跃的,快速移动的市场,你可以得到每小时的价格,记录小时高低点,还有标出小时开盘价和收盘价都很重要。

应用你在日高低点图上所用的相同规则。在小时图上,市场第一次跌穿趋势线低点,或穿越趋势线高点,视为趋势线已经暂时改变。

---

❶ 原文直译为“3 美分走势的低点”。意思就是跌穿前一次下跌 3 美分所形成的低点。

如果有一系列小时高点在相同价位，或一系列低点在相同价位，那么当市场涨过小时高点 1 美分或跌穿小时低点 1 美分时，视为趋势已经变化，至少是暂时的，并且相应地交易。

即使在窄幅波动的市场，即每天波动 1 ~3 美分的市场，如果你绘制小时高低点图表，你也会在获得趋势快速变化上看到它的价值。所有这些规则都是用来保护你的资金和利润，帮助你尽可能近地在高点或低点离场。不要忘记使用止损单。这是你的“紧急闸门”和“安全阀门”，在行情反转时将保护你。

(七)三日图或主要趋势指标

三日图应该绘制在独立于日高低点图以及趋势线的图纸上。它用于连接次要趋势指标，或和机械交易方法一起使用的趋势。

1. 如何绘制三日图

对 3 日走势图或主要趋势指标而言，这条规则如下：

三日图是由 3 天或更多天的走势组成。当合约开始上涨，并且连续三天形成更高的高点和更高的低点时，你把三日图上这条线移到第三天高点。如果它继续上涨，形成更高的高点，并且回调不足 3 天，你就把三日图上的线继续移到每天的高点，除非合约回调了 3 天，或者连续 3 天或更多天形成更低的低点。

然后，你把三日图上这条线向下移动，只要合约形成更低的低点，并且反弹不足 3 天，就不断地向下移到最低价。

合约从底部第一次反弹了 3 天时，也就是，连续三天或更多天形成更高的高点，你就把这条线向上移。这张图表基于更高的高点和更低的低点，而不是收盘价。合约可能收于第 3 天的较低位置，但是并没有形成更低的低点，在这种情况下，你可以不改变三日图。合约可能收盘于第 3 天较高位置，但是并没有在第 3 天形成更高的高点，在这种情况下，你不要在三日图上向上移动这条线。

2. 例外规则

绘制三日图有一种例外规则。当合约在底部或顶部附近非常活跃，形成了宽幅区间，并且穿过前期趋势线指标在 3 天内所形成的高/低点，那么你就在三日图上记录下这波走势，就好像在一个方向有 3 天走势一样。

(八)趋势变化的信号

规则 27：上穿 3 日走势高点或跌穿 3 日走势低点。主要趋势改变的明确信号是，三日图上走势超过 1 ~3 美分。当合约击穿三日图所形成的底部，你就视为主要趋势已经转而向下，当走势穿越三日图所形成的顶部，就视为主要趋势已经转而向上，至少是暂时的。

在慢速或半活跃市场里，跌穿最近的3日低点，或上穿最近的3日高点达1美分，足以显示趋势变化。

规则28：第一次3日调整或反弹。在持续上涨后，观察第一次满3天的价格走低，或三日图第一次向下移动❶，这经常是走势尾声临近的第一信号。

下一步，在三日图上，留意向下的第二个三日走势，如果它比趋势线低点或次要趋势指标更低，或在三日图上的3天低点之下，这将是更强的趋势反转信号。

规则29：在三日图上的第三波走势。在三日图上最需要观察的信号是，在持续的上涨/下跌之后的第三次向下/向上❷走势。例如，合约调整3天，然后上涨到新高，然后又有第二次3日调整，并且上涨到新高，然后当第三次3天调整出现在新高，那几乎总是走势结束的信号。如果第三个3天走势跌穿三日图上低点有1点、2点或3点，具体点数取决于合约价格和它的活跃程度，它几乎是肯定的主要趋势已经转而向下的信号。

(九)如何将趋势线指标与三日图相结合

趋势线指标总是记录市场的次要趋势，当它跌穿前期趋势线低点或上穿趋势线高点1美分而出现反转时，它显示了次要趋势。但是，三日图总是显示出市场的主要趋势。

逆着主要趋势交易是不安全的。换句话说，如果三日图显示趋势向下，最好总是在反弹时卖空，使用次要趋势图表来设止损单。同样地，当三日图显示向上趋势时，最好等三日图的调整时买入而不是卖空，除了出现急速上涨的情况以外。

当趋势线或者次要趋势指标形成双重/三重底和双重/三重顶，并且跌穿这些底部或者上穿这些顶部时，这将说明主要趋势的变化。但是，如果市场是非常慢或者窄幅波动，成交量小，那么认为主要趋势已经改变是不安全的。除了快速上涨以外，3日走势总是在多数时间显示主要趋势，以便进场和赚钱。

大钱总是通过跟随趋势获得的，三日图使得你跟随主要趋势。

七、阻力位

所有合约都在与某些前期走势成一定比例的某些精确的数学点形成高点和低点。合约在极高和极低之间的走势，无论是在主要走势还是次要走势，都是非常重要的。通过恰当地划分波动区间，我们判断阻力位或支撑位将在反向走势上遇到，无论是上涨还是下跌。通过仔细地观察这些阻力位和趋势指标，你就可以获得更大成功，并以

❶ 这里指的是“三日图上的趋势线”。

❷ 原文中没有“/向上”，是译者根据文意补充的。

较近的止损单来交易。

(一)波动区间

1. 1/8 位置

选择任意重要走势的极低和极高点,从极高点减去极低点得到区间,然后把这个波动区间除以 8,得到 1/8 位置,这就是阻力位或者买卖点。当合约在这些位置附近停留,并且在此或其附近形成高点或低点,显示了趋势指标的转向时,这就是买入或卖出的地方。

2. 1/3 和 2/3 位置

在把合约除以 8 得到 1/8 位置以后,次重要的是把波动区间除以 3,得到 1/3 或 2/3 位置。这些 1/3 和 2/3 位置是非常强的,尤其是如果它们落在其他前期走势的阻力位附近,或者它们是一个非常宽幅走势的分段时。

(二)最高卖点

下一个重要位置是阻力位或小麦、玉米或黑麦历史最高价的一定比例,以及每个更低的顶部。

把最高交易价除以 8,得到 1/8 位置,除以 3 得到 1/3 和 2/3 位置。这是非常重要的,因为在击穿波动区间的中点之后,合约将经常跌到最高交易价的中点,这在其他阻力位上也同样有效。

当合约正在上涨时,它经常会穿过最高交易点的中点,上涨到波段的中点,并遇到阻力。

(三)需要考虑的最重要的谷物走势

首先也是最重要的一点,考虑过去 30 年、20 年、10 年、5 年和 3 年期间里在极高点和极低点之间的阻力位。

然后考虑运行一年或更长时间的所有过程的波动。选择极高点和极低点之间的区间,并把它除以 8,得到重要的阻力位。

然后去第二个高点或比极高点低的高点,将它除以 8 得到重要阻力位。

然后取第三个或第四个更低的顶部,并把它除以 8,得到阻力位。

当你遇到最近走势时,它可能运行了几周或几个月,这是留意第一个阻力位的最重要走势。

(四)阻力位的委托单

当合约正在上涨并且穿过 1/4 位置时,下一个留意的重点是 1/2 位置或重心,即走势(波动)的平均值。

然后,在中点之上的下一点是 5/8 位置。

在中点被穿越之后,下一个最强点是 3/4 位置。

接着,如果在这些点之间的区间非常宽,重点观察走势的 7/8 位置。这经常标出上涨的顶部。

但是,在观察这些阻力位时,始终要留意你的趋势线指标,无论是日图上的趋势线,还是在三日图上的趋势线,如果它们在这些阻力位开始形成顶部或底部,买入或者卖出就是安全的。

(五)平均数或中点

要记住 50% 回撤或波动区间的中点,或合约最高价的中点,是作为下跌方向的支撑或上涨方向的阻力的最重要位置。这是平衡点,因为它把波动区间分为 2 个相等部分,或把最高交易价分为两个相等部分。

为了得到这一点,任意走势的最低价加上那个走势的最高点,并除以 2。当合约上涨或下跌到中点,你应该卖出或者买入,止损单设在 1 美分,2 美分或 3 美分远,依据合约是在非常高还是非常低的价格交易。区间越宽,时间段越长,中点到达时就越重要。当合约上涨到中点,并从这个位置回调几个点,然后最终穿过它,你可以看到它形成了显示在你的阻力位卡片上的下一个阻力位。最强势的信号是,当合约处于中点上 1 美分或更多时,它显示了买点或支撑,止损单被设在这个重要的阻力位之上。

一个弱势信号是,合约上涨且不能到达中点以上 1 美分或更多,随后它下跌并跌穿趋势线或其他阻力位。

(六)在主要中点被突破后的下一个阻力位

在主要中点被击穿以后,要留意的下一个阻力位是某些前期走势的下一个中点。就主要中点而言,我指的是,谷物合约的极值波动区间的中点。在主要中点被穿越以后,另一个非常重要的阻力位是,最高交易价的一半这个中点。这是比小的波动中点更强的支撑位,因为它把最高交易价一分为二。在被穿过 1 美分、2 美分或 3 美分(根据合约的价格是高价、中价,还是低价)之前,它是很强的买点或卖点。

(七)在相同价位附近的阻力点

当两个中点或任何其他两个阻力位,无论是波动区间的,还是最高交易价的一定比例,出现在相同价位附近,你应该把这两点加在一起,并除以 2,即两点之间的中点,它将经常是下跌中的支撑位或上涨里的卖点。

(八)如何查找阻力位

当你在某个位置发现重要的阻力位,或者最重要的阻力位——中点,看一看是否有其他阻力位,它是否落在同一价格的 1/8、1/4、3/8、5/8 或 2/3 位置。

你可能在此相同价格附近找到 3 个或 4 个阻力位。你发现的阻力位越多,当合约到达这个位置时遇到的阻力越强。

然后,选择这个相同价位附近的最高阻力位和最低阻力位,并且把它们加在一起求平均阻力位。

当合约到达这些阻力位时,观察它的活跃程度。如果它成交量很大,并且上涨或下跌得非常快速,不要认为它将会在这些阻力位附近停止,除非它在这些阻力位附近停止或保持 1~2 天,然后卖出或买入并设止损单。

(九)12 的倍数

你会发现这对你的趋势线指标很有帮助:通过复习过去的记录,你会发现 5 月小麦在 12 的倍数、12 的 1/4 和 12 的 1/2 处,形成很多顶部和底部。例如,48、54、60、66、72、78、84、90、96、102、108、114、120、126、132、138、144、150、156、162、168、174、180 等。留意你的日高低点,当它们连续几天在一个偶数价格——12 的倍数,或中点,你可以在这些点买入或卖出,并设止损。

你也会发现,小麦价格经常表现为 10~12 美分,或 23~24 美分、36 美分、48 美分,也就是按照 12 的倍数变化。

(十)空转

因为在每种机械里都有空转,所以在谷物市场也有空转,由于动能使得合约在阻力位略上或略下一点。平均空转大约在 1⅞美分。

当合约非常活跃,并且涨跌迅速,成交量很大时,它经常会走到中点或其他强阻力位之上 1⅞美分,而不是 3 美分。

同样的规则适用于下跌。它经常穿过重要阻力位达 1⅞美分,而不是整整 3 美分。这个规则同样适用于任何事情的重心。如果我们打一个洞穿过地球,然后丢一个球,动能将带动它穿过重心。但是当它减速下跌时,它将最终恰好落在中心。这就是谷物合约在这些重要的中心周围的活动方式。

(十一)周高低点图表

我们应用于趋势线指标和三日图上的规则,可以同样用在周高低点图表上。只要合约在周图上每周形成更高的底部和更高的顶部,你就把趋势线上移到周的高点。然后,在下一周,如果合约没有形成比前一周更低的底部,或者更低的顶部,趋势线就不用变化。但是,在合约击穿周最低点1/2或更多的第一周,你要把趋势线向下移到这一周的最低点,并且只要合约形成更低的底部,就继续把它移到每周的最低点。

然后,在它高于前一周高点的第一周,把趋势线移到这一周的高点,依此类推,应用在其他趋势线指标上使用的相同规则。

例如:如果合约下跌了1~2周,形成更低的底部,然后上涨,形成更高的顶部,然后回调了1周,形成比前一周更低的底部,然后上涨到一个新的高点。然后下一周,或最高点形成后的任一周,价格击穿回调的低点,你就视为在周图上趋势已经转为向下。

在周图上的这些趋势变化,比三日图上的趋势变化要更强。周图经常和日图表以及三日图上的趋势线一样,形成双重/三重底部,或双重/三重顶部。因此,当合约在周图上形成双重/三重底部时,你就知道它是主要趋势向上变化的强烈信号。当合约在周图上形成一个双重/三重底时,这就是它遇到阻力并形成最终顶部的信号。

1. 3 周走势

3的规则可以应用周图。合约经常回调3周,而且第4周不会走得更低。如果它在第4周的早期走得略低,并在第4周的后期收于强势,或收于这一周的高点,它是主要趋势没有改变的信号,合约将走得更高。但是,任何时候合约在回调3周后跌穿低点再上涨,它就处于非常弱势,预示着更低的价格,尤其是如果合约在高位。

在跌市中,把所有这些规则颠倒过来。如果合约从底部上涨了3周,接着创出新低,然后穿过它在3周前上涨形成的高点,这是非常重要的趋势变化,它可能持续一段时间。

2. 7~10 周走势

在积累和派发完成后,小麦经常快速地上涨或下跌7~10周,期间只有2~3天的反向走势。这些是你可以加仓并赚大钱的走势。

留意走势启动后的第49天和第52天附近的顶点,如果底部或顶部没有在此时形成,就留意第66~70天附近的走势。

通过回溯图表和对照走势,你将会看到这条规则有多么重要。我的许多成功学生在长期交易中使用三日图和周图,并且仅仅利用这两种图表,就完成一些非常成功的加仓交易。

本机械交易方法,基于确定的交易规则,可以克服人性的弱点,排除希望和恐惧心理,也排除了猜测。学会严格遵守规则,在活跃的市场中交易。记住,业精于勤。你学习和实践得越多,取得的成就就越大。使用全部的规则,始终保存好你每日的交易图表,不要去猜测,就一定能成功。

八、如何确定顶点和趋势变化

想赚大钱需要在谷物市场跟随主要趋势或者大的波段，并且不改变立场或兑现利润，除非市场通过其自身活动显示趋势已经改变。如果你遵从这些规则，市场将告诉你主要的或次级的趋势何时改变。不要猜测，或者基于希望和恐惧而交易。给市场一点时间去显示趋势的变化。

根据市场是常态还是非常态，在高位或低位的价格活跃程度和区间，决定了趋势变化。非常态的价格和波动出现在战争期间或战后。产量很大或很小的年份引发了非常态的走势，它会走向极端。在非常态的市场里，不要试图猜测顶部或底部何时将要达到，因为它们几乎总是运行得比人的理性，或已知所让你相信的要更长。这就是为什么你必须应用规则，等待市场活动显示明确的趋势变化。

(一)四条规则

规则1:时间规则。时间因素是最重要的。时间到了，时间或空间运动就会反转。保存一份市场回调天数的记录，也就是实际交易天数；还要保存每个回调或反弹的日历天数。当反转出现，并超过前一次时间运动时，视为趋势已经改变，至少是暂时的。在任何重要的顶部或底部到达之后，第一次回调或反弹将会出现，这里几乎总会有次级运动，它通常形成略高的底部或略低的顶部。这个走势的期间可能是1天、2天、3天或更多，完全依赖于市场的活跃程度和涨跌的持续时间。但是规则是，在判断趋势已经变化之前，留意前次持续时间的超时。

规则2:波动低点和高点。在市场上涨时，它会在主要波动中不断地形成更高的底部和更高的顶部。你必须观察所有这些回调或低点。然后，当波段底部第一次被击穿时，无论它维持了1天、2天、3天或者更多，考虑趋势已经变化，并且跟随它。

当市场正在下跌时，它在主要波动上不断地形成更低的底部和更低的顶部。

因此，当上次波段高点被穿越时，预示着趋势的改变。

规则3:空间或价格运动。至于空间运动，我指的是从高点到低点的涨跌点数。例如：假设小麦从80美分开始上涨，涨到90美分，并形成高点，然后回调到85美分，接着上涨到1.00美元以上，达到112美分，随后回调到107美分——这又是空间运动的5美分反转。然后，上涨恢复，价格达到120美分，接着快速回调至113美分，下跌了7美分，超过了前两次5美分的回调。我们把这称为"空间运动"的超出和趋势反转的指示。但是，你绝不能只依靠空间运动来给出趋势改变的明确指示，除非它被一定时间周期的反转和行情跌穿最近的波段低点所确认。

规则4:阻力位。当价格回到前次波段的1/2处或更多时，这也是趋势变化的信号。在跌市中，达到波段的1/2，即50%或更多的反弹，是趋势变化的首要信号。但是，在你可以确定有明确的趋势变化之前，这些信号必须被时间规则所确认。

回顾和研究过去市场走势，将向你证明这些规则的准确性和价值。研究这些例子以及1924～1925年和1945～1946年5月黑麦的对照表。

（二）平均空间运动

通常，在上涨恢复之前，小麦或黑麦不会回调或下跌超过7～10美分，在极端情况下，不会超过12美分。一般来说，在被时间规则所确认时，回调或反转超过12美分，将会显示趋势的变化。

当市场正在下跌，平均反弹是7～10美分，很少超过12美分。在极端弱势行情下，反弹不会超过3～5美分，所有这些依赖于价格是在常态还是非常态价位。

（三）当谷物处于最强或最弱的位置

当小麦、黑麦或玉米正在上涨，并处于快速上升波段的最后阶段，回调经常会持续2天，然后上涨就会恢复。这种上涨有些时候运行42～49天，即6～7周，在极端情况下，可以运行3～4月。但是，在84～90个日历日时，留意趋势变化很重要。

请记住，当时间规则显示反转时，行情涨跌的持续时间越长，主要趋势改变的指示越可靠。同样，当很大的波动区间出现时，它对趋势变化更重要。

例子——5月黑麦

1945年

6月1日，低点131⅜美分。

19日，高点146½美分，上涨了15美分。回调不曾持续过2天，不曾跌至前一日低点下1美分。

19日，是一个信号日。然后是快速地回调2天。

21日，低点138½美分，然后反弹1天至142½美分。接着跌穿前期底部。

25日，低点135½美分，随后是反弹。

7月2日，高点141¾美分。未能穿过6月22日的前期高点，下跌趋势恢复，行情形成更低的价格。

7日，低点130¼美分。随后反弹。

13日，高点138¼美分。这是正常的8美分反弹。下一次下跌来临。

18日，低点129美分，一个信号日，此时次级趋势转而向上。

8月4日，高点139¼美分，在7月2日高点之下2美分，只在7月13日高点之上1½美分，使得这里成为卖点，止损单在142½美分之上。然后，主要趋势再次转而向

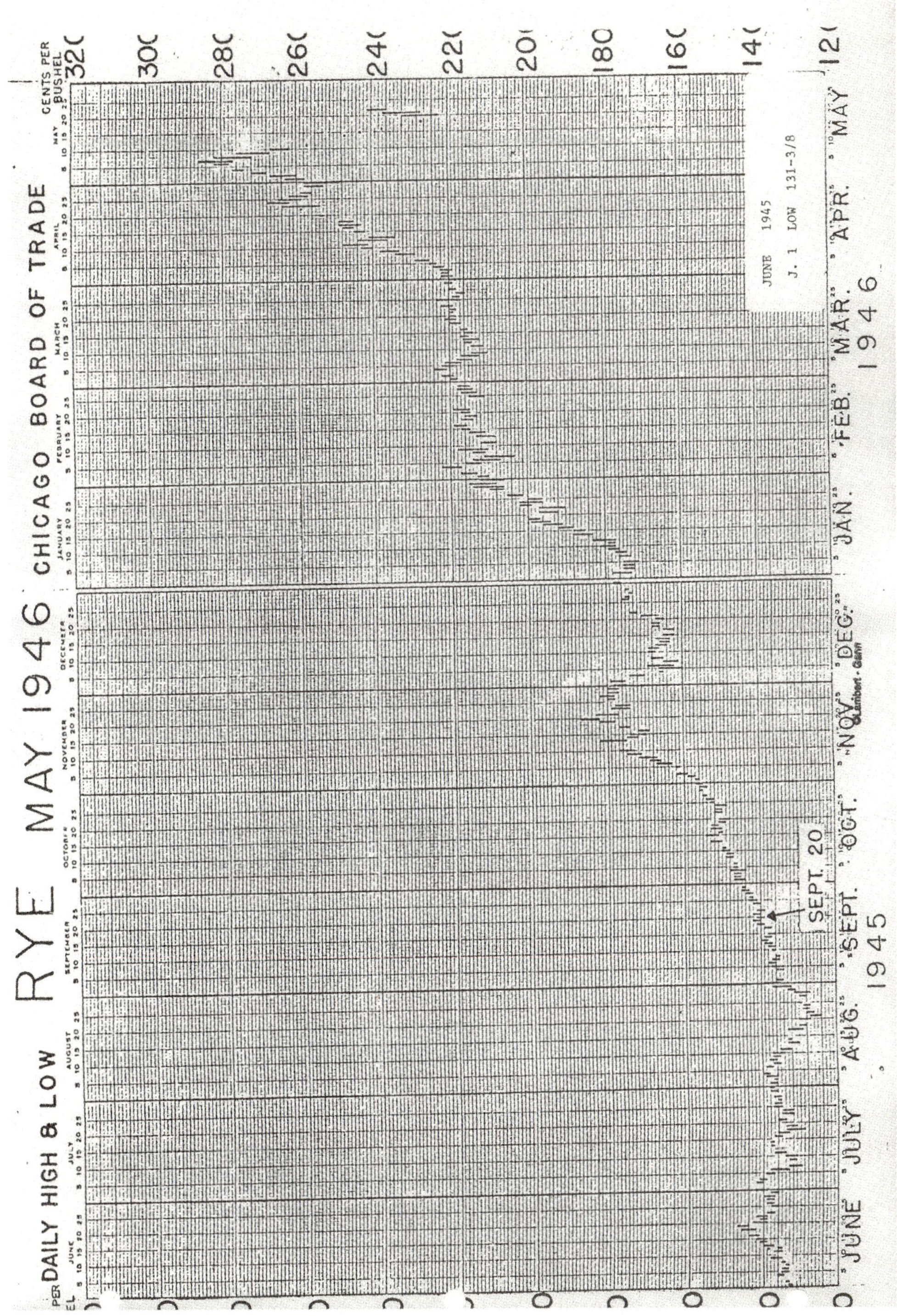

图 2－1　五月黑麦日高低点图(1945～1946 年)

下,只不过反弹 1 天。

21 日,低点 124 美分,从前次高点下跌 15 美分,距离 6 月 19 日高点 22½美分。这波走势持续了 13 个交易日,从 6 月 19 日高点开始,下跌了 51 个交易日和 60 个日历日——一个留意趋势变化的地方。然后行情连续反弹了 3 天,显示趋势改变,开始形成更高的高点和更高的低点。

31 日,高点 139⅜美分,上涨到前期顶部附近。随后回调 3 天。

9 月 5 日,低点 133½美分。请注意这是不到 6 美分的下跌。然后恢复上涨。

10 月 15 日,高点 153½美分。

20 日,低点 148¼美分,回调持续了 5 个交易日,下跌了 5¼美分。既没有时间的和波动的信号,也没有空间运动的信号表明已经到达顶部,因为波动底部没有被击穿,所以这次回调又是一个 3 日回调,因为在 153½美分附近有 3 日图的高点。随后快速上涨。

11 月 13 日,高点 182⅛美分。随后快速回调。

16 日,低点 169¼。这是一个 3 日回调,空间回调接近 13 美分,超过了前期空间回调。当空间运动预示着趋势变化时,时间周期还没有超越,也没有波动底部被击穿。因此,你不要判断次级或主要趋势已经改变,除非时间反转,或波动底部被击穿。随后急速地反弹 3 天。

20 日,高点 187 美分,从 8 月 21 日低点上涨 63 美分。参考 1924 ~ 1925 年,你会发现在那时,从 119 美分上涨到 182¼美分,上涨达 63 美分。相同的空间运动使得这里成为一个卖点,止损单在该价位之上 3 美分。11 月 20 日是一个信号日,价格收于当天区间低点。下跌来了。

23 日,低点 173½美分,下跌 13½美分。这超过了前期空间回调,但是时间周期仍然没有超越,波动底部也没被击穿。随后 3 天反弹降临。

27 日,高点 181¼美分,几乎和 11 月 13 日高点相同,使得这里成为一个卖点,止损保护在向上 3 美分处。随后恢复了下跌,当价格跌穿 173½美分时,它就处于第一个波动底部下方,从高点开始的时间周期,超过了自从 8 月 21 日以来的所有前期回调的时间周期。

12 月 5 日,低点 160 美分,在 12 个交易日和 15 个日历日里下跌 27 美分,这是一个正常的 2 周回调。随后行情上涨,形成了更高的底部。

10 日,高点 169 美分。

15 日,回调低点 161½美分,第二个更高的底部。随后恢复上涨,价格穿过 12 月 10 日高点 169 美分,显示主要趋势再次向上。这波上涨的后续情况,请看"五月黑麦波动对比图表"里的分析。参见图 2 - 1。

5月黑麦价格和时间走势的对比

用1924~1925年交易日行情与1945~1946年日历日行情的三日市场运动作对比。参见图2-2。

1924年11月1日，黑麦119美分。然后是一个大的上升波段，没有超过10美分的回调，没有一次回调持续超过9天。

1925年1月2日高点182½美分，在88天里上涨63½美分。请注意在走势图上，在这波上涨中，没有波段或回调底部被击穿。最大回调时间是9个日历日，最大价格回调是10美分。这发生在1924年12月27日~1925年7月6日。因此为了改变趋势，行情必须下跌超过10美分，或者超过9个日历日，或者击穿波段回调低点，参考规则1~4。通过这4条规则，在趋势已经改变时，你可以做出判断，并且清多仓并做空。

1925年

1月28日，高点182½美分，6月29日低点176½美分，下跌6美分。

30日，高点181½美分，上涨5美分，一个更低的高点。

2月3日，低点169½美分，下跌13美分，距离1月28高点时6个日历日。这给出两个见顶信号：波动底部被击穿，价格下跌超过10美分，预示着卖空。

4日，高点177½美分，从2月3日低点上涨了8美分。这预示着卖空，止损在183½美分，它位于182½高点之上1美分。随后下跌持续超过了9个日历日。

11日，低点154美分，在14个日历日里下跌28½美分。

16日，高点164美分，在5天里上涨了10美分，一个正常的反弹。

17日，低点155美分，比2月11日更高的低点，支撑信号。

20日，高点162美分，一个更高的高点。

21日，低点157¼美分，第三个更高的低点，更强的支撑或买点的信号。止损应该放在165美分，即2月16日高点之上1美分。随后止损被触发。你应该做多。

3月2日，高点170¼美分，和2月9日高点相同的高点，一个双顶。清仓卖出，并卖空，止损在172½美分。这个高点没有被穿越，主要趋势继续向下，击穿2月11日、17日、21日的所有低点，显示极弱势。没有一个反弹持续超过3~4天。形成于1924年11月1日的最后低点119美分被击穿，趋势更弱的信号。你应该保持做空。

17日，低点110½美分，从182½美分下跌72½美分，时间是48天。时间规则说明要留意6~7周，或42~49天的趋势变化。在这样的下跌之后，止损应该在前期高点之上1美分。

18日，高点123½美分，上涨了13美分，价格走高的信号。

20日，低点113美分，下跌了10½美分，一个比相差3天的3月17日更高的低点。在行情随后穿过前期高点时，这是一个空头回补并买入的地方。

24 日，高点 130 美分。3 月 25 日低点 124½美分。3 月 26 日高点 130½美分，形成 3 月 24 日和 26 日双重顶。然后，当价格跌穿 3 月 25 日低点 124½美分时，你应该清多仓并做空。随后下跌来临。

4 月 16 日，低点 103 美分，从 182½美分下跌 79½美分，接近 1.00 美元，一个自然阻力位——是留意趋势变化的时间。

22 日，高点 112½美分，上涨 9½美分。

27 日，低点 102¼美分，在 4 月 16 日低点下方只有 3/4 美分处，是一个支撑信号和双重底以及买点，止损在 99 美分。

5 月 8 日，高点 129 美分。注意 3 月 24～26 日的前期高点在 130 美分和 130½美分。你应该在这些前期高点处清多仓并做空，止损设在 132½美分。趋势转而向下。

22 日，低点 112 美分，5 月 25 日高点 120½美分。当合约到期时，低点是 114½美分。

1926 年 5 月交割的 5 月黑麦

1925 年

7 月 16 日，低点 90½美分。

31 日，高点 105¾美分。

8 月 11 日，低点 93 美分，一个比 7 月 16 日低点 90½美分更高的低点，也是一个买点，止损在 89½美分。

9 月 2 日，高点 100¼美分。

3 日，低点 97½美分。

6 日，高点 101¼美分，一个更高的高点和价格走高的信号。

8 日，低点 98¾美分，第三个更高的低点——很强的支撑信号。价格穿过 9 月 2 日、6 日，还有 7 月 31 日和 8 月 18 日的这些高点。这预示着强势和更高的价格。随后快速上涨。

10 月 6 日，高点 140½美分，在 92 天里上涨 50 美分。我们的规则说要留意 3 个月或 90 天的趋势变化。最大的下跌是从 8 月 18～26 日共计 8 天，从 107 跌到 93 美分共计 14 美分。

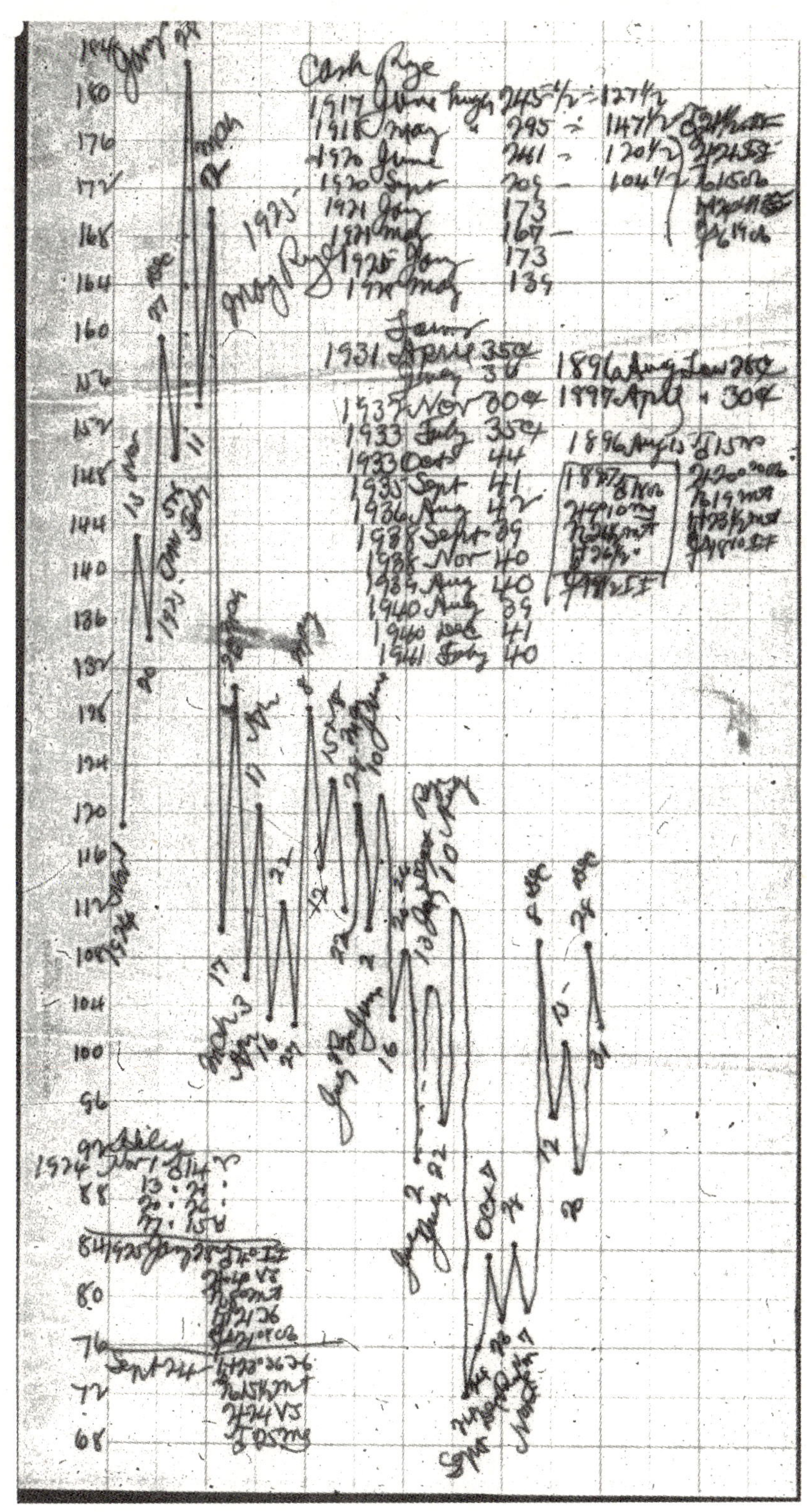

图 2 – 2　五月黑麦高低点图(1924 ~ 1925 年)

11 日，低点 127 美分，在 5 天里下跌 13½美分，预示趋势改变即将来临。

16 日，高点 137½美分，在 5 天里上涨 10 美分，形成了更低的高点——卖空的位置，止损在 141½美分。接下来的下跌超过 8 天和 14 美分，显示主要趋势转而向下。

1945～1946 年与 1924～1925 年相似，但是 1945～1946 年形成了更大的价格区间。参考第 20～21 页[1]的五月黑麦分析，并研究对照图表。

[1] 原文页码，对应本书页码为 50～52。

第三章　大豆、玉米、小麦、燕麦和黑麦的交易规则

W. D. GANN & SON, Inc.

投资建议

玉米什么价格?

近来,九月玉米比九月小麦售价高。玉米比小麦售价更高,在历史上有三次。在过去,这样的价格关系总是玉米长期走势"终结的开始",我们不相信目前的情况会成为例外。

目前的小麦走势开始于1947年2月,那时十二月合约的价格是124。我们相信,1947年8月它结束时,合约的价格将是229¾。

这个位置得到其他统计的支持:

从1932年低点,小麦上涨小于700%,燕麦上涨了大约500%,蛋类大约是350%。另一方面,玉米上涨了1050%,猪上涨了大约1400%。

此外,十二月玉米在它的高点,从2月低点上涨了大约123点,几乎在7个月内涨了100%。玉米价格已经远离小麦。目前,它们之间的价格关系是经济上不安全的,显然不能持续。因为小麦显然地处于很大的交易区间,在反弹的高点,不能充分反应近期玉米的强势。所以,我们相信玉米将要急速下跌,建议做空。

但是,投机者应该记住,玉米的投机已经太过度,市场是不稳定的和高度危险的。然而,如果交易规模适度,并且资金受到所建议的止损单的保护,我们相信潜在的利润将证明风险是合适的。

对玉米的详细建议

九月玉米——不要交易这份合约。

十二月玉米——如果你在做多，兑现利润，并做空。现在是做空的时机，止损在231。跌穿225将明确地预示会有更低的价格。收盘在222以下，将预示着向下的趋势。

五月玉米——如果你在做多，兑现利润，并做空。现在是做空的时机，止损在227½。跌穿220明确地预示会有更低的价格，跌穿218预示着非常非常低。

三月玉米——绝不要交易这份合约。

七月玉米——11月之前不要交易这份合约。

额外的产量预测

如果近期下雨并且秋天的霜冻延迟来到，玉米产量前景将是大大提高。当然，如果坏天气持续，或者如果霜冻提前到来，它们将变得更坏。假设是一般情况，我们预测，全国整体产量将在前一年丰收产量的70%～80%之间，那并不是太坏。

W. D. GANN RESEARCH, Inc.

W. D. GANN & SON, Inc.

投资建议

商业通信

谷物价格主要是由投机而不是由经济来决定的。未平仓合约和日成交量，主要是商业代办委托的成交量，说明了这一点。历史价格对比也说明了这一点。这些将在《关于玉米的特定周期》里讨论，它会在周五和我们的问候一起发给我们的定期订阅者（订阅价格：3.00美元）。所有的谷物在持续上涨之后，都处于宽幅交易空间，大概它们正在形成顶部。但是，市场是狂热的和高风险的，预期会有宽幅的不规则波动。无论做多做空都是特别危险的。但是，空方可能性更大一些，并且大的震荡无论是来自这里还是更高位置，未来都将下跌。如果你做空，你始终会发现某些人将在更高位置卖出。想象在火灾发生时，你向唯一的门拥挤过去。如果你不是碰巧在大门附近，你不会有机会。这就是当谷物突破时，你会遇到的情况，尤其是玉米。

在周四收盘后，一份专门针对玉米的政府报告将会发表。我们期望它是利好，但是，它应该被谨慎接受。目前价格可能已经低估了很多。自从这份报告的数据被汇编以来，在大部分玉米种植园都有一些降雨，同时，我们不装做拥有很多内幕信息的样子，我们不相信人的本性是完美的。我们听到谣言遍地都是，与华尔街联系紧密的人们正忙于交易玉米。

关于谷物的特别建议——由于目前的价格关系，我们建议看多的客户买入小麦，而看空的客户卖出玉米。在强势卖出玉米，在弱势买入小麦证明是有利可图的套利交易。

十二月小麦——现在趋势是向上。跌穿 237 将预示着走低。

五月小麦——转为上涨。跌穿 233 预示走低。

十二月玉米——卖空，止损为 225。跌穿 217 预示着走低，并且跌穿就预示着空间完全打开。

五月玉米——卖空，止损为 220。跌穿 212 预示着走低。

燕麦正在跟随玉米的走势，而不是小麦。

十二月燕麦——收于 107 之上预示着走高，跌穿 102 预示着走低。

五月燕麦——收于 100 之上预示着走高，跌穿 96 预示着走低。

禽蛋

形成目前走势的一个新高点，但是跌价收于当天的低点。10 月——卖空，止损位是 5280。击穿 5160 预示着走低。

棉花

大量套头交易——卖压持续——市场不能消化，价格在今天尾盘严重下挫，几乎收于最低价。主要趋势是下跌的，我们强烈建议在所有反弹时卖空。十月棉花——卖空，止损价 3290。跌穿 3220 预示着更低，跌穿 3180 预示着走得非常低。

十二月玉米——卖空，止损价 3250。跌穿 3180 预示着更低，跌穿 3080 预示着 29 美分❶。

W. D. GANN RESEARCH, Inc.

❶ 此处，1 美分 = 100 点。

一、两日图走势规则

两日图走势开始于当市场正在上涨并且向上运行了两天或更多的任何低位。把图上的线向上移动到当天的最高价，而且只要价格形成更高的底部和更高的顶部就继续向上移动。价格第一次反转并且连续2天形成更低的底部，就把图表上的线向下移动到最低点，而且只要价格向下运行时没有连续2天及以上的反弹，就继续向下移动。

当两日图上的顶部被穿越时，这是价格走高的迹象。当两日图上的底部被跌穿时，这预示着趋势变化和更低的价格。

（一）普遍规则

规则1：趋势指示。只要两日图上没有底部被突破，主要趋势就是向上的。只要2日顶部没有被穿越，主要趋势就是向下的。你应该始终依据主要趋势交易，当趋势向上时买入，当趋势向下时卖出。遵循所有给出的规则。

规则2：时间趋势反转几乎总是有规则的例外。这些例外发生在市场很活跃，并且价格快速运动，一天里宽幅波动7～10美分时。在这种情况下，反转或趋势变化可以发生在1日趋势上，正如你会在给出的例子中看到的那样。当价格在极高点或极低点附近时，你可以记录1日走势而不是2日走势，当第一个波段或走势被突破时，或者当价格走到1日回调低点之下时，视为趋势已经改变，至少是暂时的。当价格很活跃并且在低位附近宽幅波动时，使用相同的规则，当价格穿越了1日顶部时，视为趋势已经改变，然后跟随它。

使用信号日、缺口、日停板[1]和重要阻力位规则，使你能够在趋势线没有在极高点或极低点反转时确定顶部和底部。

规则3：止损单。因为市场有时候假突破，造成趋势突然改变，所以你必须始终用止损单作为你的保护。当两日图正在形成更高的底部和更高的顶部时，将止损单跟着向上设在两日图低点之下1～2美分。相同价位附近的一系列顶部和底部，在价格超越顶部或跌穿底部时，具有更大的重要性。通过按主要趋势来交易，止损单不会很经常地被触发，而且你会获取更大的利润。绝不要猜测——让市场讲它自己的故事！只根据规则和明确的信号买卖。当价格正在下跌而且趋势向下时，基于两日图，继续卖空并且将止损单跟着向下设在两日图高点之上1～2美分处。通常，高于1美分的止损单很少被触发。

规则4：如何确定最高价或最低价。在使用两日图时，始终参考并使用第二章的

[1] “日停板”指的是“日涨跌停”。

第2条，第3条，第7条，第21条和第22条规则。

用两日图交易时，有正常规则之外的例外规则是必要的。因为有些时候，在持续上涨时，它以一轮快速走势终止，在两日图上或一日图上不会形成转向。因此，知道使用什么规则来抓住反转，并保护你的利润是必要的。这同样适用于在持续下跌之后，它以伴随着微幅反弹的快速下跌结束，并且价格在7天或更长时间里，每天形成更低的顶部和更低的底部。然后，出现快速反转，但在一日图或两日图上没有转向，或者在上涨或反弹中一日或两日趋势线没有被突破[1]。在这种情况下，应用7~10天规则，当市场正在上涨时，用每日低点之下1美分的止损单跟随向上，并且留意一个信号日，这将预示着涨跌的结束。在信号日出现之后，或者在当天的收盘之前清多仓，或者在第二天的任何反弹上清多仓。如果你没有清多仓，一定要在信号日的低点之下1美分设一张止损单。

仔细阅读缺口规则，如果缺口出现在信号日，这是一个趋势正在改变的更明确的信号，因为它很可能是一个竭尽缺口。你也应该应用第12页上的规则28。例如，十一月大豆的一些最重要的顶部信号日发生在1950年：5月3日和25日，6月15日和16日，7月17日和26日（最近的高点）；8月15日和30日，9月25日和10月16日（自从7月26日以来最大下跌的低点）。当市场已经下跌了相当长的一段时间，然后在7天或更长时间内形成更低的顶部和更低的底部时，留意趋势变化的一个信号日和竭尽缺口，这时你应该平空仓并买入等待反弹。

1950年7月26日，大豆形成了极高点，这也是一个缺口日和信号日。通过遵循信号日和缺口日这两个规则，在一日图或两日图上还没有出现反转时，你就应该在高点清多仓。此外，在低点的10月16日是一个信号日，在一日图或两日图上没有趋势反转，但是信号日和7~10天规则会使得你平空仓，并在接近低位的地方做多。

（二）规则的例外

当价格已经上涨了10~14天，没有突破前一日的低点，因此在两日图上笔直上移时，如果价格在走势末端形成了5~10美分的区间，你跟随向上交易，将止损单设在每天低点之下1美分，或者在最近一日，回撤至高点之下5美分或更多时卖出。你也可以在这类走势中使用信号日规则。这些会在下面的例子中涉及。

规则5：10~14天走势。当主要趋势向上而且价格正在上涨时，在主要趋势重新恢复之前，调整很少超过10~14天，在10~14天调整上买入通常是安全的。在跌市中，颠倒这个规则。在10~14天反弹上卖出，只要两日图显示主要趋势向下。当2日底部被跌穿时，或在相同低位附近的一系列低点被跌穿时卖出。

---

[1] 原文这一句话针对上涨和反弹分为了两句，译文将二者合一。

请记住,在牛市的最后阶段,当市场正在很迅速地上涨时,调整很少持续超过2~3天。因此在2~3天的调整上买入是安全的,并且在最近的2日低点之下1美分设止损单。在熊市里反过来用这个规则。在熊市的最后阶段,当下跌正在快速运行时,反弹很少超过2天,有时候只有1天。因此,在1~3天的反弹上卖出是安全的,并且在两日图的高点之上1~2美分设止损单。自始至终,尽量在你可以将止损单设在2日低点之下或2日高点之上的地方买入或卖出。

(三)基于两日图的趋势线指标交易规则

你或者在两日图的调整上买入,或者当两日图的顶部被穿越时买入,并将两日图上最近低点之下1~2美分的止损单跟着上移。当2日底部被跌穿时,你反转头寸,清多仓并做空。

(四)时间和价格的平衡

通过记录最大的价格回调,在市场正在上涨并且最大的调整时间出现时,你就能够在市场超越平衡时指出来。

例如,十一月大豆,5月25日,高点230美分。6月16日,低点208美分,价格下跌22美分,时间是22个日历日和18个交易日。6月21~24日,市场下跌了3天,价格下跌了5½美分。7月17日,高点257½美分。7月19日,低点240美分,2天里下跌17½美分。价格已经超过了前期调整,但时间没有超过。

7月26日,最高点272美分。这是一个信号日和缺口日,这是一个竭尽缺口,你应该已经离场,并且基于这些规则做空。7月29日,低点259½美分,3天里下跌12½美分。这已经超过了6月19日的调整时间。下跌持续到8月2日,低点256美分,下跌了16美分,时间是7天。紧跟着反弹1日到8月3日,高点261½美分,上涨了5½美分,与从6月21日到24日的下跌相同。8月3日之后,下跌继续,并且当价格跌过17½美分时,它们超过了从7月17日到19日的价格下跌。这之后,更快地跌到了8月15日,低点236¼美分,从272美分以来下跌35¾美分。8月15日是一个信号日,也是自6月16日低点以来的第60天。这是一个买入信号,在那里你应该平空仓并做多。

从7月26日到8月15日,最大的反弹时间是2天,当价格上涨3天时,它们超越了这个时间,并且预示着更高的价格,当价格涨过5½美分时,它们超越了价格反弹幅度。

从8月15~30日,只调整了2天。8月30日,十一月大豆的高点是254¼美分,这是272美分和236¼美分的1/2位置。这个1/2位置是卖点,在那里你应该清多仓并做空。在价格下跌了3天之后,它们已经超过了以前的调整时间。价格从8月18~

22 日上涨了 5 美分。因此,当价格下跌超过了 5 美分时,它们已经超越了前次反弹的价格差值。

10 月 7 ~ 16 日,价格每天形成更低的顶部和更低的底部,并且下跌了 7 天。你应该用 7 ~ 10 天规则,并且用每日高点之上 1 美分的止损单,跟随市场向下。

10 月 16 日的高点是 229¾美分。这使得止损应该在 230¾美分。然而,在 10 月 16 日这个信号日之后,你应该平空仓并买入十一月大豆,因为这个信号日正好出现在自 6 月 16 日低点以来的 1/3 年时间上。

从 10 月 16 日的低点开始紧跟着急剧上涨,在 10 月 18 日,这是合约生命期的 1/2 时间,价格穿越 231½美分时,你有了另一个买入信号,并且可以预期会上涨相当于 8 月 15 ~ 30 日之间的 18 美分走势。10 月 23 日,十一月大豆上涨到了 245¾美分,略多于 18 美分,然后略微地调整,预示着更高的价格。

通过观察时间和价格的平衡,还有其他规则,它会帮助你确定何时价格到达极高点或极低点。

(五)价格阻力位

在你的阻力记录上,你会注意到,阻力位以区间的 1/8 和极高价或极低价的 1/8 计算。当区间的 1/8 是 10 美分或更多时,你可以使用 1/8 的 1/2,即区间的 1/16,特别是在上涨或下跌 40 美分 ~ 1.00 美元之后。总区间的 1/16 的反转走势,即调整或反弹,在形成最初的趋势变化信号中,是一个重要的阻力位,并且这个 1/16 位置将会从顶点或卖点变成支撑或买点。

例如,1950 年 2 月 2 日,十一月大豆,低点 191¼美分,7 月 26 日,高点 272 美分,区间为 80¾美分。它的 1/8 是 10 美分,1/16 是 5 美分。如果你把此区间的 7/16 加到 191¼美分上,就等于 226½美分,这是 1950 年 10 月 16 日的最低点,给出了另一个理由来期盼支撑和买点。同时,此价格到达这天是一个信号日,这被市场在此价位附近的大量买单所证实。把低点 191¼美分用 1/8 平分,并加到 191¼美分上就等于 215⅛美分。把 3/16 加到这个低点上,就等于 227 美分,一个支撑位或买点。如果你把 191¼美分的 7/16 加到 191¼美分上,就等于 274.47 美分,而 7 月 26 日的高点是 272 美分。如果你从 272 美分减去 272 美分的 1/16,就等于 255 美分,而第一个重要的反弹出现于 256 美分。你可以始终计算极高价和极低价的百分比,来得到阻力位。另外,还要观察和考虑自然阻力位。

(六)自然阻力位

我们的货币单位是 1 美元或 100 美分,因此我们将 100 × 1/8、100 × 1/3 和 100 × 1/16,就给出了如下的自然阻力位:

$6\frac{1}{4}$、$12\frac{1}{2}$、$18\frac{3}{4}$、25、$33\frac{1}{3}$、$37\frac{1}{2}$、$43\frac{3}{4}$、50、$56\frac{1}{4}$、$62\frac{1}{2}$、$66\frac{2}{3}$、$68\frac{3}{4}$、75、$81\frac{1}{4}$、$87\frac{1}{2}$、$93\frac{3}{4}$和100。

继续计算200、300等的这些阻力位，并且始终将视为最重要的是150、175、$187\frac{1}{2}$等。但是，所有这些阻力位都是重要的，在时间周期显示出趋势变化时，极高价或极低价可能在这些价位附近形成。通常在所有阻力位附近都有2～3美分的偏差，这是由动能或空转引起的。

二、时间周期的重要性

从高位或低位开始的时间周期，比价格阻力位更重要，但是它们必须和信号日，7～10天规则，缺口和日价格停板一起考虑。时间和价格的平衡，都将帮你在接近极高位或极低位时确定趋势变化。

(一)年度时间周期

一年应该被8等分来获得趋势变化的重要周期。一年的1/4等于13周，即91天；一年的3/8等于$19\frac{1}{2}$周，即135天到138天；一年的1/2等于26周，即大约182天；一年的5/8等于$32\frac{1}{2}$周，即225～227天；一年的3/4等于39周，即大约273天；一年的7/8等于$45\frac{1}{2}$周，即318天；52周等于1年，即364个日周期。

所有这些周期对于留意趋势变化是重要的，但是最重要的是第13周、第17周、第26周、第35周、第39周和第52周，并且在第2年、第3年周期比例相同，依此类推。

一年也可以被3等分，就得到1/3年——这是$17\frac{1}{3}$周，和2/3年——这是$34\frac{2}{3}$周。这些周期对于在任何重要高位或低位，留意趋势变化也是重要的。

请记住，你不要从1月1日开始计算时间，从极低点和极高点的日期开始计算时间周期。

应该保留从主要和次要顶部及底部开始的所有时间周期。当你发现基于前期顶部和底部的几个时间周期大约在相同时间出现时，这意味更大的趋势变化。

(二)自然的季节性时间变化

然而，我们不使用日历时间，除非一个极高点或极低点发生在1月2日或3日左右，我们使用季节性时间，这更重要，而许多重要的高点或低点，就发生在这些季节性时间附近。

这些时间如下：

12月21日，任何年；

2月5日；

3 月 21 日(这个日期原本遗漏了,但是很可能应该列出);

5 月 5 日;

6 月 21 日;

8 月 5 日;

9 月 21 日;

11 月 8 日。

然后,第 2 年和第 3 年重复 12 月 21 日等。这些季节性时间把一年分成了每个大约 45 天的 8 个等份。你可以把它划分成 2 个等份,这大约是 22½天。例如,12 月 21 日 ~2 月 5 日就得到 1 月 13 日作为 1/2 周期,而 6 月 21 日 ~8 月 5 日中间是 7 月 14 日。

从这些时间开始的变化,通常是实际日期之前或之后的 3 ~4 天。谷物的最重要变化发生于 2 月、5 月、8 月和 11 月期间,因此这些日期和月份对于留意主要趋势变化是最重要的。但是,始终记住过去年份的前期高点和低点日期,并且留意这些日期附近的趋势变化。另外,看一下你的各个合约的两日图,当重要高点和低点形成时得到这些日期,然后从高点或低点开始,留意每年的 1/8、1/4,1/3,1/2 等时间。

(三)高点和低点日期记录

当不同合约的极高价和极低价形成时,保留这些日期记录是重要的,以便在每年的相同月份留意这些日期的趋势变化。

五月大豆:

1939 年 7 月 15 日,低点 67 美分(最低点);

1941 年 9 月 14 日,高点 202½美分;

1941 年 10 月 17 日,低点 154½美分;

1942 年 1 月 10 日,高点 203½美分(到那时为止最高的期货交易价)

1947 年 10 月 28 日,低点 334 美分;

1947 年 11 月 29 日,小麦形成高点,五月大豆形成的第一个高点;

1948 年1 月 15 日,高点 436¾美分;

　　2 月 14 日,低点 320½美分;

十一月大豆:

6 月 15 日,高点 347½美分;

五月大豆:

10 月 15 日,低点 240 美分;

11 月 23 日,高点 276¾美分;

1949 年 2 月 9 日,低点 201½美分。

注意:1941 年 9 月 14 日的前期高点是 202½美分,这是 1920 年高点 405 美分的 1/2,使 201½美分在 1949 年 2 月成为一个支撑点和买点。

五月大豆:

1949 年8 月 26 日,高点 243½美分;

11 月 16 日,低点 220½美分;

十一月大豆:

1950 年1 月 31 日

2 月 2 日,低点 191¼美分;

2 月 6 日

4 月 14 日,低点 203 美分;

5 月 3 日

25 日高点 230 美分;

5 月 13 日,低点 212½美分;

6 月 16 日,低点 208 美分;

7 月 26 日,高点 272 美分;

8 月 30 日,高点 254¼;

10 月 16 日,低点 226½美分。

你可以看到,大多数高点和低点出现在每年不同月份的 13 ~17 日之间,以及不同月份的 23 ~29 日附近。每月的这些日期,对于留意趋势变化最重要。政府报告在每年的每月 10 日左右发布,因此,有时候高点和低点出现在这个月的 9 日和 10 日附近。

最重要的趋势变化发生在 3 个月或 13 周结束时——这是一年的 1/4;120 天左右——这是一年的 1/3 和 26 周,或 182 天——这是一年的 1/2。

注意十一月大豆 1950 年 6 月 16 日最近的低点是 208 美分,而另一个低点发生在 8 月 15 日,是第 60 天。下一个最低点,在 10 月 16 日,自 6 月 15 日以来这是 1/3 年,自 1950 年 4 月 14 日以来是 1/2 年。

十一月大豆 1950 年 5 月 25 日形成了 230 美分的高点,而极高点形成于 7 月 26 日,下一个次高点在 8 月 30 日。

1950 年 10 月 26 日,将是自 7 月 26 日高点以来的第 92 天,即 1 年的 1/4。因此,这将是留意趋势变化的重要日期。你也会注意到,1950 年 6 月 24 日的最近低点是 209½美分。这恰好在战争爆发之前。因此,从这个日期到 1950 年 10 月 24 日将是 1 年的 1/2。

三、缺口及其含义

在涨市中，缺口是由开盘价高于前一天的收盘价所形成的，缺口形成当天的低点高于前一天的最高价。在市场下跌时，缺口出现在开盘价低于前一天的低点时，缺口形成当天的高点低于前一天的最低价。

涨市中出现缺口的原因是有大量的买单，它们通常由一些轰动性的消息引起，市场强势收于当天的最高价附近。过了一夜积聚了大量买盘，它们来自想平仓的空方和错过前期行情而决定不计价格买入的多方。这些积累的买单通常导致在前一天高点之上大幅高开，留下一个缺口。缺口可以连续数天出现，也就是说，缺口可以出现3～5次，且未被回补。缺口出现的最后一天，价格跌至缺口形成当天的最低价之下1美分，这是市场见顶的信号，至少暂时如此，而你应该清仓卖出谷物并做空。

（一）竭尽缺口

任何谷物在持续上涨之后，常常出现只有一天的缺口，这通常是一个信号日，许多时候它出现在一些重要的1/2位置附近。当这种缺口出现，并且次日价格下跌并补了缺口时，这时你的止损单应该设在缺口形成当天的最低价之下1美分，或者如果这是一个信号日，你可以在次日的开盘价或任何小幅的反弹时清仓卖出。但是，通常你应该在缺口形成当天的低点之下1美分设止损单，然后反转头寸。

例如，十一月大豆——1950年7月15日，高点250½美分，收盘249美分。7月17日，这是星期一，大量积累的买单涌现，开盘价是254美分。这天的低点是253美分，高点是257½美分，收盘是255美分。这不是一个信号日，但它是一个缺口，因为最低价在前一天的高点之上2½美分。因此，你应该在252美分设止损单，这是在7月17日低点之下1美分。这会使你在252美分卖出大豆多仓，并且做空。紧跟着急剧下跌到7月19日，这时的低点形成于240美分。这是一个买点，因为这是在44美分到436¾美分的1/2位置。

7月21日，高点253美分，低点249美分，收盘在高点253美分，并在247½美分留下一个缺口。这将使得止损单设在246½美分，即缺口这一天之下1美分。

7月22日，低点248美分，没有触发止损单，因为没有走到缺口之下1美分。

7月25日，低点253½美分，高点263美分，收盘于263美分。

7月26日，价格强势开盘于266美分，这是在收盘价之上3美分，留下一个3美分宽的缺口。它的低点是266美分，高点是272美分，收盘于268美分，这是一个信号日，而且269⅜美分是191¼美分和237¼美分之间的1/2位置。有两个为什么你应该在7月26日清十一月大豆多仓并做空的原因，因为这是一个信号日，而且在重要的

1/2 位置上。价格已经有了惊人上涨，如果你没有清仓，就应该把止损单提高到 265 美分，在形成缺口的 7 月 26 日的低点之下 1 美分。7 月 27 日，你的止损应该已经被触发，你应该在 265 美分清多仓并做空十一月大豆。

7 月 27 日，缺口被回补。价格收盘于 264 美分，并且继续下跌。

(二)跌市中的竭尽缺口

当市场已经下跌了相当长的一段时间，而且跌幅相当大时，缺口就更重要。缺口可以出现在极低点这一天，就像它们可以出现在极高点一样。当市场已经下跌了相当长的时间时，人们持有并且期望反弹。最终，市场弱势收盘于当天的最低价，交易者决定清多仓并接受亏损，他们将卖单设在市场第二天的开盘价上。

或许也有空头账户的大量卖单。这些积累的卖单超过了需求，价格开盘于前一天的低点之下，留下一个缺口，它也许会在第二天被回补，或许在信号日出现于重要的 1/2 位置之前会有数个缺口。当你做空市场并且出现了缺口时，你把止损单降到缺口出现当天所形成的最高价之上 1 美分。

例如，1950 年 9 月 16 日，十一月大豆，高点 241½美分，低点 239¼美分，收盘于 240 美分。注意，240 美分是重要的 1/2 位置。因此，大量的买单和卖单常常出现在这些重要的点附近。市场这时已经从 254 美分的高点和 2.72 美元的极点开始下跌。

9 月 18 日，高点 238 美分，低点 238½美分，收盘于 236 美分，从 238 美分到 239¼美分——这是前一天的低点——留下了一个缺口。这个缺口有一段时间没有被回补，但是你的大豆的空头止损单应该已经降到了 239 美分，即 9 月 18 日的高点之上 1 美分。

9 月 25 日，价格下跌到了 231¼美分，这是 191¼美分和 272 美分之间的 1/2 位置。这至少是一个中级反弹的自然支撑或买点。

10 月 4 日，高点 239¼美分，它回补了缺口，并涨至了 9 月 16 日的低点，但没有到达收盘价。当然，它没能通过这个价位的原因，是因为 240⅜美分是重要的 1/2 位置。因此，你可以在此价位做空，并将止损单设在 241⅜美分。

10 月 16 日，十一月大豆低点 226½美分。这是一个信号日。价格开盘仅仅跌至 9 月 14 日的低点之下 1/2 美分，然后反弹并收于 9 月 15 日的收盘价之上，接近当天的最高价。这是一个信号日，也是平空仓并买入的时候，尽管这时没有缺口。如果你没有平空仓，当你在市场接近收盘时看出这是一个信号日时，就应该把止损设在 230¾美分，即 10 月 16 日的高点之上 1 美分。

始终要在持续上涨或持续下跌之后留意缺口，然后遵循规则。另外，在出现持续上涨或下跌时，留意信号日。当价格正在上涨并且每天形成更高的底部，或者当它们正在下跌并且每天形成更低的底部时，应用 7 ~ 10 天规则。

四、日涨跌停价[1]及其意义

目前，大豆一天的波动的涨/跌停价是10美分，这意味着价格可以从前一天的收盘价上涨或下跌10美分。小麦的涨/跌停是每天8美分。

当价格上涨或下跌时，某一天的涨/跌停通常是需求增加[2]和大量买盘或卖盘造成的，无论是多头还是空头的账户。往往当价格走到一天的涨/跌停价时，会有一个缺口。当价格在极点时，它经常是一个信号日，同时价格常常接近一些重要的阻力位。当市场非常活跃，且价格快速变化时，有时候它们连续3~4天涨/跌停。1939年9月，当希特勒发动战争时，小麦的价格连续4天涨停，并于第5天上午在开盘价形成顶部，然后急剧下跌。在正常条件下，价格很少涨/跌停超过2~3天。当它们连续2天涨/跌停，并且收盘于当天的最高点或最低点时，在第二天开盘买入或卖出，并将止损单设在2~3美分远，通常是安全的。

1950年7月25日，十一月大豆涨停，并且收盘于当天的最高点。这是在6个交易日里上涨32美分之后，留下的一个缺口，也是一个信号日。可以应用7~10天规则以及周时间规则。这是从6月24日低点以来的第30天，从5月25日以来的第60天，从3月27日高点以来的第4个月，即1/3年，使得这里成为一个清多仓并做空的时间。因为这是竭尽缺口和一个信号日，价格已经涨停，并且在一个重要的1/2位置上。

1950年10月16日，十一月大豆低点226½美分，是一个信号日，也是基于7~10日规则以及阻力位来平空仓并买入的日子。

1950年10月18日，以更高的价格开盘，留下一个小缺口并且涨停，收盘于当天的高点，此后没有出现价格走低的信号，调整很小。

1950年10月25日，十一月大豆急剧高开，留下了一个缺口，并且上涨了10美分至涨停，收盘仅仅低于当天的高点1美分。这是自从10月16日以来价格第二次涨停。10月26日、27日继续上涨，形成新的高点，到10月27日五月大豆已经走完合约生命周期的2/3。这里仍然没有信号日，同时价格自从10月16日的底部以来，从没有跌至前一天低点之下1美分。在这个价位，你应该留意10月30日的趋势变化，或紧邻着8月30日高点的信号日，因为1932年12月28日是一个低点日期，1949年11月29日是一个高点日期。

在写本文时，自10月16日以来已经有2个没有被回补的缺口。现在你应该留意

---

[1] 原文直译为“日价格限制”，在这里根据中文习惯，转译为“涨跌停价”。后文多次出现这种表述，皆同此处理。

[2] 这里的“需求增加”不能理解为买入需求，也可以指卖出需求。

信号日、缺口或价格跌至前一天的底部之下1美分，来显示趋势变化，至少是相当幅度的调整。

1950年10月26日，从7月26日高点以来的第92天，即一年的1/4。因此，11月26日将是从7月26日高点以来的一年的1/3，这对于留意五月大豆的趋势变化是重要的，现在它是主要趋势指标。

五、周高低点图

周高低点图很重要，你用1年的1/8、1/4、1/3、3/8、1/2、5/8、2/3、3/4、7/8和52周，即1年作为时间单位。这些时间从极低点或极高点，以及次高点和低点开始计算。你不要从日历年的1月1日开始计算时间，除非在某年的1月2日或3日有一个极低点或极高点。极低点或极高点对于计算和量度时间是重要的。

例如，1932年12月28日，现货大豆极低点44美分。这意味着你应该始终在每月的28日这天附近留意重要的变化，并且留意也许会出现在这个时间附近的信号日、缺口或1/2位置。

1948年1月15日，五月大豆历史上的最高价436¾美分。因此，你应该在每月的15~17日留意趋势变化。当这些时间出现在从极高点或极低点开始的：第13周——这是一年的1/4，或17周——这是一年的1/3；或26周——这是一年的1/2，或35周——这是一年的2/3，或39周——这是一年的3/4，或52周——这是一年，它对于趋势变化更加重要。一年的1/2就像高低点之间的1/2一样重要。所有的时间应从重要的底部和顶部，在图表上横着延续下去，并且随着时间的推移，连续地移动。当形成新的高点或新的低点时，时间周期应该从这些新的价位开始应用。

假定你正在观察一个时间，此时价格正在接近一个重要的1/2位置。从顶部横着找，你也许会发现156周——这应该是3年，104周——即2年，另一个时间52周——即1年，以及65周——即1¼年。如果这些周期中的几个出现在相同的时间附近，同时一个信号日和缺口出现在相同的时间，接近重要的1/2位置，这应该是重要的趋势变化的明显迹象。

你要边看边学[1]通过检查从每个顶部和底部开始的时间，并找到随后高点或低点出现的时间，以及检查同样的时间，找到在这个时间附近到达了什么重要的阻力位，你就会知道这些时间周期多么有效。绝不要忽略比较以前的顶部和底部，看一看是否一个高点或低点正在到达前期走势的某个低点或高点，即使它也许是在很多年以前。

例如，1949年2月9日，五月大豆低点201½美分。假如在2月、5月、8月或11

[1] 原文直译为“通过做来做”，有点类似于“在实践中学会实践”的意思。

月，五月大豆突破了此价位，它对于价格走低应该很重要，如果它正好发生在前期高点或低点以来的某个时间❶的话。假定在 1951 年 2 月 9 日，即 3 年或 156 周后，五月大豆在 201½美分之下交易，这是预示着非常低的价格的很重要信号。你应该观察下一个极点，这是在战争时期形成于 1941 年 10 月 17 日的 154½美分。假定是 1951 年，我们处于和平时期，并且大豆丰收在望，你应该料到价格可能走到 154½美分或更低，并且运用所有规则，来得到价格何时可能到达次级反弹点的信号。但是，你始终应该跟随主要趋势。只要主要趋势向下，在反弹上卖出就是安全的。当主要趋势向上时，在调整上买入或者在重要顶部被穿越时买入就是安全的。

(一) 十一月大豆周图

十一月大豆的交易开始于 1947 年 7 月，因此，对你来说在周图上从每个重要高位和低位研究时间是重要的。这些周时间，在底部和顶部横着标记，而且箭头指向重要的时间，例如，从每个极高点或极低点起的 1/8 年、1/4 年、1/3 年和 1/2 年等。

1947 年 11 月 22 日，高点 383 美分。这是十一月大豆历史上的最高价。

1948 年 10 月 3 日，低点 232 美分。这是从 1947 年 7 月 7 日起的第 65 周或 1¼ 年。从 1947 年 11 月高点起的第 45 周或 7/8 年，以及从 1948 年 6 月高点起的第 16 周。

1949 年 6 月，低点 193 美分，这是 1948 年 10 月以来的第 36 周或 2/3 年，从 1948 年 6 月以来的第 52 周或 1 年，以及 1947 年 11 月以来的第 81 周。

1949 年 8 月，高点 249½美分。这是 1948 年 11 月高点以来的第 39 周或 3/4 年，1947 年高点以来的第 91 周或 1¾年，和 1948 年 6 月高点以来的第 63 周。

1950 年 2 月 6 日，低点 191¼美分，这是最高交易价 383 美分的 1/2 位置，在止损单保护下是一个安全买点。这是 1938 年 6 月低点以来的第 35 周或 2/3 年，1948 年 10 月低点以来的第 71 周或 1⅜年，以及 1949 年 8 月高点以来的第 26 周或 1/2 年，1948 年 11 月高点以来的第 65 周或 1¼年，1947 年 11 月极高点以来的第 117 周或 2¼年，1948 年高点以来的第 88 周，接近 1¾年。这些时间都正好接近 2 月 5 日，一个自然时间❷。实际上，价格是在最重要的 1/2 位置，使它成为确定安全的买入时间。检查所有重要的高点和低点的周时间。提前把这些时间标记在图表上，以便于能看到未来的趋势变化信号。不要猜测，遵循明确的规则。让市场自己讲述它的故事，只根据明确的信号来交易，并且设止损单来保护你的资金和你的利润！你花在研究上的时间越多，你越容易获得成功。如果你研究市场并且应用规则，每年你会继续学到更多的

---

❶ 原文直译为“一个恰好的时间”。指上述时间段的一个。

❷ 即接近日历时间起点。

知识。赚钱的大机会肯定会每年都有。你必须为此做好准备，彻底地理解这些规则，这样你就不会错失机会。

当价格处于狭窄的交易区间时，这些区间经常是在极低位，你要等待！让市场有足够时间给出它们将走向何方的明确信号。在市场突破交易区间以后，无论是向上还是向下，你都可以赚取大笔利润。

通过回顾5月、7月和11月大豆的图表，无论是日图还是两日图，你可看到根据两日图交易多么有利可图。买点和卖点被标在两日图上，止损位也用红色标记。请注意低点之下和高点之上的红色×。

例子：

七月大豆从1949年11月16日涨到1949年12月5日，然后到1950年2月2日和6日为止，两日图上的每波走势都是更低的高点❶，显示主要趋势向下。2月6日价格下跌到219美分。你应该在此价位买入，因为这是一个双底，而且如果你看一下阻力记录，就会发现218⅜美分是五月大豆曾交易过的最高价的1/2。因此，你应该在这个重要的1/2位置买入5月或七月大豆，并在217美分设止损单。如果你等着两日图显示出趋势变化，就应该在七月大豆上穿225美分时买入，它在两日图上最近的高点之上。从这时起，两日图上有6波向上走势或波段，形成了更高的底部和更高的顶部。如果你持续在两日图低点以下1美分设止损单，就会在整个走势里获得近1美元/蒲式耳的利润。

（二）五月大豆

从1948年1月15日的高点436¾美分，这是记录中五月大豆曾经交易过的最高价，到五月大豆于1949年2月到达低点201½美分，就得到1/2位置是319⅛美分。七月大豆在1950年5月8日上涨到320¾美分，而且五月大豆在323¾美分交易。如果你已经在319美分附近清多仓并做空，你会在数天里赚取大笔利润。注意从1950年3月27～3月30日，七月大豆在3天里下跌了16美分。这是最大的价格和时间调整。从4月25～27日的下一个调整，是下跌了11美分的2日调整，无论时间上还是价格上，都是比先前的调整更小的一个下跌，表明主要趋势没有转而向下的迹象。

（三）七月大豆

5月3日高点317美分。5月5日低点298⅛美分，下跌了19美分，比3月30日形成低点的前次下跌多了3美分。这已经超越了价格调整的平衡，但没有超越3天的

---

❶ 这一句的本意是：从1949年11月16日涨到1949年12月5日，然后从1949年12月5日开始下跌，其间每波反弹达到的高点越来越低，并于1950年2月2日和2月6日形成双底。

时间周期平衡。紧跟着一个2日反弹到5月8日，在320¾美分形成高点。最后一天的涨幅很小，而且没有走到前期高点之上4美分，是一个弱势信号。两日图在这个极点显示出三日图上不会显示的反转。这是两日图上的时间转折，而且如果你在第二天等待更低的价格，仍然能在高位卖出。当价格在5月12日跌至297½美分时，它在5月5日低点之下，并且自2月6日以来第一次突破2日低点。

请记住，我们有一个规则说，快速运动持续大约3个月，而且对于大豆和其他谷物而言，2月、5月、8月和11月是重要的趋势变化月份。

下跌开始于5月8日，持续到5月17日。七月大豆跌至284½美分。注意两日图上形成于4月27日的最近低点是284美分，使得这里成为双底和买点。日图上每天高点更低，并且价格从高点320¾美分到低点219美分已下跌1/3。使得这里成为一个支撑位。

（四）十一月大豆

1950年1月3日，高点207½美分。这是合约起点。

1月4日，低点204½美分。

1月5日，高点207，这是一日图上的转折。

1月9日，当价格跌穿204美分时，我们卖空并用设在208美分的止损单来保护，它在1月5日的高点上方1美分处。下跌持续到1月31日，在191½美分形成低点，未曾出现2日反弹。我们知道383美分是十一月大豆曾经交易过的最高价。

使用最高交易价的1/2规则，使192～191½美分成为安全买点，用在189美分的止损单来保护。如果你等待两日图显示反转，它在2月3日涨到195½美分。在2月6日跌到191¼美分，形成了双底。2月18日，因为第一次穿越2日趋势线高点，使得它成为基于两日图规则的买点。

上涨继续形成更高的底部和更高的顶部。3月27日，高点210美分。这在合约1月3日开盘价207½美分之上，预示着更高的价格。随后从3月29日回调2日，低点是2.00美元。注意最近的3月23日低点是199¼美分。你应该买入更多，并且用设在198¼美分的止损单来保护。当价格上穿210美分时，你应该买入更多。上涨持续到5月3日，高点230美分。这是从2月6日的低点向上38¾美分。

注意从4月14日低点203美分，到5月3日高点230美分，没有2日低点被跌穿。

实际上，日图也没有底部被跌穿，这是你应该运用例外规则来保护利润的地方，从高位第一次下跌5美分时卖出平仓。

注意5月1日高点229½美分，5月2日低点224½美分，5月3日高点230美分，开盘价是226美分，收盘价是225美分，这是一个信号日，你应该清仓多头并做空。价格在5月5日下跌到215美分，这回到了相同于5月25～26日形成的低点，这是一系列低点,因此是买点,因为这只是个2日调整。紧跟着快速反弹2天到5月8日,形成更低的低点,并且收盘于低点附近,产生了另一个信号日,预示着空头。

5月13日,低点212½美分。注意211¾美分是191½美分和230美分之间的1/2,使之成为买点。价格上涨到5月25日的230美分,使这里成为双顶和清多仓并做空的地方。

5月26日,价格调整到221½美分,是一个1日调整。市场在6月1日反弹到228美分,连续3天形成更高的底部。这是我们使用例外规则,并在两日图上记录这个走势的地方。你应该保持空头,并且把空头的止损单降到229美分。

6月6日,低点216½美分。

6月10日,高点223½美分。这是两日图上的高点,止损单应该下移到224½美分。

6月16日,低点208美分。注意这恰好在合约1月3日开盘价207½美分之上,而且4月10日在208½美分也有一个2日高点,使得这成为买点。然而,如果你等待两日图上的反转,你本应该在6月26日的216美分买入,此时价格上穿6月21日在215美分形成的最近2日高点。

6月24日低点是209½美分,一个比6月16日更高的低点。当价格在6月26日上穿215美分时,它们就处于2日高点之上,预示着更高的价格。在价格上穿230美分这个双顶之后,你会算出从191¼美分到230美分是38¾美分。你把38¾美分加到230美分上,这就指向了268¾美分。7月26日的高点是272美分。战争已经爆发,而战争期间始终是看涨的,它会引起谷物上涨。随后市场快速上涨,当价格上穿230美分的双顶时,你应该买入更多。

7月3日,高点242¾美分,调整1天至7月5日的234美分。反弹1天到7月6日,再调整1天到7月7日的234¼美分。我们在两日图上记录这个走势。你应该把止损单提高到233美分,并当价格上穿243美分时,买入更多,因为这是在44美分和436¾美分之间的1/2之上。

7月17日,高点257½美分。从6月16日低点上涨了49½美分。在这里你应该应用例外规则,并将止损单设在252美分,即7月17日的低点下方1美分。在这里应该平多仓,并且你应该在252美分做空[1]。7月19日低点240美分,一个2日调整和买点,因为这是在1/2点,而且只比7月12日低点低1¼美分。紧跟着快速上涨到7月26日的272美分。这是从最低点上涨了80¾美分,从208美分上涨了64美分。自6月24日低点以来,只有一次2日调整。

7月26日是一个竭尽缺口和信号日,因为价格收盘于高点之下4美分。从高点回撤了5美分。你要么在7月27日清多仓并做空,要么将止损单设在265美分,它在

---

[1] 原文直译为"做空一个合同",这里译为"做空"更简洁一点。

7 月 26 日低点之下 1 美分。这是例外规则让你在正确时间离场的地方。市场下跌 3 天至 7 月 29 日，这是自 6 月 16 日以来，在时间上比任何一次下跌都大的下跌，预示着价格走向更低。

8 月 2 日，低点 256 美分。

8 月 3 日，高点 261½美分，是一个 1 日反弹，这应该作为例外显示在两日图上，因为这形成了时间转折。

极高点对于从此处计算阻力位始终是最重要的。任何合约的次高点对于从此处到极低点计算阻力位也是重要的。十一月大豆的极高点是 1947 年 11 月 22 日的 383 美分。次高点是 1948 年 1 月 12 日的 347½美分。极低点是 1950 年 2 月的 191¼美分，347½美分和 191¼美分之间的 1/2 是 269⅜美分。这很重要，使得这里在 1950 年 7 月 26 日成为卖点。而且价格在大跌❶之前，从来没有走到它以上 3 美分。

始终把这些重要的阻力位标在日图以及两日图上，这样你就会知道它们何时到达。

8 月 4 日，你应该在 255 美分，即 8 月 2 日的低点之下 1 美分处，卖出更多的十一月大豆。止损单应该设在 262½美分。

8 月 5 日，低点 254¼美分。

8 月 8 日，高点 253½美分。这是显示在两日图上的 2 日反弹。

8 月 10 日，低点 238¾美分。

8 月 11 日，高点 248 美分。我们把它显示在两日图上，因为是 1 天里的 9 美分反弹。

8 月 15 日，低点 236¼美分。注意形成于 7 月 5 日和 7 日的低点是 234 美分和 234¼美分，使得这里成为买点，止损在 233 美分，因为市场从 7 月 26 日开始下跌了 36 美分，而 240 美分是 208 美分和 272 美分之间的 1/2。

价格从没有收于 240 美分以下 1 美分。这是买点的另一个迹象。

8 月 16 日、17 日和 18 日，每天的最低价更高。8 月 18 日的高点是 244¾美分，并且市场收盘于 244¼美分。这是两日图上的上涨。然而，两日图上最近的实际高点是形成于 8 月 8 日的 253½美分。据此，我们应该持有十一月大豆的买单，并将止损设在 238½美分，这是 8 月 17 日的低点之下 1 美分。

8 月 18 日，十一月大豆上涨到了 247¾美分。

8 月 22 日，下跌到 241½美分，是一个 2 日调整。止损单可以上移到 240½美分。

8 月 30 日，高点 254 美分。注意这是 272 美分和 236¼美分之间的 1/2 位置，也是卖点。另外最近的 8 月 8 日高点是 253½美分，这是一个趋势线高点，使得 254 美分成为在这里清多仓并做空的价格。

---

❶ 原文直译为“这个大突破”。“突破”在中文中并无方向性，所以根据上下文译为“大跌”。

9 月 2 日，低点 245½美分。这是 236¼美分和 254 美分之间的 1/2 位置，预示着小幅反弹。

9 月 5 日，高点 250¾美分。

9 月 7 日，低点 242¾美分。这位于最近一波走势的 1/2 位置以下，并且是反弹之后的价格走低信号。

9 月 9 日，高点 248¼美分，是一个 2 日反弹，并且是自 8 月 30 日以来的第一次 2 日反弹。

六、两日转向图

多年的经验已经证明，日高低点图不能很好地表示趋势的变化，毕竟一天是很短的时间。两日图走势就是用走势线记录两天或更多天的上涨或下跌。如果一种谷物开始上涨，并且只有持续一天的回调，你就没有必要记录这个回调。但是，当这个回调持续两天或者两天以上，只要底部更低，你就要在图上将线下移。价格上涨，并且连续两天或两天以上形成更高的底部和更高的顶部时，你就要在两日图上将线上移到每天的高点，直到出现另一个反转。

当价格处于高位，并且每日波动在 7 ~ 10 美分或更高时，两日图常能给出在三日图上不会被显示出来的反转或时间转折。

例子：

七月大豆从 1949 年 11 月 22 涨到 12 月 5 日，并在两日图上形成反转。从 1949 年 12 月到 1950 年 2 月 4 ~ 6 日，两日图上每波走势都呈现更低的顶部，显示主要趋势是向下的。2 月 6 日，价格跌至 219。如果你看一下阻力位记录，就会发现 218⅜是五月大豆历史最高售价的一半。因此，你可以在这个重要的中点买入五月或七月大豆，并在 217 美分设置止损单。但是，如果你想等两日图显示出趋势的变化，就可以在七月大豆上穿 225 美分点时买入。此时，它在两日图上位于最后一个高点之上。从这时起，两日图上出现了六波底部和顶部更高的上升走势。

如果你保持在两日图上的底部之下设置止损单，将会在整个走势中获得大约 1.00 美元/蒲式耳的利润。

五月大豆从 1948 年的高点 436¾美分到低点 201½美分的中点是 319⅛美分。

5 月 8 日七月大豆售价为 320¾美分，五月大豆售价为 323¾美分。如果你在 319 附近清多仓并卖空就是正确的，你将会在短短几天内获得丰厚的利润。注意 1950 年 3 月 27 ~ 30 日，七月大豆在 3 天里跌了 16 美分，这是价格和时间上的最大回调。注意从 4 月 25 日到 27 日的下一个回调，2 天跌了 11 美分/蒲式耳，在价格和时间上都比前一次回调要小些，因此没有趋势转变的迹象。

5月3日，高点317美分；5月5日，低点298⅛美分，下跌了19美分，比前一次形成3月30日低点的下跌要多3美分。这已经超过了前次的价格回调，但是没有超过3天的持续时间。随后是2天的反弹，在5月8日到达高点320¾美分，最后一天涨幅微小，未能高过前一个高点4美分。在这个高点，两日图显示了在三日图上未能显示出来的反转。这是两日图上的一个时间转向，如果你等着走低❶，第二天你还能在高位卖出。当价格在5月12日跌至297½美分时，它位于5月5日的低点之下，这是两日图的底部自2月6日以来第一次被击穿。请记住，我们有一个准则说，这些快速走势大约持续3个月。2月，5月，8月和11月是趋势变化的重要月份。

下跌仍在继续，5月17日七月大豆跌至284½美分。注意两日图上最近的低点是4月27日的284美分，使得这成为一个双底和买点。日图表上每天的高点都在降低，从320¾美分到低点219美分下跌了1/3，使得这成为一个支撑位。自5月8日以来，5月18日价格第一次上升到前一天高点之上。

5月23日，七月大豆高点301美分。注意320¾美分和284½美分的一半是302⅝美分。这是第一个阻力位或卖点，因为在两日图上主要趋势已经转为向下，并且5月24日是第六天上涨。因此，当价格从低点持续上涨了7天时，要重点留意趋势的变化，特别是在价格位于重要的中点附近时。当七月大豆反弹见顶，并下跌击穿284美分的双底时，那么它们将指向219美分和320¾美分的中值269⅞美分。注意日高低点图上在267美分与271美分之间有一系列的高点和低点。但是，形成于3月27日的老顶部264是重要的支撑。注意405美分和44美分之间的5/8是269⅝美分，436¾美分的5/8是273美分。276½美分到201½美分的7/8是267美分，201½美分和436¾美分之间的1/4是260⅜美分。你应该将这些重要的阻力位标记在日图或两日图上。

七、时间阻力位

你可以像计算价格阻力位一样计算时间阻力位。

将一年分成8等份，每份大约是45天，一年分成3等份，每份是120天或4个月。留意这些时间周期的重大变化。从极高或极低点开始计算时间，而不是用日历年年初或月初开始。

例如，1947年11月29日，大麦达到高点，并且在1948年1月16日有个双重顶。因此，时间周期应该从这些日子开始计算。五月大豆也在1948年1月16日达到顶部。1948年2月9日五月大豆交易价201½美分，这是最后一个低点。用这个时间周

❶ 原文直译为“等待更低的过程”。

期加上 90 天(即四分之一年),就会得到在 1950 年 5 月 8 日附近有一个趋势变化,事实上大豆正好在这一天到达顶部。七月大豆的最后一个低点是 1950 年 2 月 6 日,离 1948 年的低点日期只有 3 天。五月大豆也在 1950 年 2 月 3 日形成最后一个低点。假设大麦也具有这种季节性的下跌趋势,你可以在 1950 年 8 月 8 ~ 10 日,以及 8 月 23 ~ 25 日附近观察趋势的变化。但是要应用所有的规则,并且遵从两日图上的趋势指标。用我们分析七月大豆的方法来分析其他谷物。

请记住,你在学习和研究上投入的时间越长,日后你就会获得越多的利润。永远不要瞎猜。遵循规则,并在交易前等待明确的信号。

W. D. Gann

1950 年 5 月 23 日

第三章补充

对你学习本章有帮助的图表是第 3 号图表。

第四章　谷物预测方法的基础——几何角度线

数学是唯一精确的科学。所有天地间的力量都被赋予掌握数学的人。爱默生曾经说过:"上帝必定研究几何学。"另一位智者说:"宇宙间一无所有,除了数学。"毕达哥拉斯,曾在世的最伟大的一位数学家,在试验数字并发现所有自然法则的证据之后,曾说:"在上帝之前是数字。"他相信,数字的周期现象创造了上帝和神。有句话曾说:"数字不会说谎。"人们已经确信数字揭示了真相,所有的问题可以用数字来解决。没有数学,就没有化学家、工程师和天文学家。

利用数字来解决问题,并获得正确答案和结果是如此的简单和容易,以至于看起来非常奇怪,如此少的人依靠数字来预测期货交易,股票和商品市场。基本原则是容易学习和理解的。无论你使用几何学、三角学、或者微积分,你都在使用简单的算法规则。你只在做两件事情:增加或减少。

有两种数字:奇数和偶数。我们把数字相加就是增加,我们做乘法,就是更快地增加。我们做减法就是减少,我们做除法也是减少。伴随着更高级的数学应用,我们发现更快,更容易的方法来做除法、减法,加法和乘法,当你理解它的时候,也会觉得非常简单。

自然界里的每件事情分为雄性和雌性,白色和黑色,协调和不协调,右和左。市场变化只有两种方式:上涨和下跌。我们知道如何去证明这里有三维——宽度、长度和高度。我们使用三种几何图形——圆、正方形和三角形。我们利用圆的正方点和三角点来判断时间、价格和空间阻力。我们使用360°圆来测量时间和价格。

我们用三种角度线:垂直线,水平线和对角线,来测量时间和价格运动。我们使用奇数和偶数的正方形,不仅得到市场运动的证据,而且找到其原因。

一、如何制作图表

图表是过去市场运动的记录,未来只是过去的重复。没有什么新的东西。正如

《圣经》所言:“已经存在的,它比将继续存在。”历史在重复,利用图表和规则,我们判断它将在什么时候,以及如何重复。因此,要学的最重要一点是如何正确地制作图表,因为如果你在图表中犯了错误,你将在应用规则去交易时犯错。

(一)空间

在日、周和月图表上,使用1/8英寸对应1美分。除非价格在1.00美元以下,那么在日图表上只用1/2美分对应1/8英寸。

在日图表上,没有为假日和星期天留空。因此,时间段是实际的市场交易天数。但是,你应该在日图表的底部或顶部标上日历天数,以便你知道何时价格和某个极高点或极低点相距45天、60天、90天、120天或180天等。

(二)周图

当五月小麦或其他谷物合约到期时,比方说五月小麦到了5月份,新合约直到8月才开始,你记下周数,并开始在合约开始的这一周。这使得你始终获得从高点/低点开始的正确的几何角度线,知道从某个高点/低点过去的总时间。这将使得所有过去走势的几何角度线都是正确的。

二、几何角度线

在很多年实际的实验之后,我发现几何角度线精确地反应了空间、时间、成交量和价格。

数学是唯一精确的科学,正如我前面所说。地球上每个国家都遵从2+2=4,无论它说什么语言,而其他科学并不像数学这样一致。我们发现不同专业和科学方法的人在问题上意见不一,但是在数学计算上没有争论。

在一个圆中有360°,无论这个圆是多大或者多小。某些度数和角度是非常重要的,预示谷物的重要高/低点何时出现,还能指出重要的阻力位。一旦你已经彻底地掌握几何角度线,你将能够解决任何问题,并且可以判断谷物的趋势。

经过50年的研究、实验和实际应用之后,我已经完善并证明用来判断谷物市场趋势的最重要的角度线。因此,集中注意这些角度线,直到你彻底地理解它们。研究和试验我给你的每个规则,你将获得成功。

我们使用几何角度线来测量空间和时间,因为它是比加法或乘法更快捷的方法,让你跟从这些规则,并从高点和低点或最高和最低来精确地画角度线。你可能在相加或相乘时犯错,但是几何角度精确绘制将纠正这些错误。例如,如果你应该计算穿过图表底部的120个空间,它代表120天,周或月,那么你从“0”开始,在图表上逐个数直到120,——然后从这个高点向下画45°线,它将在120个单位后出现在"0"。如果你在计算时犯错,这将纠正它。

画在图表上的角度线,总是在你面前体现合约的位置和它的趋势,无论你是否已经记下当时的阻力位,你可能放错了,或者忘记了,但是这些角度线总是在你面前的图表上。正确地绘制这些角度线或移动平均线,将保护你不会犯错误或者错误判断趋势。如果你等待着,并且遵循你的规则,这些角度线将告诉你何时趋势将改变。通常使用的移动平均线,通过取日历日、周、或月的最低价和最高价,并把它除以2得到当天、当周、当月的平均价,在每段时间的结束时都持续地这样做。这是一个不规则的每周空间或点数的走势,因为它可能某一次每周上涨5美分,而另一次每周10美分,而时间是正常的单位。因此,几何角度线,它是真正的移动平均线,在日、周或月图表上,从任意底部或顶部,以相同的速率上升或下降。

三、如何绘制几何角度线

在我绘制正方形以后,我可以使用相同的直径在它里面画一个圆,从而在这个圆里产生不同的三角形和正方形。

几何角度线或移动趋势平均线把时间和价格分成相应的比例。参考图4-1,我在里面画了28×28方形。你将注意到它高为28,宽也为28。换句话说,向上28和水平28。它和正方形房间是一样的,有底部或地板,顶部或天花板,以及四面墙。所有东西都有宽度、长度和高度。28美分是现货小麦1852年的最低价。

为了在这个正方形里,得到最强和最重要的点,通过画出水平线和垂直线,我把它分成2个相等部分。注意标为"A"的角度线,它从"0"到对角"28",把每个小正方形再分成相等的两部分。这是一条在45°线上的对角线,把大的正方形分成两个相等部分。然后,请注意在"14"横穿的角度线"B"。它把正方形分成相等两部分。注意角度线"C"是一条垂直线,从"28"的一半"14"向上画。它穿过其他角度线穿过的中心或中点14,把正方形分成两部分。然后,请注意角度线"D",组成了另一条45°线,从西北角移动到东南角,恰好在中点穿过"14"。通过这个你会看到,如果我们画第一条通过正方形中心的直线,我们把它分成两个相等部分。然后当我们从另一个方向画线,把它分成4个相等部分。然后,通过从每个对角画两条直线,我们把正方形分成8个相等部分,并且产生8个三角形。我们使用28是因为28美分是现货小麦历史最低价。当你看这个正方形时,它应该很容易告诉你的眼睛,哪里是最强支撑点,或最强阻力点。它是在中心,也就是所有角度线穿过的地方。4条角度线穿过这里,所以这里与只有一条角度线穿过的地方相比自然是更强的支撑点。通过以相同方式画出角度线,我可以把这些更小的正方形分成4个或8个相等的部分。后面,当我给你规则和

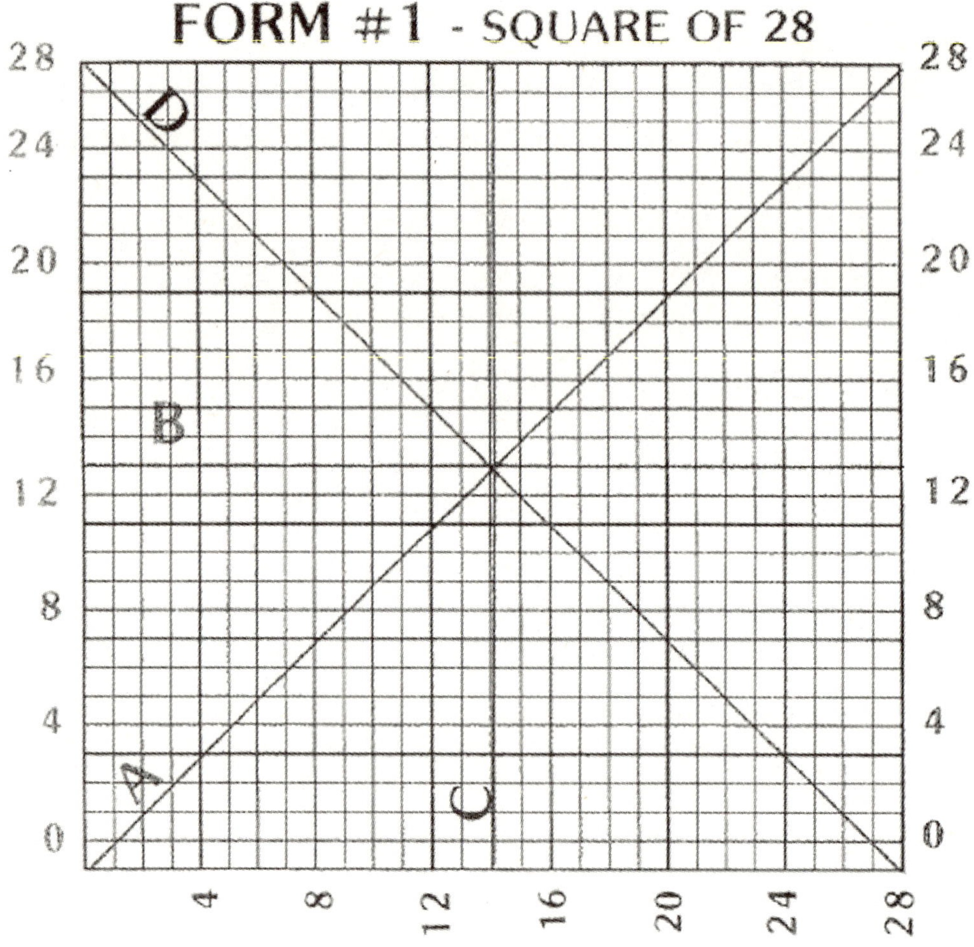

图 4 – 1　28 正方形

例子的时候，我将解释如何使合约的区间（也就是最低价和最高价之间的差值，或任意低点和高点之间的差值）成为正方形，还有如何使得底部价格成为正方形。

例如，如果顶部是 28，28 × 28 正方形将代表时间和价格成为正方形，因为如果我们的价格上涨 28，移动 28 个时间，我们就使得时间和价格成为正方形。因此，当合约已经走了 28 天、28 周或 28 个月，它就正在使它的价格区间 28 成为正方形。

（一）几何角度线的样式图

90 × 90 正方形或样式图，显示了所有的角度线，它们是非常重要的，主要用于判断合约的位置。这些角度如下：3¾°，7½°，15°，18¾°，26¼°，30°，33¾°，37½°，45°，52½°，56¼°，60°，63¾°，71¼°，75°，82½°，86¼°和 90°。

不需要利用量角器来测量这些角度。为了得到正确的角度，所有你必须要做的事情是计算 8×8(对应 1 英寸)图纸上的空间,然后相应地画直线或者角度线。

在 90×90 正方形上,你会看到这些用法,请注意从高点和从低点引出的等价角度线通过它们所穿过的位置证明了自己相等。

例如,从"0"引出的 8×1 线和从"90"引出的 8×1 线都相交于 45,从"0"向右数 5⅝点。然后,你会注意到,从"0"引出的 4×1 线和从"90"引出的 4×1 线,都与水平线 45 相交于 11¼,与其他角度线等距,量度是 2 倍。为什么这些角度线会这样,是因为水平线 45 或 45 点是 90 的 1/2。因此,从"0"向上与从 90 向下的相似角度线的必然相交于水平线 45 或重心。

(二)如何从记录的谷物低点画角度线

图 4-2 的例子向你介绍了在谷物走高时使用的最重要的角度线。

1. 第一条重要的几何角度线(45°线或 1×1 线)

要画的第一条,也总是最重要的一条角度线是 45°线,即每天上涨一个点,每周一个点,或每月一个点的移动平均线。这是一条 45°线的原因是,它把空间和时间分成相等的两部分。只要市场或合约停在 45°线上,它就处于强势位置,预示着更高的价格。你可以在它每次停在 45°线上买入,并在 45°线下 1 美分,2 美分或 3 美分设止损。但是,请记住这条规则——止损位不要超过 5 美分。除非谷物接近低位,或牛市刚刚开始,或在非常低的价格交易。我总是在 45°线下,使用 1 美分的止损单。如果这条角度线被击穿 1 个点,你通常将发现,趋势已经改变,至少是暂时的,并且合约将走得更低。

一种简单的精确计算如何放置 45°线的方式是:例如,如果距离合约底部的时间是 28 天,28 周,28 月,那么这条角度线或 45°线,必须是从底部上涨 28 美分,并将穿过 28。这是最容易放置的角度线之一,也是最容易学习的角度线之一。你可以通过只在 45°线附近交易来战胜市场,如果你坚持这项规则——等着在 45°线上买入,或者等着在 45°线下卖出。

2. 下一条重要的角度线——(2×1)

2×1 角度线,即每天、每周、每月上涨 2 美分的移动平均线,把 45°线和垂直线之间的空间分成相等的两部分,度数是 63¾°。那就是为什么它是下一个最强的和最重要的角度线的原因。只要合约保持在这条角度线上,它就处于比它停在 45°线上时更强势的位置,因为它是一条更陡峭的角度线。当合约跌穿这条 2×1 角度线时,即下跌超过每个时间周期 2 美分,那么它预示着将会走得更低,并触及 45°线。请记住,所有角度线的规则:不管合约跌穿什么角度线,它预示着下跌到它下面的下一个角度线。

3. 第三条重要的角度线——(4×1)

这条角度线——只要谷物价格保持在它上面,就会更强——是每天、每周、或每月上涨 4 美分的角度线。这条角度线是 4×1 线,即时间的一个单位等于空间的 4 个点。

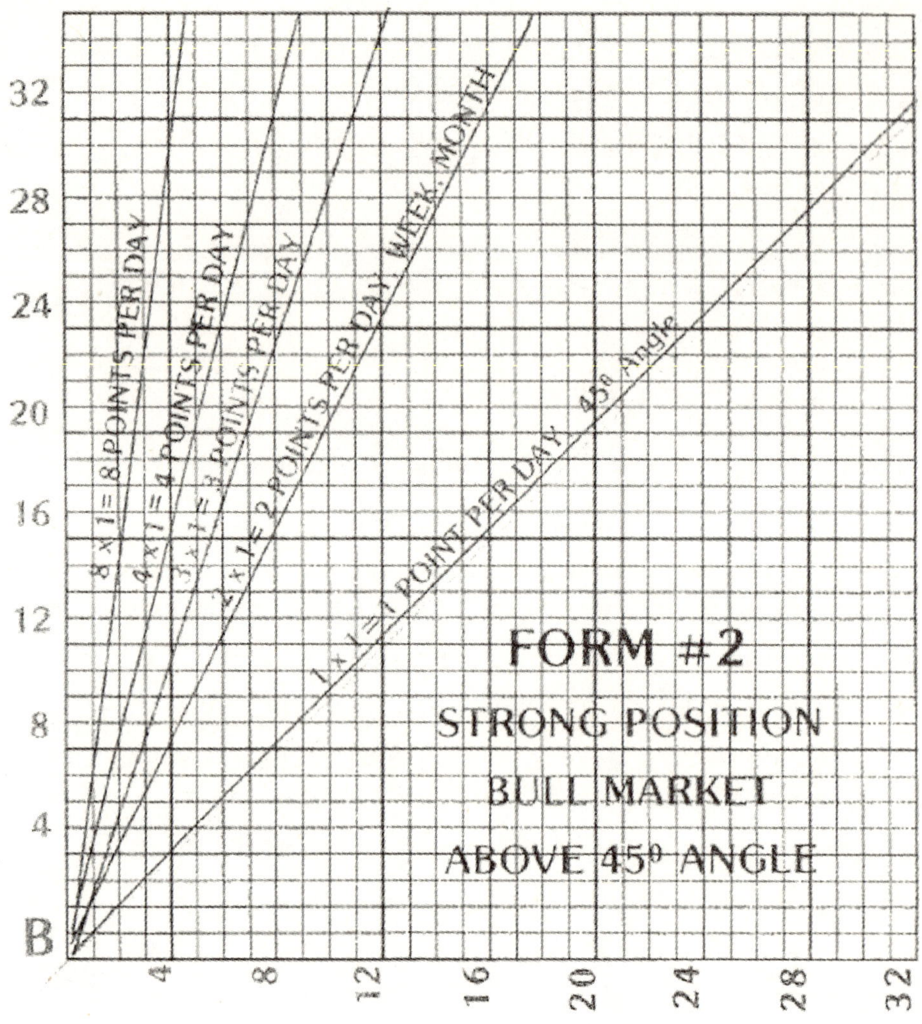

图 4－2　牛市重要角度线

它的度数是 75°，把 2 ×1 角度线和 90°线之间分成两个相等部分。任何持续地每天 4 美分，每周 4 美分，或每月 4 美分地上涨的合约，是处于非常强势的位置，只要它停在这条角度线上，但是当它跌穿时，预示这下一个角度线或下一个支撑位——根据当时合约的位置来定。

4. 第四条重要的角度线——(8 ×1)

8 ×1 角度线，即每天、每周、每月上涨 8 个点的角度线，度数为 82½°。

只要合约在日、周或月图表上保持在这条角度线上，它就处于可能最强的位置，但是当它反转趋势，下跌到这条角度线下时，那么它预示着会下跌到下一条角度线。

5. 第五条角度线——(16 ×1)

使用 16 ×1 角度线，即每单位时间上涨 16 美分是可能的。它的度数是 86¼°。但是这个角度线只用在快速上涨的市场里，比如1947～1948年谷物每周/每月上涨或下跌16美分或更多。只有极少数合约每天、每周或每月上涨16美分，并且也很少出现。

你会注意到，利用这四条重要的角度线，我们表现了市场的强势或看涨。每次我们用角度线分割空间时，我们就将得到时间和价格的中点或重心。

6. 第六条角度线——(3×1)

请注意绿色的标为“3×1”角度线，它每天、每周或每月上涨3美分，度数为71¼°。这条角度线有时候很重要，在市场持续上涨了一段时间，距离底部很远的时候。它是在月和周图表上很重要的角度线。

这些就是所有你所需要的角度线，只要合约继续上涨，并保持在45°线，即每天、每周或每月上涨1个点的移动平均线上。

因为圆有360°，角度线可以在任意度数形成。所有的重要角度线在0°和90°之间形成，因为90°是直上直下的，也是合约可以上升的最陡角度。例如，45°线把0°～90°的空间对半分开。135°只是另一条45°线，因为它是在下一象限里的90°～180°之间的1/2。圆里的225°和315°也是45°线。因此，所有在判断合约趋势上有价值的角度线，都可以在“0”和“90”之间找到。当我们把90°除以8，就得到一条最重要的角度线11¼°线。然后，把90°除以3，就得到30°和60°线，它们重点用于时间和阻力位。

(三)哪种底部需要绘制角度线或移动平均线

1. 日图表

如果合约已经下降了一段时间——然后开始上涨(从底部上涨，它必须每天形成更高的底部和更高的顶部)——然后在3天上涨后，在日高低点图表上，你可以在底部或低点放上45°线和2×1。通常，首先必须放置这两条角度线。如果底部保持没有被击穿，那么你可以在这个底部放置其他角度线。

2. 周图表

如果合约正在下降，反弹超过1周，并继续下跌，比如说，3周或更多，然后开始上涨，并持续了2周或更多，你应该开始在下跌的低点放上角度线，指使用45°线以上的角度线，直到合约再次跌穿45°线——在那以后，你应该使用更低点的，或正方形的熊市的其他角度线。

(四)在低点引出的45°线被跌穿以后做什么

在合约形成顶部，无论是否暂时的，并跌穿45°线开始下行之后，要做的第一件事情就是绘制45°线之下的角度线，从底部或低点。请注意图4－3的例子。

1. 在正方形下方的第一条角度线——2×1

在正方形下方，你要画的第一条角度线是2×1角度线，即横着2美分，竖着1美

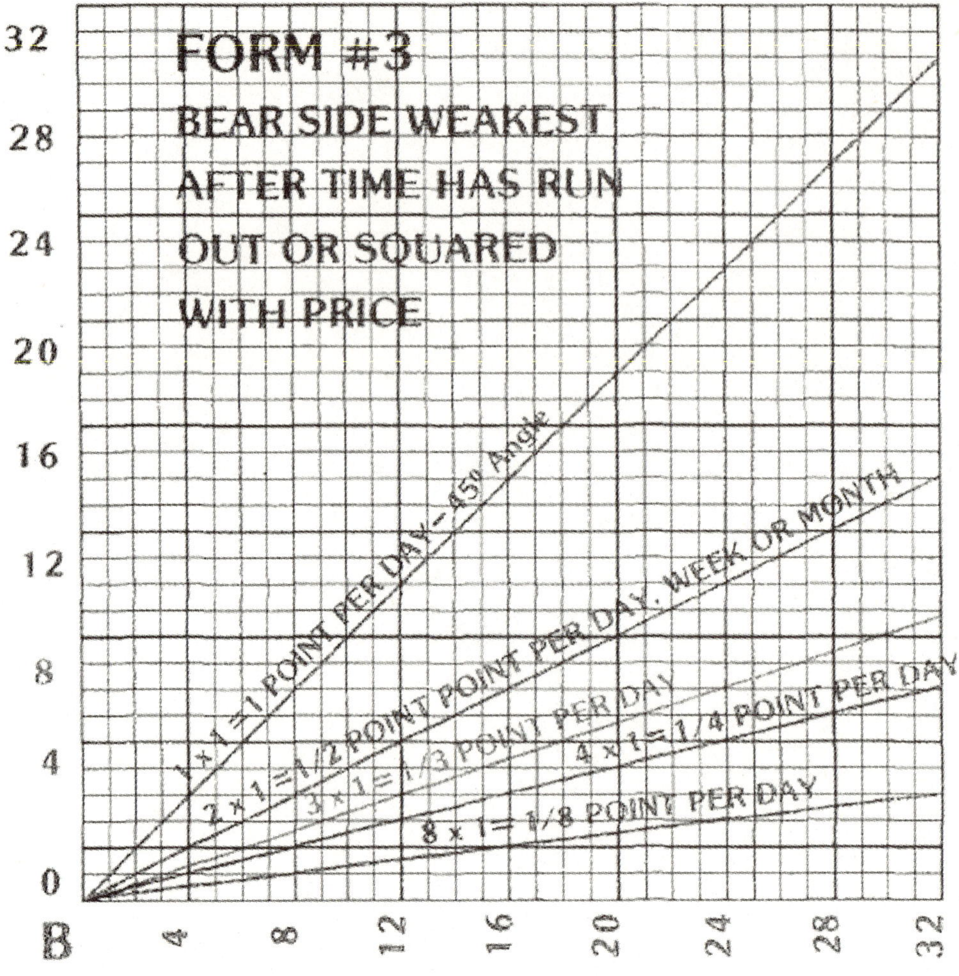

图 4-3　45°之下的角度线

分,它以每天、每周或每月 1/2 美分的速度运动,度数是 $26\frac{1}{4}°$。这是合约跌穿 45°线后,将要到达的第一条支撑角度线。通常,当合约到达这条角度线,它将受到支撑并上涨。有时,它将停在这条角度线上很长时间,维持在这里,并形成更高的底部。但是,当这条 2×1 角度线,或每天、每周或每月 1/2 点的移动平均线被击穿时,你必须画出下一条角度线 4×1。

2. 第二条重要的角度线——4×1

在正方形下方的下一条重要的,以每天 1/4 美分的速度上涨的角度线,是 4×1 角度线,度数是 15°。它将是下一个强的支撑角度线,合约将在此获得支撑,并开始上涨。

3. 第三条角度线——8×1

在 4×1 角度线被击穿后,你在图表上要画出的下一个重要角度线,是 8×1 角度线,它以每天、每周、每月 1/8 美分的速度变化,度数是 $7\frac{1}{2}°$。这通常是一条非常强的角度线。在合约已经大幅下跌后，它将经常停在这条角度线几次，或这可以形成最终底部，并从这条角度线开始上涨，与其他角度线相交，并再次回到强势。因此，在持续下跌之后，在月或周图上主要使用这条角度线。

4. 第四条角度线——16×1

在重要的底部过去很长时间以后，这条角度线可以用在月图表上。它以每月1/16美分的速率移动，度数为$3\frac{3}{4}^{\circ}$。

5. 第五条角度线——3×1

这条用红笔绘制的角度线，是非常重要的角度线，度数为$18\frac{3}{4}^{\circ}$。我强烈建议一直使用它，并在月图表上所有重要的底部绘制它。它有时也可以用在周图表上，但是在日图表上很少有太大价值。它以每天、每周或每月 1/3 美分速率移动。通过在月图表上绘制数年的这种角度线，你很快就会相信它的价值。在日图表上尝试它，你也会发现它也是很有价值的。

这些就是在任何时间、任何底部你所要使用的所有角度线。

（五）如何在日、周或月图表上从高点画角度线

1. 在高点引出的45°线下方的位置

在一份合约形成高点，并下跌了相当长时间后，比如说，3 天、3 周或 3 个月，跌穿前期低点，然后你开始从这个高点画角度线。请注意标为图 4－4 的例子：从 45°线下面的高点引出的角度线图形。

2. 从高点引出的45°线

你画的第一条角度线，是 45°线，或显示每天、每周、每月下跌 1 美分的移动平均线。只要合约在这条角度线下方，它就处于弱势和熊市里。

3. 其他角度线

在很多情况下，一份合约将开始每天、每周、每月平均下跌 8 美分、4 美分或 2 美分。因此，你应该在高点放上所有这些角度线，它们比 45°线下降得更快。

4. 弱势的位置

当合约下跌，并保持在 8×1 线下方时，它可能是最弱的位置。当它以每天、每周、每月 4 美分的速度下跌，即在 4×1 角度线下时，它可能是次弱势的位置。当它下跌到 2×1 角度线下时，就处于更弱势的位置。

5. 强势的位置

当合约与 2×1 角度线交叉，它就处于更强势的位置，预示着更大的上涨，但是这依赖于它离高点多远，角度线相距多远，这将在以后的规则里解释。

6. 趋势改变

只要合约每天、每周或每月下跌一个点，或比 45°线低，或在其下，它将仍在熊市

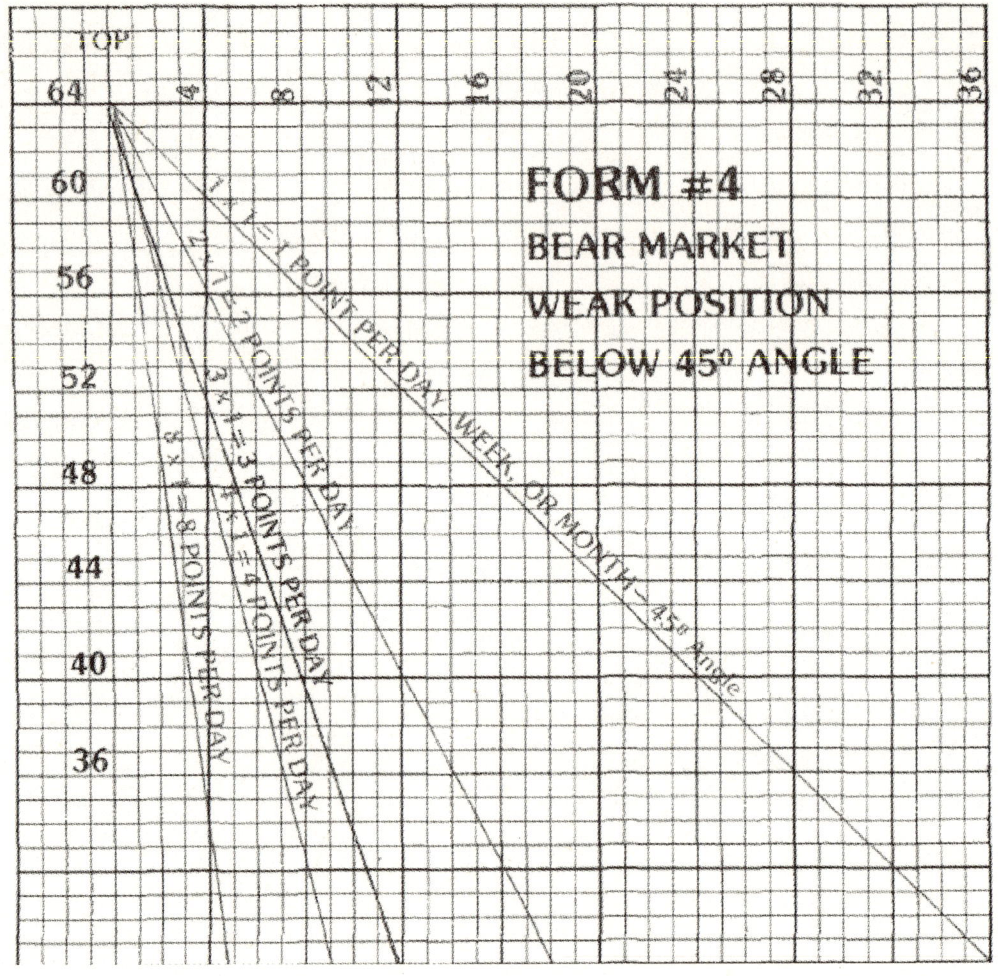

图 4－4　高点引出的 45°以下角度线

和非常弱势的位置。在漫长的下跌后，当合约上涨并与 45°线交叉时，你准备好在 45°线的另一边放上这些角度线，它们显示合约处于在熊市里更强势的位置，并可能准备转入牛市。

(六)在高点引出的 45°线上方的位置

参考图 4－5，它是在从顶部引出的 45°线之上绘制角度线的图形。

1. 从高点引出的 2×1 角度线

在高点引出的 45°线被交叉，而且合约显示已经形成一个临时低点之后，你所画的第一条角度线，或者移动平均线是 2×1 角度线，横跨 2 美分，并向下 1 美分，即单位时间 1/2 美分。这是以每天、每周、每月 1/2 美分的速率向下移动。

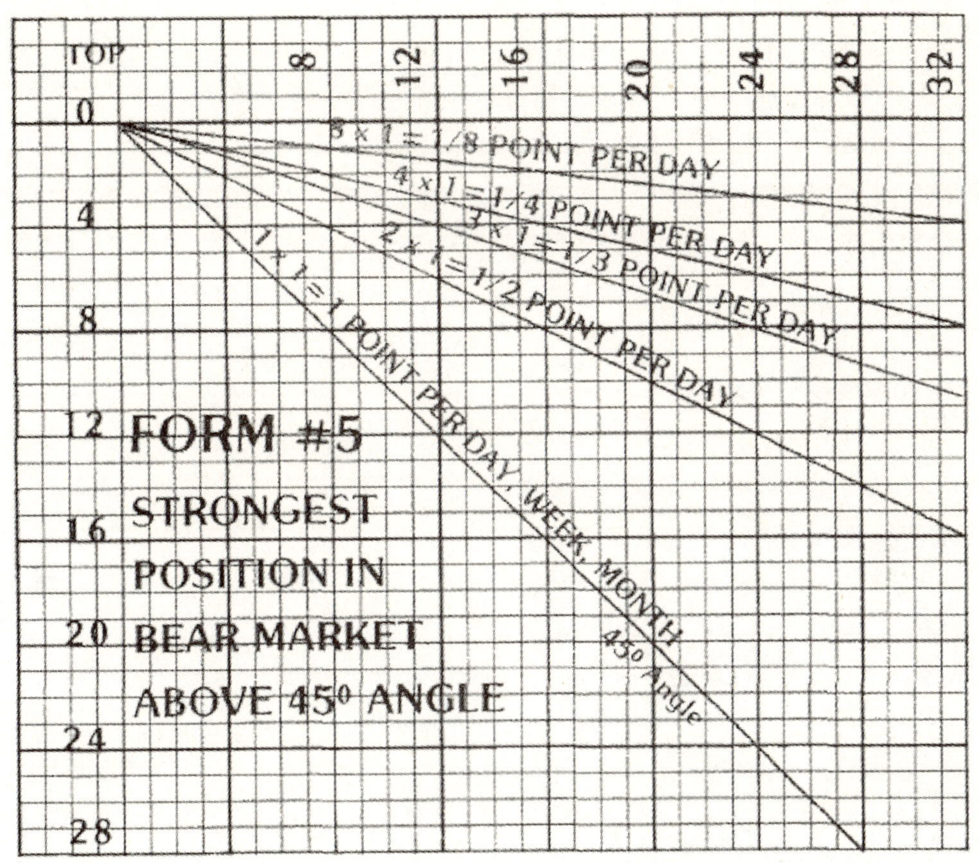

图4－5 高点引出的45°以上的角度线

2. 4×1 角度线

下一个是4×1角度线，它以每天、每周和每月1/4美分的速率向下移动。

3. 强势的位置

在合约与45°线相交，并上涨到2×1角度线以后，它将遇到卖压，并回到某些从上次走势的底部引出的向上角度线，但是当它保持在2×1线上时，它是处于更强的位置，当它与4×1角度线相交时，它处于下一个最强的位置。与最不重要的8×1角度线相交，预示着它处于一个非常强的位置，反对于从高点。你必须总是考虑从底部向上的走势，以及它在底部引出的角度线上的位置，来判断它的强度。考虑它已从底部上涨的点数和它从顶部向下多少点，是很重要的。

4. 8×1 角度线

下一个角度线是8×1角度线，它以每8天、每8周和每8月1美分，即单位时间1/8美分的速率向下移动。

5. 3×1 角度线

在表 4－5 中，用红笔绘制的 3×1 角度线，以每 3 天、3 周、3 个月 1 美分的速率移动，即每天、每周或每月 1/3 美分。在持续下跌后，这条角度线很重要。

这些就是你要在任意高点或低点所使用的所有角度线。练习在高点和低点放置这些角度线，直到你彻底地熟悉它们，并知道你在完全精确地得到它们。然后，你就可以开始根据合约在角度线上的位置，来研究判断趋势的规则，

（七）双重和三重顶部或底部

1. 角度线彼此交叉

当一个双重底相距几天，几周或这几个月时，你从这些几乎处于相同价位的底部引出角度线。例如，从第一个底部画一条 45°线，从第二个底部画一条 2×1 线。当这些角度线彼此交叉时，它将是一个趋势变化中的重要位置。请注意标为图 4－6 的图表，我从第一个底部"1B"画出一条 45°线，2×1 线在 45°线的右手边。然后，从第二个底部"2B"，我画出一条 45°线，每天、每周、每月增加 2 美分的 2×1 线在 45°线的左手边，即上边。你会看到，从第二个底部引出的 2×1 线与第一个底部引出 45°线下方的 2×1 线相交与 48 美分。当价格跌至这些角度线下方时，趋势变化出现了，行情走得更低。注意从第三个底部"3B"引出的 2×1 线与第一个底部引出的 45°线下方的 2×1 线相交与 53½美分，与第二个底部引出的 45°线相交与 58 美分。这将成为留意趋势变化的位置。我在来自不同底部的这些角度线相交的位置画了一个圆圈。

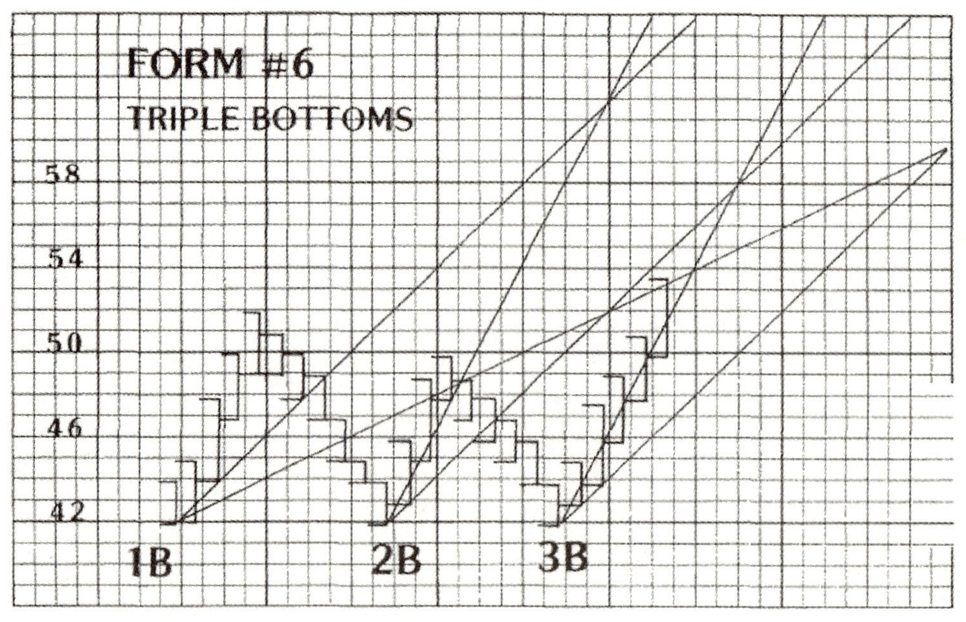

图 4－6　三重底

以同样的方式应用这些规则到双重顶和三重顶。高点和低点不一定要在完全相同的价位,但是要接近相同。请记住,始终要从所有重要的高/低点画45°线。

2. 平行角度线

平行角度线,就是从重要的高点和低点引出的线。如前面所解释的,45°线是最重要的,应该从所有的重要高点和低点绘制。如果合约开始上涨,我们从底部画一条45°线。然后,如果合约形成高点,并下跌形成一个更高的底部,然后上涨并形成更高的顶部,就从第一个高点向上画一条45°线。这将在从底部引出的45°线和第一个高点引出的45°线之间,给出震荡或波动区间。合约经常上涨到第一个高点引出的45°线,未能穿过它,然下跌并停在第一个低点引出的45°线上。然后再次上涨,在这些平行角度线之间持续地走牛。当这些角度线相距非常远时,你可以在它们另外画一条等距的45°线,它通常是一个强支撑角度线,合约从此开始反弹,但是当它被跌穿时,将下跌到底部平行的角度线。和45°线一样,平行角度线可以在2×1线或4×1线之间组成,这经常出现在慢速移动的市场里。

(八)从"0"引出的移动平均线的几何角度线

当一份合约到达底部,并开始向上时,你已经知道要就从这个低点画角度线,它们显示支撑的时间周期,但是还有其他角度线以后将同样重要,有时甚至比从合约低点绘制的角度线更重要。这些是从"0"开始的角度线,以同样于从那个低点向上的速率上升。起始点必须在低点的垂直正下方,时间周期开始于这个低点,但是角度线从"0"开始向上引出。每次合约形成低点的时候,就应该引出这些角度线,尤其在周和月的图表上,在日图表的重要走势上,也应该放上角度线。参看标为图4-7的图表。

如果合约在20形成低点,如图表所示,从"0"开始引出45°线,何时这条角度线将到达20呢?答案是:它将在20天、周或月后,从底部或者起点到达20。换句话说,20天、20周、20个月后,它将从"0"涨到20,并在这个价格形成低点。然后,角度线将以相同速率继续向上,后来,当合约跌穿到由在20形成的低点引出的45°线,并且击穿其他由20的实际低点引出的角度线时,下一个重要的支撑点将是从"0"向上引出的45°线。当这条角度线被击穿,它就可能处于弱势状态,预示着非常低的价格。但是,这依赖于合约卖在多高,以及在它击穿由"0"引出的45°线时,它已经下跌多少。这些从"0"绘制的角度线,尤其是45°线,证明了何时价格和时间是平衡的,或者何时这份合约从它的底部与时间形成正方相对。

(九)开始于高点形成时间的"0"角度线

当一份合约在日、周和月图表上到达最高点,趋势转而向下,你应该从"0"向上引出一个45°线。这将验证时间周期的正方形。当这条角度线被触及,是很重要的,预

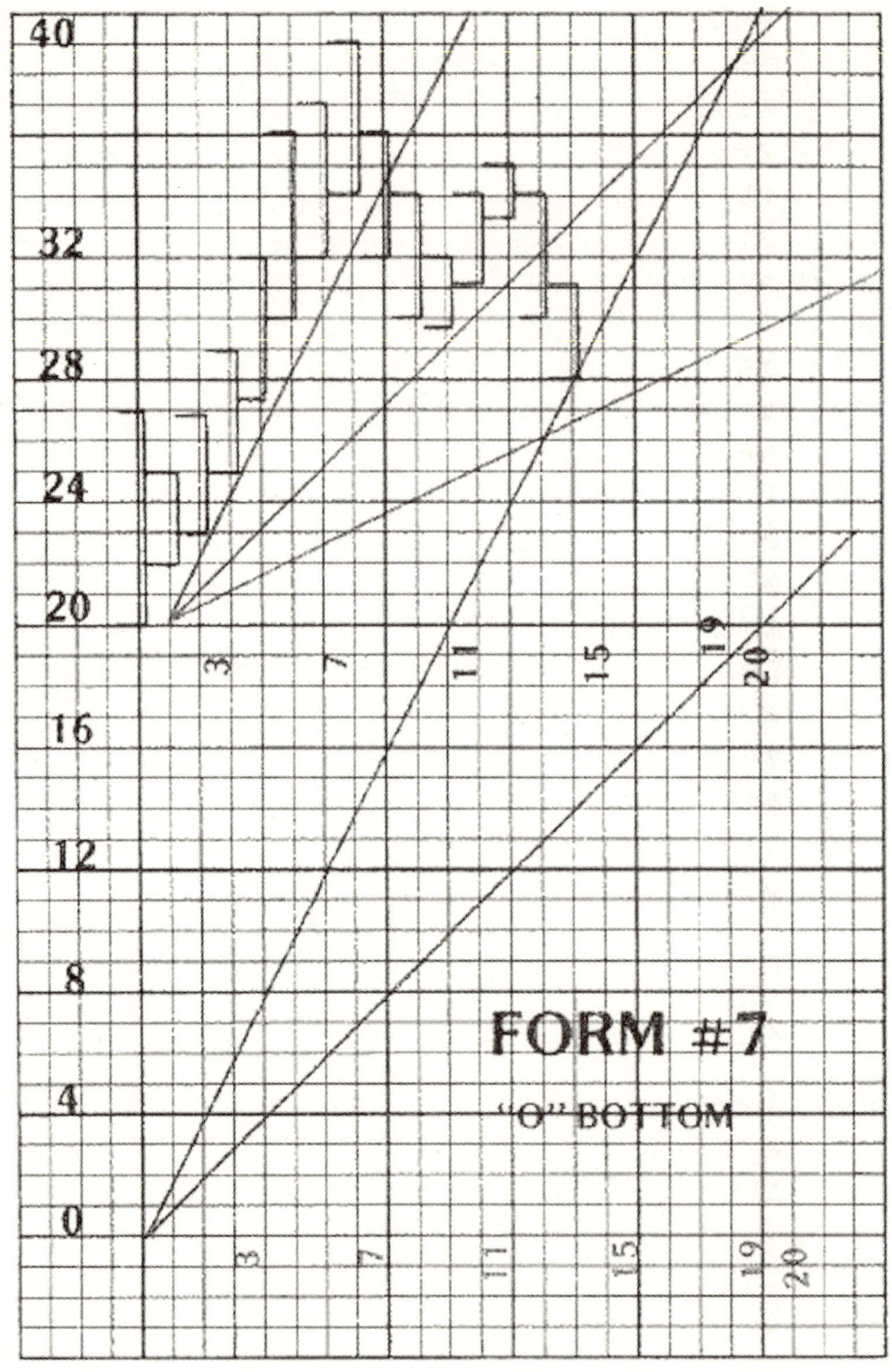

图 4－7　从 0 开始的角度线

示着趋势变化。这是最近的强支撑,如果被击穿,它将预示这非常低的价格。

在前面的每个例子里,我已经向你介绍了首先从低点、高点,以及高点和低点的"0"所引出的45°线。但是,这不意味着你不能使用其他角度线。所有其他的角度线,都可以用在"0"位置。但是,45°线是第一位的,最重要的。在这条角度线被打破以后,你才可以使用其他角度线。在你用到它们之前,不需要把所有角度线放在一起。但是,在年份很长的月图表上,当合约开始接近这些角度线将被跌穿的位置,或者合约将停留在它们上面,并受到支撑的位置时,它们应该被放在一起。

从"0"到顶部和底部的45°线:45°线从"0"向上到达这些线或者价格低点,是非常重要的。然后,当它又到达最高价位时,这对于趋势的变化是非常重要的。

你应该从所有重要的第一个、第二个和第三个更高的低点,引出由"0"向上的45°线和其他角度线,尤其是在这些底部之间相隔已久的地方。你还应该从第一个、第二个、第三个更低的高点开始,引出由"0"向上的45°线,尤其那些相隔已久的地方。在周和月图表上,这些角度线是最重要的。

不要忽略绘制这些从"0"引出的角度,因为它们将告诉你什么时候,时间超出由高点和低点价格引出的正方形,在从底部引出的第一个45°线被打破之后,它们将决定支撑角度线,或移动平均线在其下方的位置。你无法用其他任何方法,来实现通过从"0"引出的角度线去确定这些支撑点。

你应该回到过去的记录,用上这些角度线,超出不同高/低点引出的正方形,以便你可以自己去证实这些角度线的巨大价值。

(十)从高点到"0"再向上的角度线

在月或周图上,从任意重要的高点或低点向下引出的一条45°线,应该持续地向下延伸,直到"0",然后再次以相同的速率向上。很多年以后,在重要的多个高点和多个低点之间,这条先下后上的角度线是重要的。一条45°线也可以从任意重要的低点向下到"0",然后再次向上。这将显示出从高/低点开始的价格与时间的正方化。某些角度线也可以移向最低价,然后再向上。

(十一)从相同底部引出的两条45°线

如前所释,45°线以每月1美分的速率上涨和下跌。请参考图4-8的例子。

你会看到,在这张图表上显示的低点是52,价格上涨到高点63。从这个地点引出一条45°线,价格到达高点后开始下降,它跌穿了45°线来到59。你还会看到,我从低点52画出另一条向下的45°线。价格跌穿从52向上的45°线,来到从52向下的45°线,距离的点数是16。因此,如果笔直向下的话,在到达从底部向下的45°线之前,角度线间距变宽,直到价格下跌16。

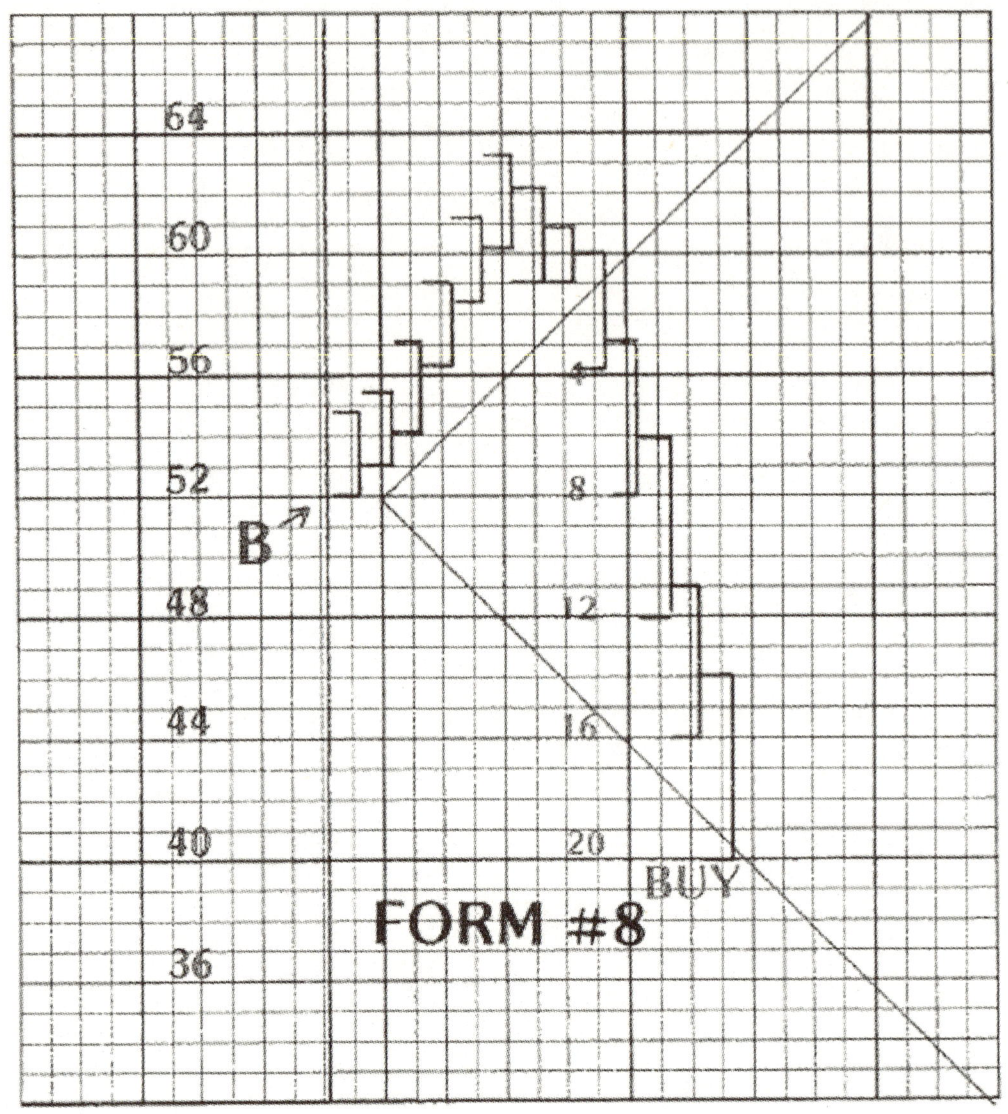

图4－8　从底部引出的两条45°线

注意在图表上价格继续下跌直到40。在此，它停在从低点52引出的45°线上。这将预示着最强的支撑位，至少暂时反弹，尤其是价格从高点下跌了23个点。后面，你将会在“阻力位”一节里发现，22½～24是强支撑位。这表明，在跌穿从低点向上的强角度线之后，当合约跌穿从低点向下的重要角度线时，它会下跌到非常低的价位。这些极端波动和下跌在过去已经发生过，未来还会发生。这验证了在向下一边的正方形完结，或时间与价格不相上下。

（十二）从一个顶部到下一个顶部的角度线或移动趋势线

参见图4－9的例子，你会看到，我们从低点60开始。合约上涨了6个月达到74，标为“I”，形成高点，然后回调了3个月到64，跌穿了45°线，但是停在从低点引出的2×1线上，然后开始上涨，最终再次穿过从60引出的45°线，收复了这条角度线，进入更强位置。因为它处于新高区域，为了判断它是否可能会遇到阻力，我们从高点74画出一条45°线。从低点开始后的第22个月，价格上涨到90，遇到从高点74引出的45°线，在第一个高点开始后的第16个月。由于是在第一个高点之上16个点，时间等于

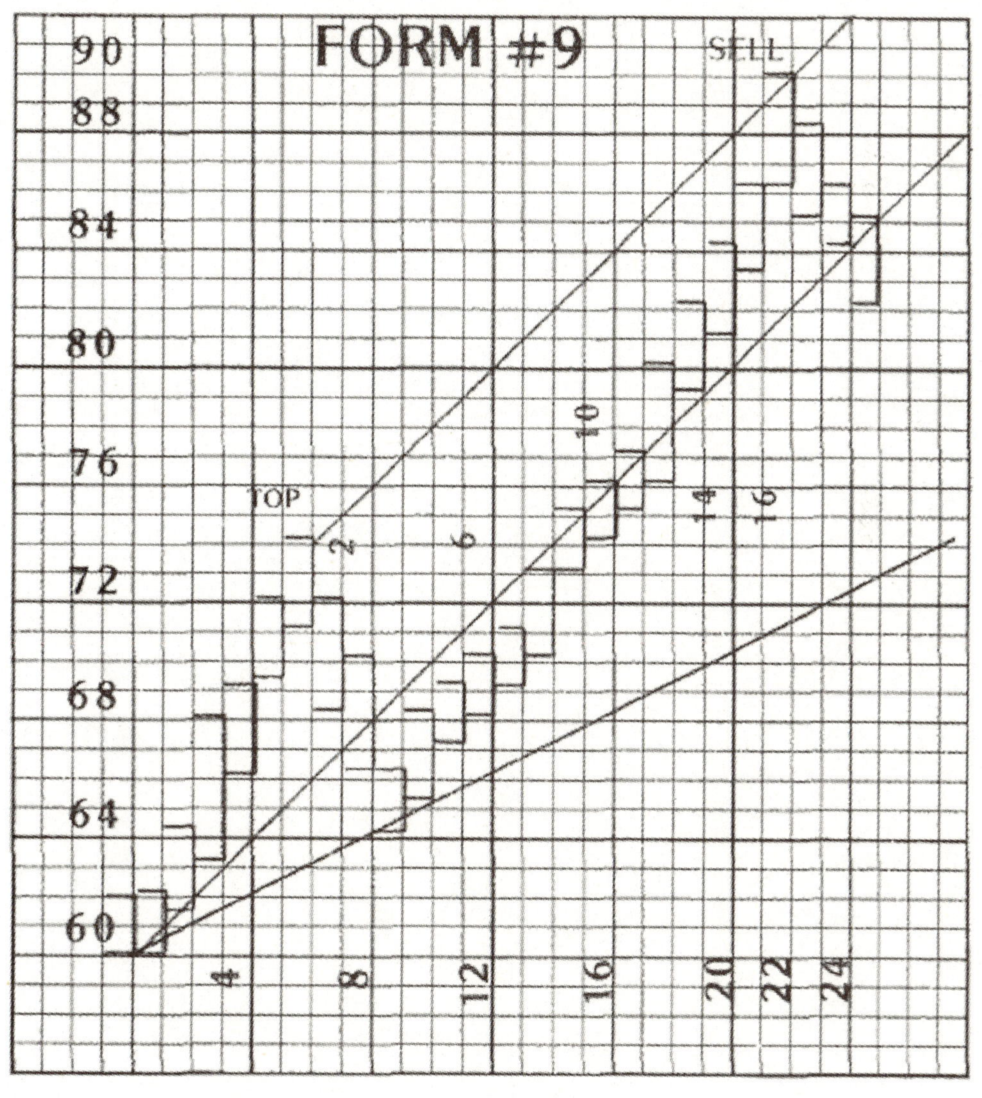

图4－9　从顶部到顶部的角度线

上涨的价格。45°线说明，这是一个强阻力位和做空位置，以45°线之上1~3个点止损。随后，开始下跌，在第3个月，价格在非常高的位置，再次跌穿从底部60引出的45°线。换句话说，从低点上涨了24美分，现在处于非常弱的位置，因为它离支撑底如此远，再次预示着下跌到2×1线（标为绿色）。

不要忽略这条规则：在合约上涨到新高，然后下跌至前期高点74之后，这也许是一个支持位，除非价格跌至它以下3美分。如果价格真的跌到它以下3美分，并且也跌穿2×1角度线，它将处于更弱的位置，下一个要留意支撑和反弹的位置将是下一个低点64。

（十三）从第一次快速下跌低点引出的角度线

当上涨了一段时间的合约，形成高点并保持了数天、数周、数月，然后趋势转而向下并明显的大跌，在第一次下跌之后总有一次反弹。在第二次反弹中，它通常形成一个更低的高点，然后再次走低。第一次下跌低点是引出向下的角度线，尤其是45°线的非常重要位置，正如我在标为图4－10的图表中所展示的。

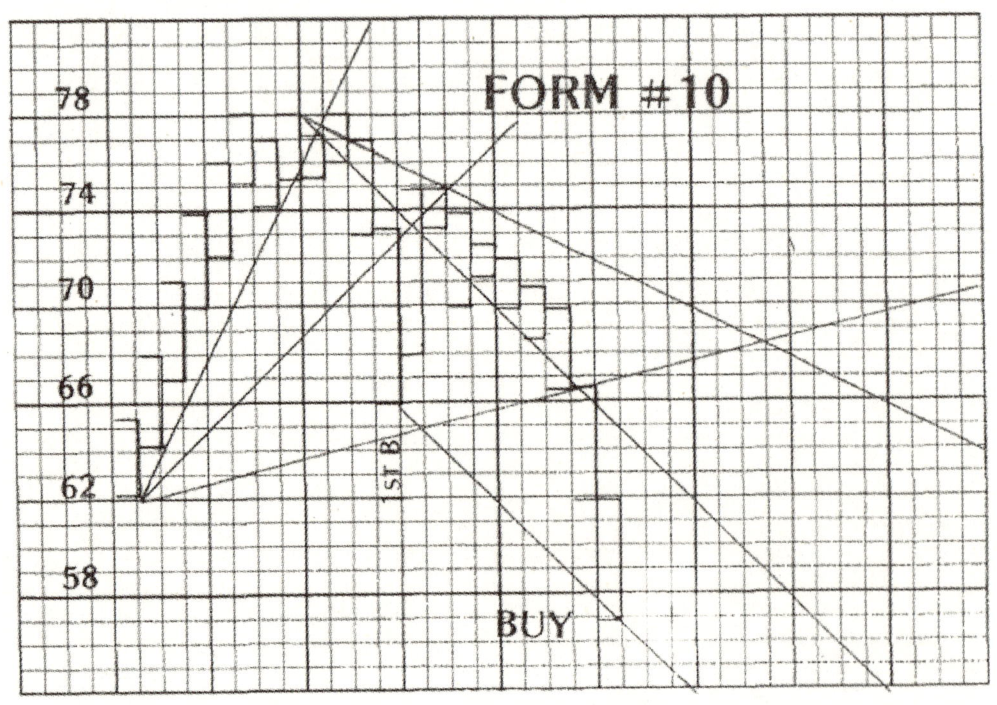

图4－10　从第一次快速下跌低点引出的角度线

这张图表显示，价格反弹到75附近，从最近低点向上引出的45°线与从高点向下引出的2×1相交与此。然后开始下跌，在价格66跌穿从高点引出的45°线，使得行情处于非常弱的位置。它下跌到从第一次明显下跌开始向下引出的45°线。这就是从低点开始的时间正方形，是一个反弹买点。合约通常下跌，并跌至从低点引出的这条角度线下方一点。然后，如果它在这条角度线上，或其下方，保持了数天或数周，它就是反弹的买点。

在月图表上，始终绘制这条从第一个明显下跌低点向下引出的角度线，因为它通常在后面的走势中变得非常重要。

在合约上涨了一段时间后，开始急速地下跌持续2～3天、2～3周或2～3个月，然后反弹，在跌穿第一次急速下跌的低点之后，预示着主要趋势已经反转，它将走得更低。

当某种谷物下跌了很长时间时，运用相同的规则。然后形成明显的、快速的反弹达2～3天、2～3周、2～3个月，接着回调，并穿过第一次反弹点，预示着更高的价格。

(十四)牛市或熊市中的最后一次波动

在牛市里，从市场开始最后一波上涨的价格，引出角度线是很重要的，参考图4－11。

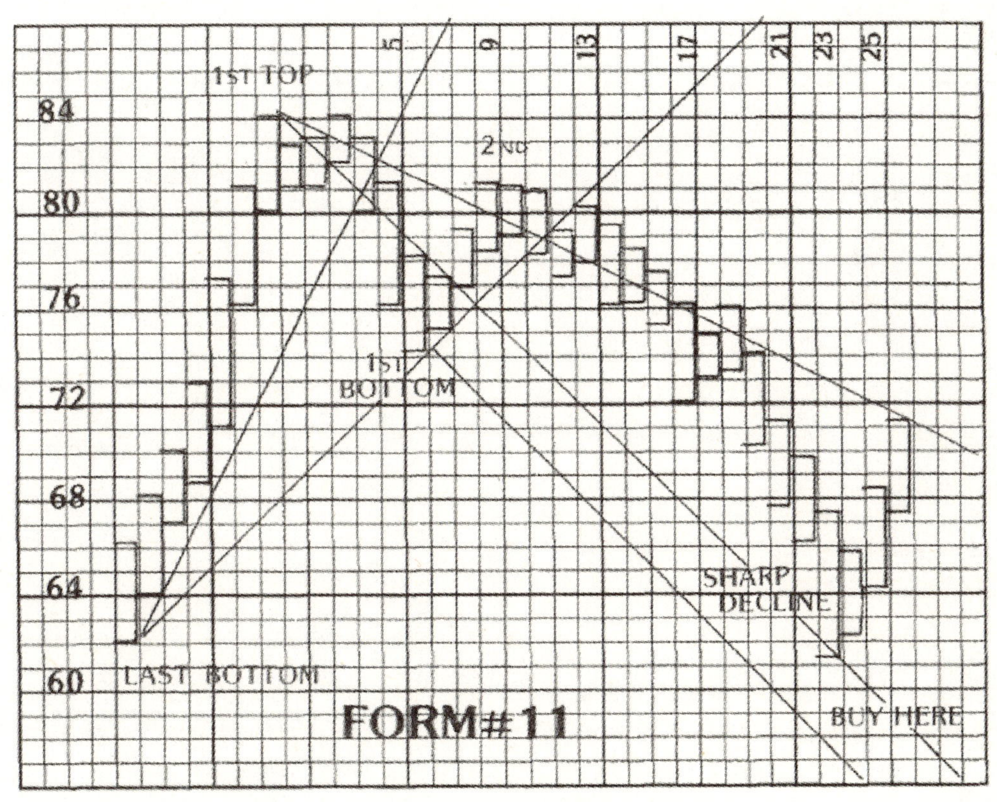

图4－11　最后一波的角度线

在这个例子里，请注意标为“最后的低点”这个位置。在牛市的最后一段，快速上涨到价格84。我们已经从底部画出2×1角度线(每天、每周、每月增加2美分)和45°线。当2×1线被跌穿时,它预示着趋势已经转而向下。市场下跌并停在45°线上,然后反弹,并形成第二个更低的顶部。接着跌穿45°线,快速地下跌,并停在从高点84引出的45°线上,预示着价格和时间已经成正方,或者相等。这将成为一个买点,止损是这条角度线之下2~3美分,反弹回到从高点引出的2×1线,如图4-11所示。

在非常活跃、快速的市场里,价格可以停在从最后的低点引出的4×1线,或8×1线之上。但是,在日或周图表上,在第一个角度线被跌穿之后,它预示着趋势转而向下。

在熊市或明显下跌结束后,所有这些规则都被反过来。注意何时市场从最后的高点或反弹开始下跌,并形成最后的低点是很重要的。从最后的高点画出这些角度线,留意市场到达和穿越这些重要的角度线。

在合约已经上涨了一段时间之后,在最后阶段有很多动能,它可能穿过从前期高点或低点引出的这些角度线,然后跌回到它们之下,这预示着弱势。当合约明显下跌,并形成低点时,它会跌至重要角度线之下,然后快速回到它们之上,说明它正在进入强势和改变趋势。

(十五)从更高的底部和更低的顶部引出的角度线

当谷物形成更高的底部和更低的顶部时,应该遵从哪一条规则呢?随着价格上涨,并在日图、周图或月图上形成更高的底部,你应该是种从更高的底部绘制角度线。然后,在牛市的最后阶段,如果这些从最后底部引出的重要的角度线被跌穿,你就知道趋势已经转而向下了。

在市场下跌时,运用相同的规则。从每个更低的高点画出一条角度线,观察这些角度线,直到价格再次上穿从第二个、第三个、第四个更低的高点引出的45°线。第二个更低的高点或第二个更高的低点,对于从它开始绘制角度线和量度时间,始终是非常重要的。

(十六)市场的运行阶段

所有的市场运动,无论上涨还是下跌,分为3~4个阶段:当上涨开始时,市场运行数周或数月,然后停下来数周或数月,根据合约价格的不同,在10~20美分或更多的区间里上下震荡,然后重新上涨,价格上穿第一阶段的高点,走得更高。然后,再次停下来,调整一段时间,接着穿过第2阶段的高点,再次上涨一段时间。然后,第三次停下来,这里是要重点留意的位置,因为市场经常在第三段的结束达到顶点,然后跟着较大的下跌。

大多数市场要走完3个重要的阶段或运动过程。但是,在止步并调整之后,如果价格穿过第三次的高点,它将上涨至第四阶段的高点。第四次上涨可以比前一阶段的时间周期要短一些，或者在某些情况下，可以消耗很长时间，尤其是如果合约是非常活跃和高价的。第四个高点是非常重要的，通常成为顶点和更大下跌的反转。

在熊市里将这条规则颠倒。当市场第三次、第四次下跌时，留意市场的走势。但是，记住在熊市里，当反弹来临时，它们只形成一个阶段或一波走势，极端情况下，只形成第 2 个阶段，然后翻转并跟着主要趋势向下。

你会发现，学习和观察这些不同运行阶段是很有用，通过应用从顶部和底部引出的角度线，你可以探测最初的主要趋势变化和次要趋势变化。

（十七）角度线位置所表明的强弱

角度线在月和周图表上，比在日图表上更具重要性，因为日趋势经常改变，而在月和周图表上，角度线只显示主要趋势变化。

始终考虑合约与其开始价格的距离，当它穿越重要的角度线时，离起始价格越远，趋势改变越重要，无论是上穿从高点引出的角度线，还是下穿从低点引出的角度线。

1. 何时合约处于最弱势

在周或月图表上，当合约完成派发，并跌穿从重要低点引出的 45°线时，它就处于弱势。当它跌穿重要高点或低点之间的 1/2 位置时，它也处于弱势。运行的时间周期越长，势越弱。例子参见 1948 ~ 1948 年五月大豆的日图和周图。

如果合约上涨到 150，只下跌了 25，当从极低点开始的 45°线被跌穿，那么它就处于非常弱势，因为它离 1/2 位置如此远，价格已经跑出时间正方形。

当它跌穿 3/4、2/3 和 1/2 等位置时，价格弱势出现。但是，从底部开始的时间角度线上的位置，告诉你更多的弱势。

当合约跌穿第一条重要的角度线时，这条角度线是从熊市最后的低点引出，它显示了第一个弱势位置。

2. 何时合约处于最强势

在日、周或月图表上，当合约处于非常陡的角度线之上时，它总是处于从底部向上的最强位置，尤其是在月和周图上。

在日图表上，只要合约保持在 2 × 1 线以上（每天增加 2 美分），它就处于就底部而言非常强势的位置。事实上，在日图上，只要它保持在 45°线上，就总是处于强势。对于周和月图表也一样适用，它们是最重要的趋势指标。

我发现有最大上涨的谷物，是那些在月图表上，始终保持在 2 × 1 线之上，或很长时间里每月增长 2 美分的谷物。我曾看到，价格 10 ~ 15 次停在 2 × 1 线上，而没有跌穿它，直到它们上涨了 100 美分或更多。这样，价格保持领先时间，合约处于强势的另一个指标是，当它上涨到它上面，然后回调，并且没能跌穿。这就和停在 45°线上一样，预示着非常强的位置。

3. 最强的买点和卖点

最安全的买点，是当价格停在45°线上时。止损单设在45°线下面。另一个买点是价格变化的1/2位置。止损单设在1/2位置以下。在周或月图表上主要趋势向上时，当合约回调到2×1线时(每单位时间上涨2美分)，买也是安全的。

4. 收复角度线或上穿趋势线

记住在日、周或月图上，当合约跌穿从极低点引出的45°线时，它就处于非常弱势，预示着下跌到下一条角度线。但是，当合约能重新回到45°线，它就处于更强的位置。

同样的规则适用于从任意高点向上引出的45°线。在日、周或月图表上，当合约穿过这条角度线，并停在45°线之上，或45°线左边的其他角度线之上时，它处于非常强势位置。

在价格一旦走到重要角度线之下或之上时，然后反转，回到角度线之下或之上时，它就再次改变趋势。

(十八)何时谷物处于自底部以来的强势位置和自顶部以来的弱势位置

当合约保持在45°线或2×1线之上时，它处于从底部以来的强势位置。但是同时，当它反弹并遇到从顶部向下的45°线或2×1线时，它处于弱势位置，它是卖空的机会，除非它可以上穿这些角度线，或者上穿前期高点。当它跌穿从底部引出的这些角度线时，它就处于弱势位置，预示着走低。

合约可以处于自顶部以来的强势位置，以及自底部以来的弱势位置，也就是经过很长时间后，它可能上穿从顶部引出的重要角度线，但是与此同时，可能跌穿从底部引出的2×1线或45°线，这预示着它处于弱势位置，并准备走得更低。

何时从极高点引出的角度线被穿过：从合约极高点引出的45°线是最重要的，当它被上穿时，会看到明显的走势。

(十九)快速计算角度线

不一定要从很久以前的价格画一条角度线。你可以计算并判断它们经过哪里。例如，假定1951年1月，你希望得到从1930年6月开始的45°线，此时的大豆处于高点216。这距离1951年1月是247个月，从"0"向上的45°线将在价格247。因此，你从247开始45°线，每月上涨1美分，直到价格下跌至它以下。

1920年2月15日，大豆高点405。这是1947年以前的历史最高价。为了得到角度线，到1951年2月15日的时间周期是31年或372个月。从405向下的45°线将经过33。1953年2月距离1920年是396个月，1953年11月14日是405个月，它等于最高价，从高点向下引出的45°线将达到"0"。在月图表上，时间和价格将形成正方，使得1953年11月成为趋势变化的重要时间。

(二十)纬度和经度

在所有的图表上,无论日图、周图或月图,价格必然在垂直方向上下移动。因此,价格走势好像纬度。在日、周或月图表上,你应该从"0"开始,画重要的角度线和阻力位,它用来测量纬度。

接着,计算天数、周数或月数,在重要的自然角度线,比如11¼、22½、33¾、45、67½、78¾、90、101¼、112½、120等,画水平线。然后,你就知道何时价格到达这些重要的角度线,并遇到阻力。

经度测量横穿图表的时间,因为它穿过每天、每周或每月。因此,你必须在图表上记录从所有重要的高点和低点计数,以便得到对应角度线的时间量度。这些来自所有低点和高点的重要角度线,比如11¼、22½、33¾、45、67½、78¾、90等,都将向你显示时间和价格的最强阻力出现在哪里。这些角度线验证了平行或交叉点。研究过去的记录,并看一看在月图表上,当价格到达这些重要角度线或时间长度时发生了什么。

例如,价格从0向上90个点,画一条横穿图表的水平线。然后,图上向右90天、周或月画一条线,它将与水平线在90相交,证明是正方形。通过记录这些向上的角度线,并在图表上理解它们,你就知道何时重要的时间周期将耗尽。

如果合约价格60出现在第60天、周或月,它将遇到强阻力,因为它到达价格与时间的正方形。它处于相同的纬度或价格,相同的经度或时间周期。你可以始终在图表上放置90×90正方形,无论是日图、周图还是月图,并使用自然角度线,但是我建议只在周图和月图上使用它。你可以从任意高/低点开始90×90正方形,也就是向上90个点或从自然点90、135和180,但是你必须将极低点和极高点,还有第二个和第三个更低的高点和更高的低点,与时间形成正方。

(二十一)在图表上获得时间周期的规则

在所有图表上获得时间周期是非常重要的,从每个重要走势的高点和低点获得,以便检查并知道你把角度线或移动趋势线放在了正确的点位,来看在哪里主要的和次要的时间周期预示趋势变化。

1. 始于底部的时间周期

当合约在某个月形成低点,然后在随后的月份形成更高的底部和更高的顶部,无论如何,在它形成更高的底部并反弹一个月或更多个月之后,你可以从这个低点开始计时间周期。形成低点的这个月属于前面的下跌走势,它是最后的向下走势。将第一个月记为1,然后在横穿的1/2英寸正方形上数数,每次加4。

例如,如果合约形成低点,并上涨50美分,你观察图表上的低点,发现价格是在第

25 个月，然后每月上涨 2 美分的 2×1 线将交汇于 50，而每月上涨 1 美分的 45°线将是在 25，如果在随后的月份里价格跌回到 50 美分以下，它就没能跌穿 2×1，预示着进一步的下跌。如果你在图表上的时间犯了错，或者不正确地从底部计时间周期，移动趋势线或角度线就不会正确地出现。

2. 始于顶部的时间周期

在合约上涨并形成极高点后几天，几周或几个月，你开始放置从高点向下的角度线，你就必须开始从高点计算时间周期。对高点应用相同的规则：合约形成极高点的这个月、这一周或这一天结束了上升趋势，并且不被计算在内。在把高点月作为 0 之后，下一个月、周或天作为 1，你可以横着计算天数、周数或月数，在正方形上加上 4，以得到正确的位置。如果时间周期在所有图表上被正确的复制，那么你可以始终对照，并发现，你是否在绘制角度线或移动趋势线时犯了错误。

这是一种简单方法，让你始终知道何时角度线或移动趋势线是正确的，只要你将走势高度加上低点，或从高点减去它。假定价格如上所说，当下跌 75 的价格是 150 时，从高点 150 减去 80，角度线将穿过 70，下跌 75 的合约价格将是 75。因此，它将在从高点引出的 2×1 线的上方，并处于反弹位置，如果时间周期预示它的话。

3. 计算时间周期的起点

在月高低点图表上，最重要的计时点是合约生命周期的极低点。从极低点开始，时数始终要在图表上，就和重要的角度线应该持续数年一样。

下一个计时的重要起点是第 2 个或第 3 个更高的低点，但是不应该认为低点已经出现，除非市场保持或者上涨 3、4 个月，那么从这个低点开始技术，如果它看起来很重要。

在高点使用相同的规则。在到达高点并且趋势转而向下以后，获取从高点的时间周期。但是在高点被穿越或低点被跌穿之后（这就是你计数的始点），不将重要的高点或低点计算在内，提前 3 年、5 年、7 年、10 年或 20 年，决定另一个周期的时间周期。逗留了一段时间而且没有被穿越的高点，从它获得时间周期，始终是最重要的。合约达到的极高点始终是最重要的，除非高点被穿越。那么，在第二次反弹形成的下一个高点价格，它始终是一个更低的高点，是开始计数的下一个最重要的高点。

始终注意极高点和极低点之间的月数，并且要留意高点和低点出现在哪条角度线上。

4. 使价格和时间成正方

这是我的最重要和最有价值的发现之一，如果你严格遵守这项规则，一直关注谷物何时价格与时间形成正方，或者何时价格和时间走到一起，你将能够更精确地预测趋势变化。

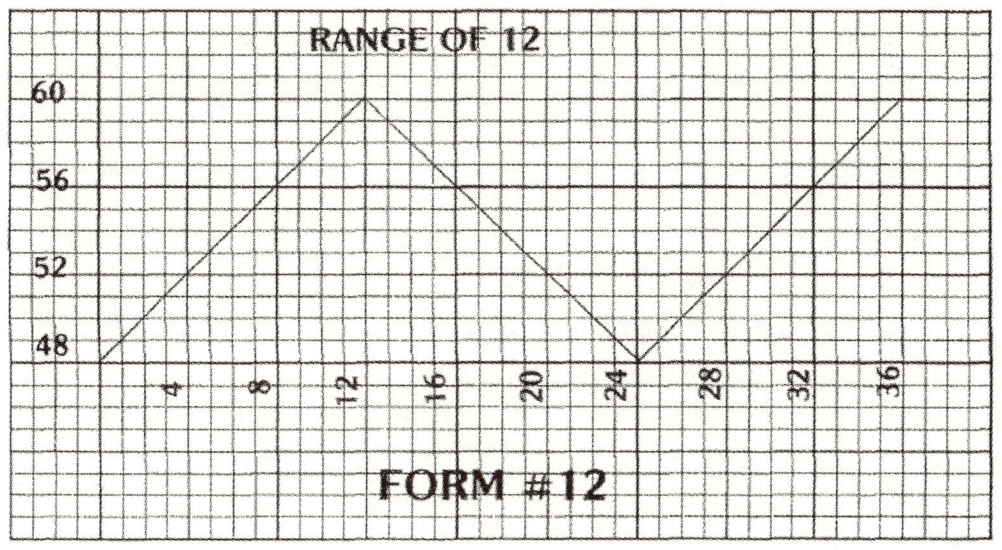

图 4－12　12 点区间

价格和时间成正方意思是相同点数的涨跌平衡于相同数量的时间——无论天数、周数还是月数。举例来说，如果一份合约 24 天内上升 24 点，那么 45°线或平均移动线以每天 1 个点地上涨，时间线或时间周期和合约的价格是处于相同水平，合约滞留在 45°线上，你应该观察在这里的重要的趋势变化。如果一份合约继续上升，并保持强势，它必须继续上涨并保持在 45°线上。如果它跌回到这个角度线下，那么它就在 45°线的熊市一面跑出了其正方形，并处于弱势。当你在日图表上处于跑出时间的平方，注意周高低点图表和月高低点图表，看看合约是否是在强势，并已经超出时间周期。因为只要周和月上涨，在日图表上它必须作出反应，然后覆盖一个位置，使它的价格多次正方形。市场的调整或者反应只是小时间周期的正方形完结❶，后来的大跌或大涨是大时间周期的正方形偏离。

5. 使区域成正方

请看图 4－12，显示了从低点 48 到高点 60 的 12 点区间。现在，假设合约在这个区域里持续数周或数月的上涨或下跌，从没有超过低点向上的 12 个点：我们从低点 48 引出 45°线，向上到区域高点 60。然后，当我们看到合约维持在这个区域内，没有走得更高，我们让 45°线回到底部，然后再回到区域顶部。在这个区域内上下移动，直到合约打破并创出新低或新高。你将会发现，每次 45°线到达区域的顶部或底部，该

❶ 原文“squaring out”这个词在本文中多次出现，在金肯斯《股票市场的隐秘科学里》也反复出现。它可能来源于橄榄球或棒球的跑位。在九方形中从内一圈的正方形，到外一圈的正方形，也称为“square out”。所以“square out”有从“正方形里跑出来”，“完成一个正方形的意思”。

合约在这里会有一些重要的趋势变化。

1949 年 2 月 9 日，五月大豆低点 201½。在周图上，为了使价格与时间成正方，需要 201½周。从 201½开始向上的 45°线是在 403。而从“0”开始向上的 45°线是在 201½，等于这个价格。

201½的 1/8、1/4、1/3、1/2 和其他比例，必须要注意它从 201½开始的时间周期。1/8 是 25¼周，即 1949 年 8 月 6 日。1/4 是 1950 年 2 月 4 日，1/2 是 101 周，即 1951 年 1 月 20 日。五月和十一月大豆在 1951 年 2 月 8 日形成高点，趋势转而向下。

1951 年 12 月 29 日，距离 1949 年 2 月 9 日是 150 周，是 201½的 3/4，对趋势变化来说，是非常重要的日期。

1952 年 1 月 15 日，距离 1948 年是高点 436¾是 4 年，也对观察趋势变化很重要。

1953 年 12 月 29 日，距离 1949 年 2 月 9 日是 202 周，这将使价格 201½与时间成正方。在这一天留意重大的趋势变化。

你也可以使用 45°线右边的 2 × 1 线和左边的 2 × 1 线，它们再次把时间周期分为相等的两部分，这有一些价值。

如果合约最终超越区域顶部，那么角度线将在新的更高的底部开始并向上。这里是指合约进入新高的位置，或它在区域里所形成的任何重要低点，尤其是合约的最后低点，这可能是最重要的，你应该从那个低点开始一条角度线，并再次持续地向上。关注角度线何时被打破，或者何时时间再次在价格的平方之外，这将是另一个重要的趋势变化，无论大趋势还是小趋势。

6. 三种使时间和价格成正方的方式

我们可以使区域成正方，也就是从最低到最高的点数和时间，然后是最低点和时间，再是最高点和时间。当市场穿过这些正方形，并打破重要的角度线时，其涨跌趋势改变。

合约在最高点和最低点之间形成的区间可以成为正方形，只要它保持在相同的价格区域。如果区间是 25 美分，它和 25 个时间周期——天数、周数和月数成正方。只要它还在相同的区间里，就继续使用这个时间长度。

使时间和低点或最低价成正方：下一个重要与时间成正方的价格，是最低价或任何重要下跌低点。例如，如果合约的低点是 25，那么在第 25 天、第 25 周和第 25 个月，时间和价格是相等的。然后，关注基于低点或最低价的趋势变化。只要合约在这个低点上方上涨，你可以一直使用正在运行的这个时间长度，并且保持这个时间长度。注意每次它越过正方形，尤其关注何时合约到达第 3 个、第 4 个和第 7 个、第 9 个正方形。这些正方形通常只出现在日和周图表上。因为月图表在多数情况下，在它使得一个底部正方形达到 7 或 8 次之前，就会向上/向下超出区间。但是，当合约多年处于窄幅波动区间时，这有时的确会发生。

例如，五月大豆，1939 年 7 月 27 日，低点 67。这需要 67 周或 67 个月来与最低价成正方。请注意标为“正方形 44 ×44 和 67 ×67”月图表。

使时间和顶部或最高价成正方：另一个重要的，使时间成为正方形的位置是合约的最高价。时间周期必须从日、周或月的高点获得，顶部价格与时间的正方形必须被注意和关注趋势变化。如果合约的顶部是 50，那么经过 50 天，50 周或 50 月后，它就到达时间的正方形，预示着重要的变化。这可以由高点和低点引出的角度线的位置来决定。例如，五月大豆 1948 年 1 月 15 日，高点 436¾。这需要 436¾周来使得价格与时间成正方。

所有时间周期里的大小高低点，都必须被关注，当它们持续地跑出正方形。最重要的是月高低点图表上的最高点。这可能是非常高的高点，计算得出很长的时间周期与高点成正方。在这种情形下，你必须把价格分成 8 个相等的时间周期，重点关注像 1/4、1/3、1/2、3/4，但是最重要的是时间等于价格的时候。在你关注在顶部或底部出现正方形偏离之后的合约位置时，要一直查找时间周期和相反方向引出的角度线。如果市场正在接近一个低点，超出一个顶点的正方形，看它如何与低点相关，因为它可能是低点的第二个或第三个正方形周期，这将是趋势变化的双重信号。

7. 使周时间周期成正方

一年包括 52 周，这在时间和价格上的正方形是 52 ×52。因此，你可以组成一个宽 52 和高 52 的正方形，并放上所有从 0 引出的角度线。然后，在这个正方形里，绘制任意合约的周高低点。例如，如果合约的低点是 50，那么这个周正方形的高点是 52 加上 50，这使得 102 成为正方形的顶部。只要合约保持在 50 以上，并向上涨，它就将在这个 52 周的正方形里运行。另一方面，如果合约形成高点并下跌，你将组成一个周正方形，从高点向下 52 美分横跨 52 个时间周期。你可以取任意合约的历史走势，放上 52 ×52 的正方形，研究这个走势，请注意第 13 周（即 52 的 1/4）、第 26 周（即 52 的 1/2）和第 39 周（即 52 的 3/4）。趋势变化将发生在合约到达时价的这些重要阻力位时。你应该关注在这些时期附近的趋势变化。

8. 使月时间周期成正方

在合约穿越 45°线时，如果它交易在第 135 个月的 135，它就正越过两倍强的阻力位——一个强的角度线和自然阻力位。这是时间和空间在阻力位或几何角度达到平衡，将预示着更大的下跌随之而来。在熊市末期，把这个规则反过来用。在月图表上，12 个月是一年，因此，12 的平方对于在月图表上计算时间周期是非常重要的。12 的平方是 144，重要的趋势改变经常出现在距离合约底部或顶部恰好为 12 个月的周期上。如果你使用恰好为 12 倍数（注意 24、36、48、60、72、84、96、108 等）的价格上的阻力位，它将对你有帮助。观察当它到达这些重要的价格阻力位时，合约如何在角度线上活动。

(二十二)价格先于时间

为什么在日、周和月图表上,谷物经常穿越45°线,然后有一个短期上涨,接着下跌并停在同一条45°线上呢?因为当合约第一次穿越45°线时,它还没有跑出,或者越过价格和时间的正方形。因此,在第二次回调中,当它停在45°线上时,它处于合约到达时间平方的这个时刻。在那以后,更大的上涨随之而来。在牛市顶部,把这个规则反过来用。

当合约跌穿从底或低点引出的45°线很远时,它是非常重要的。多数时候,合约将在上涨早期阶段停在45°线上,然后有一个持续的上涨,接着回调并再次停在它上面。然后上升到更高的位置,然后再一次穿越45°线,这使得它处于极弱势的位置,因为它离底如此之远,并且自从谷物合约形成低点以来经过的时间如此之长。不要忘记,当角度线在周和月图表上被击穿时是最重要的。

这导致谷物从高点急速下跌,然后上涨并形成略高的顶部,或一系列略低的顶部,直到它们越过价格区间的正方形很多,并击穿45°线,接着一个快速下跌随之而来。

(二十三)衡量时间和价格的最强角度线

90°线——为什么90°线是所有角度线中最强的?因为它是垂直的,或者直上直下的。

180°线——为什么它是90°线之后下一个最强的角度线?因为它与90°线成直角,距离90°线是90°。

270°线——180°线之后下一个最强的角度线是什么?

270°线,因为它与最强的点90°线相对,即与90°线相距180°,也就是圆的1/2。270月等于22½年,它是45的1/2。

360°线——在270°线之后,下一个最强的角度线是什么?

它是360°线,因为它完成了圆,并回到起点,与180°(即圆的1/2位置,或角度等于圆的1/2)相反。

120°和240°线——90°线、180°线、270°线、360°线之后,下一个最强的角度线是什么?120°线和240°线,因为它们是圆的1/3和2/3。120°是90°加30°,也就是360°的1/3。240°是180°加上其1/3即60°,这使得这些强角度线对时间测量尤其很强。

45°和135°线,225°和315°线——下一个强角度线是什么?45°线,因为它是90°的1/2。135°线,因为它是90°加上45°。225°线,因为它是45°加上180°。

315°线，因为它和270°相差45°。225°和45°相差180°，315°和135°相差180°。

十字对角交叉——90°线、180°线，270°线和360°线组成了第一个重要的交叉，即十字交叉。45°线、135°线、225°线和315°线组成了另一个重要的交叉，即对角交叉。这些角度线对于测量时间和空间，或者价格和成交量是非常重要的。

22½°线，67½°线，78¾°线——为什么22½°比11¼°更强？因为它是后者的两倍。相同的理由，45°线比22½°线更强。因此，同样地67½°等于1½×45°，在所有线向上到90°时它相当强。78¾°比67½°更强，因为它是90°的7/8，90°之前最重要的位置之一——对于观察时间、价格和成交量很重要。许多谷物在第78～80天、周、月附近形成重要的高点和地点，但是不超过84个月，即7年——一个重要的时间周期。

1美元的划分——为什么圆的1/8角度对于时间和空间测量是最重要的？因为我们把1美元分成2，4和8份。我们使用25美分——即1夸特，和50美分——即半美元。许多年前，我们还有12½美分。

尽管最重要的货币计算单位是4个夸特，但是，我们在所有的计算里使用1/8或12½美分。谷物波动是基于1/8、1/4、3/8、1/2、5/8、3/4、7/8和1。因此，所有的价格，也包括时间，换算成角度要比表示为价格的1/2或2/3更接近。原因很简单，1/8比例的波动更接近这些数字。我们使用5美分面额——它等于1/20美元，和10美分面额——它等于1/10美元。

把100美元或同等价值作为谷物价格的基础，将这些价格换算成度数。12½美元等于45°，25美元等于90°，37½美元等于135°，50美元等于180°，62½美元等于225°，75美元等于270°，82½美元等于315°，100美元等于360°。

例如当一份合约在第180天，第180周或第180个月交易于50美分时，它就等于其时间角度线的度数。

遵守所有这些规则，研究和试验，你将学会应用，并获得成功。

W. D. Gann

1951年11月12日

第四章补充

在如何绘制图表这一节中，重点是要注意不能在图表上忽略周末和假期的时间所占据的位置。此外，在江恩图表上，不能替换合约月份。如果你绘制的是5月小麦，而5月合约退市，你不能接着绘制7月合约然后9月合约等，你只能在5月合约图上绘制5月合约。一旦1982年的5月合约终止，下一根线就是1983年的5月合约。90°的正方形，是覆塑料膜的，名字叫“时间和价格计算器——90°的正方形”。

在几何角度这一章节中，能找到12种形式图。

教程后面单独加了一部分时间和价格角度线的展示。而且比利·琼斯另外写了一些内容进一步解释几何角度线。

教程后面还有一些图表——六月活牛日线图，十二月小麦日线图和周线图，五月大豆周线图，十一月大豆日线图和周线图——展示了用范围画的正方形。

一、几何角度线——比利·琼斯著

本教程中最重要的章节之一是第四章——“我的谷物预测方法基础——几何角度线”。

这一部分应该被细致研究，一旦被掌握，本教程的其他部分就变得容易了。通过正方形预测价格范围，通过画正方形预测价格和时间，从0点画出的角度线等等，这些方法是江恩发现的技术中最常用到的。

从一开始，我们就要记住，我们的图表是为了应用这些画图技术而绘制的。理想的用以绘制江恩正方形的图表，应该是一个价格单位对应一个时间单位（一天，一周，一月，一年等）。图附4-1是在1×1基础上绘制的理想状况。

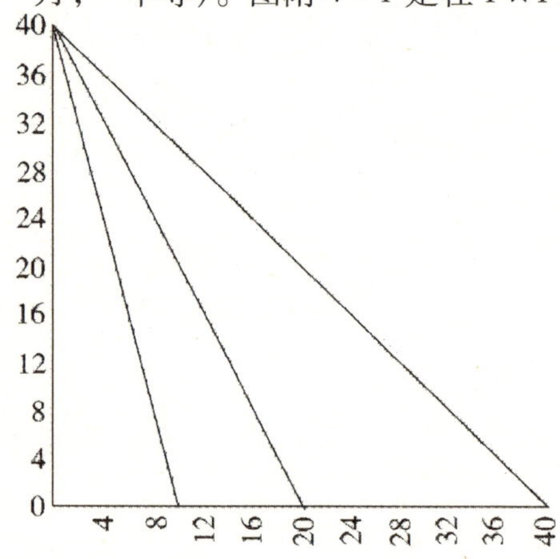

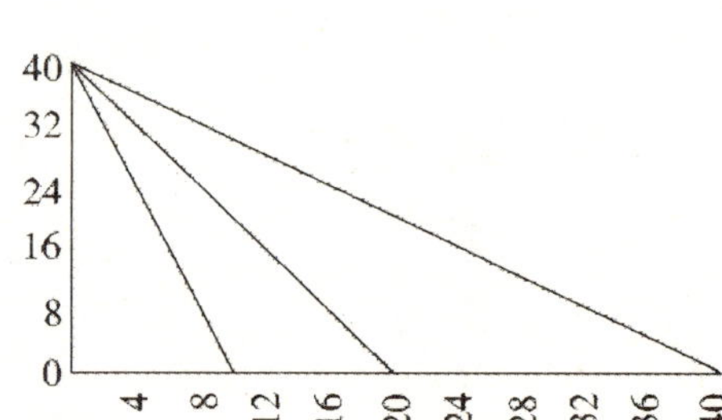

图附4-1

如果所有的商品的日线图、周线图和月线图都可以用这种 1 × 1 的图表来绘制，那就太好了。但是今天，价格波动性迫使我们必须要在刻度上做出一些改变，来绘制更好的商品或者股票价格图。我们不能通过调整时间来满足所需。时间是不能被更改的。价格刻度可以被压缩，用以满足我们的需求，只要所做的调整的目的是绘制时间角度线。

通过图像来解释，请对比图 4 - 1 和图 4 - 2。这两幅图包含了图形大小方面的同样的信息。与第一幅图每格代表 1 美分不同，第二幅图增加为每格代表 2 美分。这要求我们用 2 × 1 的角度来代表时间上的 45°线，而不是第一幅图上的 1 × 1 角度。真实的时间上的 45°线是 1 × 1 的角度线，但是当价格被压缩，时间角度线也被压缩成了一个 2 × 1 的角度线，这样才能得出与图表 4 - 1 中 1 × 1 角度线相同的结果。关键是两幅图告诉我们同样一件事，图表 4 - 2 只不过是用了一半的尺寸。

压缩价格刻度，不仅是因为价格波动性，也因为我们要制作长分析周期图表，比如周线图、月线图、年线图等。使用压缩过的价格刻度，所有的顶和底可以绘制在一张图表里。在同一张图表上提示数年、数月、数周的形态、顶底、正方形点位（过去和未来的）肯定更好一些。

根据我交易商品期货的经验，我发现如下的价格刻度是最合适的：

商品	日线图	周线图	月线图
小麦（低波动性）	1 美分	2 美分	4 美分
小麦（高波动性）	2 美分	4 美分	8 美分
大豆	2 美分	4 美分	8 美分
燕麦	1 美分	2 美分	4 美分
玉米	1 美分	2 美分	4 美分
小牛	0.2 美元	0.4 美元	0.8 美元
活牛	0.2 美元	0.4 美元	0.8 美元
火腿	0.1 美元	0.2 美元	0.4 美元
瘦肉猪	0.2 美元	0.4 美元	0.8 美元
棉花	0.2 美元	0.4 美元	0.8 美元
铜	0.2 美元	0.4 美元	0.8 美元
黄金	—	10 美元	—
白银	—	0.1 美元	—
白糖	0.2 美元	0.4 美元	0.8 美元
长期国债	0.1 美元	0.2 美元	0.4 美元

这些数值是基于当前（1980 年 7 月）市场的波动性而考量的。对所有商品期货品

种,这些刻度需要根据价格和波动性进行增加或减少。我已经对小麦进行了举例,如果小麦价格的波动性从低到高,我们该如何调整价格刻度。

就像之前说过的,45°线是时间线,是所有人都要关注的。正确使用它,它就会告诉你趋势何时改变。下面的表格告诉你在不同刻度下,哪根线才是真正意义的45°线。

如果你的价格尺度增加量是	你的45度时间角度(真正意义的45度线)是
1美分,10美分,1美元,10美元	1×1角度线
2美分,20美分,2美元,20美元	2×1角度线
4美分,40美分,4美元,40美元	4×1角度线
8美分,80美分,8美元,80美元	8×1角度线

江恩是最伟大的图表大师。他绘制了所有期货品种以及许多股票品种的图表,包括年线、月线、周线以及部分日线图。通常,日线图表仅在较长周期的图表指明大级别运动之前短期使用。江恩很可能在实际交易中,更看重周线图表。图表是每种期货和股票的图形外观,你需要按照江恩的规则正确构建图表。

二、正方形

1. 图表4-1

这是一个完美的正方形图表。一个价格单位(1美分,10美分,1美元)对应一个时间单位(一天,一周,一月,一年)。1×1角度或者45°角是时间角度。为了在图表上画出正方形区域,从底部C画45°角到28点的D。

从顶部A画另一条45°角到前期底部3的位置B。图表4-1上的虚线表示正方形。当角度到达这些点位,将出现趋势变化。

因此,我们可以期待趋势在D处改变,这里是从顶部A开始的20~21个时间周期。我们也可以期待趋势在B处改变,这里是从底部C开始的34~35个时间周期。如果是日线图,时间周期将自然按天计算,如果是周线图,时间周期自然就按周计算。以此类推。

记住,日线图上用高低点画正方形预测出的时间点与周线图和月线图不同。日线图上画正方形预测出的时间点比周线图和月线图早。你在日线图或者其他短期图表上会画出多个正方形。

2. 表格4-2

这张图和第一张图表一样,只是它的一个时间单位对应2美分(20美分,2美元)。我们压缩了尺度,因此必须调整时间角度。在这个例子中,2×1是时间角度(45度角)。

注意，和表格 4－1 一样，趋势精确地在相同的时间点改变。

3. 表格 4－3

实线的角度是最重要的。几乎所有时候都在使用。表格 4－3 展示了从底部绘制的角度。每时间单位对应 1 美分或者 0.1 的图表使用 1×1 的时间角度，每时间单位对应 2 美分或者 0.2 的图表使用 2×1 的时间角度，每时间单位对应 4 美分或者 0.4 的图表使用 4×1 的时间角度，每时间单位对应 8 美分或者 0.8 的图表使用 8×1 的时间角度。虚线的陡峭角度可以用于运动较慢的期货，并特别使用于某些股票。每时间单位对应 1/2 美分或者 0.05 的图表使用 1×2 的时间角度，每时间单位对应 1/4 美分或者 0.025 的图表使用 1×4 的时间角度，每时间单位对应 1/8 美分或者 0.0125 的图表使用 1×8 的时间角度。

4. **表格** 4－4

这张表是从顶部导出的角度，应用的规则和表格 4－3 相同。

理论上，任何价格单位的图表都可以使用这种画正方形的程序。记住，必须对时间角度做出适当的调整。

三、绘图纸

理想的绘图纸是 8×8 或者 12×12 英寸。大师计算器是设计使用在这类图纸上，而且无论价格尺度如何设定，这种图纸都可以使用所有的期货的股票。

所有的 8×8 和 12×12 图纸都可以通过兰伯特—江恩公司获得。你也可以登录舵手投资俱乐部获得。

第五章　利用时间周期预测谷物走势

一、时间规则

时间是预测市场走势的最重要因素。虽然空间和成交量很重要，动能也是要考虑的因素，但是时间比空间和成交量更重要，并抑制了动能。

(一)日规则

次要变化每7天、10天、14天、20天、21天、28天和30天出现一次。这个时间长度只是主要周期的一部分。

(二)月规则

趋势变化每30天、60天、90天、120天、135天、180天、225天、270天、300天、315天和360天出现一次。第3、第4个月对趋势变化是首要的。第6个月次之，然后是第9个月，第11～第12个月最重要。小麦或玉米的合约生命周期从来不超过12个月，因此重要的趋势变化出现在第3个、第6个和第9个月，尤其是第6个月和第9个月，因为它们是合约生命周期的1/2和1/3。第四季度，或最后一季，或最后3个月，几乎总是以这样或那样的方式表现出趋势反转和快速运行的特征。

(三)快速上涨或下跌的规则

大的市场走势，好像火山喷发，是非常迅猛的，因为它们是数周、数月或数年的积累或派发的结果。当一条角度线或阻力被越过，积累的力量被释放出来时，它们就非常快速地运动，除非能量耗尽，时间结束。查看1917年、1924～1925年、1933年、1945～1946年的小麦走势。

7周或49天通常表现出快速上涨或下跌的顶点特征，尤其是如果主要周期走完了。有时，高/低点将在第52天到达，但是变化可以在第42～49天之间任意时候开始,因此在快速上涨或下跌的第6周留意高点和低点。趋势变化可能只是一个小的趋势变化。52天是一年的1/7,这是非常重要的时期。它也是360°的1/7,即51⅜°。从任何事物开始的第七个时期是最致命的,经常以这样或那样的方式表现出快速的趋势变化特征。

(四)时间和空间

空间走势是重要的,但是绝不可能超过时间。但是,它们很重要,因为它们给出趋势变化的第一线索,时间改变显示在后。例如:

如果小麦已经上涨了很长时间,并且5~7美分的调整已经出现几次,然后10~12美分或更多的反转出现,这是相反的力量开始引起趋势变化的信号,你应该提高警惕。

如果市场已经上涨了几个月,并且根据时间规则,调整了3周到一个月,然后下跌5周,或进入第二个月,超过了前面所有的调整,它将根据时间,表现出第一个重要的趋势变化的特征。这条规则可以用于小的日走势,也可以用于大的年走势。

(五)为什么低点和高点变化

低点和高点变化要经过几年,不仅因为供需变化,而且因为价格变化的力量或原因,以及经度和纬度的原因。它所处的周期形成正方,或者三角形,它根据一种力量来使得价格下降或上升,这种力量能产生能量引起运动。

(六)为什么价格在高点比低点变化更快

价格越高,它们走得越快;价格越低,它们走得越慢;它们走得越慢,波动越小。请注意在"圆周图表"和"五月小麦永续图表"上的角度线,它们说明了这是因为和主要中心相差的距离所引起的。

大钱是当价格在高位时的活跃市场中赚到的,并且是在很短时间内赚到的。你大部分时间站在场外,并等待这些大的走势,就可以赚到很多钱。

(七)如何判断趋势变化

日图的位置和角度线被穿越,高低点被涨过或跌穿,指示了趋势变化。请记住,日指示只意味着7~10天的走势。

周图表显示了更重要的趋势变化,但是根据角度线位置来判断,而不论时间周期是否走完。周图可能反转后只向下运行3~4周,有时只有2周,趋势变化出现在第3周。然后根据具体情况,趋势继续上涨或下跌。但是如果它运行到第五周,预料走势继续沿着那个方向运行。不要忘记"3"的规则。请记住,所有东西都按3来运行。留意第3天、第3周和第3个月。耶稣在第3天出现,但以理在狮穴里待了3天,约拿在鲸腹中待了三天。第 5 天是耶稣升天的日子。留意强势上涨或下跌市场的第 5 周、第 5 个月或第 5 年。

月趋势变化通过角度线穿越，低点跌穿等被显示出来。在月趋势变化出现之后，它可能运行 3 ~4 个月，然后反转趋势，或者运行 6 个月到下一个重要的时间变化，所有这些依赖于它所处的周期，以及它从基点已经上涨或下跌了多少个月。

年趋势变化通过周期的高/低点被突破所指示。经过很长时间以后，当低点被跌穿或高点被穿越时，它意味着大的趋势改变，尤其是如果周期已经走完。

（八）空间空转

在机械里有一个众所周知的事实就是，不可能制造一种机械，它会没有空转。市场有一段空转的时期，总计在 2 ~2½美分之间。换句话说，空转中价格将不超过角度线或主要中心 2 ~2½美分，如果超过角度线 3 美分，它们将走得更高或更低。

当市场在低位变得极端冷清，缺乏买盘，就和缺乏能量一样，它们将不能到达预测的极点，这将是一种弱势信号。如果它们不能达到主要中心，可以同样地判断显示弱势。

（九）时间空转

在时间里没有这么多的空转，但是有一个转换时期，它总计和空间运动的空转一样。这根据在高/低点、几何角度线或价格阻力位之上的 1 ~3 美分的大/小周期而变化。

（十）何时市场是最强或最弱

当空间的平方等于时间的平方时，市场到达它的最强或最弱位置。换句话说，当它上涨在 30 天里上涨了 30 美分，它将在基点的平方位置徘徊，当它在高位或低位越过底的平方，你就能看到一个大的反转走势。

当行情在高/低点徘徊，波动变缓时，留意第 3 ~4 天的趋势变化。接着留意第 7 天；然后是第 10 天、14 天、20 天和 28 天。

当市场正在上涨，并且月图、周图和日图上的趋势向上，只要行情保持在 78½°或 45°线左边的 4 ×1 线之上，就处于强势位置，绝不应该在这个位置做空，无论是周图、月图或日图上。

当行情在 67½°或 45°左边的 2 ×1 之上，它仍然处于强势位置，但是跌穿这条角度线很长一段距离，意味着下跌到 45°线。如我所说，45°线是致命的角度线，只要它被跌穿，一个大的反转就会发生。

当 22½°线或 45°线右边的 2 ×1 线被击穿，它意味着完全的破坏，回到基点或低点。

但是不要忽略失去的位置可以在日图、周图或月图上被收回这个事实，假设主要时间周期没有走完。

注意:在低点和高点之间的位置,以及它在主要中心或中点的上方还是下方。趋势反转的最初信号之一,是45°线或者最后的次要走势的中点被突破。

(十一)走势持续时间

所有市场成员遵从12及其倍数的法则。请见"永续主12图表"。主要改变出现在第11~第12、第18、第22~第24、第34~第36、第42、第48~第49、第54、第60、第66、第72、第79、第84、第90、第96、第102、第108、第114、第120、第126、第132和144个月。小麦很少在一个方向运行18个月,而没有大的反转。高/低点的下一个重要位置是第28~第30个月。因为很强的数学原因,它经常在第27或第28个月到达顶点。玉米也遵从这条规则。

请记住,这些数字同样适用于周数和天数。

(十二)如何判断市场走势持续时间

除了它所在的周期位置和角度线位置以外,高度由底的宽度决定。熊市将这条规则颠倒一下使用。如果数周或数月用来积累,上涨或下跌延续得越长,市场保持在窄幅区间越长,走势越大,它开始后的持续时间越长。

最快的走势出现在周期的第三个或最后阶段。注意小麦图表上的10年、20年,30年和50年周期的终点。复习所有10年周期,得到主要走势的持续时间,还有上涨或下跌的美分数量是重要的。

(十三)季节趋势

季节趋势,或小麦的自然曲线,从8~12月或1月向下运行,从2~6月向上运行。当然,根据收成情况、供需情况和它所在的周期有所变化。但是,如果供需曲线保持平滑,小麦将遵从自然趋势。

二、时间周期

在判断市场走势时,时间是最重要的因素,因为未来是过去的重复,所有的市场走势都在经历和某些过去时间周期相关的时间。研究时间周期和周期的变化,将让你确认谷物市场在以前相同周期的相同时间周期里如何重复相同价位。

大的时间周期是最重要的,因为它们记录了最高价和最低价的时期。这些周期是90年、82~84年、60年、45年、30年和20年。

小的时间周期是13年、10年、7年、5年、3年、2年和1年。

（一）大的时间周期

1. 90 年周期

当我们从太阳升起或水平线测量到中午，就得到一个 90°圆弧，它是从底部直接上下的。90 个月或 90 年是非常重要的时间长度。90 年时间周期是非常重要的周期之一，因为它是 45 的两倍。在很长的一段时间的终点，这个时间长度必须始终被关注。例如：

1932 年距离 1842 年是 90 年。研究这个时间附近的小麦价格。1850 和 1851 加上 90 年，我们就得到 1940 和 1941。注意这两个时间的小麦低点。

1855 年 6 月小麦高点 170 美分/蒲氏耳，90 年后是 1945 年，小麦在 6 月到达高点，成交价是 170 美分/蒲氏耳，某些合约是 168 美分/蒲氏耳和 169 美分/蒲氏耳。

1850 ~ 1851 年，小麦的极低点。加上 45 年是 1895 年，此时到达极低点。给 1895 年再加上 45 年，就得到 1940 年。

2. 84 年周期

给 1845 ~ 1852 年，加上 84 年，就得到 1929 ~ 1933 年的低点价格。

3. 60 年周期

对比前后 60 年的高点和低点，并观察这个周期如何起作用。

4. 49 年周期

49 年结束了小麦的一个大周期，极高价或极低价相隔 49 年或 50 年出现。注意 1845 年和 1846 年的低点，50 年后极低点再次出现。请注意 1867 年高点，50 年后 1917 年，100 年来的最高价。注意 1932 年和 1933 年的极低点距离 1852 年的低点是 80 年。

49 年周期是第二个圆周（360°）里的 225° ~ 240°，49 年是 588 个月。注意 576 是 4 倍的 12 的平方，它是致命的平方或毁灭点，代表墓穴、冬季，生命或任何事物的终结，以及重新开始。

5. 45 年周期

数字 1 ~ 9 累加总计是 45。45°线是最重要的角度线。因此，时间上的 45 年是非常重要的周期。45 年的 1/2 是 22½年，即 270 个月。45 年的 1/4 是 11¼，即 135 个月，它是 45 的 3 倍。你将会注意到，在 360°圆上，这些是多么重要。

45 的 1/8 是 5⅝，即 67½个月。45 的 1/6 是 33¾个月。

6. 30 年周期

把 1845 ~ 1867 年和 1895 ~ 1897 年，1925 ~ 1927 年相比较。

把 1914 ~ 1920 年和 1944 ~ 1950 年相比较。

7. 20 年周期

这是非常重要的周期，因为它是 60 年周期的 1/3。20 年等于 240 个月，这是 360°圆的 2/3。

(二)小的时间周期

1.13 年周期

在做小麦的每年预测时,你要考虑 49 年周期、30 年周期、20 年周期、10 年周期、7 年周期。此外,你必须考虑 13 年周期,因为小麦经常在这个周期里从极高点到极低点,从极低点到极高点,以及回到极低点。极大产量或极小产量或欠收相距 13 年即 156 个月重现。

回顾从 1841 年至今的小麦图表。将 1841 年和 1854 年,即相距 13 年做个对比。还要注意 1842 年低点和 1852 年高点(相距 10 年)。然后,注意 1855 年(与 1842 年相距 13 年)。注意 1844 年极低点和 1857 年极高点。然后,是 1854 年和 1867 年,1864 年和 1877 年,1867 年和 1881 年,1881 年和 1894 年(注意极低点出现在 1894 年 12 月和 1895 年 1 月),1888 年和 1901 年,1898 年(极高点)和 1911 年,1895 年 1 月极低点和 1908 年高点(更高价格在 1909 年),1894 年低点和 1907 年低点(相距 13 年),1904 年低点和 1917 高点,1907 年和 1920 年,1909 年和 1922 年,1920 年和 1933 年,1921 年和 1934 年,1923 年(低点在 7 月)和 1936 年(低点在 6 月)。

注意在 1924 年 3 月的最后低点。然后,1937 年与 1924 年相差 13 年,与 1917 年相差 20 年,与 1907 年相差 30 年。注意低点出现在 1907 年 3 月。

1919 年 12 月:小麦到达极高点。156 个月后,1934 年 12 月五月小麦到达极低点。注意在 1914 年低点之前的最后极低点,这里有三重底。在 1906 年 9 月和 12 月,相同价位的第三个低点在 1907 年 3 月。13 年后,1919 年 12 月极高点,1920 年 5 月最后的高点,与这些起点相距 13 年。然后,如上所示,从 1919 年和 1920 年极高点开始 13 年,极低点出现在 1932 年和 1933 年。

注意从任意极高点或极低点开始的 13 年、26 年、39 年和 49 ~ 52 年,这是很重要的。

2.10 年周期

小麦的 10 年周期有时略有变化,高点出现在 10 年零 6 个月 ~ 11 年之间。

这与某些前期高/低点的位置有关,时间和角度线将会显示。但是主要原因是,在美国每年有两季小麦,如果收成极好或极坏,高价或低价跑到第 11 年出现极点。另一件事情是在某些国家,小麦几乎在一年里每个月都可以收割。

注意 1877 年 5 月的小麦高点。根据 10 年周期,高点应该在 1887 年 5 月。这一年的高点出现在 5 月,随后下跌,但是这几年的极高点出现在 1888 年 9 月,将 1877 年来高点带进第 11 年。

下一个高点和极高点应该是 1898 年。雷特囤积[1]出现在 1898 年 5 月,五月合约

---

[1] 雷特先生买了大量小麦期货但没有维持住高价位,结果囤积崩溃。小麦期货价格跌到每蒲氏耳 1 美元以下。

交易于1.85美元。根据10年规则，另一个高点应该出现在1908年5月。1908年的高点在5月出现，但是随后的1909年5月，极高价出现了，出现在11年周期，这是由于135个月，或11¼年是360°的3/8。

根据10年周期，下一个高点应该是1918年或1919年。但是，注意最后一个极高点出现在1867年。因此，根据50年周期来说极高点应该在1917年。五月小麦涨到1917年5月的3.25美元，政府停止交易，将价格固定在2.50美元/蒲式耳，高价一直持续到1920年。

1947年，要与1847年、1907年、1917年、1927年和1937年的价格对比。

3. 7年周期

这是非常重要的周期。你应该检查距离任意重要高点或低点7年的时间。也要留意14年、21年、28年等7的倍数。高点和低点经常出现在距离7½年，即90个月的地方。留意次要走势以及主要走势的高/低点的第90个月是非常重要的。

4. 5年周期

60个月是重要的，因为它是20年周期的1/4和10年周期的1/2，360°圆或30年时间的1/6。

5. 3年周期

主要和次要走势的顶点，经常出现在距离主要走势/次要走势的高点/低点34～36个月的时候。当趋势变化可能出现时，始终留意距离任意重要高点或低点3年的时间。

6. 1年周期

这是最小的周期，但是考虑到在美国每年都要收割谷物，事实上是春麦和冬麦收割，重要的趋势变化经常出现在距离前期高点和低点一年的时间。这可能不是主要趋势变化，而是在一年时期的末端运行1～3个月的调整。

无论何时你开始提前一年或更多年预测，始终要对照过去，看一看市场是否正在跑完一个主要周期或次要周期，尤其是当市场接近极高价或极低价的时候。研究战争时期和战争时期里的战争周期，正常时期里的正常周期。

在和几何角度线一起使用时，仔细地复习主要的和次要的周期，将有助于你判断最接近哪一个周期。通过保存在以前周期里的极高点和极低点出现的月份，你估算可以在当前周期里市场在哪个月形成极高点或极低点。

W. D. Gann

1946年12月4日

第六章　棉花预测指南[1]

一、棉花预测方法的基础

数学是唯一精确的科学。所有天地间的力量都被赋予掌握数学的人。爱默生曾经说过:“上帝必定研究几何学。”另一位智者说:“宇宙间一无所有,除了数学。”毕达哥拉斯,曾经的最伟大的一位数学家,在试验数字并发现所有自然法则的证据之后,曾说:“在上帝之前是数字。”他相信,数字的周期现象创造了上帝和神。有句话曾说:“数字不会说谎。”人们已经确信数字揭示了真相,所有的问题可以用数字来解决。没有数学,就没有化学家、工程师和天文学家。

利用数字来解决问题,并获得正确答案和结果是如此的简单和容易,以至于看起来非常奇怪,如此少的人依靠数字来预测期货交易、股票和商品市场。基本原则是容易学习和理解的。无论你使用几何学、三角学,或者微积分,你都在使用简单的算法规则。你只在做两件事情:增加或减少。

有两种数字:奇数和偶数。我们把数字相加就是增加。我们做乘法,就是更快地增加。我们做减法就是减少,我们做除法也是减少。伴随着更高级的数学应用,我们发现更快、更容易的方法来做除法、减法、加法和乘法,当你理解它的时候,也会觉得非常简单。

自然界里的所有事物都分为雄和雌,白和黑,协调和不协调,右和左。市场变化只有两种方式:上涨和下跌。我们知道如何去证明这里有三维——宽度、长度和高度。我们使用三种几何图形——圆,正方形和三角形。我们利用圆的正方点和三角点来判断时间、价格和空间阻力。我们使用360°圆来测量时间和价格。

我们用三种角度线:垂直线、水平线和对角线,来测量时间和价格运动。我们使用奇数和偶数的正方形,不仅得到市场运动的证据,而且找到其原因。

---

[1] 本章的参考资料见全书末尾附录的“主时间因素和数学规则预测”。

二、如何制作图表

图表是过去市场运动的记录。未来只是过去的重复。没有什么新的东西。正如《圣经》所言:“已经存在的,它必将继续存在。”历史在重复,利用图表和规则,我们判断它将在什么时候,以及如何重复。因此,要学的最重要一点是如何正确地制作图表,因为如果你在图表中犯了错误,你也将在应用规则去交易时犯错。

(一)年线图

你应该备有一张年高低点图表,也就是把在日历年里或合约周期内,所形成的极高点和极低点记录在一条线上。价格空间可以是25个点或50个点对应1/8英寸。

(二)月图

你必须始终备有月高低点图表,在所有判断主要趋势的图表中,它是最重要的。这张图表将日历月的高低点记录在一条线上,在图纸上每个空白间距或1/8英寸,应该代表20个点或1/5美分。当价格很高时,就用30个点对应1/8英寸。

(三)周图

下一个你应该备有的非常重要的图表之一是周高低点图表。对于棉花,你应该用1/8英寸代表15个点,30个点代表2周时间,60个点代表4周时间。

(四)周移动平均值或中点

为了得到周移动平均值,我们取当周的极低点和极高点,并除以2,得到其一半,或者中点。这可以记录在周高低点图表上,或者在单独的图表上,用圆点记录周移动平均值,并在图表上用一条线将它们连起来。周中点的重要性将在后面解释。

(五)3~7周走势

在牛市中,棉花通常运行3~7周,且每周六收盘更高。在第一次出现周六收盘价低于星期一(将表明趋势下降)之后,如果这只是牛市中的一个回调,那么市场将只有两个周六收得较低,而在第3个周六将收在更高点(表明趋势依然向上)。在熊市中反转这条规则。但是,始终要通过角度上的位置来判断强弱情况。

在快速行情中,走势将运行6~7周,趋势出现某种小的反转。但是,通常行情将持续数月只出现两周反弹。然后,盘整2周或者3周,再恢复主要趋势。通常,它们在第3周继续上涨或下跌。同样的规则适用于日走势。快速行情中只在与主要趋势相反方向运行2天,在第3天就将恢复与主要趋势一致的上涨或下跌过程。留意距离任何重要的高/低点84~90个日历日的趋势变化。此外,还要留意距离任何重要的高/低点84~90个交易日。下一个需要留意的重要时间周期是120天,即4个月。既用于公历日,也用于交易日。

(六)日图表

当你交易棉花时,你应该始终有一张日高低点图表。但是就研究目的而言,拥有周图表和月图表就足够了,它们将给你主要趋势。日图表显示了次要趋势,比更长时间单位的图表显示出更经常的趋势改变。日图上的信号持续时间不长,趋势变化可能只运行3~7天。日图的刻度是10个点对应1/8英寸。

在日图表上,没有为假日和星期天留空。因此,时间长度是实际的市场交易天数,而不是日历天数。但是,你应该至少每两周标上一次日历天数,因为以后在趋势变化的时间周期规则下,你会发现必须核对,并知道何时市场距离顶部或底部30天、60天、80天、120天、135天等。这些都是日历天数,日图表上的精确时间量度。经常地,实际日运动的日图表呈现某个时间量度的角度,与此同时,日历天数也呈现精确的时间量度,使这里成为趋势变化中加倍重要的位置。

三、时间规则

(一)2日反弹

开盘价和收盘价,对于判定强弱是非常重要的,因为它们显示了空间和时间的力量平衡位置——无论是在上涨一边,还是下跌一边。

(二)信号日

在运用日图表判断趋势时,其中最重要的规则之一就是,在一个快速上涨或者下跌的市场中,只有2日回调,也就是当市场正在上涨,然后回调了整3天,并弱势收盘时,这将是次级趋势改变的信号。在跌市中将本规则颠倒过来。当市场到达高点,开盘强势,上午涨至新高,然后下跌并跌破当天开盘价,在一个低位附近收盘时,这是个短期顶部已经形成的信号。

单个信号日,就是指当市场开盘强势,涨至比前一天高的价位,形成新高然后卖出增多,并弱势收盘于当天的低位附近,或者低于前一日低点时,这就是个信号日,预示着趋势已经反转,至少是暂时的反转。形成新高,并收盘低于当天中点也是个弱势信号。

四、几何角度线

在很多年实际的实验之后，我发现几何角度线精确地反映了空间、时间、成交量和价格。

数学是唯一精确的科学，正如我前面所说。地球上每个国家都遵从 2 + 2 = 4，无论它说什么语言，而其他科学并不像数学这样一致。我们发现不同专业和科学方法的人在问题上意见不一，但是在数学计算上没有争论。

在一个圆中有 360°，无论这个圆是多大或者多小。某些度数和角度线是非常重要的，预示棉花的重要高/低点何时出现，还能指出重要的阻力位。一旦你已经彻底地掌握几何角度线，你将能够解决任何问题，并且判断出棉花市场的趋势。

经过超过 45 年的研究、实验和实际应用之后，我已经完善并证明用来判断谷物市场趋势的最重要的角度线。因此，集中注意这些角度线，直到你彻底地理解它们。研究和试验我给你的每个规则，你将获得成功。

我们使用几何角度线来测量空间和时间，因为它是比加法或乘法更快捷的方法，让你跟从这些规则，并从高点和低点，或极高点和极低点来精确地绘制角度线。你可能在相加或相乘时犯错，但是几何角度线的精确绘制将纠正这些错误。例如，如果你要计算横穿图表底部的 120 个空间，它代表 120 天、周或月，那么你就从"0"开始，在图表上向上数 120，然后从这个高点向下画 45°线，它将在起点向右 120 个单位遇到"0"线上。如果你在计算时犯错，这将会纠正它。

画在图表上的角度线，总是在你面前体现合约的位置和它的趋势，无论你是否已经记下当时的阻力位，你可能算错了，或者忘记了，但是这些角度线总是在你面前的图表上。

通常使用的移动平均线，通过取日历日、周或月的极低价和极高价，并把它除以 2 得到当天、当周、当月的平均价，在每段时间结束时都持续地这样做。这是一个错误的每周空间或点数变化，因为它可能某一次每周上涨 5 美分，而另一次每周 10 美分，而时间周期是不变的。因此，几何角度线，它是真正的移动平均线，在日、周或月图表上，从任意底部或顶部，以相同的速率上升或下降。

（一）如何绘制几何角度线

数学或几何学可以为我们提供三个重要的工具：圆、正方形和三角形。在我画出一个正方形后，我可以使用相同的直径在它里面画一个圆，利用不同的正方形就可以在圆里产生不同的三角形和正方形。

几何角度线或移动趋势平均线把时间和价格分成相应的比例。参考"表 1"，我在里面画了 90 ×90 正方形。你将注意到它高 90，宽 90。换句话说，向上 90 和水平 90。它和正方形房间是一样的，有底部或地板顶部或天花板，以及四面墙。所有东西都有宽度、长度和高度。

为了在这个正方形里得到最强和最重要的点，通过画出水平线和垂直线，我把它分成 2 个相等部分。注意标为“A”的角度线，它从“0”到对角“90°”，把每个小正方形再分成相等的两部分。这是一条在 45°线上的对角线，把大的正方形分成两个相等部分。然后，请注意在“45°”横穿的角度线“B”。它把正方形分成相等两部分。注意角度线“C”是一条垂直线，从“90°”的一半“45°”向上画。它穿过其他角度线穿过的中心或中点 45，把正方形分成两部分。然后，请注意角度线“D”，组成了另一条 45°线，从西北角移动到东南角，恰好在中点穿过“45”。通过这个你会看到，如果我们画第一条通过正方形中心的直线，我们把它分成两个相等部分。然后当我们从另一个方向画线，把它分成 4 个相等部分。然后，通过从每个对角画两条直线，我们把正方形分成 8 个相等部分，并且产生 8 个三角形。当你看这个正方形时，它应该很容易告诉你的眼睛，哪里是最强支撑点，或最强阻力点。它是在中心，也就是所有角度线穿过的地方。4 条角度线穿过这里，所以这里自然与只有一条角度线穿过的地方相比是更强的支撑点。通过以相同方式画出角度线，我可以把这些更小的正方形分成 4 个或 8 个相等的部分。后面，当我给你规则和例子的时候，我将解释如何使合约的区间（也就是最低价和最高价之间的差值，或任意低点和高点之间的差值）成为正方形，还有如何使得底部价格成为正方形。例如，如果顶部是 90，90 ×90 正方形将代表时间和价格成为正方形，因为如果我们的价格上涨 90，移动 90 个时间，我们就使得时间和价格成为正方形。因此，当合约已经走了 90 天、90 周或 90 个月，它就正在使它的价格区间 90 成为正方形。

（二）几何角度线的样式图

90 ×90 正方形或样式图，显示了所有的角度线，它们是非常重要的，主要有 3¾°、7½°、15°、18¾°、26¼°、30°、33¾°、37½°、45°、52½°、60°、63¾°、71¼°、75°、82½°、86¼°和 90°。

不需要利用量角器来测量这些角度。为了得到正确的角度，所有你必须要做的事情是计算 8 ×8（对应 1 英寸）图纸上的空间，然后相应地画直线或者角度线。

在 90 ×90 正方形上，你会看到这些用法，请注意从高点和从低点引出的等价角度线通过它们所穿过的位置证明了自己相等。

例如，从“0”引出的 8 ×1 线和从“90”引出的 8 ×1 线都相交于 45，从“0”向右数 5⅝点。然后，你会注意到，从“0”引出的 4 ×1 线和从“90”引出的 4 ×1 线，都与水平线 45 相交于 11¼，与其他角度线等距，量度是 2 倍。为什么这些角度线会这样，是因为水平线 45 或 45 点是 90 的 1/2。因此,从“0”向上与从 90 向下的相似角度线的必然相交于水平线 45 或重心。

(三)如何从记录的谷物低点画角度线

1. 第一条重要的几何角度线

要画的第一条,也总是最重要的一条角度线是 45°线,即每天上涨一个点,每周一个点,或每月一个点的移动平均线。这是一条 45°线的原因是,它把空间和时间分成相等的两部分。只要市场或合约停在 45°线之上,它就处于强势位置,预示着更高的价格。你可以在它每次停在 45°线上买入,并在 45°线下 1 美分、2 美分或 3 美分设止损。但是,请记住这条规则:止损位不要超过 5 美分。除非谷物接近低位,或牛市刚刚开始,或在非常低的价格交易。我总是在 45°线下,使用 1 美分的止损单。如果这条角度线被击穿 1 个点,你通常将发现,趋势已经改变,至少是暂时的,并且合约将走得更低。

一种简单的精确计算如何放置 45°线的方式是:例如,如果距离合约底部的时间是 30 天、30 周、30 月,那么这条角度线成 45°线,必须是从底部上涨 30 美分,并将穿过 30。这是最容易放置的角度线之一,也是最容易学习的角度线之一。你可以通过只在 45°线附近交易来战胜市场,如果你坚持这项规则——等待在 45°线上买入,或等待在 45°线下卖出。

2. 下一条重要的角度线——2×1

2×1 角度线,即每天、每周、每月上涨 2 美分的移动平均线,把 45°线和垂直线之间的空间分成相等的两部分,度数是 63¾°。那就是为什么它是下一个最强的和最重要的角度线的原因。只要合约保持在这条角度线上,它就处于比它停在 45°线上时更强势的位置,因为它是一条更陡峭的角度线。当合约跌穿这条 2×1 角度线时,即下跌超过每个时间周期 2 美分,那么它预示着将会走得更低,并触及 45°线。请记住,所有角度线的规则:不管合约跌穿什么角度线,它预示着下跌到它下面的下一个角度线。

3. 第三条重要的角度线——4×1

这条角度线——只要谷物价格保持在它上面,就会更强——是每天、每周或每月上涨 4 美分的角度线。这条角度线是 4×1 线,即时间的一个单位等于空间的 4 个点。它的度数是 75°,把 2×1 角度线和 90°线之间分成两个相等部分。任何持续地每天 4 美分、每周 4 美分,或每月 4 美分地上涨的合约,是处于非常强势的位置,只要它停在这条角度线上,但是当它跌穿时,预示着下一个角度线或下一个支撑位——根据当时合约的位置来定。

4. 第四条重要的角度线——8×1

8×1 角度线,即每天、每周、每月上涨 8 个点的角度线,度数为 82½°。

只要合约在日、周或月图表上保持在这条角度线上,它就处于可能最强的位置,但是当它反转趋势,下跌到这条角度线下时,那么它预示着会下跌到下一条角度线。

你会注意到,利用这四条重要的角度线,我们说市场处于强势或看涨。每次我们用角度线分割空间时,我们就将得到时间和价格的中点或重心。

这些就是所有你所需要的角度线,只要合约继续上涨,并保持在45°线上,即每天、每周或每月上涨1个点的移动平均线上。

因为圆有360°,角度线可以在任意度数形成。所有的重要角度线在0°和90°之间形成,因为90°是直上直下的,也是合约可以上升的最陡角度。例如,45°线把0°到90°的空间对半分开。135°只是另一条45°线,因为它是在下一象限里的90°到180°之间的1/2。圆里的225°和315°也是45°线。因此,所有在判断合约趋势上有价值的角度线,都可以在0°和90°之间找到。当我们把90°除以8,就得到一条最重要的角度线11.25°线。然后,把90°除以3,就得到30°和60°线,它们重点用于时间和阻力位。

五、哪种底部需要绘制角度线或移动平均线

(一)日图表

如果合约已经下降了一段时间——然后开始上涨(从底部上涨,它必须每天形成更高的底部和更高的顶部)——然后在3天上涨后,在日高低点图表上,你可以在底部或低点放上45°线和2×1角度线。通常,首先必须放置这两条角度线。如果底部保持没有被击穿,那么你可以在这个底部放置其他角度线。

(二)周图表

如果合约正在下降,反弹超过1周,并继续下跌,比如说,3周或更多,然后开始上涨,并持续了2周或更多,你应该开始在下跌的低点放上角度线,使用45°线以上的角度线,直到合约再次跌穿45°线——在那以后,你应该使用更低点的,或正方形下方的其他角度线。

六、在低点引出的45°线被击穿以后做什么

1. 在正方形下方的第一条角度线——2×1

在正方形下方,你要画的第一条角度线是2×1角度线,即横着2个点,竖着1个点,它以每天、每周或每月1/2点的速度运动,度数是26¼°。这是合约跌穿45°线后,将要到达的第一条支撑角度线。通常,当合约到达这条角度线,它将受到支撑并上涨。有时,它将停在这条角度线上很长时间,维持在这里,并形成更高的底部。但是,当这

条 2×1 角度线,即每天、每周或每月 1/2 点的移动平均线被击穿时,你必须画出下一条角度线 4×1。

2. 下一条重要的角度线——4×1

在正方形下方的下一条重要的,以每天 1/4 点的速度上涨的角度线,是 4×1 角度线,度数是 15°。它将是下一个强的支撑角度线,合约将在此获得支撑,并开始上涨。

3. 下一条角度线——8×1

在 4×1 角度线被击穿后,你在图表上要画出的下一个重要角度线,是 8×1 角度线,它以每天、每周、每月 1/8 点的速度变化,度数是 7½°。这通常是一条非常强的角度线。在合约已经大幅下跌后,它将经常停在这条角度线几次,或者可以形成最终底部,并从这条角度线开始上涨,与其他角度线相交,并再次回到强势。因此,在持续下跌之后,在月或周图上主要使用这条角度线。

七、如何在日、周或月图表上从高点画角度线

在高点引出的 45°线下方的位置:在一份合约形成高点,并下跌了相当长时间后,比如说,三天、三周或三个月,击穿前期低点,那么你开始从这个高点画角度线。请注意例子:在月图表上的角度线。

(一)从高点引出的 45°线

你画的第一条角度线,是 45°线,或显示每天、每周、每月下跌 1 美分的移动平均线。只要合约在这条角度线下方,它就处于弱势和熊市里。

(二)其他角度线

在很多情况下,一份合约将开始每天、每周、每月平均下跌 10 美分、4 美分或 2 美分。因此,你应该在高点放上所有这些角度线,它们比 45°线下降得更快。

(三)弱势的位置

当合约下跌,并保持在 8×1 线下方时,它可能是最弱的位置。当它以每天、每周、每月 4 美分的速度下跌,即在 4×1 角度线下时,它可能是次弱势的位置。当它下跌到 2×1 角度线下时,就处于较弱势的位置。

(四)强势的位置

当合约与 2×1 角度线交叉,它就处于更强势的位置,预示着更大的上涨,但是这依赖于它离高点多远,角度线相距多远,这将在以后的规则里解释。

(五)趋势改变

只要合约每天、每周或每月下跌一个点，或比45°线低，或在其下，它将仍在熊市和非常弱势的位置。在漫长的下跌后，当合约上涨并与45°线交叉时，你准备好在45°线的另一边放上这些角度线，它们显示合约处于在熊市里更强势的位置，并可能准备转入牛市。

八、在始于高点的45°线上方的位置

1. 始于高点的2×1角度线

在高点引出的45°线与合约交叉，而且合约显示已经暂时形成低点之后，你所画的第一条角度线，或者移动平均线是2×1角度线，横跨2个时间点，并向下一个价格点，即单位时间1/2点。这是以每天、每周、每月1/2点的速率向下变动。

2. 2.4×1角度线

下一个是4×1角度线，它以每天、每周和每月1/4点的速率向下变动。

3. 3.8×1角度线

下一个角度线是8×1角度线，它以每8天、每8周和每8月一个点，即单位时间1/8点的速率向下变动。

4. 强势的位置

在合约与45°线相交，并反弹到2×1角度线以后，它将遇到卖压，并回到某些从上次走势的底部所引出的向上角度线。但是，当它保持在2×1线上时，它是处于更强的位置。当它与4×1角度线相交时，它处于仅次于最强的位置。与最不重要的8×1角度线相交，预示着它再次处于从高点以来非常强的位置。你必须总是考虑从底部向上的走势，以及它在底部引出的角度线上的位置，来判断它的强度。考虑它已从底部上涨的点数和它从顶部向下多少点，是很重要的。

这就是所有你需要在高点/低点使用的角度线。练习在高点和低点绘制这些角度线，直到你彻底地熟悉它们，并能完全精确地画出它们。然后，你就可以开始根据合约在角度线上的位置，来研究判断趋势。

九、双重和三重顶/底

(一)相互交叉的角度线

当存在相隔数日、数周或数月的双底时，你要从这些接近相同价位的底部开始画

角度线。例如，从第 1 个底部画 45°线，并从第 2 个底部画 2 ×1 线，当这二条角度线相互交叉时，它将是趋势变化的重要位置。

用相同的方法将这条规则应用于双顶或三顶。顶部或底部不需要恰好在相同的价位，只要接近于相同价位即可。例如，如果行情形成一个顶部，并且其后的顶部低了 30 点，你就可以认为它是个双顶。同样，如果底部相差 20 ~ 30 点，你可将其视为双底。

从顶部引出，并与底部引出的角度线相交的角度线，在它们彼此相交时，对于趋势变化非常重要。

始终留意从任意重要的顶部和底部，以及从最后的波动顶部和底部（即行情开始上涨或下跌的地方）引出的 45°线。跌破从最后的极低位引出的 45°线，是非常重要的，并且穿越在最后高位的 45°线对于主要趋势变化是非常重要的，尤其是在月线图上。

（二）从“0”绘制的几何角度线或移动平均线

当一份合约到达底部，并开始向上时，你就知道要就从这个低点画角度线，它们显示支撑的时间，但是以后还有其他角度线将同样重要，有时甚至比从合约低点绘制的角度线更重要。这些是从“0”开始的角度线，以同样于从那个低点向上的速率上升。起始点必须在低点的正下方，时间开始于这个低点，但是角度线从“0”开始向上引出。每次合约形成低点的时候，就应该引出这些角度线，尤其在周和月的图表上，在日图表的重要走势上，也应该放上角度线。

如果合约在 120 形成低点，如图表所示，从“0”开始引出 45°线，何时这条角度线将到达 120 呢？答案是：它将在 120 天、周或月后，从底部或者起点到达 120。换句话说，120 天，120 周，120 月，它将从“0”涨到 120——这个合约形成低点的价格。然后，角度线将以相同速率继续向上。随后，当合约跌穿实际低点 120 所引出的 45°线及其他角度线时，下一个重要的支撑点就将是从“0”向上引出的 45°线。当这条角度线被击穿，它就可能处于弱势状态，预示着非常低的价格。但是，这依赖于合约在多高价位交易，以及在它击穿从“0”引出的 45°线时，它已经下跌多少。这些从“0”引出的角度线，尤其是 45°线，证明了何时价格和时间是平衡的，或者何时这份合约从它的底部与时间形成正方。

（三）用高低点或极高/极低点画正方形

市场使每个高点或低点价格与时间成正方，使时间和价格达到平衡，正如几何角度所示。

例如，1932 年 6 月 9 日，十月棉花低点是 515。在日图表上使之成正方，就意味着以每天 10 个点计算需要 51½天。正方形可以在图上被横向延伸，所以你会知道每个时间周期何时耗尽,每个正方形何时结束,新的正方形何时开始。

每个重要的更高的底部都应该与时间成正方。1938 年 12 月 10 日,十月棉花低点是 728。1943 年 11 月 29 日,十月棉花低点是 1812。1946 年 11 月 7 日,十月棉花低点是 2307。

周、月图表上的最高价位或顶部也必须成正方形,这是更重要的时间周期。

1946 年 10 月 3 日和 9 日,十月棉花达到极高点 3928。这就是在周、月图表上与时间成正方的最重要的高位。

为了在周图表上得到与任意低点成正方的时间周期,就要除以 15。将 515 点除以 15,就得出 34⅓周与这个低位成正方。到每个正方形末端的这个时间周期,应该始终被放在你的图表上,以便你知道在目前市场运行在哪个时间正方形里。为了得到正方形的顶部的价格阻力位,首先,将 515 加 515,这得到 1030。这将是第 1 个价格正方形的末端。第 2 个价格正方形在 1545 结束,第 4 个结束于 2060。

从低位向上继续这些正方形,直到价格达到高点 3928。

为了在月图表上使 515 成正方,将 515 除以 20,就得出 25¾个月,这是月图表上与极低点成正方所需要的时间周期。你可以使用 26 月这个偶数,将它在你的图表上横向延续,看一看在将来的任意日期内市场处于哪一个价格正方形。此外,将 728,1812 和 2307 这些重要低位的正方也横向延续。

下一个重点是将极高点 3928 成正方。你将它除以 20,就得到 196 个月,多了 8 个点,它大约等于 196½个月,才能完成 3928 的正方。将 196½除以 2,就得到时间正方形的 1/2。这就得到 98¼个月。将它除以 4 就得到 1/4 时间周期。将它除以 8,就得到 1/8 的时间周期,这就得到 24½个月,使得这个时间周期很重要,因为它是 2 年的结束位置,此处产生重要的变化。

此外,将 196½除以 3,就得到 65⅓个月,一个重要的时间周期。它很重要的另一个原因是,5½年等于 66 个月。其次,它的 2/3 时间周期大约是 131 个月。这是趋势变化的重要时间周期的另一个原因是,132 个月是 11 年。

(四)使时间成正方的三个重要时间周期

我们已经提到第 3 种是极高点和极低点之间的区间正方。例如,从十月棉花高点 3928 和极低点 515,就得到 3416 的区间。为了在月图表上使这个价格区间成正方,就要将 3413 除以 20。这就得出 170½个月。然后,将 170½分别除以 2,3,4 和 8,依次得到 1/2,1/4,1/8 和 2/3 位置。

留意这些周期的重要趋势变化,应用季度趋势和大小时间周期,还有几何角度,并留意重要的趋势变化。例如,170½的 1/2 是 85¼个月,为什么这对趋势变化很重要有另一个原因,也就是,7 年周期等于 84 个月。

将十月棉花1938年的低点728和1943年的低点1812以及1946年11月低点2307之间的区间正方，也很重要。当时间周期与低位完成正方时，应该在你的图表底部标出这些正方形。同时，当时间周期与高位完成正方时，则在图表顶部标明。

日历年可以被等分成8个时间周期，或分成1/3和2/3时间周期。但是，你必须记住，在使用时间周期来预测棉花市场时，时间必须从高低点这一天开始计算。从1932年6月9日极低点开始，你分别加上45天，90天，120天，135天和180天，就能得到重要的时间周期，或者从极低点开始的一定年时间比例。从1946年10月3和9日的极高点开始，你加上周时间周期，来看一看从顶部开始的时间何时耗尽，并留意重要的趋势变化。

十、开始于高点形成时间的零角度线

当一份合约在日、周和月图表上到达极高点，趋势转而向下，你应该从高点这天正对着的"0"向上引出一条45°线。这将证实时间的正方形。当这条角度线被触及，是很重要的，预示着趋势变化。这是最后的强支撑，如果被击穿，它将预示着价格走得很低。

在前面的每个例子里，我已经向你介绍了首先从低点、高点，以及高点和低点的"0"引出45°线。但是，这不意味着你绝不能使用其他角度线。所有其他的角度线，都可以用在"0"位置。但是，45°线是第一位的，最重要的。在这条角度线被击穿以后，你才可以使用其他角度线。在你用到它们之前，不需要把所有角度线放在一起。但是，在年份很长的月图表上，当合约开始接近这些角度线将被击穿的位置，或者合约将停留在它们上面，并受到支撑的位置时，它们应该被放在一起。

（一）外部或极低点45°线

这个角度线很重要，因为它是从最后起点（始于1932年的低点）以来的最后支撑，45°线被跌破后，价格走得更低。1936年1月，十月棉花低点是980。随后上涨开始，并在1937年3月10达到高点3395。从980引出的45°线被突破，趋势继续下跌至1938年12月10日的低点727。从这个低位开始，主要趋势扭转。这条重要的向上45°线从这个底部引出。1939年，在7月和11月之间，在900附近有一系列低点。一条45°线始于1939年11月的900处，它是比1938年12月更高的底部。

1940年5月，十月棉花低点是840。一条45°线从这个低点开始，它比前一个低点更高。

1940年10月，将于1941年交割的这份合约的低点是870。一条45°线从这个低点引出。上涨开始，并在上升趋势中形成更高的底部和更高的顶部，直到1946年10

月，此时达到极高点3928，恰好位于从515引出的45°线之下，这意味着价格和时间已经在月高低点图表上达到平衡。在达到极高点之后，大恐慌出现，此时新奥尔良的乔丹陷入麻烦，价格以每天200个点的跌停板下跌，并且45°线被跌破，你要留意在外45°线上最后支撑。这条45°线，从1940年10月开始，以每月20个点的速率上升，在1946年11月到达2340。

接着，重要的中点必须要考虑。从1938年的低点727到1946年10月的高点3928，中点在2328。从中你可以看到45°线经过2340，并且中点是2328。我们的规则是空转或动能可以将价格带至45°线或中点以下30点。

1946年11月7日，十月棉花开盘于2307，仅比中点低20点，并且在45°下之下33点。但是，当天收盘却超出中点和45°线之上很多。

作者本人，知道45°线和中点应该是底部和强支撑，因此买入几千包棉花，部分价格在极低位，在上涨中赚取相当可观的利润。这向你证明了备有始于所有重要顶部与底部的角度线的巨大价值。

当始于外侧低位的45°线被击穿后，下一条重要的支撑角度线是从"0"开始的向上45°线。1938年12月，此时十月棉花低点在728，这条角度线在1949年6月经过或达到2520的价格，使之成为强支撑位和买点。1949年6月7日，十月棉花交易于2485，当月收盘在这根角度线之上很远处。上涨持续到1950年2月的2982，即写作本文的时候。如果你不知道如何运用从"0"开始的45°线，你就不会明白为什么在2520~2480附近有一个支撑位。注意1947年5月的低点是2450，1950年交割的这份合约形成了比1948年交割的合约更高的底部。

通过观察时间周期，你将会注意到，1949年6月9日距离1932年6月9日是17年。因此，你要留意1947年6月9日的趋势变化，低点在此之前两天出现，到1949年6月9日，价格已经上涨到2510，并继续上涨。

我想要强调的是，在你的图表上备有全部阻力位和所有时间周期，和迄今为止始于所有重要顶部与底部的几何角度线，将能帮助你判断可靠的买卖点，你通过严格遵守规则，排除所有的猜测，用科学的数学方法而不是希望来交易，你就可以在短期内赚取财富。

(二)从"0"到高低点的45°线

45°线从"0"向上到达这些线或者价格低点，是非常重要的——然后，当它又到达最高价位时，这对于趋势的变化是非常重要的。

你应该从所有重要的第一个，第二个和第三个更高的低点，引出由"0"向上的45°线和其他角度线，尤其是在这些底部相隔很久的地方。你还应该从第一个、第二个、第三个更低的高点开始，引出由0向上的45°线，尤其那些相隔很久的地方。在周和月图表上，这些角度线是最重要的。

不要忽略记录这些从"0"引出的角度线，因为它们将告诉你什么时候，时间和高/低点价格成正方。在底部引出的第一条45°线被打破之后，它们将决定支撑角度线，或移动平均线在下跌方向的位置。你无法用其他任何方法来确定这些支撑点，除了通过从"0"引出的角度线。

你应该回到过去的记录，引出这些角度线，作出不同高低点的正方形，那么，你自己就可以证实这些角度线的巨大价值。

W. D. Gann

1950年2月18日

十一、阻力位

棉花在与某些前期走势成一定比例的某些精确的数学点形成高点和低点。合约在极高和极低之间的走势，无论是在主要走势还是次要走势，都是非常重要的。通过恰当的划分波动区间，我们判断阻力位或支撑位将在反向走势上遇到，无论是上涨还是下跌。通过仔细地观察这些阻力位和趋势指标，你就可以获得更大成功，并以较近的止损单来交易。

（一）波动区间

1. 1/8 位置

选择任意重要走势的极低和极高点，从极高点减去极低点得到区间，然后把这个波动区间除以8，得到1/8位置，这就是阻力位或者买卖点。当合约在这些位置附近停留，并且在此或其附近形成高点或低点，显示了趋势指标的转向时，这就是买入或卖出的地方。

2. 1/8 和 1/8 位置

在把波动区间除以8得到1/8位置以后，次重要的是把波动区间除以3，得到1/3或2/3位置。这些1/3和2/3位置是非常强的，尤其是如果它们落在其他前期走势的阻力位附近，或者它们是一个非常宽幅走势的分段时。

（二）最高卖点

下一个重要位置是合约历史最高价的一定比例，以及每个更低的顶部。把最高交易价除以8，得到1/8位置，除以3得到1/3和2/3位置。这是非常重要的，因为在击穿波动区间的中点之后，合约将经常跌到最高交易价的中点，这在其他阻力位上也同样有效。

当合约正在上涨时，它经常会穿过最高交易点的中点，上涨到波段的中点，并遇到阻力。

（三）需要考虑的最重要的棉花走势

首先也是最重要的一点，考虑过去 30 年、20 年、10 年、5 年、3 年和 1 年期间里在极高点和极低点之间的阻力位。

下一个需要考虑的重点：阻力位或合约的历史最高价的一定比例。然后考虑运行一年或更长时间的所有过程的波动。选择极高点和极低点之间的区间，并把它除以8，得到重要的阻力位。然后去第二个高点或比极高点低的高点，将它除以 8 得到重要阻力位。然后取第三个或第四个更低的顶部，并把它除以 8，得到阻力位。当你遇到最近走势时，它可能运行了几周或几个月，这是留意第一个阻力位的最重要走势。

（四）阻力位的委托单

当合约正在上涨并且穿过 1/4 位置时，下一个留意的重点是 1/2 位置或重心，即走势或波动的平均值。

然后，在中点之上的下一点是 5/8 位置。在中点被穿越之后，下一个最强点是 3/4 位置。接着，如果在这些点之间的区间非常宽，重点观察走势的 7/8 位置。这经常标出上涨的顶部。但是，在观察这些阻力位时，始终要留意你的趋势线指标，无论是日图上的趋势线，还是在三日图上的趋势线，如果它们在这些阻力位开始形成顶部或底部，卖出或者买入就是安全的。

（五）平均数或中点

要记住 50% 回撤或波动区间的中点，或合约最高价的中点，是作为下跌方向的支撑或上涨方向的阻力的最重要位置。这是平衡点，因为它把波动区间分为 2 个相等部分，或把最高交易价分为两个相等部分。

为了得到这一点，任意走势的最低价加上那个走势的最高点，并除以 2。当合约上涨或下跌到中点，你应该卖出或者买入，止损单设在 10 个点、20 个点或 30 个点远，依据合约是在非常高还是非常低的价格交易。区间越宽，时间段越长，中点到达时就越重要。

仅仅靠遵守这一个规则，你就可以挣到大笔财富。

仔细研究和回顾所有合约的过去的走势，就可以帮助你打消疑虑，确认这个规则可以帮你获利。

买入的时候，在最重要的波动区间的中点之下 10 ~ 30 点设置止损点，卖出的时候在最重要的波动区间的中点之上 10 ~ 30 点设置止损点。

当波动范围在 250 ~ 300 点，我们管最高值与最低值的中点叫做主要区间中点。管一个小的顶部与一个小的底部的 1/2 点叫做小区间中点。调整往往会走回到前一次运动的一半，也就是区间中点。

当 1/2 位置与 5/8 位置之间的距离是 150 ~ 200 点，或者更多的时候，并且合约价格上穿过区间中点，它就会到达 5/8 位置，遇到阻力，然后调整或下跌。

注意，5/8 位置是一个非常重要的顶点或调整位置，合约价格往往从 5/8 位置调整回区间中点，成为买入点。

当合约下跌时，可以运用同样的规则。如果 1/2 位置与 3/8 位置之间的距离是 100 ~ 200 点，或者更多，并且合约价格下穿过区间中点，它就会到达 3/8 位置，形成底部，然后反弹到 1/2 位置或者更高。

当合约上涨到中点，并从这个位置回调几个点，然后最终穿过它，你可以看到它形成了显示在你的阻力位卡片上的下一个阻力位。最强势的信号是，当合约处于中点上 10 个点或更多时，它显示了买点或支撑，止损单被设在这个重要的阻力位之上。

一个弱势信号是，合约上涨且不能到达中点以上 10 个点或更多，随后它下跌，并跌穿趋势线或其他阻力位。

十二、在主要中点被突破后的下一个阻力位

在主要中点被击穿以后，要留意的下一个阻力位是某些前期走势的下一个中点。就主要中点而言，我指的是，谷物合约的极值波动区间的中点。在主要中点被穿越以后，另一个非常重要的阻力位是最高交易价的一半这个中点。这是比小的波动中点更强的支撑位，因为它把最高交易价一分为二。在被穿过 10 个点、20 个点或 30 个点（根据合约的价格是高价，中价，还是低价）之前，它是很强的买点或卖点。

十三、空转

因为在每种机械里都有空转，所以在棉花市场也有空转，由于动能使得合约在阻力位略上或略下一点。平均空转约在重要位置之上或之下 15 个点，但是 20 ~ 30 个点意味着趋势改变。

当合约非常活跃，并且涨跌迅速，成交量很大时，它经常会走到中点或其他强阻力位之上 10 ~ 15 个点，而不是 30 个点。

同样的规则适用于下跌。它经常穿过重要阻力位达 15 个点，而不是整整超过 30 个点。这个规则同样适用于任何事情的重心。如果我们打一个洞穿过地球，然后丢一

个球，动能将带动它穿过重心。但是当它减速下跌时，它将最终恰好落在中心。这就是棉花合约在这些重要的中心周围的活动方式。

研究各个合约的底部和顶部之间的压力位置，就会证明市场按照这些重要位置运行的准确性。

W.D.Gann

1950 年 2 月 18 日

十四、利用时间周期预测棉花

（一）时间周期

市场里所有活动都是自然法则的结果，早在其发生前就已经存在，并且能预先数年测定。《圣经》已清楚地说明："未来即过去，已有之事，后必再有。已行之事，后必再行。阳光之下无新事。"——传道书 1：9。

每个事物都有主要和次要之分，所以为了精确地预测未来，你必须知道主要周期，因为大部分利润形成于极限波动出现时。

1. 大周期

绝不能忽略大周期，它代表在长时期内出现的极高和极低点。

82～84 年。这是棉花的大周期之一，它距离 1864 年有 82 周期，根据这个周期，棉花的极高点应出现在 1946 年 7 月 9 日和 1946 的 10 月 5 日到 8 日之间，在这些极高点之后，主要趋势向下持续了几年。这就是周期所预示的。

2. 90 年周期

这是 3 个 30 年周期和 2 个 45 年周期，对于观察极端价格很重要。1954 距离 1864 年有 90 年。你也可以通过回头对照极低点，看一看周期如何完成 90 年周期。

3. 60 年周期

一个圆等于 360°，棉花的主要周期是 360 个月或者 30 年。你应始终使用这个 30 年周期和它的一定比例。两个 30 年周期等于一个 60 年周期。例如，棉花高点 1864 年；低点 1894 年；高点 1923～1924 年，距离底部为 30 年，完成了 60 年循环。

4. 49～50 年周期

棉花的一个主要周期每 49～50 年出现一次。极高点或低点的"五十周年纪念"，持续 5 年到 7 年，在 50 年周期结束时出现。"7"是圣经里多次提及的重要数字，它带来萧条、不景气和恐慌。7 乘以 7 等于 49，49 通常被看做是引起极端波动的不幸灾难年。

5. 30 年周期

这是主要周期，如上所述。次要周期是30年周期的一定比例或圆的一部分。

30年等于或360月

$22\frac{1}{2}$年等于3/4或270月

20年等于2/3或240月

15年等于1/2或180月

13年等于或156月

10年等于1/3或120月

9年等于或108月

$7\frac{1}{2}$年等于1/4或90月

5年等于1/6或60月

$3\frac{3}{4}$年等于1/8或45月

$1\frac{7}{8}$年等于1/16或$22\frac{1}{2}$月

$2\frac{1}{2}$年等于1/12或30月

1/32或$11\frac{1}{4}$月

6. 20 年周期

下一重要周期是20年周期，它是30年周期的2/3。

7. 15 年周期

这是下一个重要的周期，因为它等于30年周期的1/2。

8. 13 年周期

这个周期非常重要，正如你随后在与前些年对比的例子中所看到的那样。你可以给重要的高点和低点加上13年而来自己检验。

9. 10 年周期

下一重要的主要周期是10年循环，它是30年周期的1/3和20年周期的1/2。每隔10年这就产生相同属性的波动和极高点或低点。

10. 奇数周期

有9年和13年周期。市场经常在这些周期形成重要的顶部和底部，正如记录所显示的。对于9年周期，对照1918年与1927年、1923年与1932年、1932年与1941年、1937年与1946年、1934年与1943年、1941年与1950年、1920年与1929年、1938年与1947年，以及1945年与1956年。

11. 小周期

有5年、3年、2年和1年循环。最小的周期——1年——经常在第10个月或第11个月显示趋势变化。周期并不是总是出现在整数月份。它遵循日、周和月图表上的角度。

例如,注意1824年摆动图,棉花交易于30美分/磅;然后紧接着一个很长的下跌,在1831年和1832年达到7美分/磅。在1835年和1836年上涨到20美分/磅。在1843年、1844年、1845年和1848年达到5美分/磅。50年后,在1893年到1898年期间,它交易于5美分/磅。

棉花的极高点在1864年8月23日达到,此时它交易于1.89美元/磅。30年后,在1893年和1894年,它达到5美分的极低点。极高点后50年,即1914年,价格大约6½美分/磅,紧随此后的是7周年的"重大周年纪念日",此时在1919年和1920年,棉花上涨到43.75美分/磅。注意,从1864~1872年,棉花成功达到极高点。你可以很容易从摆动图上看到30年、20年和10年周期,它将给你超过140年的价格。从1869年至今的七月期货图表将向你展示出60年、30年、20年、15年、10年周期和小周期。不论市场是否完成了5年、10年、20年或30年、60年、82年、84年或90年周期,它很少在某个方向运行超过3年,而没有反向走势。行情经常在第18个月结束。第22个月和第23个月对于顶点很重要,正如你通过回顾这些图表所看到的。

此外,留意第27、第28、第30以及第36个月的顶点。

12. 战时行情

研究战争开始后的所有走势,直到战争结束后1~2年,同时将一个战争周期或循环和另外一个战争时期进行对比。例如,1861年与1865年,1914年与1920年,1939年与1945年。在战争期间,留意从顶部和底部开始的第10个月和第12个月附近的重要趋势变化。

每个周期——无论主要或者次要——都应按1/8,1/4,1/2,3/4,1/3和2/3分割,来确定趋势改变的重要日期。此外,还需将高低点的价格分割。

13. 13年循环*

在预测棉花中,考虑所有主要的和次级的周期,但是不能忽略在棉花中存在一个82-84-90年的极限周期这一事实,你必须从任何极高点或极低点开始计算,例如1864年9月的极高点和1844年,1848年,1894年,1932年以及1933年的极低点。另外,必须考虑13年周期。棉花按13年周期运行得极其精确,因为每13年会有巨大丰收或者极低产量。这将引起棉花价格的极端波动。回顾过去的价格记录,你将会发现极值点是如何相距13年出现的,如下表:

* 本节内容参见书后彩图

1804 年	低点	1817 年	高点(13 年后)
1817 年	高点	1829～1831 年	低点
1822 年	低点	1835 年	高点(这是极限高点)
1825 年	高点	1838 年	低点
1835 年	高点	1838 年	低点
1844～1845 年	低点	1857 年	高点
1848 年	低点	1861 年	高点(由于内战爆发,行情开始大幅上涨)
1851～1852 年			上涨前的最后低点,然后在 1864 年—13 年后—达到历史最高点。棉花交易于 1.89 美元/磅
1852 年	低点	1865 年	高点(最近的极高点)
1856 年	高点	1879 年	高点
1858 年	低点	1871 年	低点
1865 年	高点	1878 年	低点
1869 年	高点	1882 年	低点(新低)
1871 年	低点	1884 年	低点
1891 年	低点	1904 年	高点
1894 年	低点	1907 年	高点
1896 年	低点	1909 年	高点(注意:在 1909 年和 1910 年有极高点)
1898 年	低点	1911 年	5 月,最近的高点,紧接着大跌。两年都是丰收
1902 年	高点	1916 年	高点
1903 年	高点	1916 年	高点(13 年后,一个大牛市)
1904 年	高点	1917 年	低点(2 月,极高点——13 年后——极低点,大牛市从此开始)
1908 年	低点	1921 年	低点(大跌低点)
1910 年	高点	1923 年	高点(另一个大牛行情和极高点)
1914 年	低点	1927 年	高点(欠收期间的极高点)
1918 年	高点	1931 年	低点(极低点的第一年)
1919 年	高点	1932 年	低点(极低点)
1920 年	高点	1933 年	低点(3 月,大涨之前的极低点。)
1921 年(6 月或 7 月)	低点	1934 年	高点(8 月)
1922 年(2 月)	低点	1935 年	低点(1948 年 3 月应该是低点价格)
1923 年	高点	1936～1937 年	高点
1937 年	高点	1938 年	低点(加上 13,得出 1950～1951 年的低点)

当周期的时间到了,并且月线趋势反转时,注意看重要角度线是否被跌穿;如果它

们被击穿，你可以预计将有一个大行情。

（二）几何角度

记住，始于前期顶部或底部的几何角度，将会向你说明市场遵循何种周期以及趋势何时会改变。顶部和底部形的正方和时间周期同等重要，它说明了何时趋势正在改变，以及何时时间和空间达到平衡。因此，在预测未来几年的棉花走势时，考虑如上所述这些点。不要忽视季节改变的月份，也就是3月和5月，8月和9月，12月和2月。

（三）前期合约

重点注意价格何时涨过前期合约的价格高点或跌穿前期合约的价格低点，也就是说，前一年的合约高低点。每个合约都在其前期顶部和底部运行。始终对照十月合约的底部；对照七月和其他合约的低点和高点。当几年前的顶部或底部被涨穿或跌穿时，这对于趋势变化很重要。

在牛市中，收盘价低于开盘价不会超过两个月；假如它是个大牛市，那么较低的收盘价不会超过一个月，第3个月收盘始终比开盘价高。

在熊市中反转这个规则。如果一个市场极其疲软或者极度活跃，趋势的反转一般不可能超过3周或者1个月。

（四）年时间规则

观察1月2～7日之间的价格。如果价格开始上涨，并且更高，可能继续上涨，趋势变化不会发生，直到3月或4月，依据市场运行的循环。

如果价格显示下降趋势直到1月10日，很可能继续下降直到3月或4月，但是你应该跟踪这个趋势，如时间周期和角度线。

在1月形成的高点或低点价格，被打破超过30点，尤其还是在一个活跃市场里，这将显示重要的趋势改变。记住，所有规则在活跃好像更有效。

（五）预测的例子

在判断趋势重要变化之前，判断角度线上的位置和周期时间。

1941年——为了预测这一年，对照：

1881年，60年循环。

1月，1290，高点。

5月，1050，低点。

8月，1300，当年高点。

9月，1160，低点。

12 月,1280,高点。

1911 年,30 年循环。

1 月,1380。

3 月,1250。

6 月,1380 高点,和 1 月相同。

7 月,趋势转为向下。

10 月,880,当年低点。

1921 年,20 年循环。

1926 年,15 年循环。

1 月,1850,当年高点。

4 月,1700,反弹低点。

5 月,1770,高点。

6 月,1600,反弹低点。

8 月,1810,高点,在 9 月,产量居记录最大值之一。

12 月,1250,当年低点。

1928 年,13 年循环

2 月,2170,低点,急速上涨随之而来。

6 月,2285,高点,急速下跌随之而来。

9 月,1750,低点。

10 月,2010,上涨高点

12 月,1800,低点。

1931 年,10 年循环

3 月,1225,高点,当年的熊市平衡位置。

10 月,540,低点(距离 1918 年高点 13 年,距离 1916 年高点 15 年或 180 个月)。

1932 年—1923 年—1924 年,9 年循环。

12 月(1914 年),750,低点。

11 月(1923 年),3720,高点。

6 月(1932 年),515,低点。

7 月(1941 年),1745,高点。

请注意:在第 9 年,任意高点或低点将会发生大涨或大跌。

对照 7 年周期或 84 月,还有 14 年周期或 168 月,90 月或 7½年也很重要。

1942 年——为了预测这一年行情,需要检查:

1882 年、1892 年、1912 年、1922 年、1932 年以及所有其他周期。

以同样的方式检查确认未来年份。

（六）极高点的年份*

政府在最近几年对农作物的调控已经影响了正常的供需规律，但是市场仍然紧紧地遵循周期，并且当顶部与底部完成正方时趋势已经改变。时间与所有事情都完成正方，同时新交易将完成正方，并且在1950年和1954年间破裂。此后，供需规律将会支配价格。

回溯5个20年周期，即100年，棉花的价格在1844~1848年是5美分/磅。50年后，在1894~1896年，它再次交易于5美分。从1915~1920年，高点价格被记录——距离国内战争有50~60年。

1946年——因为这是极高点的年份，所以你要回顾高级时间周期，或主要时间周期，它们是90、82－84、60、50、40、30、20、15、13、10、9以及7年。

棉花的极高点在1864年8月23日达到，此时它交易于1.89美元/磅，这是历史最高价。如果我们给这个价格所在年份加上82，就得到1946年；加上84年，就得到1948年；加上90年，就得到1954年。研究1850~1854年之间的棉花价格，你将会找到极低点。

（七）极低点的年份

研究1894~1898年，此时棉花以5美分/磅交易，距离1864年有30年。给1864年加90年得到1954年。因此，周期预示着棉花的一些极低点，回溯20年到1932年和1934年，我们可以再次找到极低价格。通过检查各种周期，你就能基于前期周期来判断何时会出现极高点或极低点，它们将在哪个月出现。

1943~1944年到1948年距离1894~1898年有50年，距离1914年有30年，距离1924年这个极高点年份有20年。因此，棉花的极低价格将出现在1946~1948年。但是，棉花在1945~1946年将会大幅上涨，它距离1933年是13年，距离1937年是9年，距离1928年是18年。极高点在1946年10月达到。

十五、行情阶段**

大部分行情在牛市或熊市里的运动分为三段，分别是：第一段——积累或者派发；第二段——停滞期；第三段——最终冲刺到高点或低点。派发和积累在这些高点和低

* 本节内容参见书后彩图

** 本节内容参见书后彩图

点发生。

1925 年当年极低点在 12 月,然后上涨到次年 1 月和 2 月,并再次下跌。

1926 年记录了美国历史上最大的棉花产量。最低点出现在 12 月。

1927 年这一年短产。最高点在 9 月 6 日,然后趋势转为向下。

1928 年 2 月低点出现在去年 9 月高点之后。然后,从 2 月低点,市场开始上涨,在 6 月 29 日 ~7 月 5 日形成高点,并在 1928 年 7 月的政府报告之后,从此趋势再次转为向下。低点在 9 月,然后趋势转而向上,并在当年以后时间里保持上涨。

1929 年最高点在 3 月,跌到 7 月,然后涨到 9 月,在这里趋势再次转为向下。

1930 年最低点在 3 月,然后 4 月大涨,接着下跌,并在当年 12 月达到最低。

1931 年 2 月是当年高点,低点在 5 月下旬至 6 月上旬,然后大涨至 6 月 27 日,紧跟着是急速下跌,到 10 月 5 ~8 日到达底部,这里是当年的最低点。

1932 年 6 月 9 日是当年最低点,紧跟着是急速上涨,在 8 月 28 日和 29 日形成高点。趋势在 9 月政府报告后不久转为下跌。12 月 8 日,是当年最低点,价格在 1923 年 6 月相同低点附近,某些合约高 20 ~30 点。

1933 年,市场在 1 月反弹;在 2 月形成当年的极低点;在 7 月 18 日达到当年极高点。重点关注:8 月 18 日、9 月 9 日,以及 10 月 16 日,是否底部出现在相同价位。趋势变化开始于 9 月 9 日,它是低点,价格不完全和 8 月 18 日一样低;然后,在 10 月 16 日有一个双底,非常重要,表明这一年其余时间里趋势将是上升的。

1934 年 2 月 13 日到达极高点,十月合约的价格高于 1933 年 7 月。从 2 月开始,趋势反转向下,直到 5 月 1 日,此时达到极低点。然后,跟着一个反弹到 8 月,这些你可以在图表上看到。这是当年的极高点——十月合约成交于 1390。9 月,主要趋势转而向下。11 月,回调低点。

1935 年1 月,反弹高点和当年高点。

3 月,急跌,当年低点。

5 月和 7 月,反弹高点。

9 月,回调低点。

11 月,反弹高点。

1936 年1 月,最近的低点,市场缓慢运行到 5 月;随后,牛市在 6 月启动。

7 月,当年高点,趋势转而向下。

11 月,回调低点。

1937 年4 月,十月合约的当年高点 1395,和 1934 年 8 月高点相同,相距 32 个月,距离 1932 年 6 月低点有 58 个月——5 年周期差 2 个月。注意始于 515 以每月 15 点变化的角度线在 1380 构筑顶部。从 1937 年 4 月开始急跌,没有重要的反弹。

11 月，低点 780。

1938 年3 月，反弹高点，也是当年高点。

12 月，年内低点 725，距离 1918 年有 20 年，距离 1923 年 11 月有 15 年。注意，700 是高点 1400 的 1/2，保持在其上说明强势。底部在 725 的原因是 2×360＝720。

1939 年9 月高点 1000。注意，距离 1919 年 10 月顶部有 20 年。

11 月，回调低点。

1940 年4 月高点 1020，和 1939 年 8 月高点相同，距离 1920 年 4 月有 20 年。

5 月，急速回调低点。

10 月，小反弹的高点。

11 月，1941 年交割的十月合约的低点 870。

1941 年直到 4 月之前都是窄幅缓慢盘整，然后急涨至 7 月 28 日。10 月高点 1746。

十六、需要重点留意的地方

（一）长期不活跃时期

市场经常上下窄幅盘整数周或数月。这就是积累或者派发的时候。完成积累或者配发，以及价格与从前期顶部或底部开始的时间完成正方都需要时间。当市场只是短期不活跃时，一直等到其活跃，并且出现明显的趋势，然后跟随它。当任意合约在其顶部之上或底部之下 20～30 点时要留意行情，因为这通常表明市场趋势的改变。棉花的 20 个点等于 1.00 美元/包，因此，在行情处于前期价格区间数周或者数月之后，当棉花上涨 20 美分以上，它将是进一步上涨的信号。在跌势中将这条规则反转。

（二）明显的顶部或底部

当区间很宽时（通常在快速上涨或下跌中），棉花会形成明显的顶部和底部，然后快速反转。参见 1869 年 9 月；1872 年 6 月；1884 年 5 月；1889 年 5 月；1889 年 12 月；1904 年 2 月；1905 年 12 月；1909 年 12 月；1920 年 4 月；1923 年 11 月；1927 年 9 月；1933 年 7 月；1934 年 8 月；1937 年 4 月；1946 年的 4 月和 10 月。在快速上涨中，棉花总是形成明显的顶部，而不是双顶或者三重顶，因此，你应该使用上行或下行 20 点或 30 点的图表，来判断最初的趋势变化。

注意，1933 年 7 月 18 日的明显顶部，没有出现双顶，从这里开始了一个几乎 400 点的急跌。此外，注意 1941 年 7 月 28 日的顶部。1946 年 7 月和 1946 年 10 月的急跌。在一个非常活跃、快速的市场中，经常会形成明显的底部。但是，通常棉花会更多形成双底或三底，而不是双顶。

(三)双顶或双底

相同的价位常常多次出现，有时相隔数周、数月或者数年出现。留意这些过去的阻力位的趋势变化，并注意它们在高级方图上的位置。

1871 年 4 月	1350	低点	1908 年 5 月	820	低点
1873 年 11 月 10 日	1365	低点	1908 年 10 月	830	低点
1978 年 10 月与 12 月	970	低点	1909 年 12 月	1645	高点
1879 年 9 月与 10 月	990	低点	1910 年 7 月	1655	高点
1880 年 9 月与 10 月	1050	低点	1912 的 7 月	1300	高点
1881 年 4 月与 5 月	1040	低点	1912 年 12 月	1295	高点
1883 年 7 月	970	低点	1916 年 8 月	1290	低点
1884 年 10 月	970	低点	1917 年 2 月	1395	低点
1894 年 11 月	535	低点	1918 年 9 月	3725	高点
1898 年 11 月	520	低点	1919 年 7 月	3590	高点
1900 年 7 月	1020	高点			
1900 年 10 月	1020	高点			

(四)三重底或三重顶

最大的上涨或下跌开始于在相同价位附近形成的三重顶或三重底。注意：

1873 年——1 月、2 月和 4 月，相同的顶部。

1875 年——8 月、10 月和 12 月，相同的顶部。

1876 年——2 月和 3 月，相同价位，1480 点。

1877 年——1 月 1465 点。

1879 年——12 月 1480 点。这些相同的价位形成于 1876 年 8 月到 1879 年 12 月，并且直到 1904 年(即距离 1874 年高点有 30 年)2 月之前，都未再次出现。

1885 年——1 月、2 月和 3 月，1150 高点。

1890 年——4 月高点 1140。在 1903 年之前，再未到达。在一个长期的牛市或熊市循环中，重要的顶部或底部不断形成于更低或者更高价位。

1907 年——7 月、8 月和 9 月——相同价位——1300 点。

1909 年——12 月 1645 点——1910 年 7 月 1655 点——1911 年 5 月 1615 点，三重

顶。分开的三重顶始终意味着紧随着非常快速的下跌。注意，从 1911 年 5 月开始的快速下跌。

十月棉花最近的三重顶在 1918 年 9 月，1919 年 10 月，以及 1920 年 4 月，此时它都交易于相同价格——3725 点。此后，在不到一年的时间内下跌到 11 美分左右。

三重顶——无论是在日线、周线还是月线上——都运行得相同。当价格第 4 次到达相同价位时，它们几乎总是继续上涨。但是，第四次未能超过历史顶部，或者跌破历史底部，是走势反转的强烈信号。高级图表说明了为什么顶部或底部出现在相同价位上。

（五）前期顶部与前期底部

你应该留意 1 年、2 年甚至 3 年或更长时期的最后高点。当市场穿过前些年的这些高点时，它通常预示着更高的价格。以同样的方式留意每年的低点。然后，在它们跌穿这些低点 20 点或 30 点时，它通常意味着主要趋势变化和非常低的价格。

前期顶部与前期底部的时间跨度越长，那么当底部被跌穿或顶部被穿越时，行情的下跌或上涨将会越大。记住，对于给出明确信号的市场来说，它不但需要跌破前期底部或者超过前期顶部，而且当日、当周、当月收盘价还需超过或者低于前期价位。要重点留意收盘价！

顶部经常变为底部，底部也经常变为顶部。当前期顶部被穿越（它已经有一段时间成为阻力位），它们将变成支撑和回调买入位。当跌破前期底部 30 点时，它显示了一个反转趋势，并变成压力位或者反弹卖出位。

（六）收盘价位

在一个快速活跃的市场里，当价格处于极限高点价位大约 30～40 美分/磅时，市场必须上涨或者下跌 50 点或 60 点，并且以高于老顶部或低于老底部的价位收盘很多才表明趋势的变化。

十七、季节性趋势改变

棉花有重要的季节性变化趋势，发生在一年中的三个不同时段，分别是：

（1）第一个重要的季节性趋势变化时段是播种季节，从 3 月开始，到 5 月末结束。

（2）下一个重要的季节性趋势变化是成熟季节，也就是 8 月和 9 月。

（3）第三个重要的季节是收获季节，从 8 月持续到 12 月。轧棉活动的顶峰是 10 月和 11 月，12 月上旬，作物的最终产量就可以被估计出来了。

(一)4 月 6 ~ 17 日以及 5 月 5 ~ 10 日

这段时间对于趋势改变非常重要,往往是价格筑底,趋势反转向上的关键时间,因为到这个时候,专业的交易者能够确定一些事情,比如有多大面积的农地已经播种了棉花,还将有多少农地用于播种棉花。还要考虑前一次顶底的时间因素。

(二)7 月和 8 月

这是最重要的月份,因为这个时候,关于农作物的风言风语开始流传,市场变得活跃。政府在当月发出的第 8 份报告往往引起市场趋势的重要改变。在政府报告发布之前,仔细研究你的图表,因为图表会显示当前正在发生吸筹或是散筹,趋势会在政府报告发布之后或者临近发布之时发生改变。根据经验,报告发布之后趋势改变已经完成了。

(三)9 月 6 ~ 20 日

这是一年中最重要的趋势改变,而且你总是可以通过它赚很多钱。改变通常发生在 9 月 6 ~ 20 日之间。如果市场此时处于低点,趋势反转向上,那么往往会持续到 11 月末或者 12 月。如果市场此前是上涨的,趋势反转向下,那么通常持续到 10 月,也有可能持续到 12 月。

谁要是严格遵守这个规则,观察 9 月发生的趋势改变,一定能挣大钱。然后,注意 12 月的下一次改变,此时价格通常处于底部。9 月份的时候做空,12 月份的时候针对春季的上涨做多,一般都会赚到暴利。农作物的报告一般在 9 月 8 ~ 10 日出台,每年到这个时候,农作物的预计产量早已经众人皆知,尽管有些年份在 9 月和 10 月也发生过一些自然灾害,而有的时候 9 月和 10 月的天气也会提高产量。

(四)10 月 10 ~ 20 日以及 11 月 15 ~ 30 日

总是要小心这些时段发生趋势变化。

(五)12 月 10 ~ 15 日最为重要

到了这个时候,政府已经估算出作物的最终产量,市场上的棉花价格的剧烈运动也接近了尾声。所以,如果产量巨大,那么价格就会在 12 月 10 ~ 15 日到达底部,这时候你可以平掉空仓,在次级反弹上反手做多。如果你愿意回顾很长的年份,你会发现低点一般都出现在 12 月份,尽管也曾经在 10 月或 11 月出现过。

如果作物的产量非常低,趋势通常在 9 月份就反转向上,价格就会与一般的季节性趋势相反,在 11 月末或者 12 月初形成顶部。例如:

1923 年,作物歉收严重。前一个低点是 7 月 30 日,当年的最高点是 11 月 30 日。在 4 个月的时间之内,市场上扬 1700 点,也就是每磅 17 美分。之后,从 12 月 1 日开始,趋势反转向下,60 天之内,价格下跌了每磅 10 美分。

研究和比较那些走出极端高价和极端低价的年份,通过这种方式,你将学会价格在极端水平如何运动。

十八、为确认高点和低点,你所需要学习的

(1)来自主要趋势和次要趋势的高/低点的阻力位和买点。不要忽视分别从次级趋势低点和高点开始的最后一波上涨和下跌。

(2)日图表上的次要趋势指标。

(3)主要趋势指标。

(4)突破点。

(5)更高的底部和更低的顶部。还有第 1 个、第 2 个、第 3 个更高的底部和更低的顶部。

(6)走势从主要高点或低点开始的时间周期。

(7)在日图表上顶部和底部的信号日,还有信号周。

(8)单顶/底、双顶/底和三重顶/底。

(9)活跃市场规则。

(10)自然阻力位和来自高级 360°圆周的时间周期。

(11)在牛市或熊市末期的快速行情和宽幅波动。研究过去的这些顶点,然后你就会知道未来要做什么。

(12)几何角度线——这是判断价格和时间顶点的所有规则中最重要的。从主要趋势顶部和底部的所有时间周期和所有角度线,还有从高点和低点所对应的零位置所引出的角度线,必须在图表上绘制出来以保证精确。

(13)第一,在日图上主要趋势改变。

第二,周图表上的重要的次级趋势改变——比日图更重要。

第三,月图表上的趋势改变更重要。

第四,季线图上的趋势改变是更重要的主要趋势改变。

第五,年线图上的趋势改变也是更重要的主要趋势改变。

(14)在主要和次要走势中,将时间与价格成正方。学会使用所有数字(包括时间、阻力位和价格)的平方。

例如:

2 的平方是 4

3 的平方是 9

4 的平方是 16

5 的平方是 25

6 的平方是 36

7 的平方是 49

8 的平方是 64

9 的平方是 81

考虑所有这些平方数,包括奇数和偶数之间的 1/2。减平方表和中点。

(15)季节趋势——要经常考虑趋势是否和季节趋势一致或者相反。然后,跟随市场直到日图表或其他图表显示趋势变化。

(16)最后一个,但不要忽视的:不要因希望和恐惧来猜测或者交易。当心存疑虑时,离场。当你不能知道趋势时,待在场外。理性地买入,并且按规则或者出于好的理由而卖出。学会观察和等待,注意你的健康。遵守所有这些规则,将给你带来成功。

第六章补充

对你学习本章有帮助的图表是第 2 号、第 18 号、第 25 号月线图表,第 23 号、第 29 号和第 31 号周线图表,第 5 号日线图表,以及第 14 号、第 22 号波段图表。

第七章　棉花的机械交易方法和新趋势指标

一、交易指南

(一)买卖点

规则1:只根据趋势线信号交易。最简单和最容易的规则是你在开始交易时,买入100包、50包或任何其他单位,在最近的趋势线低点之下20个点设止损单,然后跟随趋势而不使用任何其他信号去卖出,直到趋势线跌穿前次趋势线低点20个点,在这里你的止损被触发。然后反过来,卖出100包或任何其他单位。在每个趋势线高点之上20个点设止损单,直到你的止损单被触发。然后再次反转并做多。请记住,总是让你的趋势指标作为你的指引。当它转而向下时跟随它,不要期望趋势改变,除非趋势指标显示改变。这就是趋势线的目的——让你跟随市场趋势。当它改变时,你必须改变并且相应地反转你的头寸。这条规则将使得谨慎的投资者或交易者每年赚取很多利润,如果他在棉花活跃时交易的话。棉花的卖出价格越高,应用这条规则也就赚钱越多。

规则2:在双重或三重底买入。在双重或三重底部买入,根据价格和活跃程度,使用10个点、20个点或30个点的止损单来保护。当合约相隔几天形成相同价位时,它在趋势指标上形成我们所谓的双重底。三重底是合约在相同价位第三次形成底部。第二重底或第三重底可以比前一次底部略高或略低,但是请记住这条规则。

当你在合约到达三重底买入时,你应该不要冒超过20个点的风险,当第三重底被击穿时,尤其是如果这个底部是在相同位置,你的止损位被触发,它将预示着主要趋势已经改变,你应该赶快做空。

当趋势改变时,一定要反转头寸。如果你是市场多头,止损位被触发时,你必须做空。如果你是市场空头,趋势改变了,并且止损被触发,你必须做多,或者买入相等数量。

最安全的买入点是在合约在相同价位附近形成三重底部，在三重底的最低位以不超过 20 点的止损单保护。

规则 3：在双重或三重顶卖出。这条规则刚好与规则 2 相反。在双重或三重顶部卖出，在这个顶部之上 10 个点，20 个点或 30 个点设止损单。但是，在第三重顶部不要使用超过 20 个点的止损单，因为通常当合约第四次到达相同价位时，它将会穿越并走得更高。因此，当棉花上穿第三个顶部时，它总是明确的信号，你可以买入并等着更高价格。

规则 4：第 4 次到达相同价位。三重底部是最强的，三重顶部也是最强的。但是，重要的是留意合约第四次到达相同位置，此时它几乎总是穿越。因此，反转头寸是安全的，当合约穿过三重顶或第四次穿过相同位置时，要采取金字塔方式交易。

在下跌方向，把这条规则反过来用。当三重底紧邻在一起形成，合约第四次到达这个位置时，它几乎总是跌穿。因此，当三重底被击穿，将头寸反转，卖出全部多头仓位并且做空，总是跟随趋势，而不要逆着它。

规则 5：在三重底之后向上的或上升的底部。在合约形成第三个或三重底之后，就会有一个反弹，并且从这次反弹再次调整，形成比前一次底部更高的第四个底部，它是强支撑信号，预示着更高的价格。然后，如果第五个底部更高，它是更强的信号，更大的上涨将要发生的。

规则 6：在三重顶之后向下的或更低的顶部。在三重顶之后，观察第四个顶部，或棉花跌破三重顶后的第一次反弹。如果第四个顶部比前一个顶部更低，它是弱势的和会有更低价格的信号。然后，在下跌之后，如果下一个反弹的高点（它是从第一个顶部开始数的第 5 个顶部）更低，它是市场极弱的信号，预示着非常低的价格。

规则 7：快速活跃运动市场的 7 ~ 10 天规则。当棉花非常活跃，下跌快速并且每天形成更低的顶部和更低的底部时，在它下跌 7 天或更多天以后，你应该在每天的高点之上 20 个点设止损单。当你的止损位被触发时，反转头寸并买入，在前一天低点之下 20 个点设止损单。

当棉花非常活跃并且上涨迅速时，在它没有跌穿前一天的低点，并且上涨 7 ~ 10 天或更多天，你应该把买单上移，将止损单放在每天低点之下 20 个点，直到止损位被触发。然后反转并做空，在前一天高点之上 20 个点设止损单。

但是，不要认为上涨或下跌的主要趋势已经改变，除非棉花涨过趋势线高点，或跌穿趋势线低点。

（二）加仓

规则 8：如何加仓。很多较大的利润都可以通过加仓而赚取，如果你严格地遵守这项规则，它就像金字塔一样安全。

如果你正在以100包为单位来交易，那么在你第一次买入或者卖出100包之后，在市场按你的期望运行40～50个点时，即你有了200～500美元的利润时，只要趋势指标显示主要趋势仍然向上或向下，就再次买入或卖出100包。每次市场按你的期望运动40～50点时，就继续买入或卖出100包。如果你做多，就始终在趋势线低点以下不超过20个点，或每天最低价之下20个点的位置设止损单；如果你做空，就在不超过趋势线高点，或每天最高价之上20个点的位置设止损单。如果你已经加仓到了500包，你应该在止损位卖出600包，这将让你开始一笔新的做空100包的交易。只要市场运行对你有利，就再次以相同方式加仓。

但是，请记住，当棉花已经对你有利地运动了300～350点，你必须注意趋势的变化，谨慎的买入或卖出更多，这里你可能必须承担损失。在活跃的高价市场里，在重要的趋势变化出现前，走势可能运行500～720点。

规则9：加仓过程。加仓中的利润是在仓位积累和派发之间赚取的。加仓应该在双重或三重底部之后开始。然后，你在此过程中，每上涨40～50个点买入一次，并以设在每天低点之下，或最近的趋势线低点之下20个点的止损单来保护。通过跟着上移趋势线之下20个点的止损单，你就不会在主要趋势改变之前离场。但是，你在快速运动的市场中买入五六笔之后，那么将止损单保持在每天低点之下20个点是最安全的，因为在高位的快速活跃运动的市场，合约经常在两天里下跌200～350个点，而且不跌破趋势线底部，或使三日图上的趋势线向下移。如果你使用规则来判断高点日，那么你就可以在趋势改变之前，甚至在棉花价格击穿前一天底部之前离场。

规则10：只根据趋势线指标加仓。这种加仓计划是简单的，易用的。你直接使用规则1去做第一笔交易，在趋势线指标跌穿趋势线顶部20个点，显示出上涨趋势后买入第一笔，然后使用规则9在棉花价格突破交易区间之后买入第二笔，但是请记住，在棉花价格穿过交易区间的最高点之前不要买入第二笔。

在下跌市场中，当趋势线击穿趋势线底部20个点，显示出向下趋势之后卖出第一笔，然后使用规则9在棉花价格突破交易区间之后卖出第二笔，只在棉花价格跌穿交易区间的最低价之后卖出第二笔。

规则11：最安全的加仓规则。在棉花处于极高位或极低位时，最安全的加仓规则是以100包开始，当市场在有利于你的方向上运行了50个点时，买入另外的50包，接着当它又运行了50个点时，再次买入或卖出50包。然后，当行情再一次按你所期望的方向运行50个点时，再次买入或卖出50包。不断地以此数量跟随着市场的涨跌，直到主要趋势出现了变化。

规则12：快速市场和宽幅波动。在快速运动的市场里，像1923年、1927年、1929年、1946年，当你加仓并赚取了大笔利润之后，你应该用距离当前行情约50个点的止损单跟随向下。然后,在猛烈的下跌之后,降低止损单,把它们设在低位之上约 40 ~ 50 个点的地方。因为当市场运动得如此快速时,你不应该等到趋势线指标穿越趋势线顶部,甚至前一天的顶部,显示出趋势变化时才改变头寸。同样,也要应用这个规则,通过信号日以及开盘价和收盘价来判断底部。

在上涨行情中,将这个规则反过来用。

规则 13:何时不要加仓。当棉花价格在双顶附近时,绝不要加仓买入第二笔。或者当棉花价格在双底附近时,绝不要加仓卖出第二笔。

在棉花价格上涨开始或继续加仓时,首先要考虑安全。错误发生于买入或卖出第二笔时太靠近积累点或派发点。在大涨或大跌之后,开始加仓之前,始终等待明确的趋势变化信号。

棉花价格经常在一个区间,即 50 ~ 75 个点里维持数天或数周,既不穿越最高的高点,也不突破最低的低点。当它走出这个区间,穿越了最高的高点或突破了最低的低点时,预示着更大的走势。你应该开始加仓,在它形成新高时买入第二笔,或突破新低时卖空第二笔。

(三)如何判断趋势变化

规则 14:次趋势指标。在跌市中,除非趋势线图上的趋势改变,否则不要认为次级趋势已经转而向上。根据棉花交易的活跃程度和价格,无论你在先前的顶部之上使用 10 个点,20 个点还是 30 个点的止损单,趋势指标若要改变趋势,棉花价格必须涨到趋势指标的前期顶部之上 20 个点或更多。

在涨市中,除非合约跌穿趋势指标或趋势图的前期底部 20 个点或更多,否则不要认为次级趋势已经转而向下。

记住跌穿日低点 10 个点,或者上穿日高点 10 个点,并不改变趋势。

规则 15:主趋势指标。在持续下跌之后,除非三日图上形成的顶部被涨穿,否则不要认为主要趋势已经改变,在持续上涨之后,除非三日图上形成的底部被跌穿,否则不要认为主要趋势已经改变。绘制一份三日图非常重要(请见第 11 页)。

规则 16:突破点。观察最近这波走势开始上涨的点位和价格,当这个价格被跌穿时,视为主要趋势正在变为下跌。

当棉花价格在高位处于强势位置时,观察最近的低点,或者最近这波创新高走势的起点,当这个价位被突破时,这是主要趋势正在转而向下的信号。观察最近这波走势开始下跌的点位和价格,当这个价格被穿越时,考虑主要趋势已经变为上涨。当棉花在低位处于弱势位置,并且缓慢地走向更低,形成了更低的低点和更低的高点时,观察最近的高点,或者合约突破并形成新低的位置是重要的。除非棉花开始穿越它所突破的价位,否则不要认为主要趋势已经反转。

规则 17:第二和第三个更高的底部和更低的顶部。观察第二个和第三个更高的底部。当合约下破第二个更高的底部时,考虑主要趋势已经变为向下。

观察第二个和第三个更高的顶部。当合约上破第二个更低的顶部时,考虑主要趋势已经变为向上——至少是暂时的,然后跟上它。

规则 18:走势的各个阶段。研究合约在第一个低位和运动的第 1、第 2、第 3、第 4 或第 5 个顶部之间形成的不同阶段或运动是重要的。在合约有了数个向上的运动和回调之后,当它接近运动的终点时,超过前期顶部的涨幅将会减少,而且从最后的底部到最后的顶部的运行将会横扫与运动的初期阶段,一个运动已经耗尽和接近顶点的信号。然后,应用你的其他规则,为趋势的反转观察趋势指标和三日图。

在下跌的市场中,应用相同的规则。当下跌或运动的时间变得更短时,这表明卖盘压力正在减弱。

规则 19:在底部或顶部的 30 点信号。在很弱的市场中,留意从任何低位开始的第一个整 30 个点的上涨,在很强的市场中,留意第一个整 30 个点的调整,这将预示着次级趋势的变化。

对于整 30 个点,我的意思是,例如,从低点 630 个点,反弹到 660 个点是整整 30 个点。如果这个低点是 628,我们直到合约反弹到 660 才计为 30 个点整。当棉花正在上涨时,把这个规则倒过来用。假若它上涨到了 668,而没有出现一段整 30 个点的调整时间,然后如果跌到了 630,我会认为这是整 30 个点的回调,以及次级趋势正在反转的信号。在这种情况下,如果棉花仅仅下跌到 638,甚至 631,我们不会把它算做整 30 个点的回调,因为整数点位是基于整数的[1]。

规则 20:2 天快速运动。在持续下跌后,合约经常有两天快速的反弹,形成宽幅的价格区间,然后在这个区间里运行数天或数周,既没有比 2 天反弹的高点更高,也没有击穿前期低点。这显示支撑或积累。然后,当 2 天反弹的高点被穿越,它是你应该加仓买入的信号。

在 2 天快速下跌后,应用相同的规则,它不改变主要趋势,因为合约没有第三天下跌,但是后来当这个 2 天快速下跌的低点被击穿时,它是主要趋势转而向下,你可以再次开始加仓卖出的信号。

(四)开盘价和收盘价的重要性

规则 21:顶部信号日。当棉花成交非常活跃,并到达极高和极低时,开盘价和收盘价很重要。在大涨之后,走势达到极高价这一天,如果棉花收盘于当天低点,或收盘于当天区间的中点以下,或收盘于开盘价以下,它意味着卖出比买入更好,合约已经准

---

[1] 按文意,不足 10 的部分不计。

备转势向下，至少是暂时的。当出现这种走势时，你应该毫不犹豫地清仓并卖空，在最后一天高点之上 20 个点设空头止损。

规则 22：底部信号日。在持续下跌之后，棉花急速地突破的这一天，如果它收盘高于开盘价，或者在中点之上，或者它收盘于极高位更好，在形成宽幅区域，并比前一日走低之后，它预示着买入比卖出更好，趋势准备转而向上，或者可以看到较大的反弹。因此，你应该不等棉花形成比前一日更高的高点，或等到趋势转而向上——穿过趋势线高点，就平空仓并买入。

规则 23：在高/低点附近收盘价与更高/更低的开盘价。如果棉花价格大涨，并收于高点附近，或正好在高点，然后次日开盘价低 10～20 个点，这是弱势信号，预示着棉花将走低，尤其是如果它未能上穿前日高点。当棉花价格正在下跌，并收盘于当天低位附近，然后次日开盘高 10～20 个点，而且一直未击穿开盘价，并收盘于当天最高价附近，它是获得支撑的可靠信号，预示着棉花价格将走高。如果棉花价格在收于弱势后高开，并保持到当天 11 点钟，且一直未击穿开盘价，它是价格走高的信号，你应该买入。

规则 24：急速下跌或上涨之后的窄幅波动的日子。在棉花价格已经下跌一段时间后，又急速跌破，收于弱势，或接近低位，如果在随后一天，区间非常狭窄，棉花价格只是略微走低，并收盘在同样位置，它预示着走势耗尽，你的止损单应该下移到窄幅波动日的高点之上 10 个点的位置。

在棉花价格上涨了一段时间后，又急速上涨，收于强势或接近高位，如果在第二天，区间非常窄，它预示着走点耗近，你的止损单应该被上移到在窄幅波动日的低点之下 10 个点的地方。

规则 25：连续数天在相同价位收盘。留意在持续上涨或下跌之后的合约收盘价。如果合约连续多日收盘于相同价位，这预示着它在这个价位受到支撑或遇到阻力。然后，它第一次收盘这些收盘价之上或之下，将是趋势变化的信号，你应该跟着它。

规则 26：接近相同价位的三重顶/底与收盘价格。留意棉花如何收盘，当它急速上涨并形成顶部时。如果它收盘于中点之下，或当天低点，这预示着它正在形成顶部。然后，当天第二次或第三次上涨到同样位置时，如果它同一天回调，并收盘接近于低点，这明确预示着好的卖点，趋势准备转而向下。

在跌市将这条规则反过来。如果底部出现在相同价位，每次棉花收盘接近当天高点，这预示着更高的价格，趋势准备转而向上。

注意：所有规则在快速活跃市场最有效，丰厚利润形成于在活跃市场交易。如果你遵从这些规则，你就会赚钱。在你开始之前，用这些规则填充你的大脑，成功是有保证的。

(五)三日图或主要趋势指标

三日图应该绘制在独立于日高低点图以及趋势线的图纸上。它用于连接次要趋势指标,或和机械交易方法一起使用的趋势线,这种趋势线记录了有一个更高顶部或更低的底部的所有走势。

1. 如何绘制三日图

对三日走势图或主要趋势指标而言,规则如下。

三日图是由 3 天或更多天的走势组成。当合约开始上涨,并且连续三天形成更高的高点和更高的低点时,你把三日图上这条线移到第三天高点。如果它继续上涨,形成更高的高点,并且回调不足 3 天,你就把三日图上的线继续移到每天的高点,除非合约回调了 3 天,或者连续 3 天或更多天形成更低的低点。

然后,你把三日图上这条线向下移动,只要合约形成更低的低点,并且反弹不足 3 天,就不断地向下移到最低价。

合约从底部第一次反弹了 3 天时,也就是,连续三天或更多天形成更高的高点,你就把这条线向上移。

这张图表基于更高的高点和更低的低点,而不是收盘价。合约可能收于第 3 天的较低位置,但是并没有形成更低的低点,在这种情况下,你可以不改变三日图。合约可能收盘于第 3 天较高位置,但是并没有在第 3 天形成更高的高点,在这种情况下,你不要在三日图上向上移动这条线。

2. 例外规则

绘制三日图有一种例外规则。如合约在底部或顶部附近非常活跃,形成了宽幅区间,并且穿过 3 天以内的前期趋势线高点或低点,那么你就在三日图上记录下这波走势,就好像在一个方向有 3 天走势一样。

(六)趋势变化的信号

规则 27:上穿 3 日运动的顶部或跌穿 3 日运动的底部。主要趋势改变的明确信号是,三日图上走势超过底部或顶部 10 ~ 30 个点。当合约击穿三日图所形成的底部,就视为主要趋势已经转而向下,当走势穿越三日图所形成的顶部,就视为主要趋势已经转而向上,至少是暂时的。

在冷清或半活跃市场里,跌穿最近的 3 日低点,或上穿最近的 3 日高点达 10 个点,就足以显示趋势的变化。在活跃市场里,在视为趋势已经反转之前,允许在最近的 3 日低点之下或最近的 3 日高点之上 30 个点。对于最后的顶部日,使用顶部信号日规则和 7 ~ 10 天规则在高位来捕捉宽幅波动市场里的极值。

当棉花跌穿三日图所形成的双重或三重底部,或上穿双重或三重顶部达 10 个点时，对趋势变化很重要。

规则28：第一次3日调整或反弹。在持续上涨后，观察第一次满3天的价格走低，或三日图第一次向下移动，这经常是走势尾声临近的第一信号。

下一步，在三日图上，留意向下的第二个3日走势，如果它比趋势线低点或次要趋势指标更低，或在三日图上的3天低点之下，这将是更强的趋势反转信号。

规则29：在三日图上的第三次运动。在三日图上最需要观察的信号是，在持续的上涨/下跌之后的第三次向下/向上走势。例如，合约调整3天，接着上涨到新高，随后又有第二次3日调整，并且上涨到新高，然后当第三次3日调整出现在新高时，那几乎总是走势结束的信号。如果第三个3日走势跌穿三日图上低点达到10个点、20个点或30个点——依赖合约价格和它的活跃程度，它几乎是肯定的、主要趋势已经转而向下的信号。

在下跌市场，把这些规则反过来用。观察第一次、第二次、第三次3日反弹。

在三日图上，高点被第一次穿过的时间，视为主要趋势已经转而向上。也要留意第一个2日急速反弹把价格带到次要趋势指标所形成的高点的时候，并再次应用在低位收盘的规则去判断趋势变化的最终低点日。当3日走势在三日图上第三次穿过顶部时，它几乎是主要趋势已经转而向上的确定信号。

（七）如何将新趋势指标和三日图相结合

趋势线总是记录市场的次要趋势，当它跌穿前期趋势线低点或上穿趋势线高点10个点，形成反转时，它显示了次要趋势。但是，三日图总是显示市场的主要趋势。

逆着主要趋势交易是不安全的。换句话说，如果三日图显示趋势向下，最好总是在反弹时卖空，使用次要趋势图表来设止损单。同样地，当三日图显示向上趋势，最好总是等待三日图的调整，并且买入而不是卖空，除了在这里有急速上涨的情况以外。

当趋势线或者次要趋势指标，形成双重或者三重底部和双重或三重顶部，并且跌穿这些底部或者上穿这些顶部时，那将说明主要趋势的变化。但是，如果市场运行很慢或窄幅波动，并且只有少量卖出，那么认为主要趋势改变是不安全的。

大钱总是通过跟随趋势获得的，三日图使得你跟随主要趋势。

二、阻力位

棉花在与某些前期走势成一定比例的某些精确的数学点形成高点和低点。合约在极高和极低之间的走势，无论是在主要走势还是次要走势，都是非常重要的。通过恰当的划分波动区间，我们判断阻力位或支撑位将在反向走势上遇到，无论是上涨还是下跌。通过仔细地观察这些阻力位和趋势指标，你就可以获得更大成功，并以较近的止损单来交易。

(一)波动区间

1. 1/8 位置

选择任意重要走势的极低和极高点,从极高点减去极低点得到区间,然后把这个波动区间除以 8,得到 1/8 位置,这就是阻力位或者买卖点。当合约在这些位置附近停留,并且在此或其附近形成高点或低点,显示了趋势指标的转向时,这就是买入或卖出的地方。

2. 1/3 和 2/3 位置

在把合约除以 8 得到 1/8 位置以后,次重要的是把波动区间除以 3,得到 1/3 或 2/3 位置。这些 1/3 和 2/3 位置是非常强的,尤其是如果它们落在其他前期走势的阻力位附近,或者它们是一个非常宽幅走势的分段时。

(二)最高卖点

下一个重要位置是合约历史最高价的一定比例,以及每个更低的顶部。把最高交易价除以 8,得到 1/8 位置,除以 3 得到 1/3 和 2/3 位置。这是非常重要的,因为在击穿波动区间的中点之后,合约将经常跌到最高交易价的中点,这在其他阻力位上也同样有效。当合约正在上涨时,它经常会穿过最高交易价的中点,上涨到波段的中点,并遇到阻力。

(三)需要考虑的最重要的棉花走势

首先也是最重要的一点,考虑过去 30 年、20 年、10 年、5 年、3 年和 1 年期间里在极高点和极低点之间的阻力位。

下一个需要考虑的重点:阻力位或合约的历史高点的一定比例。然后考虑运行一年或更长时间的所有过程的波动。选择极高点和极低点之间的区间,并把它除以 8,得到重要的阻力位。然后去第二个高点或比极高点低的高点,将它除以 8 得到重要阻力位。然后取第三个或第四个更低的顶部,并把它除以 8,得到阻力位。当你遇到最近走势时,它可能运行了几周或几个月,这时留意第一个阻力位的最重要走势。

(四)阻力位的委托单

当合约正在上涨并且穿过 1/4 位置时,下一个留意的重点是 1/2 位置或重心,即走势或波动的平均值。

然后,在中点之上的下一点是 5/8 位置。在中点被穿越之后,下一个最强点是 3/4 位置。接着,如果在这些点之间的区间非常宽,重点观察走势的 7/8 位置。这经常标出上涨的顶部。但是,在观察这些阻力位时,始终要留意你的趋势线指标,无论是日图上的趋势线，还是在三日图上的趋势线，如果它们在这些阻力位开始形成顶部或底部，卖出或者买入就是安全的。

（五）平均数或中点

要记住50%回撤或波动区间的中点，或合约最高价的中点，是作为下跌方向的支撑或上涨方向的阻力的最重要位置。这是平衡点，因为它把波动区间分为2个相等部分，或把最高交易价分为两个相等部分。

为了得到这一点，任意走势的最低价加上那个走势的最高点，并除以2。当合约上涨或下跌到中点，你应该卖出或者买入，止损单设在10个点，20个点或30个点远，依据合约是在非常高还是非常低的价格交易。区间越宽，时间段越长，中点到达时就越重要。当合约上涨到中点，并从这个位置回调几个点，然后最终穿过它，你可以看到它形成了显示在你的阻力位卡片上的一个阻力位。最强势的信号是，当合约处于中点上10个点或更多时，它显示了买点或支撑，止损单要设在这个重要的阻力位之上。

一个弱势信号是，合约上涨且不能到达中点以上10个点或更多，随后它下跌，并跌穿趋势线或其他阻力位。

（六）在主要中点被突破后的下一个阻力位

在主要中点被击穿以后，要留意的下一个阻力位是某些前期走势的一个中点。就主要中点而言，我指的是，谷物合约的极值波动区间的中点。在主要中点被穿越以后，另一个非常重要的阻力位是，最高交易价的一半这个中点。这是比小的波动中点更强的阻力位，因为它把最高交易价一分为二。在被穿过10个点、20个点或30个点（根据合约的价格是高价，中价，还是低价）之前，它是很强的买点或卖点。

（七）在相同价位附近的阻力点

当两个中点或任何其他两个阻力位，无论是波动区间的，还是最高交易价的一定比例，出现在相同价位附近，你应该把这两点加在一起，并除以2，即两点之间的中点，它将经常是下跌中的支撑位或上涨里的卖点。

（八）如何查找阻力位

当你在某个位置发现重要的阻力位，或者最重要的阻力位——中点，看一看是否有其他阻力位，它是否落在同一价格的1/8，1/4，3/8，5/8或2/3位置。你可能在此相同价格附近找到3个或4个阻力位。你发现的阻力位越多，当合约到达这个位置时遇到的阻力越强。

然后，选择这个相同价位附近的最高阻力位和最低阻力位，并且把它们加在一起求平均阻力位。

当合约到达这些阻力位时，观察它的活跃程度。如果它成交量很大，并且上涨或下跌得非常快速，不要认为它将会在这些阻力位附近停止，除非它在这些阻力位附近停止或保持1~2天，然后卖出或买入并设止损单。

(九)其他重要阻力位

棉花价格经常折返上次走势的(1/4)~(1/3)，然后继续上涨或回调(1/4)~(1/3)，然后它第一次回调超过1/3或跌穿1/2位置时，视为趋势已经改变。

(十)空转

因为在每种机械里都有空转，所以在棉花市场也有空转，由于动能使得合约在阻力位略上或略下一点。平均空转大约在重要位置之上或之下15个点，但是20~30个点意味着趋势改变。

当合约成交非常活跃，并且涨跌迅速，成交量很大时，它经常会走到中点或其他强阻力位之上10~15个点，而不是30个点。

同样的规则适用于下跌。它经常穿过重要阻力位达15个点，而不是整整超过30个点。这个规则同样适用于任何事情的重心。如果我们打一个洞穿过地球，然后丢一个球，势能将带动它穿过重心。但是当它减速下跌时，它将最终恰好落在中心。这就是棉花合约在这些重要的中心周围的活动方式。

三、周高低点图表

我们应用于趋势线指标和三日图上的规则，可以同样用在周高低点图表上。只要合约在周图上每周形成更高的底部和更高的顶部，你就把趋势线上移到周的高点。然后，在下一周，如果合约没有形成比前一周更低的底部，或者更低的顶部，趋势线就不用变化。但是，在合约跌穿周低点5个点或更多的第一周，你要把趋势线向下移到这一周的低点，并且只要合约形成更低的底部，就继续把它移到每周的最低点。然后，在它高于前一周高点的第一周，把趋势线移到这一周的高点，依此类推，应用在其他趋势线指标上使用的相同规则。

例如，如果合约下跌了1~2周，形成更低的底部，然后上涨，形成更高的顶部，然后回调了1周，形成比前一周更低的底部，然后上涨到一个新的高点。然后下一周，或最高点形成后的任一周，价格击穿回调的低点，你就视为在周图上趋势已经转而向下。在周图上的这些趋势变化，比三日图上的趋势变化要更强。周图经常和日图以及三日图上的趋势线一样，形成双重/三重底部，或双重/三重顶部。因此，当在周图上形成双重/三重底部时，你就知道它是主要趋势向上变化的强烈信号。当在周图上形成一个双重/三重顶时，这就是它遇到阻力并形成最终顶部的信号。

3 的规则可以应用周图。合约经常回调 3 周，而且第 4 周不会走得更低。如果它在第 4 周的早期走得略低，并在第 4 周的后期收于强势，或收于这一周的高点，它是主要趋势没有改变的信号，合约将走得更高。但是，任何时候合约在回调 3 周后跌穿低点再上涨，它就处于非常弱势，预示着更低的价格，尤其是如果价格在高位时。

在跌市中，把所有这些规则颠倒过来。如果合约从底部上涨了 3 周，接着创出新低，然后穿过它在 3 周前上涨形成的高点，这是非常重要的趋势变化，它可能持续一段时间。

7～10 周走势

在积累和派发完成后，小麦经常快速地上涨或下跌 7～10 周，期间只有 2～3 天的反向走势。在这些走势中，你可以加仓并赚大钱。

留意走势启动后的第 49 天和第 52 天附近的顶点，如果底部或顶部没有在此时形成，就留意第 66～第 70 天附近的走势。

通过回溯图表和对照走势，你将会看到这条规则有多么重要。我的许多成功学生在长期交易中使用三日图和周图，并且仅仅利用这两种图表，就取得一些非常成功的加仓交易。

四、如何判断顶点和趋势变化

赚大钱需要在谷物市场里跟随主要趋势或者大的波段，并且不改变头寸或兑现利润，除非市场通过其自身活动显示趋势已经改变。如果你遵从这些规则，市场将告诉你主要的或次级的趋势何时改变。不要猜测，或者基于希望和恐惧而交易。给市场一点时间去显示趋势的变化。

根据市场是常态还是非常态，在高位或低位的价格活跃程度和区间，决定了趋势变化。非常态的价格和波动出现在战争期间或战后。产量很大或很小的年份引发了非常态的走势，它会走向极端。在非常态的市场里，不要试图猜测顶部或底部何时将要达到，因为它们几乎总是运行得比人的理性，或事实所让你相信的要更长。这就是为什么你必须应用规则，等待市场活动显示出明确的趋势变化信号。

（一）四条规则

规则 1：时间规则。时间因素是最重要的。时间到了，时间或空间运动就会反转。

保存一份市场回调天数的记录，也就是实际交易天数；还要保存每个回调或反弹的日历天数。当反转出现，并超过前一次时间运动时，视为趋势已经改变，至少是暂时的。在任何重要的顶部或底部到达之后，第一次回调或反弹将会出现，这里几乎总会有次级运动，它通常形成略高的底部或略低的顶部。这个走势的期间可能是1天、2天、3天或更多，完全依赖于市场的活跃程度和涨跌的持续时间。但是规则是，在判断趋势已经变化之前，留意前次持续时间的超时。

规则2：波动低点和高点。在市场上涨时，它会在主要波动中不断地形成更高的底部和更高的顶部。你必须观察所有这些回调或低点。然后，当波段底部第一次被击穿时，无论它维持了1天、2天、3天还是更多天，视为趋势已经变化，并且跟随它。

当市场正在下跌时，它在主要波动上不断地形成更低的顶部和更低的顶部。

因此，当上次波段高点被穿越时，预示着趋势的改变。

规则3：空间或价格运动。至于空间运动，我指的是从高点到低点的涨跌点数。例如：假设小麦从20美分开始上涨，涨到25美分，并形成高点，然后回调到24美分，接着涨至26美分并回调到25美分，100点回调。后来，它再次上涨（如三月棉花在1946年达到3685）并反转，回调超过100点，或比前次反转空间更大的走势，这将是预示主要趋势已经转向，因为“空间运动”超出前期走势，预示了趋势的改变。但是，你绝不能只依靠空间运动来给出趋势改变的明确指示，除非它被一定时间周期的反转和行情跌穿最后的波段低点所确认。

规则4：阻力位。当价格回到前次波段的1/2处或更多时，这也是趋势变化的信号。在跌市中，达到波段的1/2，即50%或更多的反弹，是趋势变化的首要信号。但是，在你可以确定有明确的趋势变化之前，这些信号必须被时间规则所确认。

回顾和研究过去市场走势，将向你证明这些规则的准确性和价值。

研究从1945年8月~1946年10月8日的十月、三月和七月棉花。

（二）平均空间运动

通常，在正常市场里，棉花在主要趋势恢复以前，将回调超过100点，但是当它在30美分/磅之上交易时，反转可以运行175~400点，或者市场前期所形成的任何空间运动。当这被反转和超越时，将预示趋势的变化，尤其是被时间规则所确认时。

（三）棉花何时处于最强或最弱的位置

当棉花正在上涨，并且处于快速向上波动的最后一个阶段，调整经常会只持续2天，然后上涨将被恢复。这种上涨有时会持续42~49天，或6~7周，在极端情况下，可以持续3~4个月，但是在84~90日历天数附近，对于观察趋势变化，那是非常重要的。

例子——棉花——1946年10月交割

1945 年

5 月 31 日，开盘 2150。

6 月11 日，高点 2220。

18 日，低点 2150，买点——和 5 月 31 日相同的低点。

7 月 10 日，高点 2237，卖点。没有走到 6 月 11 日高点之上 30 点。

16 日，低点 2195。

18 日，高点 2220，更低的高点。当它击穿上一波低点 2195 时，显示向下趋势，并且从没有超过 2 天的反弹。

8 月20 日，低点 2063，在 41 天里，从 7 月 10 日顶部下跌 174 点。

（注意，前一个合约的低点是 1944 年 12 月 14 日和 29 日的 2034，使得 2063 成为更高的波段底部。）

22 日，高点 2105，一个 2 天的上涨。

24 日，低点 2077，一个 2 天的调整。然后上涨超过 3 天，并且穿过短期波段高点 2105，说明主要趋势向上，是时候去买入。

9 月13 日，高点 2182。

15 日，低点 2150，一个 2 天调整。

19 日，高点 2185。

26 日，低点 2156，在 9 月 15 日低点（上次波段低点）之上——一个买点，止损位是 2130。主要趋势继续向上，在 10 月份价格穿过 7 月 10 日的高点 2237，显示趋势向上。你应该买入更多。

11 月13 日，高点 2371。

17 日，低点 2275，在四个交易日里下跌 96 点。上次波段低点是十月份的 2243。没能跌穿它，说明主要趋势向上，市场开始形成更高的底部。

12 月 27 日，高点 2388。

1946 年

1 月 7 日，低点 2328，在 7 个交易日内下跌 60 点。主要趋势继续向上，价格穿越了前期高点，期间没有 3 日回调。

2 月16 日，高点 2637。

20 日，低点 2569，在 3 天里下跌 68 点。

3 月4 日，高点 2716。

6 日，低点 2628，在两天里下跌 88 点。

注意，1945 年 11 月 13 日到 17 日下跌了 96 点。但是，这次没有下跌这么多，趋势依然向上。

11 日，高点 2687，上涨 4 天。

16日，低点2640，下跌5天，一个高于3月6日的波段低点。趋势依然向上，价格上涨并穿越了3月4日的高点。

25日，高点2722，一个新的高点。

26日，最低点2688，只有一天的回调。主要趋势向上。

4月6日，高点2845。从3月26日起有10个交易日的低点不低于前一天低点。

9日，低点2782，在两天内下跌了63点。这和3月4~6日的回调不一样多，那时市场在两天里下跌了88点。

10日，高点2834，在1天里上涨52点。主要趋势依然向上。最近的波段低点是4月9日的2782。当这个低点被跌穿时，它预示着更低的价格，因为自从1945年8月20日起，没有波段低点被跌穿。

12日，低点2706。这个低点没有被跌穿，市场在窄幅波动，形成更高的支撑位，直到6月3日市场上涨到新的高点，穿过4月6日的高点，它是出现更高价格的一个信号。

7月19日，高点3665。从4月12日低点起，从没有回调超过2天，也没有回调超过120点。市场形成了一个信号日，它预示着高点将有更大的回调。从高点下来的第3天，市场下跌大于200点，它大大超过了从1945年8月20日至今的所有回调。

7月30日，低点3145，在8个交易日里下跌了500点。自1938年12月10日低点之后，这是最大的下跌。从1937年高点算起，这次下跌是670点。从7月19~30日的这次急速下跌预示趋势的反转，牛市将要接近它的终点。

8月8日，高点3652。从7月30日低点起的一个急速上涨。

8月20日，低点3525。价格从8月8日高点的下跌略大于100点。在这次下跌之后至10月8日之前，没有超过2天的回调，也没有超过160点的下跌。

10月8日，高点3928。这种合约的历史最高价。10月棉花以前的高点是1920年4月的3725。

从10月8日高点开始，市场回跌了3天，然后上涨形成一个更低的高点，再下跌并击穿趋势线低点，给出主要趋势已经转而向下的明确信号。这次下跌超过了从7月19~30日的500点，根据空间运动，这也就预示主要趋势已经转为下跌。在主要趋势里最重要变化是，市场从10月8日高点开始下跌大于7个交易日，超过从7月19~30日的天数，通过时间与价格变化或者空间变化预示主要趋势已经转而向下。从这时起，棉花所有的上涨都是卖出时机，正如趋势线信号和其他规则所预示的那样。

请记住，时间“超越平衡”是最重要的趋势变化信号。研究后面几年的3月、7月和10月合约，应用这些规则，你就会明白它们是多么有效。这个机械方法基于固定的规则,这些规则可以克服人的因素,消除希望和恐惧,还有猜测。学会坚持这些规则,并在活跃的市场里交易,你就必然成功。

W. D. Gann

1948 年 6 月 2 日

第七章补充

对你学习本章有帮助的图表是第 2 号、第 18 号和第 25 号图表。

第八章　大豆远期与五月期货

一、大豆的时间周期

(一)从 1920 年 2 月 15 日至 1954 年 11 月 4 日的时间周期

这些时间周期从 1～38 一共有 38 个。假设你需要从任意的重要高低点得到 1/2 位置,即 26 周,你就向下移到标着“1/2”这一行,并横着找到所有的,距离任意的重要高/低点的 1/2 年(26 周)的时间周期。从 1～38 的这些日期是❶:

8 月 19	6 月 29	4 月 2	10 月 14	4 月 17	1 月 25	6 月 19	2 月 8
3 月 11	4 月 14	7 月 31	4 月 25	4 月 25	7 月 19	8 月 18	11 月 22
4 月 9	5 月 24	8 月 13	9 月 26	2 月 20	5 月 24	6 月 29	11 月 10
4 月 13	8 月 12	1 月 7	6 月 7	10 月 25	2 月 12	8 月 17	10 月 20
2 月 18	10 月 31	11 月 20	1 月 25	3 月 25	5 月 2		

所有的这些日期是年时间周期的 1/2。

(二)周年日期的最重要的时间周期

在时间表上,从 1～38 的极高点和极低点的确切日期如下。

2 月 15	12 月 28	10 月 5	4 月 10	10 月 20	7 月 27	12 月 20	8 月 10
9 月 13	10 月 17	1 月 27	10 月 28	10 月 28	1 月 15	2 月 14	5 月 20
10 月 9	11 月 26	2 月 9	3 月 24	8 月 24	11 月 16	12 月 28	5 月 8
10 月 16	2 月 8	7 月 9	11 月 10	4 月 21	8 月 14	2 月 13	4 月 16
8 月 20	4 月 27	5 月 18	7 月 27	9 月 27	11 月 4		

研究随后这些年的时间周期,来看一看何时高低点价格在这些日期附近再次出现。例如:

---

❶ 这里的日期来自图 15－1。每个日期的年份都被省略,具体参见图表。所以才出现连续两个 4 月 25 日在一起的情况。通过简单计算就知道,本表的日期通过下表的日期加上 26 周得到。例如,2 月 15 日 +26 周 =8 月 19 日。

假设你想找到五月大豆的 1954 年 11 月：首先你找到高/低点的确切日期。你找到 1948 年 11 月 26 日高点 276¾和 1949 年 11 月 16 日低点 220½。接着你寻找 1/2 位置，就找到 1948 年 11 月 22 日、1950 年 11 月 10 日和 1954 年 11 月 20 日。然后，你仔细看 1/8 点时间列，就找到 11 月 19 日、11 月 23 日、11 月 30 日和 11 月 12 日。接下来，时间列的 1/4 点是：11 月 11 日、11 月 23 日、11 月 15 日和 11 月 21 日。接下来 1/3 点是：11 月 27 日、11 月 9 日和 11 月 27 日。接下来，3/8 点是 11 月 8 日、11 月 24 日、11 月 6 日。接下来 5/8 点是：11 月 28 日、11 月 12 日。接下来 2/3 点是：11 月 26 日。接下来 3/4 点是：11 月 18 日、11 月 17 日、11 月 12 日、11 月 11 日、11 月 16 日，接下来 7/8 点是：11 月 14 日、11 月 5 日、11 月 14 日。

（三）大豆的周时间周期

1. 1920 年 2 月 15 日 ~1954 年 11 月 4 日

来自不同的高低点的所有这些时间周期，从 1954 年 11 月 4 日开始，从上向下显示在列表里。11 月 4 日的高点是 299。向下找到 18 这一行，然后找到这一天的高点，你将会看到，18 是 1949 年 2 月 9 日，低点 201½。因此，299 位于从“0”向上到 201½ 的 45°线上。

为了获得到 1955 年 2 月 22 日这周的位置，你加上 11 周。11 + 299 = 310。同样地，将 11 加上同一行的所有其他数字，就把它们都带到现在。注意第 21 行，你会看到，到 1954 年 11 月 4 日的时间是 253 周。这 253 周是从 1949 年 12 月 28 日开始的，此时最后的低点形成于 224。

对 1955 年 2 月 22 日这周加上 11 周，就得到 264，意味着始于“0”的 45°线在周图表穿过 264。这条角度线每周向上移动 1 美分。因此，当价格收盘低于这条角度线时，它将处于弱势，预示着更低的价格。

最重要的时间周期来自 1939 年 7 月 27 日，低点 67。这是在第 6 行。在第 6 行移动到 11 月 4 日这条线，你会发现时间是 797 周。将 11 加上它，就得到 1955 年 2 月 22 日，即第 808 周。它可以除以 2、3、4，来得到直到现在的角度线。

以同样的方式检查所有其他的时间周期。用 1 ~ 40 年的时间表检查价格和时间的阻力位。例如：五月大豆最近一个高点（在 1954 年 12 月 29 日）是 285¼。

286¼是合约区间的 1/2。注意表的 1/2 位置，你会看到 286 位于 1/2 区域，在时间上是 5½年。同一区域里的 266½是 5⅛年。你会找到显示在这份介绍里的所有时间和价格的阻力位。

将这份价格和时间阻力表和高级 52 方形一起来研究，你会发现，它是我曾发现的最重要的价格和时间趋势指标。

2. 五月大豆:1954年11月~1955年1月

11月4日——高点299,在日高低点图表上的信号日。注意这个价格刻度的299,你会发现它出现在5¾年,一个精确的阻力位,也是从1949年2月9日开始的第299周。因此,时间和价格平衡于始自"0"位的45°线,使这里成为一个卖点。

为什么大豆在11月4日形成高点呢?看表,你会发现5/8位置或季节中期出现在11月8日,它对于趋势变化是重要的。然后,如果你把计算器底部的"0"放在201½,这是五月大豆在1949年2月14日的最近的极低点,你会发现,这条角度线在1954年11月6日这周穿过299,它是为什么价格形成高点,并转而向下的原因。

11月15日——低点282。282是从299向下17美分,17是一年的1/3和一个精确的支撑位。

1953年8月20日,五月大豆低点239½。注意240⅜是44~436¾这一区间的1/2。将高级计算表的"0"位放在这一天的239½。给这个价格加上52,就得到281½,这是第一年时间周期的顶部。1954年11月20日这周,距离极低点是65周或1年,价格在这周达到282,次级趋势转而向上。

1954年4月27日,大豆到达极高点422。从1953年8月20日的极低点上涨了1.82美元。182等于时间上的3½年,同时位于3½的精确阻力位。4月27日出现高点的原因是:距离1932年12月28日的极低点44美分是1/3年,距离1939年7月27日的极高点67美分是3/4年。因此,时间周期和价格都出现在精确的阻力位上。如果我们使用精确高点价格422,它等于8年,这是将416+6½=422½作为1/8位和自然阻力位。从1954年4月27日到1954年11月6日,时间是26周或者1/2年,这些是高点在299的原因。

从1954年9月27日的最低点265¾算起,1954年12月30日这周是第13周,即1/4年。同时12月28日是1932年12月28日的周年纪念日期,或者说相距22年,这对于趋势的改变非常重要。1954年12月29日,五月大豆形成最后的反弹高点285¼,然后趋势再次转而向下。

1月15日——要考虑的下一个或者最重要的点位是1948年1月15日。它距离1955年1月15日是7年,即364周。在7年周期结束时,价格可能会直上或直下。1955年1月17日,五月大豆跌至268½,并形成了低点准备反弹。

(四)如何判断趋势的变化

计算从极低点和次低点上涨的价格总美分。计算从"0"到实际高/低点价格的上涨是多少。计算从任意极高点和次高点价格下跌了多少美分。然后计算极高点和极低点之间的区间,你就会发现,价格刚好出现在与计算器和时间-价格表相一致的阻力位。

例如,1949 年 2 月 9 日,低点 201½。这是从 435¾向下 215¼。如果你看这张表,你就会看到 4 年等于 216 周,使得这里正好是一个阻力或支撑位。接着,考虑 201½。182 是 3½年,给 182 加上 19½(它是 3/8 年),正好使得 201½成为一个支撑位和买点。然后,考虑 360°圆的 1/2 是 180,给 180 加上 22 就得 202½。所有这些显示 202½~201½是一个支撑位和买点。找到 1937 年 4 月 10 日的高点,你会发现,它是 202½。因此,在那个时间的价格正好在一个卖点,它以后成为了一个买点。

二、大豆远期和五月期货的高低点价格

我们给出尽可能早的现货大豆记录,以便你可以对照计算未来的年和月周期。

1913 年 11 月 15 日低点 154	1923 年 2 月 15 日高点 214	1930 年 6 月 15 日高点 216
1915 年 1 月 15 日高点 235	1923 年 10 月 15 日低点 209	1931 年 1 月 15 日高点 146
1915 年 10 月 15 日低点 188	1924 年 10 月 15 日低点 216	1931 年 11 月 15 日低点 152
1916 年 10 月 15 日低点 210	1925 年 2 月 15 日高点 264	1932 年 3 月 15 日高点 66
1917 年 10 月 15 日高点 257	1925 年 11 月 15 日低点 216	1932 年 11 月 28 日低点 44
1918 年 2 月 15 日高点 382	1919 年 3 月 15 日低点 292	1926 年 1 月 15 日高点 238
1926 年 12 月 15 日低点 182	1933 年 7 月 18 日高点 104	1934 年 10 月 15 日低点 68
1920 年 2 月 15 日高点 405	1927 年 6 月 15 日高点 220	1934 年 7 月 20 日高点 154
1921 年 2 月 15 日低点 217	1927 年 12 月 15 日低点 160	1934 年 11 月 15 日低点 89½
1921 年 11 月 15 日高点 222	1928 年 6 月 15 日高点 213	1935 年 2 月 10 日高点 126
1921 年 12 月 15 日低点 218	1928 年 11 月 15 日低点 189	1935 年 10 月 15 日低点 68
1922 年 2 月 15 日高点 216	1929 年 7 月 15 日高点 246	1936 年 8 月 15 日高点 119
1922 年 10 月 15 日低点 189	1929 年 11 月 15 日低点 168	1936 年 9 月 20 日低点 110

以上数字来自政府记录,他们只在每月 15 日公布现货价格。

五月大豆期货交易开始于 1936 年 10 月 5 日。五月大豆在那天的低点是 120。从这一天起,所有的期货高低点价格以打印的时间表给出。你可以从表上找出任意周时间长度,使用这些现货价格去得到期货周期。例如,1915 年 1 月 15 日,它的 40 年周期终结于 1955 年 1 月 15 日。1925 年 2 月,它的 30 年周期结束于 1955 年 2 月,并且 30 年周期低点结束于 1955 年 12 月。

三、大豆远期和五月期货的价格阻力位

当任意极高点或极低点价格出现时,在表上查找这个位置的周时间长度和价格,

然后当价格从一个重要价位上涨或下跌时,看一看它在什么阻力位上。

下表给出了始自一个低点或高点价格的上涨或下跌;高/低点的价位。所有这些数据是从1920~1954年11月。在未来,当高/低点价格出现时,以相同的方式查找这些价格阻力,并同时查找时间长度和时间阻力位,和我们在例子里显示的一样。这样,你就得到时间和价格阻力位的位置,以及显示在高级计算器和时间与价格表上的趋势变化。

1920年	高点	405			7¾年
1932年	低点	44	向下	361	7年又7/8年
1933年	高点	104	向上	60	2年又1⅛年
1933年	低点	68	向下	36	1½年又2/3年
1934年	高点	154	向上	86	3年又5/8年
1934年	低点	89½	向下	64½	3/4年又1¼年
1935年	高点	126	向上	36½	2½年又2/3年
1935年	低点	68	向下	58	1½年又1⅞年
1936年	高点	119	向上	51	2⅓年又1年
1936年	低点	110	向下	10	2⅛年又1/4年
1937年	高点	202½	向上	92½	3⅞年又3/4年
	从	68	向上	134 –/2	2⅝年
	从	44	向上	158½	3年
1939年	低点	67	向下	135½	1½年又2⅝年
1939年	高点	131½	向上	64½	2½年又1¼年
1940年	低点	69	向下	62½	1⅓年又1¼年
1941年9月	高点	202	向上	133	3⅞年又2½年
1941年10月	低点	154½	向下	47½	3年又7/8年
1942年1月	高点	203½	向上	49½	3⅞年又1年
1942年10月	低点	164	向下	39½	3⅛年又3/4年
1947年10月	低点	334	向上	170	6⅔年又3¼年
1948年1月	高点	436¾	向上	102¾	8⅜年又2年
	从	164	向上	272¾	5¼年
	从	44	向上	392¾	7½年
	从	67	向上	369¾	7⅛年
1948年2月	低点	320½	向下	116¼	3⅓年
1948年5月	高点	425	向上	104½	2年

续表

1948年10月	低点	239	向下	186	4⅝年又3⅝年
	从	436¾	向上	197¾	8¾年又3¾年
1948年11月	高点	276¾	向上	37¾	5⅓年又3/4年
1949年2月	低点	201½	向下	75½	3⅞年又1½年
	从	436¾	向下	235½	5½年
	从	44	向上	157½	3年
	从	67	向上	134½	2⅝年
1949年8月	高点	243½	向上	42	4⅔年又3/4年
1949年12月	低点	224	向下	19½	4⅓年又3/8年
1950年5月	高点	323½	向下	99½	7⅛年又1⅞年
	从	201½	向上	122	2⅓年
1950年10月16日	低点	232½	向下	91	4½年又1¾年
1951年2月	高点	344½	向上	112	6⅝年又2⅛年
	从	201½	向上	143	2¾年
1951年7月	低点	258½	向下	76	5⅛年又1½年
1951年12月	高点	309¾	向上	41¼	6年又3/4年
1952年4月	低点	281	向下	28¾	5⅜年又1/2年
1952年8月	高点	314¾	向上	33¾	6年又5/8年
1953年2月	低点	279¾	向下	35	5⅜年又2/3年
1953年4月	高点	309	向上	29¼	6年又5/8年
1953年8月	低点	239½	向下	68½	4⅝年又1⅓年
	从	201½~239½	向上	38	3/4年
	从	436¾~239½	向下	197¼	3¾年
1954年4月27日	高点	422	向上	182½	8⅛年又3½年
	从	44	向上	378	7¼年
	从	67	向上	355	6⅞年
1954年5月	低点	361	向下	61	7年又1⅛年
1954年7月22日	低点	284½	向下	137½	5½年又2⅝年
1954年7月27日	高点	306¾	向上	22¼	5⅞年又1/2年
	从	422	向下	115¼	2⅓年
1954年9月27日	低点	265¾	向下	41	5⅛年又3/4年
1954年11月4日	高点	299	向上	33¼	5¾年又5/8年
	从	239½	向上	59½	1⅛年

四、大豆远期和五月期货始自重要高低点的时间周期

你会收到一张打印表，上面有重要的高低点价格。这些时间周期从 1 标到 38。第一段时间开始于 1920 年 2 月 15 日的高点 405，下一段时间开始于 1932 年 12 月 28 日的低点 44 美分。这是据以测量未来时间周期的两个最重要的时间周期。

1936 年 10 月 5 日——大豆期货交易开始。这些时间周期一直延续到 1936 年 10 月 10 日这周末。

从 1920 年 2 月 15 日～1932 年 12 月 28 日这周，时间是 672 周。从 1920 年 2 月 15 日～1936 年 10 月 10 日这周，时间是 869 周。从 1932 年 12 月 28 日～1936 年 10 月 10 日这周，时间是 197 周。把上面的数字加上如下周数，得到下表[1]里的日期。

加上周数	计算得到日期	加上周数	计算得到日期
+26 周	1937 年 4 月 10 日	+11 周	1949 年 2 月 9 日
+80 周	1938 年 10 月 20 日	+6 周	3 月 24 日
+40 周	1939 年 7 月 27 日	+21 周	8 月 24 日
+21 周	12 月 20 日	+13 周	11 月 16 日
+33 周	1940 年 8 月 10 日	+6 周	12 月 26 日
+57 周	1941 年 9 月 13 日	+19 周	1950 年 5 月 8 日
+5 周	10 月 17 日	+23 周	10 月 16 日
+15 周	1942 年 1 月 27 日	+16 周	1951 年 2 月 8 日
+39 周	10 月 28 日	+22 周	7 月 9 日
+22 周	12 月 10 日	+19 周	1952 年 4 月 21 日
大豆市场在 1943 年 1 月～1947 年 7 月期间关闭。1947 年 10 月大豆重新开始交易。		+16 周 +26 周 +9 周	8 月 14 日 1953 年 2 月 13 日 4 月 16 日
+261 周	1947 年 10 月 28 日	+18 周	8 月 20 日
+11 周	1948 年 1 月 15 日	+36 周	1954 年 4 月 27 日
+4 周	2 月 14 日	+3 周	5 月 18 日
+14 周	5 月 20 日	+10 周	7 月 27 日
+20 周	10 月 9 日	+9 周	9 月 27 日
+7 周	11 月 26 日	+5 周	11 月 4 日

这一直计算到第 38 列。以上时间周期，如 11 月 4 日，当然是对应 1954 年 11 月 6

[1] 本表与原文中表格有不同，把原文中的第 2、第 4 列与第 1、第 3 列交换了位置。用现在的第 1、第 3 列分别加上第 2、第 4 列得下一行的第 2、第 4 列日期。第一行计算的起始日期是 1936 年 10 月 10 日。

日这周末。

记录和考虑从1920年2月15日,1932年12月28日,1939年7月27日,1948年1月15日,1948年2月14日,1949年2月9日(极低点201½)到最近的总时间段,是最重要的。次重要的是:1950年10月16日,1951年2月8日,1953年2月15日,1953年8月20日,1954年4月27日,1954年7月27日。所有的时间周期都应该放在最新的周图表上,但是以上是最重要的。然后,你可以查时间表,看这个时间是否在1/4,1/2,2/3,3/4或年时间周期上。

你也必须获得从这些高点下跌或从低点上涨的总幅度,以便在时间表上判断阻力位。然后,把计算器放在周图表上,你就可以看到趋势变化和阻力位。

例子

1939年7月27日的低点67美分,五月期货合约的历史最低价。

1948年1月15日的高点436¾,五月期货合约的历史最高价。

1939年7月27日~1948年1月15日,总时间长度是3094天或442周。从"0"向上引出的45°线在周图表上穿过442,然后价格达到436¾,刚好在这条角度线下。这是时间和价格的平衡。

1939年7月27日~1954年12月23日,是5628天或804周。这是84个67天,也是12个67周。

为了得到以每周1/4美分的速率从"0"上涨的角度线,我们把804除以4,就得到201,加上67,得到268,4×1线在1954年12月23日穿过这里。如果我们把它加上67的1/4,即16¾,就得到阻力位284¾。804除以3得到268。如果我们给它加上22,就得到290。22是现货大豆的历史最低价44的1/2。

五、五月大豆的日、周和月图表

在交易之前,分析商品期货在日、周和月高低点图表上的位置。

(一)五月大豆的日高低点

1954年

11月4日,高点299,一个信号日,然后趋势转而向下。

11月15日,价格在始于265¾的2×1角度线上,一个支撑位,同时市场开始上涨。

11月30日,高点292¼,收低于始于295的2×1线。次要趋势仍然向下。

12月7日,低点277,在始于299的45°线和始于292½的4×1线之上。时间和价格处于平衡,市场会有一个上涨。

12 月 10 日，高点 283½，一个更低的高点，在始于 292½的 45°线下，趋势向下。

12 月 14 日，低点 274½。有一个宽幅的未封闭缺口。全天没有比开盘价低，并且收于高点，一个信号日，预示着市场准备上涨。注意 10 月 6 日的低点是 274，使得这是一个双底。

12 月 17 日，高点 280¼，收盘低于始于 292¼的 45°线。

12 月 20 日，低点 276½在始于低点 274½的 2 × 1 线之上，一个支撑位和买点。

12 月 21 日，高点 281。

12 月 23 日，低点 277¾在始于 274½的 2 × 1 线之上，一个支撑位。

12 月 27 日，开盘价 278½，全天没有比开盘价低。高点 281½，收盘价 281¼，一个信号日，预示着更高的价格。价格第一次收于始于 299 的 2 × 1 线和始于 265¾的 4 × 1线之上，预示着向上的趋势。

因为 1954 年 4 月 27 日是五月大豆的高点，1954 年 7 月 27 日是当前合约的高点，9 月 27 日是当前合约的低点，使得 12 月 27 日对于趋势变化很重要。日图表显示在那一天趋势是转而向上的。

12 月 28 日，开盘价 282½，留下一个缺口。到 12 点钟还没有比开盘价低，或者补上缺口，预示着会更高。

12 月 29 日，开盘价 285，高点 285¼，低点 282½，收盘价 283——一个信号日，预示着更低的价格。在这天以后，从 12 月 31 日到 1955 年 1 月 5 日有一个时间转折，并且主要趋势继续向下。

当重要时间时期走完，并且价格到达阻力位，要注意日高低点图表的第一个趋势变化信号。使用高级的 90 方形来得到趋势信号。

（二）周高低点图表

1953 年 8 月 20 日，低点 239½。2 × 1 线每周上涨 1/2 美分，在 1954 年 12 月 18 日这周末穿过 274½。价格在这条角度线上受到支撑，并且收在始于 265¾的 45°线上，表明次要趋势向上。

1954 年 12 月 28 日价格穿过前两周的高点，并且上涨到始于 306¾的 45°线，并在 12 月 29 日穿过 284½。始于 299 并穿过 283 的 1 × 2 线每周下降 2 美分。这一周价格收在 282，比这些角度线低，并且比合约价格的 1/2 即 288¼也低，预示这里是一个卖点和更低的价格。这次下跌持续到 1955 年 1 月 17 日。

（三）月高低点图表

从 1953 年 8 月 20 日低点 239½引出的 1 × 2 角度线，每月[1]上涨 2 美分，在 1954

---

[1] 原文是“每周”。因为这里提到的是月最高价和最低价图表，因此，个人理解应该是“每月”。

年10月穿过267½,价格跌得比此价位略低一点,但是收盘比它高,预示着会更高。

1954年12月28日距离1932年12月28日是264个月。因此,始于“0”位的45°线穿过264。加上22,即低点44的1/2,就得到另一条穿过285的45°线,一个阻力位和卖点。

1954年12月29日对于趋势变化很重要,因为它开始一个新的月周期。1955年1月15日是下一个重要的趋势变化时间,它距离1948年1月15日有7年。

从306¾向下引出的1×4线,在1955年1月20日这个月末穿过287。这表明从这个高点以来的主要趋势是向下,而从这个低点开始的主要趋势是向上。

从以上数字你可以看到,如果五月大豆跌穿268和264,它们将处于非常弱的位置,预示着非常低的价格,尤其是在它离顶部接近7年,并且离1920月2月15日的高点405有35年时。

正如你在周价格表上所见,1955年1月6日是1939年7月27日以来的第806周,即15½年。从1955年2月6日到2月15日的这段时间对趋势变化都很重要。

当你准备去交易五月大豆或任何商品,要确保拥有所有最新的角度线,以及在日、周和月图表上的所有时间周期,以便你不会忽略任何事情,或者犯错。

W. D. Gann

1955年1月24日

六、大豆价格阻力位

最高价的1/2和高点与低点之间的1/2位置是非常重要的,因为它们等价于45°线或者重心。大豆的这些价格[1]是218⅜,240⅜,251⅞和319⅛。

在周图或月图表上,选择极高价或极低价形成的日期,从上述两个1/2位置,向上或向下画45°线。这些角度线对于判断高点、低点和趋势变化很重要。你把这些最高价和最低价加上或者减去如下的度数:44+360=404,404-90=314,在星宫里的度数是宝瓶宫14°。它的90°或“刑”是234,即天蝎宫14°。

436¾减去360等于76¾,即双子宫16°45′。减去120等于价格316¾,即宝瓶宫16°45′。它的“刑”或90°是天蝎宫16°45′,价格226¾。

低点67、68、69等于双子宫7°、8°和9°。减去120°等于307、308、309,这是宝瓶

[1] “这些价格”指上述的两个1/2位置。

宫7°、8°和9°。从这些价格减去90°，等于217、218和219，即天蝎宫❶7°、8°、9°。

高点131，加180得311即宝瓶宫11°。减去90等于221即天蝎宫11°。

1936年10月5日，大豆期货交易开始，第一笔成交价是120，加上180300，即摩羯宫30°。

218⅜是天蝎宫8°22′，加上90等于308⅜，即宝瓶宫8°22′。

240⅜是人马宫0°22′。加上60等于300⅜，加上90等于330⅜。

251⅞是人马宫12°。加上60等于311⅞即宝瓶宫12°。加上90等于348即双鱼宫12°。

1930年6月最高价216等于天蝎宫6°。加上90等于306，即宝瓶宫6°。加上225得441，这是21的平方，441是双子宫21°，比360多81，也就是9的平方。

436¾减去135等于301¾❷，即宝瓶宫1°45′。减去180等于256¾，即人马宫16°45′。减去225等于211¾❸，即天蝎宫❹1°45′。减去236¼得200¼即天平宫20°15′。1949年2月大豆的最低价是201½。

344½减去33¾等于到310¾，即宝瓶宫10°45′。减去45等于299½即摩羯宫29°30′。

120加上90等于210，即天蝎宫30°，加上135等于255，即人马宫15°，加上180等于300，即摩羯宫30°。

67加上90等于157，即处女宫7°。加上135的202，即天平宫22°。加上150°等于217即天蝎宫7°。加上180等于247即人马宫7°。加上225等于292即摩羯宫22°。加上240等于307即宝瓶宫7°。加上270等于337即双鱼宫7读。加上315等于382即白羊宫22°。加上360等于427即双子宫7°。加上271¼等于438¼。五月大豆的高点是436¾。在那个高点之后，下一个最低点是201½。注意67加上135❺等于202，405的一半是202½，180加上22½等于202½，这就是大豆为什么在201½形成低点的数学原因。所有上述价位可以在日、周和月的时间周期里测得，当时间周期出现在这些价格时，它对趋势变化是重要的，尤其是如果被从高点和低点引出的地心角度线所确认时。

七、活跃的角度线和度数

生动的或活跃的角度线是指主要行星的经度，或者这些行星的刑、拱、冲，它们所

❶ 原文是双鱼宫。
❷ 原文是201¾。
❸ 原文是221¾。
❹ 原文是人马宫。
❺ 原文是125。

在地方的价格和时间周期。

6 颗主要行星的日心经度和地心经度的平均数，是最强的时间和价格阻力位。除了火星以外的 5 颗行星的日心经度和地心经度的平均数，也是很重要的，应该被重视。

你也应该计算 8 颗围绕着太阳运动的行星的平均数，因为这是第一重要的奇数平方。“1”的平方是 1，“1”是太阳，“8”加“1”等于 9，它是 3 的平方，这就组成了这个第一重要的奇数平方，它对时间和价格是重要的。

生动的、活跃的角度线的例子：现在是 1954 年 1 月 18 日，土星的地心经度是天蝎宫 8°~9°，加上“刑”或者 90°得到白羊宫 8°~9°，相当于大豆价格 308~309。木星在双子宫 21°的经度是 81°，即 9 的平方。木星减去 135°得 306 或宝瓶宫 6°。这就是为什么大豆如此多次在 306 和 311¼之间遇到阻力的原因。价格阻力位在这些度数和价格附近表现得很强，并且这些地心角度线出现在日图、周图和月图。但是，在这些价格阻力位消耗时间的土星和木星的相位力量，就是阻止大豆价格上升的原因。

1. 时间和价格的 24 周期

地球 24 小时绕轴自转一圈，经度变化 360°。1 小时的时间等于经度的 15°。我们把 1 小时的时间对应于 1 美分的价格。这是针对日活跃的市场而言，但是也可以用于周和月的时间周期，正如你在高级图表里所看到的。

行星的经度及其平均经度决定着阻力位，价格循环一周是每蒲氏耳 24 美分。你可以在高级图表上给所有的价格低点画上红圈，给所有的价格高点画上绿圈。然后注意从每个高点和低点引出的 45°、60°、90°、120°、135°、180°、225°、240°、270°、300°、315°和 360°的角度线。然后，对照行星的经度及其平均经度，来观察何时价格到达这些度数或相位，并遇到阻力。例如，在 1953 年 12 月 2 日，五月大豆的最高价是 311¼。这等于双鱼宫 18°45′，接近于木星的“刑”或 90°位置，土星的 135°位置，平均值的 180°位置和天王星的 120°位置。

价格 300 等于处女宫 30°，302 等于狮子宫 30°，304 等于天蝎宫 30°。在 1954 年 1 月 18 日，土星的地心经度是天蝎宫 8°30′，而天蝎宫 15°对应价格 303，因此，当大豆下跌到 302，土星经度之下，并且将预示着更低。与此同时，根据地球围绕太阳年公转 365¼天，价格 308½是 90°或者与土星成“刑”。只要价格在 308½之下，它就处于“刑”之中，并且倾向于更低。但是，由于 24 小时自转，当价格跌破 304 时，它就处于熊市的天蝎宫——一个不易变化的宫，预示将有更低的价格。

用和我们分析大豆一样的方式，研究和分析所有商品的所有合约。请记住，当遇到这些阻力位时，一定要给市场时间去展现它正在形成的高点或低点，并为趋势改变做好了准备。不要猜测，要等待，直到得到明确的趋势变化的信号，再判断主趋势已经改变之前。你可以在这些阻力位买卖，并设置止损单。获得以上所有概要信息之后，你毫无疑问可以在 1953 年 12 月 2 日做空五月大豆，并在 12 月 17 日的 296 平仓，因为在月高点－低点图表上，价格从344跌到了45°线。

2. 24美分走势或更多

在日和周图表上，留意价格从任意高点或低点上涨或下跌24美分、48美分、72美分（非常重要，因为它是24的3倍）、96美分、120美分（即24的5倍）、144美分（很重要，因为它是24的6倍和12的平方）、168美分（是24的7倍，非常重要）的走势很重要。你也可以使用24的一半，即12，关注36、60、84等，其和等于180°或圆周的一半。

［未署日期，约是1954.1.18］

第八章补充

对你学习本章有帮助的图表是本章开头的“远期和五月大豆周线图”。

第九章　禽蛋交易的核心课程

我正在发出一份禽蛋的高级偶数正方图表，显示从 2 ~ 16 的正方形，每格 30 点。1949 年交割的十月禽蛋的日高低点图表从 1948 年 11 月 1 日开始至今。注意这张高级正方图表，它开始于 30，并绕到正方形的结束位置 7680。你会发现在 1920 年 12 月 28 日最高价 6000 或 60 美分有一个绿圈。一个圈在 1050，它最接近低点 1037。你会发现绿圈的 15 美分，这是 60 的 1/4。绿圈的 20 美分，这是 60 的 1/3。绿圈的 30 美分，这是 60 的 1/2。绿圈的 45 美分，这是 60 的 3/4。请注意从 1 开始并沿着正方形运动的小一点的数字，它结束于 256，这是 16 的平方。这些是时间数字，或者是天数，或者是周数，或者是月数。偶数正方图参见图 9－1。

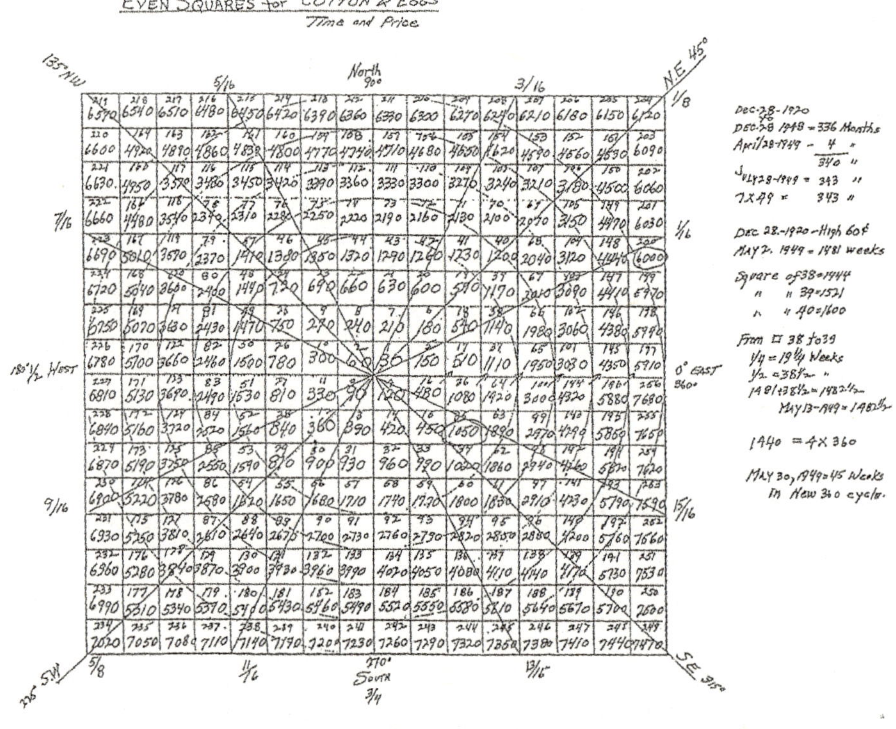

图 9－1　棉花和禽蛋的偶数正方图

例如，1949年5月3日，十月禽蛋高点5025。这是在168°时间角度线上，它是14年，并且169是13的平方。注意价格5010在圆周的7/16，它将使这成为高级正方图表上的一个阻力位和卖点。见这张高级图表右边的注释和时间周期。

昨天晚上，我打电报给芝加哥，十月禽蛋今天肯定是空头。原因如下：日高低点图表上的4×1线（它从1948年12月6日的第一个高点4760引出，每天变化$2\frac{1}{2}$点）经过5020。从1949年3月16日低点4685向上引出的45°线经过5020。从4月18日低点4785开始，每天上涨20点的$67\frac{1}{2}$°线经过5020。从2月14日4735点向上引出的角度线经过5005。形成5条重要的角度线出现在这个高点。一个确定的大阻力位，因为从合约开始的时间超过了6个月。从1948年12月6日第一个重要高点开始的时间接近5个月，始于这个高点的角度线精确地指明这个高点。

因为收到一封信，通知禽蛋合约在2月1日改变，1个点现在等于1.44美元，我做了一些试验来调整角度线到这个价格，因为这是非常重要的。我想要得到一些可以依照$11\frac{1}{4}$°线运行的东西，通过144×8，就得到1152，即8个点对应11.52美元。这就给出一条5×4角度线，即大约39°，以每天8个点的速度上涨，而不是每天运动10个点的45°线。

多年研究和经验已经证明，第一次上涨（从它开始的回调超过3天），将为今后的重要高点设置一条角度线。这项规则在周和月的图表上也是如此。在有了第二个和第三个高点之后，当从第三个高点开始有一个更大的下跌时，从那个底部引出的角度线，必然指明下一次上涨的顶部和底部。你会注意到，从1月24日~2月8日的最大下跌，价格跌至始于低点4485的8×1线，始于第三个高点的2×1线指明了第二个，也是最后一个低点4560。从低点4560，我们引出了以每天8个点速度上涨的角度线。它指明了3月2日的低点，接着指明了3月30日的高点4850，这里随之而来的是2天的回调，最终在1949年5月3日，这条绿色角度线与第一条高点角度线相交于5020。

市场收盘于5月3日那天区间的中点。5月4日是一个信号日。开盘在50美分，高点是5005，低点是4980，市场收于4985。这是自从4月18日以来的第一天，市场跌穿前一天低点，并收于其下。从4560~5025总共58个交易日，考虑到合约已经超过6个月，可以预计有更大的回调。始于上次低点4795的45°线是观察支撑和第二次上涨的最重要位置。下跌应该至少5天，期间反弹不超过1天。

5月3日高点的其他理由如下：

第一次从4485涨到4760——总共增加275点。第一次下跌215点。

第二次从4560涨到4850——总共增加290点。第二次从4850跌倒4775——损失75点。

第三次从4775涨到5025——总共250点。这比第一次涨幅低25点，比第二次涨幅低40点。

从1月24日~2月8日的最大时间周期是11个交易日。距离4月18日的最后一次上涨是11个交易日。因此,当市场下跌超过11天时,它将超过最大的时间周期。当它下降超过75点时,它将超过上次下跌价格或空间反转,预示着更低的价格。

研究前期高低点的高级图表,你会明白如何在其他图表上确认几何角度。如:

5010距离60美分是180°,4890在始于极低价1050的45°线上。4950距离45美分是180°线。

30美分是60美分的一半,始于它的45°线经过48美分。这就是为什么4月13~18日之间,市场在48美分周围形成3个低点。高级图表显示了同样的阻力位,通过对它应用时间周期,你就知道市场运动的基本数学和几何规则。

通过回顾历史记录,并仔细研究所有重要的高低点,你会看到法则的作用。因为禽蛋最小5个点的波动,现在等于7.20美元,7.20相当于两个360°圆周,它的一半是720,使得每天以2½点的速率移动的角度线变得非常重要。现在,这个波动更适合360°圆周。几天后,我将发给你另一份显示所有的15°线和阻力位的高级图表,它将帮助你确定阻力位和转折点。

例如,十月禽蛋的波动区间和当前合约的低点为4485,高点为5025,形成540点的区间。从540减去360,我们就得到余额180点。这表明市场已经上涨了1½圈或者周,同时在1949年5月3日位于180°线上。1949年5月3日,笔者在5015卖出十月禽蛋。

止损单:在昨晚卖出十月禽蛋的电报之后,现在我建议在5040设止损,然后基于规则和角度线,留意平仓的机会。

一、十二方图

十二方图参见图9-2、图9-3左边。图中始点为15,终点为4320的360正方形。它代表了288个15°。

在时间上是288天、288个月或288周。

地球围绕地轴每24小时转一圈,即360°圆。我们将圆周分成15°,就显示出最重要的角度,比如90°、120°、180°、270°、315°和360°。一年有12个月,等于365¼天。太阳在365¼天里转360°。因此,这张图表将12个月以360°线来代表,并且代表禽蛋价格的360个点。这些角度显示了禽蛋的重要阻力角度,当就爱个达到这些角度线时,在这里形成高点或低点,然后走90°,180°、270°和360°到这些极高位和极低位。最重要的是上面列出的这些。其次是120°和240°,即圆的1/3和2/3。接下来重要的是45°、135°、225°和315°。

其次重要的是60°和300°。

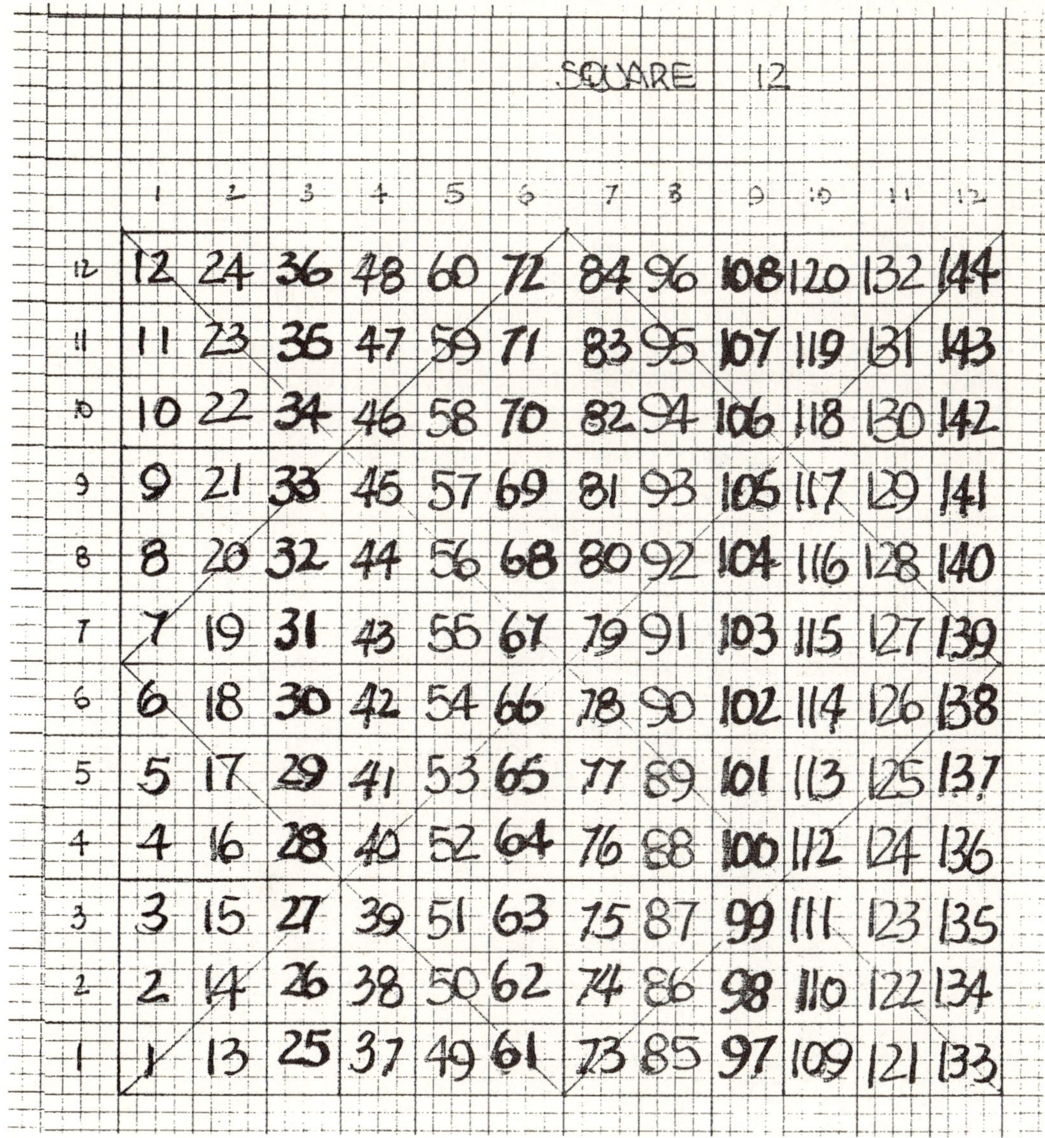

SQUARE 12

	1	2	3	4	5	6	7	8	9	10	11	12
12	12	24	36	48	60	72	84	96	108	120	132	144
11	11	23	35	47	59	71	83	95	107	119	131	143
10	10	22	34	46	58	70	82	94	106	118	130	142
9	9	21	33	45	57	69	81	93	105	117	129	141
8	8	20	32	44	56	68	80	92	104	116	128	140
7	7	19	31	43	55	67	79	91	103	115	127	139
6	6	18	30	42	54	66	78	90	102	114	126	138
5	5	17	29	41	53	65	77	89	101	113	125	137
4	4	16	28	40	52	64	76	88	100	112	124	136
3	3	15	27	39	51	63	75	87	99	111	123	135
2	2	14	26	38	50	62	74	86	98	110	122	134
1	1	13	25	37	49	61	73	85	97	109	121	133

图 9－2　十二方图

当度数或圆周如上列出的形成，形成高/低点的这些角度或度数变得重要。你应该研究从每个低点到下一个低点，从低点到高点，从高点到低点的时间周期，始终给历史高低点以最大权重。

例如：1920 年 12 月 28 日，禽蛋高点 60 美分/每打。注意，这个价格是在 12×360 的第二个正方形第 5 个圆周里，同时在圆周的 270°或 3/4 位置上，在这里上穿 9 圆的 45°角与下穿 4320 的第一个正方形的 45°角相交在 60 美分；使这个价位成分一个强的自然阻力位。从这个价格顺圆圈回转 360°或 270°，得到的阻力位是 5640、5280、4920、4560、4200、3840、3480、3120、2760、2400、2040、1680、1320、960、600 和 240，这些都是高点价格。阻力位是:5625、5235、4845、4455、4065、3675、3285 和 2895。

Master 360° Circle Chart

		1	2	3	4	5	6	7	8	9	10	11	12	1	2	3	4	5
12	24	360	720	1080	1440	1800	2160	2520	2880	3240	3600	3960	4320	4680	5040	5400	5760	6120
	23	345	705	1065	1425	1785	2145	2505	2865	3225	3585	3945	4305	4665	5025	5385	5745	6105
11	22	330	690	1050	1410	1770	2130	2490	2850	3210	3570	3930	4290	4650	5010	5370	5730	6090
7/8	21	315	675	1035	1395	1755	2115	2475	2835	3195	3555	3915	4275	4635	4995	5355	5715	6075
10	20	300	660	1020	1380	1740	2100	2460	2820	3180	3540	3900	4260	4620	4980	5340	5700	6060
	19	285	645	1005	1365	1725	2085	2445	2805	3165	3525	3885	4245	4605	4965	5325	5685	6045
3/4 9	18	270	630	990	1350	1710	2070	2430	2790	3150	3510	3870	4230	4590	4950	5310	5670	6030
	17	255	615	975	1335	1695	2055	2415	2775	3135	3495	3855	4215	4575	4935	5295	5655	6015
8 2/3	16	240	600	960	1320	1680	2040	2400	2760	3120	3480	3840	4200	4560	4920	5280	5640	6000
5/8	15	225	585	945	1305	1665	2025	2385	2745	3105	3465	3825	4185	4545	4905	5265	5625	5985
7	14	210	570	930	1290	1650	2010	2370	2730	3090	3450	3810	4170	4530	4890	5250	5610	5970
	13	195	555	915	1275	1635	1995	2355	2715	3075	3435	3795	4155	4515	4875	5235	5595	5955
6 1/2	12	180	540	900	1260	1620	1980	2340	2700	3060	3420	3780	4140	4500	4860	5220	5580	5940
	11	165	525	885	1245	1605	1965	2325	2685	3045	3405	3765	4125	4485	4845	5205	5565	5925
5	10	150	510	870	1230	1590	1950	2310	2670	3030	3390	3750	4110	4470	4830	5190	5550	5910
	9	135	495	855	1215	1575	1935	2295	2655	3015	3375	3735	4095	4455	4815	5175	5535	5895
4 1/3	8	120	480	840	1200	1560	1920	2280	2640	3000	3360	3720	4080	4440	4800	5160	5520	5880
	7	105	465	825	1185	1546	1905	2265	2625	2985	3345	3705	4065	4425	4785	5145	5505	5865
3 1/4	6	90	450	810	1170	1530	1890	2250	2610	2970	3330	3690	4050	4410	4770	5130	5490	5850
	5	75	435	795	1155	1515	1875	2235	2595	2955	3315	3675	4035	4395	4755	5115	5475	5835
2 1/6	4	60	420	780	1140	1500	1860	2220	2580	2940	3300	3660	4020	4380	4740	5100	5460	5820
1/8	3	45	405	765	1125	1485	1845	2205	2565	2925	3285	3645	4005	4365	4725	5085	5445	5805
1	2	30	390	750	1110	1470	1830	2190	2550	2910	3270	3630	3990	4350	4710	5070	5430	5790
	1	15	375	735	1095	1455	1815	2175	2535	2895	3255	3615	3975	4335	4695	5055	5415	5775
		30° 1/12	60° 1/6	90° 1/4	120° 1/3	150° 5/12	180° 1/2	210° 7/12	240° 2/3	270° 3/4	300° 5/6	330° 11/12	360° O	30° 1/12	60° 1/6	90° 1/4	120° 1/3	150° 5/12

图 9－3　360°图

移回到 60 美分的 45 度角上,阻力位是 5625、5235、4845、4455、4063、3675、3285 和 2895。

向下移到 45°线,阻力位是:5670、5340、5010 和 4680。

1947 年 9 月 10 日,高点 5855。这是比极高点略低的高点,是计算时间周期和量度阻力位的下一个重要位置。价格出现在 360°的第二个正方形的第 5 圈,也是 90°线上。在 90°线上的阻力位如下:5490、5130、4770、4410、4050、3690、3330、2970、2610、2250、1890、1530、1170、810、450 和 90,在第一圈里代表 90°角度或圆周的 1/4。

从 5855 回到左下 45°线，阻力位如下：5520、5190、4860、4530、4200、3870、3540、3210 和 2880。

沿着从 5855 向左下的 45°线，阻力位是：5475、5085 和 4695。

1948 年 6 月高点 5370。这是第二个略低的高点，是重要的阻力位和时间周期。

5370 在第三个圆里的第二个正方形上，在 330°。向后移动的阻力位是 5010、4650、4290、3930、3570、3210、2850、2490、2130、1770、1410、1050、690 和 330（它代表了 5370 的度数）。次高点可以用相同的方式来检查阻力位，以及从所有其他高点所获得的时间周期。对重要的阻力位和时间周期来说，极低点始终是重要的。主要低点也是一样。

1930 年禽蛋的极低点是 10⅜。这出现在第三圈里的第一个 360 正方，是角度 315°。价格的 360°阻力位是：1395、1755、2115、2475、2835、3195、3555、3915、4275、4635、4995、5355、5715 和 6075，所有这些都在 315°角度线上。沿着从 1055 引出的 45°线向下，阻力位是：1355、1695、2020、2355、2685、3015、3345、3675、4005 和 4335。

沿着 45°线向上，阻力位是 1410、1785 和 2160。为了你可以对照阻力位和时间周期，我们给出每年的高低点。

1918 年，9 月低点 34 美分。10 月高点 47 美分。

1919 年，6 月和 9 月高点 47 美分和 4750。12 月低点 3150。

1920 年，12 月 28 日高点 60 美分。

1921 年，4 月低点 2425。12 月高点 50 美分。

1930 年，低点 10⅜。

1932 年，6 月低点 15 美分。10 月高点 2425。

1933 年 3 月低点 15 美分。这与 1932 年 6 月低点相同，而且是 60 美分的 1/4，使它成为重要的支撑位和买点。

1935 年 5 月高点 3675。

1936 年 1 月低点 2050。8 月高点 2750。

1937 年 10 低点 1750。

1938 年 9 月高点 2550。

1939 年 4 月低点 16 美分，比双底 15 美分高 1 美分，使之成为强支撑位和买点。

1941 年 6 ~9 月高点在 3050 和 3060。注意，这恰好是在 60 的 1/2，即 30 美分之上和一个自然阻力位。

1942 年 1 月高点 3452，远远超过 60 美分的 1/2 位置。2 月低点 3090，仍然保持高出 30 美分，处于强势位置，预示着价格走得更高。

1943 年 7 月高点 4450。这是距高点 60 美分的第 270 月，同时 45 美分是 60 的 3/4，使它成为时间与价格的一个压力位和一个做空的地方。未达到 45 美分显示了市场是较弱的。

1944 年 10 月低点 3350。

1945 年 5 ~7 月高点 4540。这正穿过 60 美分的 3/4，即 45 美分。但是未能保持，随后出现一个回调，因为目前时间已不利于市场。

1945 年 9 月低点 34 美分。就在 1942 年 1 月的低点之下 25 点，一个支撑位，距离 1939 年 8 月是 73 个月，距离 1932 年低点是 159 个月。

1946 年 4 月，6 月和 9 月高点在 4625 和 4650。10 月低点 3875，距离 1939 年 8 月有 89 ~90 个月，并且距离 1932 年低点有 172 ~174 个月。

1947 年 9 月 10 日高点 5855，距离高点 60 美分是 321 个月。11 月低点 45 美分。这是 360 方图的结束位置，它是 12 ×360 =4320 点。未能跌回这个正方形 30 点，表明了支撑和更高的价格，它距离 1939 年低点是 101 个月，距离 1932 年低点是 185 个月。

1948 的 6 月高点 5370。11 月 1 日低点 4385。

1949 年 5 月 3 日，至本文写作时，高点在 5025。距离 60 美分高点是 341 个月，到 7 月将是 7 ×49 =343 个月，对大的突破很重要。8 月距离 1939 年低点是 120 个月，也非常重要。

1940 年 6 月是距离 1932 年低点是 203 个月，注意 202½是 180 加 22½，使得这对于趋势变化非常重要。

1940 年 12 月。始于 0 位的向上 45°线，在 1949 年 5 月经过 5050，当然也就触及这个角度线。由于 1949 年 5 月的 4850 处在始于高点 4855 的 45°线上，使得 4850 成为一个阻力位。

1949 年交割的十月禽蛋合约，其最低价格是 1948 年 11 月 1 日的 4485。处在 165°第二个平方的第一个循环里。在同一个角度上或在 4485 加上 360 点得到 4845。其实我们再加上 180 或者半周，得到 5025 这个强大的阻力区。注意 5040 是 14 ×360 或者第二个方图的第二个 360 循环，5010 位于始于 60 美分 45°角度线上方，并且 4995 的价格位于始于极限最低点 1035 和第 11 个循环结束的同一 315°角度线上。

在我们使用这些高级图表时，始终要考虑从次高点和低点开始的时间周期，以及日高低点图表上的几何角度线。通过这种方式，你将获得很多在相同价格的阻力位，它们预示着极高点和极低点的顶点。你将受益于回顾前期高低点价格，以及结合高级图表来检查它们。

二、十月禽蛋

(一) 日高低点图表上的趋势指标趋势

从 4 月 18 日开始上升，此时低点在 4795。45°线和 1 月 24 日高点在 5 月 10 日相交于4960,一个支撑位。我们在5月11日平空单,并在4990买入,因为第3天市场没下跌。

始于4月18日的45°线在5月16日经过4995。5月17日经过5005,5月18日经过5015,5月19日经过5025,5月20日经过5035。当主要趋势上升时,我们建议在5月16日星期一卖空,理由如下:最后一个极高点5855和最后一个极低点43美分。它们的一半是5077,使得这成为一个回调卖点。1932年里的最后一个极低点是1275。它的4倍是51美分,并且4倍总是很重要的。在没有出现比之前更大的反弹前,十月禽蛋收盘不应该超过51美分。

从4月18日的4795到5月13日的高点5065是270点的上涨,正好等于270度,或者一个圆周的3/4。

从3月16日最后一个低点开始有4次二日反弹,并且市场差不多上涨了400个点,这是另一个卖出的理由。连续二天时间市场创出更低的底部,它预示着一种趋势的短期变化。

从2月8日低点4560一直未出现一个二天或更多天反弹。底部已经被跌破,每个前期底部都成为更高的底部。因此,当两日波动的最低点反弹首次被跌破时,它将表明后市更低的价格和趋势的变化。

从0位开始,5040是第14个360°的终点。如果价格下跌到5010,它们将回到这个360°以内30点,它将预示着更低的价格,尤其是如果价格收在这个价位之下,或者附近。

始于5月10日低点的向上2×1线,在5月16达到5040。始于12月6日的4×1线,在5月16日与5040相交。如果市场在5月16日收盘低于5040,这将是价格走低的另一个迹象。

从3月16日的低点,到5月16日是61个日历日,5月16日距离2月8日是67个交易日。以每天5个点向上的1×2线,将在5月20日达到4920。这是价格曾两次停留其上的最后支撑角度线。

5月19日,距离3月16日是45个交易日,距离2月8日是70个交易日,使得这些时间周期对趋势变化很重要。

(二)周高低点图表

主要趋势是上升。始于2月8日的45°线在5月17日与4980相交,这距离2月8日有14周或者7天周期。只要行情维持在这条角度线上方,它就处于要反弹的位置。跌破并且收盘在它下面,预示着次级趋势将转而向下。

过去两周的低点是4955和4960。跌破这些低点,将预示着价格走得更低。

(三)月高低点图表

月图表上的主趋势在上升。始于5855的向下45°线穿过5370时,预示了未来的价格趋势。始于1940年12月0位(它是一个循环的结束点)的向上45°线,在5月达到5050,使之成为阻力和卖出位。始于1939年8月低点13美分的45°线,上升到60美分,然后下降,与始于极高点60美分的45°线在1949年5月相交于5050。实际上,二条角度线相交于5050,而5077是5855和43美分的中点或重心。从而使得十月禽蛋成为空头交易,它在反弹前,不会收盘于51美分。

在月图表上,从1948年的低点4385向上的支撑角度线,在1949年5月与4800相交,并且始于5855的向下45°线在5月与4850相交,使之成为支撑位。

1941年2月,低点1860。从0位开始上升的45°线,在1949年5月与4950相交。跌破这根角度线,预示着价格将跌至4850到4800之间。

1949年6月4日和11日将是离1947年9月10日的90~91周。这是1¾年或者270°成为一个阻力区。从1920年12月28日,高点是60美分,到1947年12月28日总共324个月,是18的平方。342½个月是18的平方和19的平方的一半。从1920年12月28日~1949年7月13日将是342½月。从1920年12月28日~1949年7月28日将是343个月。343等于7乘以49。这预示着市场在7月将快速下跌。

1949年7月10日,距离1947年9月10日是22个月,从1947年9月10日~7月25日是22½个月。

1948年6月17日,高点是5370,到1949年6月17日将是12个月或者1年,对趋势变化很重要。

1936年11月高点,距离1945年5月有150个月或12½年。

1945年10月和11月的高点到1949年5月,是42个月,或84个月的一半,一个7年周期。

1946年11月低点到1949年5月,是30个月或者2½年。

1947年11月,低点是43美分,到1949年5月将是18个月或1½年。所有这些时间周期都表明,十月禽蛋正处在一个重要的趋势变化周期。

三、价格顶点的9个数学特征

(1)市场波动所形成的阻力位。

(2)360°圆周和正方形里的自然阻力位。

(3)几何角度线。

(4)时间循环和时间周期。

(5)从高点和低点,使价格与时间成正方。

(6)奇数和偶数的平方,以及奇数平方和偶数平方的中点。

(7)周高低点图表及其角度线。

(8)月高低点图表及其始于高低点的角度线。

(9)基于360°高级图表的自然时间循环。

上述中最重要的是几何角度线,因为它们以价格来测量时间,并且显示了何时市场在顶端或底端超越平衡。一共有9个数字,它们之和等于45,这是45°线是如此重要的另一个原因。我们使用9个角度线来测量时间。45°线是平衡或者重心(请看附图)。有三条重要的角度线在45°线左边,有三条在右边。1×3角度线在左侧,3×1角度线在右侧。

(一)45的平方

研究这张图表。注意A、B、C、D、E、F、G、H、I是最强的阻力位,这为测量时间和价格的角度线所证明。

(二)测量时间

人类最初学会记录和测量时间是通过使用日晷和将一天分成经度为15°的24小时。日晷的几何角度的投影表明了一天的时间。既然所有的时间都是由太阳测量的,那么我们就必须使用360°圆周来测量市场的时间周期。但是,要记住你必须始终要从极高点和极低点开始计算天数,周数和月数的时间,而不是从确切的季节或日历时间周期。45天是1/8年。90°是一年或一个圆周的1/4,112½天等于90加22½,120°等于一个圆周的1/3和一个三角点。135°等于90°加45°,150°等于90°加60°,157½天等于135加22½,165°等于120°加45°。180°等于一个圆周的1/2,或者与起点0对冲。这些对趋势变化非常重要。202½等于180加上22½,225°(一个45°角)等于180°加45°。240(等分点)等于2乘以120。247½等于225加22½。270°是一个圆的3/4,或3个90°。292½等于270加22½。315°等于270°加45°。337½等于315加22½。360°是一个完整的圆周。你以和天数相同的方式来测量周和月的时间周期,并留意这些重要时间角度线的趋势变化。

你可以制作一个时间和价格的52方形。如果你想要以每天使用10个点使用禽蛋,第一列顶部将是价格520,其次是1040,然后是1560……第10列的顶部将是5200,第11列的顶部将是5720。

因为1年或365¼天,代表一个来回或循环,此间太阳运行了360°,使得在任何重要高低点开始后的第12个月末,留意趋势变化很重要。

一年必须被八等分,就得到6½周、13周、18½周、26周、32½周、39周、45½周和

52 周。将一年三等分，就得到 17 周和 35 周。

W. D. Gann

1949 年 5 月 14 日

四、价格的阻力位

这张图表显示 360°圆周和 60 美分的禽蛋价格，它们被分成 8 个相等部分，用红色标记。7½美分是 45°角或 1/8。15 美分是 90°角或 1/4。22½美分是 135°角或 3/8。30 美分是 180°角或 1/2。3750 是一个 225°角或 5/8。45 美分是 270°角或 3/4。5250 是一个 315°角或者一个圆周的 7/8。60 美分代表完整的圆。我们接下来从 60 美分减去 1275，就得到 4725 的区间。这被标为绿色，就和价格 60 美分的阻力位一样。

你要注意 1/3 即 120°是 20 美分，2/3 即 240°是 40 美分。在 43 美分和 5855 之间的区间也标在这张图表上。这将帮助你理解阻力位和价格如何一起计算出来。你会注意到，时间周期需要与高低点价格成正方。

按每月 50 个点计算，需要 120 个月才能让每打 60 美分的高点价格成正方。从 1920 年 12 月 28 日到 1930 年 12 月 28 日，在月图表上是第一个正方形或周期的结束。第 2 个时间正方形结束于 1940 年 12 月 28 日，第 3 个正方形结束于 1950 年 12 月 28 日，造成 1950 这一年禽蛋价格大幅下跌。

从低点 1275 开始，需要 25½个月与价格正方。这些时间周期的运行如下：

1935 年 3 月 15 日，第 1 个正方形结束。

1937 年 4 月 30 日，第 2 个正方形结束。

1939 年 6 月 15 日，第 3 个正方形结束。

1941 年 7 月 30 日，第 4 个正方形结束。

1943 年 9 月 15 日，第 5 个正方形结束。

1945 年 10 月 30 日，第 6 个正方形结束。

1947 年 12 月 15 日，第 7 个正方形结束。

记住，7 始终是个至关重要的数字，那些急涨急跌的极高点和极低点就出现在这个时间周期。1947 年 9 月 10 日，高点 5855。这是正方形结束之前的第 90 天。在 11 月，禽蛋价格下跌到 43 美分，至本文写作时的历史最低价。

1950 年 1 月 30 日，从 1275 开始的第 8 个正方形。第 8 个正方形对崩盘和下跌也很重要。

1920 年 2 月 28 日的高点 60 美分，距离 1933 年 1 月 30 日的低点 1275 的时间为

157 个月。157½是 135 和 180 的中点。因此，此低价出现在精确角度和数学点位上。区间 4725 位于极高点和极低点之间，按 50 点/月计算，需要 94½个月才能与这个区间成正方。

1933 年 1 月 30 日到 1940 年 12 月 15 日，区间的第一个正方形，此时循环结束，价格开始上涨。

1948 年 10 月 30 日，区间的第二个时间正方形。

1949 年 5 月 30 日，在区间的第 3 个正方形里是第 7 个月。

1949 年 5 月 30 日距离 1920 年 12 月 28 日是 340 个月，7 月 28 日距离 1920 年 12 月 28 日是 341 个月，即 7 ×49。

1933 年 1 月 30 日距离 1949 年 5 月 30 日是 196 月。这是 14 的平方。

1949 年 5 月 15 日是 5964 天。将它按 7 天划分得到 7 天周期。这就得到 852 周。注意，851 是 29 的平方。因此，这个时间周期是 30 方形里的 11 周。59，即 29 和 30 的平方之差，的 1/8 是 7⅜。所以，82 周❶正在进入 90°周期，即 29 和 30 平方的 1/4。

（一）极低点价格

按每周 30 点计算，与这个价格成正方需要的时间是 42½周。20 乘以 42½周等于 850 周。

1949 年 5 月 1 日是第 850 周，或者第 20 个从 1275 开始的正方形。1949 年 5 月 15 日距离从 1275 开始的第 21 个正方形是两周时间（参见十月禽蛋阻力记录）。

（二）禽蛋的 360°高级圆周图表

图 9 –4 显示了从 0°开始，运行到 360°的所有 5°。12 圈结束于 4320，13 圈结束于 4680，14 圈结束于 5040，15 圈结束于 5400，16 圈结束于 5760，17 圈结束于 6120。禽蛋的最小波动是 5 个点。使用这张图表得到从任何低点到另一低点，或者从任何高点到另一高点，以及从任何高点到低点的精确度数。研究这些要点和所有过去的市场运动——它们基于通过这些图表和规则所显示的价格和时间，你很快就将学会决定市场运动的数学规则的工作原理。

❶ 原文如此。怀疑是 852 周之误。

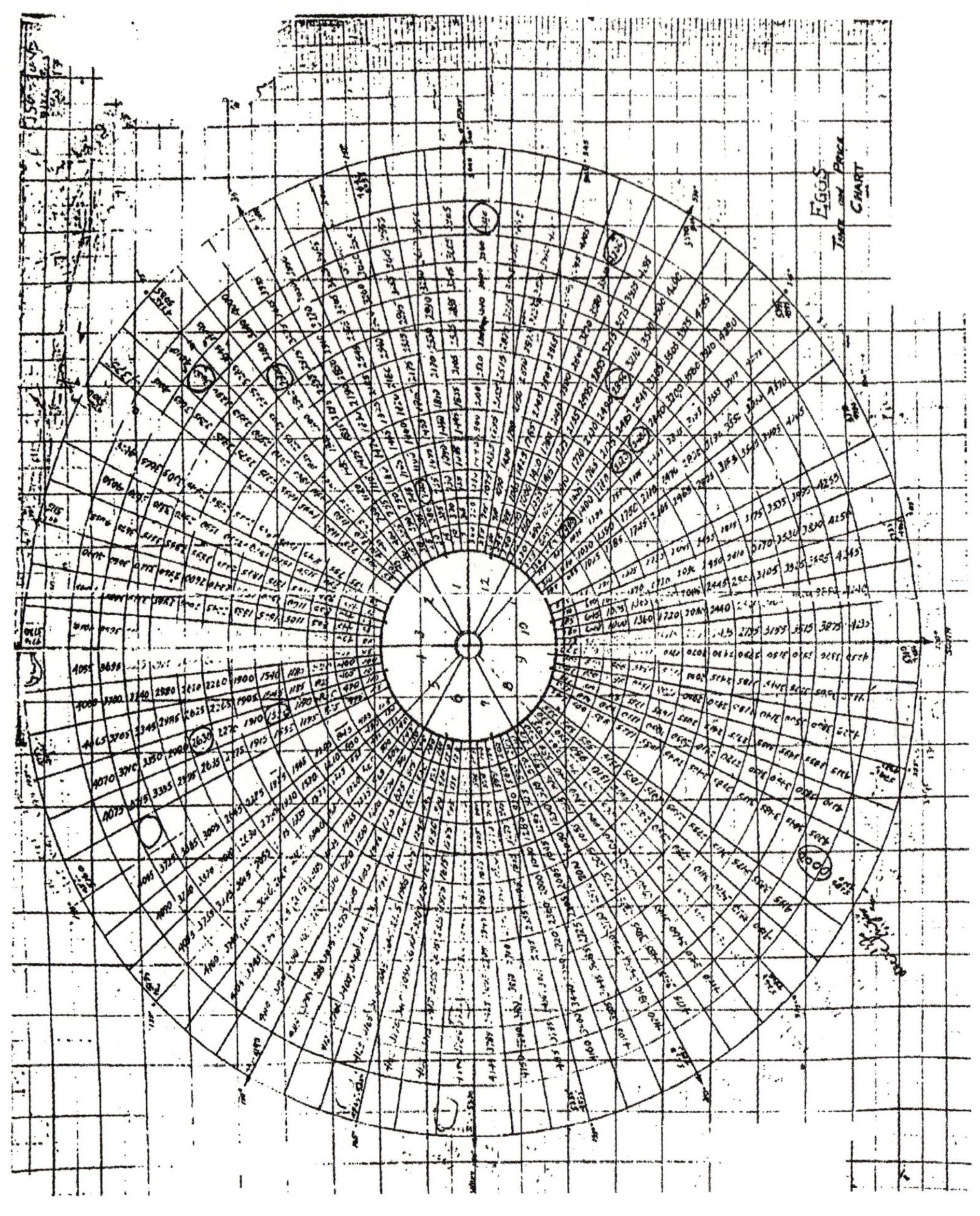

图 9－4　360°高级圆周图

五、如何确定禽蛋的顶点和趋势变化

赚大钱需要在禽蛋市场跟随主要趋势或者大的波段，并且不改变立场或兑现利润，除非市场通过其自身活动显示趋势已经改变。如果你遵从这些规则，市场将告诉你主要的或次级的趋势何时改变。不要猜测，或者基于希望和恐惧而交易。给市场一点时间去显示趋势的变化。

根据市场是常态还是非常态，在高位或低位的价格活跃程度和区间，决定了趋势变化。非常态的价格和波动出现在战争期间或战后。供给充分或不足的年份引发了非常态的走势，它会走向极端。在非常态的市场里，不要试图猜测顶部或底部何时将要达到，因为它们几乎总是运行得比人的理性，或已知情况所让你相信的要更长。这就是为什么你必须应用规则，等待市场活动显示明确的趋势变化。

(一)五条规则

规则1:只根据趋势线指标交易。通过遵循趋势线指标，根据趋势线指标进行买卖，并在趋势线顶部或底部设定止损，不急于兑现利润，除非止损触发或趋势线反转才获利平仓，你将会赚到最大利润。

如何在你的图表上绘制趋势线:当市场开始上涨，形成更高的底部和更高的顶部时，你将绿色趋势线上移到每天的高点。只要市场持续地形成更高的底部和更高的顶部，趋势线就一直上移。在市场反转并形成比前一天低10~20点的更低底部的第一天，你将趋势线下移到当天的低点。然后，只要市场形成更低的底部，趋势线就继续下移到每天的低点。在此之后，当市场形成10~20点的更高底部，你就再次将趋势线上移到每天的顶部。

当市场形成双重顶或三重顶时，根据趋势线的走势，你可以在双重顶卖出，并将止损设定在顶部之上20~50点处。但是，当价格上穿双重顶或三重顶时，反转头寸并做多。在熊市中将这条规则颠倒——你在双底或三重底买入，并将止损设定在趋势线底部之下20~50点处。如果止损触发，反转头寸，并做空。

利用这条规则，你可以比任何其他方式赚取更多的线，因为你始终顺应趋势。不过，运用其他规则当然会帮助您确定目标或阻力位。

只要趋势线底部在不断抬高，就绝不认为主要趋势已经改变。除非趋势线顶部被上穿，当然还有趋势线底部在抬高之前，就绝不认为主要趋势已经改变。

研究和运用规则1，将向你自己证明它的价值，遵循它你将会获得成功。

规则2:时间规则。时间因素是最重要的。时间到了，时间或空间运动就会反转。保存一份市场回调天数的记录，也就是实际交易天数;还要保存每个回调或反弹的日历天数。当反转出现，并超过前一次时间运动时，视为趋势已经改变，至少是暂时的。在任何重要的顶部或底部到达之后，第一次回调或反弹将会出现，这里几乎总会有次级运动，它通常形成略高的底部或略低的顶部。这个走势的期间可能是1天、2天、3天或更多，完全依赖于市场的活跃程度和涨跌的持续时间。但是规则是，在判断趋势已经变化之前，留意前次持续时间的超时。[1]

规则3：波动低点和高点。在市场上涨时，它会在主要波动中不断地形成更高的底部和更高的顶部。你必须观察所有这些回调或低点。然后，当波段底部第一次被击穿时，无论它是1天、2天、3天或者更多，考虑趋势已经变化，并且跟随它。

当市场正在下跌时，它不断地形成更低的底部和更低的顶部。因此，当上次波段高点被穿越时，预示着趋势的改变。

规则4：空间或价格运动。至于空间运动，我指的是从高点到低点的涨跌点数。例如，假设禽蛋开始上涨，从20美分涨到22美分，然后回调到21.50美分，接着上涨到23.50美分，再回调到23美分——形成几个50点走势，随后回调75~100点，它们就超过了前一次的价格回调。

我们把这称为"空间或时间运动"的超出和趋势反转的指示。但是，你绝不能只依靠空间运动，而是要依靠前一次时间周期的超出，3日底部或最近波段底部的跌穿，来给出趋势改变的明确指示。时间始终是最重要的，当主要趋势准备改变时，时间反转给出了主要趋势改变的明确指示。

规则5：阻力位。当价格回到前次波段的1/2处或更多时，这也是趋势变化的信号。在跌市中，达到波段的1/2，即50%或更多的反弹，是趋势变化的首要信号。但是，在你可以确定有明确的趋势变化之前，这些信号必须被时间规则所确认。

回顾和研究过去市场走势，将向你证明这些规则的准确性和价值。研究这些例子和不同合约运动的对照表。

(二)平均空间运动

通常，在上涨恢复之前，禽蛋不会回调或下跌超过30~50点。极端情况下，不会超过100点。一般来说，在持续的上涨或下跌之后，在被时间规则所确认时，回调100点或更多将会表明趋势变化。

当市场正在下跌并且非常弱势时，平均反弹是30~50点，很少超过100点。在极端弱势行情下，反弹不会超过20~30点，所有这些都依赖于价格是在常态还是非常态价位。

(三)禽蛋的操作规则

规则1：在双重或三重底买入。在双重或三重底部买入，根据价位高低和活跃程度，用10、20或30点的止损单来保护。当合约相隔几天形成相同价位，它在趋势指标上形成我们所谓的双重底。三重底是当合约在相同价位第三次形成底部。第二重底

[1] 这里指涨跌的持续时间比上一次涨跌的持续时间长。

或第三重底可以比前一次底部略高或略低，但是请记住这条规则：

在合约到达三重底买入时，你应该不要冒超过10点的风险，当第三重底被击穿时，尤其是如果这个底部是在相同位置，你的止损位被触发的话，它将预示着主要趋势已经发生改变，你应该赶快做空。

当趋势改变时，一定要反转头寸。如果你是市场多头，止损位被触发时，你必须做空。如果你是市场空头，趋势改变了，并且止损被触发时，你必须做多，或者买入相等数量。

最安全的买点，是当合约在相同价位附近形成三重底部时，在三重底的最低位以不超过10个点的止损单保护。

规则2：在双重或三重顶卖出。这条规则刚好与规则1相反。在双重或三重顶部卖出，在这个顶部之上10、20或30点设止损单。但是，在第三重顶不要使用超过10个点的止损单，因为通常合约第四次到达相同价位时，它将会穿越并走得更高。因此，当行情上穿第三次顶部时，它始终是一个明确的信号，告诉你可以买入，并且等着更高价格。最安全的卖点是，当合约在几乎相同价位形成三重顶时，要以不超过三重顶的最高点以上10个点的止损单来保护。

规则3：快速活跃运动市场的7~10天规则。当一种禽蛋合约非常活跃，快速下跌并且每天形成更低的顶部和更低的底部时，在它下跌7天或更多天以后，你应该在每天的高点之上10个点设止损单，当止损被触发时，反转头寸并买入，止损单设在前一天低点之下10个点。

当一种合约非常活跃且上涨迅速时，在它没有跌穿前一天的底部，并且上涨了7~10天或更多天以后，你应该把买单上移，将止损单放在每天低点之下10个点，直到止损被触发。然后，反转并卖空，止损单设在前一天高点之上10个点。但是，不要判断主要趋势已经改变上涨或下跌，除非合约上穿趋势线高点或跌穿趋势线低点。

规则4：底部信号日。在持续下跌之后，合约急速的突破的这一天，如果它收盘高于开盘价，或者在中点之上，或者它收盘于极高点更好，在形成宽幅区域，并比前一日走低之后，它预示着买入比卖出更好，趋势准备转而向上，或者可以看到较大的反弹。因此，你应该不等合约形成比前一日更高的高点，或等到趋势转而向上——穿过趋势线高点，就平空仓并买入。

六、禽蛋价格的144方形的表格

在使用12的平方和它的倍数中，时间和价格精确地出现，是因为9这个最大数的倍数，与12的倍数协调一致。对于测量时间与价格，和获得自然数的平方和阻力位，这是两个非常重要的数字。一年的12个月和12星宫，在你使用正确的来自高低点的时间周期时，它们使得 9 和 12 的组合运行精确。

下表给出了 144 的倍数值。但是，你可以将 144 的 1/2(72)、1/4(36)、1/8(18)和 1/16(9)，加到任意这些数，或者从这些数中减去。您也可以将任意价格或时间周期，增加或减去这些时间和价格单位的一定比例。所有这些都显示在高级 144 方形上。

1 × 144 = 144	24 × 144 = 3456
2 × 144 = 288	25 × 144 = 3600
3 × 144432	26 × 144 = 3744
4 × 144 = 576	27 × 144 = 3888
5 × 144 = 720	28 × 144 = 4032
6 × 144 = 864	29 × 144 = 4176
7 × 144 = 1008	30 × 144 = 4320
8 × 144 = 1152	31 × 144 = 4464
9 × 144 = 1296	32 × 144 = 4608
10 × 144 = 1440	33 × 144 = 4752
11 × 144 = 1584	34 × 144 = 4896
12 × 144 = 1728	35 × 144 = 5040
13 × 144 = 1872	36 × 144 = 5184
14 × 144 = 2016	37 × 144 = 5328
15 × 144 = 2160	38 × 144 = 5472
16 × 144 = 2304	39 × 144 = 5616
17 × 144 = 2488	40 × 144 = 5760
18 × 144 = 2592	41 × 144 = 5904
19 × 144 = 2736	42 × 144 = 6048
20 × 144 = 2880	43 × 144 = 6192
21 × 144 = 3024	44 × 144 = 6336
22 × 144 = 3168	45 × 144 = 6408
23 × 144 = 3312	46 × 144 = 6480

24 × 144 = 3456，25 × 144 = 3600。3456 和 3600 的中点是 3528。如果你加上 18，就得到 3546，再加上 18 等于 3564，再加 18 结果是 3582。通过这种方法，你能获得禽蛋价格的不同阻力位。

七、禽蛋的两日图运行规则

(一)如何记录两日图

从任意低位开始，当市场连续上涨两日或多日时，两日图向上移到最高价，并且只要价格形成更高的底部和更高的顶部，就继续上行。价格首次回落两天，并形成更低的底部，图表上这条线就移动到极低点，并且只要价格下行且没有两日反弹，就继续下移。

当两日图上的顶部被穿越时,它是一个更高价格的信号。当两日图上的底部被跌穿时,它预示着趋势变化和更低的价格。通过回顾长期价格记录,我们发现,需要低于两日低点30～40个点,才能显示明确的向下的趋势变化,需要高于两日高点30～40个点,才能显示明确的向上的趋势变化。因此,最安全的止损是在买方的低点之下30～40点,或卖方的高点之上30～40个点。

规则1:趋势信号。主要趋势是向上的,只要没有2日低点被跌穿。主要趋势是向下的,只要没有2日高点被上穿。你应该始终按照主要趋势交易——当趋势上升时买进,当趋势下降时卖出,并遵循所有给定的规则。

规则2:趋势反转指标。规则几乎总是有例外,这发生在非常活跃、价格快速移动的市场中,此时波动区间是非常宽幅的。在这种情况下,趋势反转或者变化可以发生在一天趋势中,你将会从给出的例子中看到这一点。在这种情况下,当价格接近极高点/极低点时,你记录1天而不是2天的走势。当震荡走势被打破,或者价格跌至1日回调之下时,考虑趋势已经改变,至少是暂时的。当价格上穿1日顶部时,考虑趋势已经改变,并跟随它。

规则3:止损命令。市场的确有时会犯错,并迅速地改变趋势。因此,你应该始终使用止损单作为保护。止损应该设在2日图上的压力位或前期顶部之上30～40点处,以及支撑位或前期底部之下30～40点处。

一系列的顶部和底部,也就是,在同一价位附近达到两个或两个以上,是很重要的。当一系列的顶部和底部被超过时,意味着更重要的趋势变化。按照主要趋势交易,那么止损单很少被触发,并且你会赚大钱!

规则4:在双重顶底或三重顶底买卖。但是,请记住,价格第4次到达相同价位,它们几乎总是会穿过。因此,当价格第4次到达相同顶部/底部时,卖出/买入要小心。

规则5:主要中点、1/4和3/4位置或附近买卖。1/2位置始终是最重要和最安全的买卖点,特别是第一次到达时。止损单设定在主要中点的上下30～40点。当主要中点被穿过时,买入并持有,等待更高价格。当主要中点被跌穿时,卖出,等待更低价格。

在判断主要趋势已经改变之前,最好始终允许在主要中点上下40个点。但是,当几个顶部/底部出现在相同价位时,那么跌破或上穿10～15个点通常可以确认趋势已经改变。

规则6:10～14天的运行。当主要趋势是向上的,价格正在上涨时,在主要趋势恢复之前,价格很少回调超过10～14天。只要两日图上显示主要趋势向上,在10～14天的回调位买入是安全的。在跌市中,将这条规则颠倒。当两日图显示主要趋势向下时,在10～14天的反弹中卖出。

记住,当市场上涨非常迅速,并处于牛市的最后一段时,回调很少超过2～3天。

因此,在2日回调位买入是安全的。当市场在一天中运行到100点时,回调可能只持续一天,在一日回调买入是安全的。

当市场在熊市最后阶段里快速下跌时,反弹很少超过2~3天,当上涨达到100点左右时,有时只持续一天。在这种行情中,在2日反弹卖出是很安全的。

规则7:价格运动。100~125点的价格走势是牛市中——也就是说,当两日图上显示主要趋势是向上的——的平均回调幅度。当价格下跌了100~125点时买入,并且将止损设在40点以下,但是始终要遵循两日图上的主要趋势。

当主要趋势是向下时,在100~125点的反弹位卖出,将止损设在30~40点远的地方。

始终试着这样买入,你可以将止损设在波动图表上的两日或一日低点之下。试着这样卖出,你可以将止损设在波动图表上的两日或一日的顶部之上。

规则8:快速活跃的市场和大成交量。当市场非常快速,而且每天波动相当大时,成交量通常是巨大的。市场里,这种回调仅会持续2天左右,并且下跌不会超过100~125点。因此,在这种回调买入是安全的。

同样的规则适用于反弹持续1~2天,快速下跌100~125点的市场中。当市场非常弱时,反弹可能只有75~90点。反弹不超过100点的市场是非常弱的。当主要趋势是向下的,在1~2天的反弹75~90点时卖出。

(二)1948~1949年间十月禽蛋的规则范例

1. 1949年

2月8日——低点45.60。主要趋势转而向上。

3月31日——高点48.50。你应该做多,并持有直到有一个明确的卖出信号。

4月4日——低点47.30,下跌120个点。根据规则7买入,因为主要趋势在上升。

5月16日——高点50.80。根据规则5平多翻空,因为这个价格是1947年11月的低点43美分与1947年9月的高点58.55之间的中点或1/2。回补空头,并在两日图表上的低点49.70买入,止损设在其下30点。

6月1日——低点49.65,下跌115个点。你应该根据规则7买入,因为主要趋势是上升的。当价格穿过50.80时,继续加仓买入。

7月28日——高点53.40。平多仓并做空,因为这是50.80和43美分之间的3/4位置。

7月29日——低点52.65。

8月1日——1日反弹到53.10。

8月4日——低点52.25,下跌115点。根据规则7买入,因为主趋势依然向上,并且两日图表上的底部未被跌穿。

8 月 16 日——高点 53.65。在前期顶部和 3/4 位置卖出,因为这是第二次处于此价位。

8 月 24 日——低点 52.40。下跌 115 个点。根据规则 7 买入,因为价格紧靠着 52.70 的这两个低点。在其下 40 点的止损不会被触发。当价格穿过 53.70 时,加仓买入。

2. 最后的大冲刺

经过持续的上涨之后,价格几乎始终以快速上涨结束,此时空头回补,公众变得乐观并且买入。这种走势表明行情结束和趋势变化。这样的情况也适用在熊市,特别是当价格位于非常高的价位时,并且出现 300 ~ 500 个点的快速下跌。

3. 终极顶部信号——1949 年 9 月

9 月 13 日——十月禽蛋高点 56.40,从 8 月 24 日上涨 390 个点,没有反弹持续了两天,即两日图表上没有反转。这是你需要留意的信号,并且开始记录明显的一日回调的地方。

9 月 15 日——低点 55.45,在 2 天里下跌了 95 点。但是,跌幅没有达到 8 月 16 ~ 24 日的跌幅。但是,在两天里的这种首次急跌是留意顶部和趋势变化的信号。

9 月 19 日——高点 56.75,从 9 月 15 日低点上涨了 130 个点。但是,仅仅比 9 月 13 日高点多了 35 个点,一个弱势信号,和在前期顶部的卖出位,止损是 40 点。

9 月 20 日——低点 55.50,从极高点下跌 125 个点。这超过了上次的跌幅,但是没有跌破 9 月 15 日的低点。

9 月 23 日——高点 56.30,在 3 天内仅仅上涨了 80 点,依然在 9 月 13 日高点之下。这是一个卖空的地方,止损在 56.75 之上。

4. 变为熊市的明确信号

在 9 月 23 日的高点之后,价格跌破 9 月 15 日和 20 日的低点,这是个明确的下跌信号,因为自 2 月 8 日的低点 45.60 以来,2 日低点从未被跌破过 30 个点这么多。当价格下跌至 55.25,它们已经超过了十月禽蛋从 45.60 上涨以来的所有前期回调幅度。这是熊市的第 2 个信号。

9 月 27 日——低点 54.20,从 56.75 下跌了 255 点,比 1 月 24 ~ 2 月 8 日的 215 点跌幅更大的下跌,这是熊市的另外一个信号。

5. 时间周期

牛市最后回调或熊市最后反弹的反转或者平衡超越,是非常重要的,确认了趋势变化。从 8 月 16 ~ 24 日下跌了 8 天,当这个周期被超过或者超越平衡时,主要趋势是向下的。

9 月 19 ~ 27 日——第一次下跌的时间是 8 天——和 8 月周期是一样的。从 9 月

27 日开始，紧接着 2 日反弹到 9 月 29 日，价格从 54.20 涨到 55.65，使得这个 125 点的 2 日反弹变成一个卖出位，因为主要趋势依然向下。参考规则 8 和规则 7。在 9 月 29 日高点之后，下跌继续，并且超过了 8 天——从 9 月 19 日开始算，根据时间周期，显示主要趋势已遵循所有的规则明确走熊。如果你遵循规则 4，你将在 9 月 15 日和 20 日的低点 55.45 和 55.50 卖出，并将止损设在这些作为支撑的前期低点之上 30 点处。

6. 最后的上涨

牛市中的最后上涨始终是很重要的。市场从 8 月 24 日的 52.50 到 9 月 19 日的 56.75，其中点是 54.62。跌到这个价位以下 40 点，即 54.22，预示着卖出更多，因为所有规则都表明这是个明确的下跌趋势。

10 月 3 日——低点 52.10，在 8 月的所有低点之下，一个非常弱的市场。

10 月 4 日——高点 53.40，价格一天内向上反弹 130 点，使之成为卖出位。一个大幅低开紧随其后。

10 月 6 日——低点 49.90，成交量巨大。提前算出阻力位始终是很重要的，以便说出低位将到何处。在 1947 年 9 月的高点是 58.55，低点是 1947 年 11 月 1 日的 43 美分。从 43 美分开始，下一个重要高点是 1949 年 9 月 19 日的 56.75。因此，这最后两个极高点的中点是 49.87，这是个平空仓并买入的可靠价格。

10 月 10 日——高点 53 美分，这是价格从 56.75 开始下跌以来的最大上涨。从 49.90 到 53 美分，就得到其中点是 51.45。

10 月 11 日——低点 51.60，维持在中点之上，下跌了 140 个点，使之成为买入位。当价格穿过 53 美分时，预示着更高价格。穿过 53.30 处于更强位置，因为这是 56.75 和 49.90 的中点。

10 月 14 日——十月禽蛋的高点 54.50。市场收盘在 54.45，交易中止。后来，所有未完成合约在 10 月 31 日以 53 美分协议平仓。

(三)十一月禽蛋

将所有规则应用到十一月禽蛋上，你将会看到，两日图工作得多么好，以及它是如何积累起利润的。

1. 1949 年

6 月 6 日——低点 48.80。

6 月 10 日——高点 49.70。

6 月 21 日——低点 48.40。你已经知道十月禽蛋的趋势正在上涨，因此当十一月禽蛋在 11 天内达到 130 点时，它们很适合买入。上涨被恢复，在两日图上价格继续形成更高的价格。没有2日低点被击穿。

9月13日——高点53.50。

9月15日——低点52.45,下跌超过100点。

9月19日——高点53.35,未达到9月13日的高点,此时十月禽蛋已经形成更高的价格,这是一个卖出十一月禽蛋的明确信号。在9月15日低点被跌穿后,在两日图上显示主要趋势向下,并且价格持续下跌,没有超过1~2天的反弹,十一月禽蛋比十月禽蛋要弱得多。

10月6日——低点46美分,比十月禽蛋更大的一次下跌。一个急速的1天反弹紧随其后。

10月7日——高点48.50,低于10月4日的高点和6月21日的低点,使得十一月禽蛋成为卖空交易,止损设在10月4日的高点。下跌紧随其后,并且反弹很小。由于主要趋势依然向下,当低点46美分被跌破时,你应卖出更多。

10月14日——最后的高点是47.25。一个急速下跌紧随其后。

10月21日——低点43.70。从9月13日的高点下跌了980点。以10美分/打的价格下跌的反弹时间是可以预期的。另一原因是十月禽蛋1948年9月的低点是43.85,使之成为个反弹到46美分的支撑水平位。十一月禽蛋必须上涨250点才能与最重要的反弹失去平衡并显示更高的价格。价格未能到达10月6日和7日的最低点46美分是个弱势的信号。

10月26日——低点42.10,从9月13日的高点下跌了1140点。一个反弹紧随其后到43.60,上涨了150点,成为个卖出点。因为自9月13日来1天或者2天顶部从未被穿过,表明主趋势仍然向下。

10月27日——低点41.85。市场在同一天反弹到43美分,上涨了115点,一个基于规则7的空头位置。

10月28日——低点42美分,一个比10月27日更高的低点,只比10月26日低10个点。这在相同价位形成了一个3日低点,是一个买点,止损设在极低点41.85之下30点处。在10月28日的低点42美分之后,价格在当天反弹到42.80,上涨了80点。但是,仍然低于10月27日的高点43美分。当价格能穿越43美分时,它们将位于一日图和两日图上的第一个波段高点,并将预示着更高的价格。

10月6日——低点46美分。10月27日——低点41.85美分。这两个低点的中点是43.92。从6月21日低点48.40~41.85的中点是45.12。从9月13日高点53.50~41.85的最大上涨是250点[1]。将它加到41.85上就得到44.35,一个留意卖

[1] 这一句从语法上翻译是这样,但是明显不合理。从53.50~41.85是下跌,而不是上涨。有可能这里指这期间的最大上涨。但是,因无其他资料佐证,只能照此翻译。

出的点位。从 53.50 ~ 41.85，价格下跌了 1165 点，将它的 1/4 加上 41.85 就得到 44.76，另一个要留意卖出的点位。

最后的 1 日反弹出现在 10 月 24 日的 45.70。这是最后的波段高点，它必须被穿越以显示强的上升趋势。

6 月 21 日到 9 月 13 日，十一月禽蛋的低点是 48.40，高点是 53.50。当 9 月 15 日价格击穿两日图上的底部时，9 月 19 日之前的两日图底部都未被跌破过。之后主趋势掉头向下。

从 9 月 13 日高点 53.50 到 10 月 27 日低点 41.85，下跌了 1165 点，没有出现过 2 日反弹，甚至没有 1 日高点被穿越，显示了主要趋势向下和一路向下的空头交易。

9 月 13 日——高点 53.50。9 月 15 日低点 52.40，下跌两天。

9 月 16 日——高点 53.35，上涨一天。

9 月 27 日——低点 49.95。

10 月 3 日——低点 47.30。

10 月 4 日——高点 48.65，上涨一天。

10 月 6 日——低点 46 美分。

10 月 7 日——高点 48.50，上涨一天。

10 月 13 日——低点 46.40。

10 月 14 日——高点 47.25，上涨一天。

10 月 21 日——低点 43.70。

10 月 24 日——高点 45.70，上涨一个交易日，价格上涨了 200 点。

10 月 27 日——低点 41.85。

10 月 28 日——高点 42.80，但是价格没有穿过前期任何一天的高点，没有信号表明主要趋势是向上的。

10 月 21 ~ 24 日——1 天的反弹，价格上涨 200 点。因此，当价格能从任意低点反弹超过 200 点，并且超过最后一次 200 点的上涨时，就显得很重要。

9 月 13 日 ~ 10 月 27 日，共出现 6 次持续 1 ~ 2 个交易日的反弹。但是，只有一次是 2 个交易日，它是 9 月 27 ~ 29 日。因此，当十一月禽蛋能反弹超过 2 天，并且收盘在前期任何一天的高点之上时，就显得很重要，因为它将是价格走高的一个信号。

2. 永不猜测！让市场告诉你它自己的故事

这些规则证明它们值得去遵循，不要试图去猜测市场何时见顶或见底。只根据规则和明确的指示来买卖。让规则和市场走势告诉你何时交易，并且始终按规则设置止损，你将会获得成功！

八、禽蛋的时间和价格趋势的高级正方形

在始于高低点的正方形内，价格与时间的正确关系对于判断买卖价位非常重要。这个高级正方形从粗红线穿过0位开始，每个正方形结束于图表上标为“东”和“3月20日”处。这个价格和时间刻度开始于偶数的平方。2的第一个平方是4，4的平方等于16，依次类推。每个正方形都有不同的颜色，以便你能看见任何一个正方形的结束位置和从360开始的下一个正方形的位置。我们使用春季的开始3月20作为起点，而不是1月1日，即日历年的开始，原因是价格和时间对于季节性趋势计算得更加准确。

禽蛋价格的最小波动单位为5个点。在4的平方位置，价格是80。14的平方（即196）位置，价格是980。对于禽蛋的最低点价格10⅜来说，我们使用1040作为最接近的偶数。它在15的平方以内，第208时间周期，即正方形15里的第12个位置。但是，因为我们使用偶数平方，这个价格在16的平方附近，即在时间上的256。奇数平方在180°上5个点，它们用不同颜色的圆圈标明，以便你能看见奇数平方的结束位置。3的平方是9，35的平方是1225。从180～380的所有价格，都位于偶数平方内，从0～180的所有价格处于奇数平方内。在过去的33年里，有49个重要的高低点。其中21个出现在奇数平方中，28个则出现在偶数平方中。在正方形里价格下面的小数字，是从0开始的天数、周数、月数，显示了从零到任何价格的总波动数。

例子，1040距离0有208格，而5×208是1040。十月禽蛋最低价格是1500，时间周期是300。最高价格是5855，时间周期为1171，或者每5个点对应871个价格单位的增量，也是从1500开始的871个时间周期。871在30的平方内，是在12月21日的270的90°，使之成为阻力位，因为871是30的平方的3/4，和270一样是360的3/4。

从十月禽蛋的最低价1500开始正方形，最高点价格5855出现871（在30的平方里）。但是，如果从零位开始正方形，5855出现在36平方里，它以1296结束，5855是35的平方里的1161，在5月5日的45°线之下15个点。使用的重要角度是22½°，45°、90°和180°。在完整的圆周或者正方形内有8个45°和16个22½°。最重要的角度是45°、90°和180°。这些位于360°圆里的自然角度，显示了在从零开始的自然正方形里的自然时间和价格阻力位。

使用的时间周期是春季开始的3月20日，仲春结束的5月5日，用红色45°显示。从3月20日～4月22日的时间周期是22½°或者45°的1/2。5月27日是67½°，最接近于夏季的开始。夏季开始的6月21日，显示为90°。7月14日是112½°，或者和6月21日相距22½°。

8月5日是仲夏，这是一个45°，和3月20日相距135°。这是一年或一个圆的

3/8。8 月 31 日是 157½°，是一个 22½°，也是从 8 月 5 日 ~9 月 21 日的 1/2。

9 月 21 日是秋天开始，距离 3 月 20 日是 180°。这是一年或圆和正方形的 1/2。

10 月 16 日在 202½°，它是一个 22½°，是从 9 月 21 开始的 1/2。

11 月 8 日在 225°，一个 45°，也是仲秋的开始，还是一年或一个圆的 5/8。

11 月 30 日在 247½°，它是一个 22½°，距离 5 月 27 日是 180°。

12 月 21 日在 270°，冬季从这里开始。这是一年或一个圆的 3/4。

1 月 13 日在 292½°，一个 22½°，也是从 12 月 21 日到 2 月 4 日的 1/2。

2 月 4 日在 315°，一个 45°，也是仲冬和 7/8 年。

2 月 28 日在 337½°，一个 22½°，是从 2 月 4 日 ~3 月 20 日的 1/2。至 3 月 20 日为止，完成整个 360°循环和 365 个日历日。

禽蛋的基准价格：在期货交易于 1920 年开始之前，纽约和芝加哥的禽蛋是 12 美分/打的基准价格，它是很多年的最低价格。1880 年的低点为 14½美分，1888 年高点为 32½美分，1896 低点为 12 美分，1897 低点为 7 美分，1899 高点为 20 美分，1900 低点为 12 美分，1919 高点为 73 美分。

7 美分的低价位于 12 方图中的 45 处，它处在结束于 144 的 12 方形内 72 那列的第 3 行 70 点处，同时位于 16 方形的 3/4，即 270°上，或者恰好是一年 3/4。这是自然的阻力位。在 1921 年 1 月，一月合约交易于 64 美分，这是所有期货合约的最高价。它在 36 方图内，就 2 月 4 日的 45°线之上 5 个点，这是一个圆和正方形的 7/8，一个自然的阻力位。

1931 年 1 月，一月禽蛋合约的价格交易于 10⅜美分，处于历史最低点。5 月 27 日这一天，1040 的价格位于 67½°线。这个价格距离奇数 15 平方的 0 是 288 个时间周期，，距离 90°线是 15 个点。

十月禽蛋价格在 1932 年 5 月 28 日达到最低点 1500。11 月 8 日它位于经过 225 的 45°线之上 5 个点。这是一个圆和四方形的 5/8，一个自然的阻力位。

1947 年 9 月 10 日，十月禽蛋最高点 5855。这是在 36 方形里，但是价格在 15 方形里是 1171，并且距离 5 月 5 日的 45°线有 15 个点，距离始于低点 1500 的 45°线只有 10 个点。这是个 180°，一个自然卖点。

在高点 5855 之后，下一个极低点是 3225。10 月 2 日，3225 距离最高点 64 美分的 1/2 不到 25 个点，11 月 30 日 3225 位于 247½°线上。这是一条 22½°线。价格 3225 位于始于 1200 的 45°线上。注意 3225 在 26 方形里位于 685，这比 2 个 380 方形少 75。此外，3225 处在始于 10⅜的 45°线上，使它成为强大的支撑位和买点。

(一) 如何从高低点价格确定时间周期并获取阻力位

必须准备好始于每个高低点的天数、周数和月数，以便能确定未来的买卖价位。

下面是高低点价位和方形中的位置，显示了为什么价格停在这些价位。

1037 是 15 方形的 208，位于 67½°线上。

1200 是 16 方形的 240，距离 90°线有 5 个点。

1275 在 16 方形里，距离 16 方形结束位置有 5 个点，是第 250 个时间周期。

1300 在 22½°线上，4 月 13 日。[1]

1500 在 18 方形里，位于 45°线上。

1600 是 18 方形的 320，位于 347½°线上，2 月 28 日。

1750 是 19 方形的 350，距离 112°线有 10 个点。

1875 是 20 方形的 375，距离 247½°有 10 个点。

1950 是 20 方形的 390，在 45°上——即 315°，2 月 4 日。

2100 是 22 方形的 420，距离 90°有 5 个点。

2300 是 22 方形的 460，距离 247½°有 10 个点。

2385 是 22 方形的 476，距离 45°（即 315°）有 10 个点。

2425 是 24 方形的 485，距离 0°有 5 个点，3 月 2 日。

2550 是 24 方形的 510，距离 112½°有 15 个点，7 月 1 日。

2625 是 24 方形的 525，在 157½°线上。

2700 是 24 方形的 540，距离 45°有 10 个点，11 月 8 日。

2750 是 24 方形的 550，距离 247½°有 10 个点。

2950 是 26 方形的 590，距离 5 月的 45°有 5 个点。

3075 是 26 方形的 615，距离 8 月的 45°有 5 个点。

3160 是 26 方形的 632，距离 202½°有 5 个点。

3225 是 26 方形的 645，距离 247½°有 5 个点。

3350 是 26 方形的 670，在 2 月 28 日的 337 线½°上。

3400 是 28 方形的 680，位于 0°和 22½°之间的 1/2，4 月 12 日。

3700 是 28 方形的 740，位于 202½°和 45°之间的 1/2，11 月 8 日。

3860 是 28 方形的 772，距离 45°有 5 个点，2 月 4 日。

4125 是 30 方形的 825，位于 112½°和 45°之间的 1/2，8 月 5 日。

4225 是 30 方形的 845，距离 180°有 15 个点，9 月 21 日。

4300 是 30 方形的 860，距离 45°有 15 个点，11 月。

4375 是 30 方形的 875，位于 90°和 192½°之间的 1/2，1 月 13 日。

4400 是 30 方形的 880，距离 222½°有 5 个点。

4450 是 30 方形的 690，距离 337½°有 15 个点，2 月 28 日。

---

[1] 这里日期按原文翻译。意思是指前一句中的角度线经过的日期。后面的日期均是如此。

4550是32方形的910,距离$22\frac{1}{2}^{\circ}$有10个点,4月12日。

4600是32方形的920,位于$45^{\circ}\sim67\frac{1}{2}^{\circ}$之间的1/2。在始于低点1040的$45^{\circ}$上线。

4650是32方形的930,距离90°有5个点,6月21日。

4675是32方形的935,位于90°和$112\frac{1}{2}^{\circ}$之间的1/2,在始于低点1040的45°上。

4700是32方形的940,位于$112\frac{1}{2}^{\circ}$线上,7月14日。

4720是32方形的944,距离45°有15个点,8月5日。

4760是32方形的950,距离45°有15个点。

5000是32方形的1000,距离$292\frac{1}{2}^{\circ}$有5个点,1月12日。

5065是32方形的1015,位于45°和$337\frac{1}{2}^{\circ}$之间的1/2,2月23日。

5170是34方形的1035,距离$22\frac{1}{2}^{\circ}$有10个点,4月12日。在始于3225的45°上。

5375是34方形的1075,距离45°有5个点,8月8日。

5440是34方形的1088,距离180°有10个点,9月21日。距离33的平方有5个点。

5475是34方形的1095,距离始于3225的45°有10个点。

5600是34方形的1120,距离45°有5个点,在始于1600的45°上。

5675是34方形的1135,距离$292\frac{1}{2}^{\circ}$有15个点,1月13日。

5865是36方形的1171,距离45°有15个点,5月5日。

6400是36方形的1280,距离45°有5个点,2月4日。

1921年1月14日,高点6600位于37方形的45°到$67\frac{1}{2}^{\circ}$之间的1/2,时间为1320。

从1920~1953年这33年时间里,共计有49个重要的顶部与底部。其中21个出现在45°线上,24个出现在$22\frac{1}{2}^{\circ}$线上,4个出现在90°线和180°线上,没有一次价格偏离实际的自然角度超过15点。

这些都是可以用数学计算的证据。

(二)为什么价格在高位运行得更快

因为正方形越来越大,角度线之间的间距越来越宽,价格在短期内运行了更大的距离,所以价格在高位运行得更快。

例如,低点1040,走一个正方形,即转一圈到1350是310个点。从90°到45°是35个点。从1600到1950,一个完整正方形是350个点。从3075到3595,这个正方形或转一圈是520个点。在角度线之间,45°等于60个点。

从3225到3755,一个完整正方形是530个点。从3720到4280是增加了560点,来完成一圈。从4550到5170是620个点。这就在0°到45°线之间得到85点,显示了价格为什么能如此运行得如此快速。从 34 方形的结束点 5780,到下一个 45°线是 90 个点。从 6400 到 5700 转一圈是 700 点,移动 45°需要 80 个点。

1952 年 12 月 9 日,十月禽蛋低点 4375。完成一个正方形或者转一圈到 4985,增加了 620 点,它相当于 360°。4375 到 5190 增加了 795 点,按 1°对应 5 个点计算算,等于增加了 159°。从 4955 到 5170 比一个正方形多出 185 点,5140 在正方形结束位置之上 90 点。5170 比转一圈多 105。此外,5170 比始于 5855 的一圈或完整正方形少 25 点。

从高点 5855 到低点 3225 下跌了 4½个正方形,3225 恰好处在始于 11 月 30 日 247½的 22½°线上。

1. 为什么十月禽蛋的高点是 1952 年 7 月 12 日的 5065

5065 正好位于始于 3225 的 180°线之上 5 个点,并且正好与低点 2750 相距 80°。

1952 年 10 月 15 日,十月禽蛋交易于 3960 时,它们位于 180°线上的 3225,以及始于最高价 5065 的 45°线上。3860 位于始自 3400 的 90°线上,并且恰好位于始自 5675 的 45°线上。

1952 年 12 月 9 日,十月禽蛋低点 4375 位于始自 1040 的 90°线和始自 1950 的 45°线上。此外,始于 270 的 45°线正好在内方形和 36 方形上。

2. 内方形上的高低点

1050、4375、3350、3400、4650、4625、2625、3160、3225。

从 3360 到 5170 增加了 1310 点。这是 2 个正方形还多 56½°。

1920 年 9 月 21 日高点 5175 到 1953 年 3 月 21 日时间 390 个月。

1921 年 1 月 17 日高点 6400 到 1953 年 3 月 17 日时间 386 个月。

1931 年 1 月 30 日低点 1040 到 1953 年 3 月 30 日时间 266 个月。

1932 年 5 月 28 日低点 1500 到 1953 年 3 月 28 日时间 250 个月。

1933 年 3 月 2 日低点 1512 到 1953 年 4 月 02 日时间 241 个月。

1933 年 12 月 21 日低点 1300 到 1953 年 3 月 21 日时间 231 个月。

时　间	月数	周数	天数	高点	低点	1953 年
1939 年 11 月 6 日	76	330	2112	—	3675	3 月 8 日
1947 年 9 月 10 日	66	222	2008	5855	—	3 月 10 日
1947 年 11 月 1 日	64	279	1957	4300	—	3 月 1 日
1948 年 6 月 14 日	57	248	1734	5375	—	3 月 14 日
1948 年 9 月 20 日	54	233	1642	—	4390	3 月 10 日
1949 年 9 月 10 日	66	182	1276	6576	—	3 月 10 日
1950 年 10 月 2 日	29	126	885	—	3225	3 月 2 日

续表

时　间	月数	周数	天数	高点	低点	1953 年
1951 年 3 月 4 日	22	96	670	5475	—	3 月 4 日
1951 年 7 月 10 日	20	87	609	—	4760	3 月 10 日
1951 年 9 月 04 日	18	78	547	5470	—	3 月 4 日
1951 年 12 月 27 日	15	65	564	560	—	3 月 27 日
1952 年 2 月 14 日	13	56	396	—	4125	3 月 14 日
1952 年 3 月 31 日	12	52	366	4400	—	3 月 31 日
1952 年 5 月 16 日	10	43	304	—	4195	3 月 16 日
1952 年 7 月 21 日	8	35	243	5065	—	3 月 21 日
1952 年 10 月 16 日	3	13	90	—	3860	3 月 16 日
1952 年 12 月 9 日	3	13	90	—	4375	3 月 9 日

在你拥有时间周期和高低点日期之后，你可以从时间周期得到角度线，并说出何时高低点会到达。下列指标是从 1953 年 3 月 10 日开始计算的，此时十月禽蛋交易于 5170。

386 个月的时间周期位于 5135 的 45°角上。266 个月位于 5165 的 90°角上。250 个月位于 5136 的 45°角上。341 个月位于 5165 的 45°角上。231 个月位于 5100 的 90°角上。76 个月在 5145 交叉于 90°角。66 个月在 5180 交叉于 45°角。64 个月在 5185 交叉于 45°角。57 个月在 5180 交叉于 45°角。54 个月在 5150 交叉于 5°角。29 个月在 5110 交叉于 5°角。22 个月在 5135 交叉于 45°角。20 个月在 5135 交叉于 90°角。18 个月在 5160 交叉于 22½°角。15 个月在 8190 交叉于 45°角。13 个月在 5115 交叉于 90°角。12 个月在 5115 交叉于 90°角。10 个月在 5125 交叉于 90°角。8 个月在 5130 交叉于 90°角。5 个月在 5200 和 5125 交叉于 45°角。3 个月在 5120 交叉于 90°角。从月时间周期的这些角度显示了为什么在 1953 年 3 月 10 日价格会停在 5170。下面是始于月，周，日时间周期的角度线。

1947 年 9 月 10 日，第 66 个月，45°线经过 5180 和 5135。第 222 周，90°线穿过 5145。

1950 年 10 月 2 日，第 29 个月，在 5110 交叉于 90°角度线上，126 周在 5165 交叉于 22½°角度线，885 日在 5035 交叉于 90°角度线。

1952 年 2 月 15 日，第 12 个月，在 5115 交叉于 90°角度线上，56 周在 5190 交叉于 45°角度线，395 日在 5130 交叉于 45°角度线。

1952 年 5 月 16 日，第 10 个月，在 5125 交叉于 90°角度线。43 周在 5140 交叉于 90°角度线，304 日在 5175 交叉于 45°角度线。

1952 年 7 月 21 日，第 5 个月，在 5125 交叉于 90°角度线，17 周在 5125 交叉于 90 角度线，121 日在 5130 交叉于 90°角度线。

1952 年 12 月 9 日，第 3 个月，90°线经过 5120。第 13 周，在 5115 交叉于 90°角度

线,90 日在 5139 交叉于 45°角度线。

为了得到未来的指示,在月、周和日图表上延续这些日期,并用上述同样的方法分析位置。你对这个高级图表研究和使用得越多,你就会变得更精确,同时你就会充分意识到它的巨大价值。

九、禽蛋期货的时间与价格图表

这张图表显示了所有 5 个点的波动,这也是禽蛋的最小波动。每个圆 360°,包含 72 个 5°,每个相当于禽蛋和棉花的 5 个点。

这张图表是基于季节性趋势,开始于一年的 3 月 21 日零点。经度每 15°标注一次,并显示日历日。在 360°圆里有经度的 24 小时,它代表地球围绕地轴旋转一周。这用于小时图表,图上我们记录当日的高低点。

地球需要 365¼天围绕太阳公转一周 360°——这些自然角度和时间周期都是基于地球和太阳的自然位置。

在与 360°圆的联系中,你绝不要忽略自然数平方这个因素。例如,对第 1 个 30°来说,1°是 1 的平方,4 是 2 平方,9 是 3 的平方,16 是 4 的平方,25 是 5 的平方。

从 30°~60°,自然数平方是:36(6 的平方)和 49(7 的平方)。从 60°~90°,自然数平方是:64 (8 的平方)和 81(9 的平方)。

从 90°~120°(在圆里它是从自然数正方形到三角形),自然数平方是:100(10 的平方)。

从 120~150,有如下平方数:121(11 的平方)和 144(12 的平方)。从 150~180,平方数如下:169(13 的平方)。从 180~210,平方数是:196(14 的平方)。从 210~240,平方数是:225(15 的平方)。

从 240~270,平方数是:256(16 的平方),对于时间变化和价格阻力始终非常重要。

从 270~300,平方数是:289(17 的平方)。从 300~330,平方数是:324(18 的平方)。

从 330~360,平方数是 250,它是 50 的平方。在这个 30°区域里,60 的平方是 3600,是 30°,即在星宫和 360°圆的结束位置。

你可以在圆周上延续自然数平方。例如,20 的平方是 400,它比 360 多 40。因此,它在从零开始的 40°。

45°、90°、135°、180°、225°、270°、315°和 360°用红色显示。

120°和 240°的三角点显示为绿色。

60°和 300°也是绿色。15°和 30°等其他角度和它们的倍数用黑线或黑角度线表示。所有时间周期用黑色显示。

禽蛋的大多数重要高低点都显示在这张图表上。低点有一个红圈，高点有一个绿圈。

这将使你能够看到何时价格处于前期高低点的相同经度，即何时价格距离前期高低点是90°、120°、180°等。

例如，1500是十月禽蛋历史最低价。这是1932年5月28日，价格的经度是60°——日期是5月21日。这意味着价格出现在自然角度线之后7天。沿着这条线，你会看到何时价格处于相同区域和相同角度线上。4740、5100、5460、5820、6180和6540都在相同的角度线上。当1952年12月9日，十月禽蛋交易于4375时，它距离1500不到5个点或5°，位于从1500开始的第9个圆里。

当4月13日和4月17日十月禽蛋交易于5275时，它们离4375是180°，距离1500的180°不到5个点或5°。在前期高低点附近，用相同的方法比较高点和其他低点。

圆的1/4是90°、1/3是120°、1/2是180°。当4月17日十月禽蛋交易于5275时，它们距离低点4375是2个360°还多1/2圆（180°）。180°是最强阻力位，这就是为什么大笔卖单发生在5275，并引起价格回调。注意5275距离11月22日（240三角点）不到5°，因此，价格领先于时间。为了准时，在1953年4月30日附近，价格必须在5075。参考你的周高低点图表，它从1500开始，显示了正方形里的每个25点。这张图表开始于1932年3月28日零位置。5275是45°线，日期是7月14日。因此，从1932年3月28日，在前21年里，价格领先于时间，价格应该下跌到5160以下，它将在5月28日这个时间周期以下。为了准时，在4月20日左右，价格应该是50美分/打。

在360°圆周图上，1953年4月17日，价格从5275下跌至5190，收盘在此价位，它在时间上是8月23日这条角度线上。追溯到日历日，当然价格必须在4月21～23日跌至5065左右。

用这种相同的方式来解决全部未来的时间周期和压力位，并且研究过去的记录，你会看到，价格如此完美地遵循自然法则。

在交易棉花、可可、猪油和橡胶这些商品的时候，你要以同样地方式来绘制此类图表。

始终要计算从最近的高低点开始上涨或下跌了多少点与多少度。当然，记下所有的日、周、月时间周期，以便你能够看清价格是如何与时间周期相符合的。

例如，十月禽蛋——4月21日，是从12月9日低点开始的第90个交易日。价格要到正方形之上，就必定在5275点之上。因为价格收在始于1月2日低点4475的45°线之下，所以价格到达更低的位置，几乎是一件确定的事。

参考周图表：1953年4月18日是1½个5855正方，按照30个点对应1/8英寸的刻度，即30个点等于一周。这个正方形结束于4月18日这个事实，就是为什么价格在4月17日突破如此快速的原因之一。你应该始终留意正方形结束的位置，对禽蛋来说它基于30点的刻度，周图表是20点刻度。注意在高低点和区间的正方形结束时，几何角度线所处的位置。也不要忽略价格和时间如何站在自然数正方形上。

你研究这张图表越多，事实上你对任意图表研究和练习得越多，你将获得的知识越多，你将获得未来趋势的准确度就越大。

十、判断股票和商品周趋势的高级计算器

高级计算器显示了所有的7天周时间周期，即一年总共有52周。这代表了364个日历日，因此在每年结束时，有1天的增量。在7年终点，是7天的增量，这个时间周期出现在重要的高低点价格日期之前一周。你也必须给每个闰年增加一天。假定你要得到15年的时间周期，为了使用高级计算器，你就将365乘以15，再加上闰年的数量，为了能使用上计算表，然后你用总天数除以7就得到周期为7天的周期数。（参见价格和时间表）

52的平方是2704，我们可以用它来测量周数、天数、月数、年数或者小时数。在使用天数时，当然它需要2704天才能贯穿52方形。这就得到386周零2天，或者约7年零5个月，非常接近于7½年（即90个月）的重要周期。

如果我们用小时来平衡或正方2704，将2704除以24就得到112⅔天，24是地球绕轴自转一周的小时数。由7天周期组成的52方形，是测量价格和时间的最重要方法之一。7在《圣经》里提到的次数比任何其他数更多，除了数字3。这两个数字都是都是非常重要的，与价格和时间变化联合起来使用。你要从重要高低点价格的实际日期，而不从每月的第一天或者每年的第一天，开始计算时间周期。计算器宽104周，它等于2年。在计算器底部，从左向右，时间周期到104是2年，到208是4年。在计算器的顶部，从右向左，时间周期到312是6年，到416是8年，到520是整10年周期。

（一）时间周期的划分

一年的1/8，等于6½周。

1/4，等于13周。

1/3，等于17周。

3/8，等于19½周。

1/2，等于26周——→一个重要的时间和阻力位。

5/8，等于32½周。

2/3，等于35周。

3/4，等于39周——→对趋势变化非常重要。

7/8，等于45½周。

1年，等于52周角度线从时间和价格的每个时间周期引出，以便平衡正方形，并显示出阻力位，此处价格和时间周期预示着趋势变化。

(二)时间和空间的第三维和第四维

我们知道三维——高度、宽度和长度——但是在市场走势里，还有第四维或要素。我们利用高级计算器，或长达7周或更多的每个7天周期的52方形，证明了第四维。

7×52等于364，即7年。

(三)圆、三角形和正方形

360°圆和9个数字，是所有数学计算的基础。正方形和三角形在圆周内形成，但是，内圆和内方形，还有外方形和外圆，它们证明了计算市场走势的第四维。

(四)价格

最需要考虑的几个位置：

1. 最低价。

2. 最高价。

3. 1/2位置，在极高点和极低点之间的平均值或中间值。通过从1/2位置或重心(这是最重要的价格阻力)画一条45°线，我们得到第四维，如高级计算器上所示。

4. 成交量。这是驱动市场涨跌的力量。但是，记住时间是最本质的因素。当时间到了时，成交量开始驱动市场涨跌。

(五)时间

时间被分成几段，据此我们判断趋势的变化。

1. 每天的最高价和最低价。

2. 每周的最高价和最低价

3. 每月的最高价和最低价

4. 每年的最高价和最低价

周和年时间周期对于趋势预测和趋势变化是最重要的。

日被分成小时、分钟和秒。一天的四部分是：太阳升起，中午，太阳落山和午夜。当然，最重要的是：①中午，此时太阳在头顶，即在90°线。②午夜，与中午相反或者相差180°，与太阳落山相差90°。

因为在日历上我们使用7天时间周期，7天的1/2，即3½天要重点留意趋势变化。

要留意任意高/低点后的第3天和第4天的次要趋势变化，它以后可能成为主要变化。

1. 7天周期

始于任何重要高低点位的7个日历日时间周期具有重要意义。14天是最重要的，21天即3周是次重要的。折返经常持续2周，有时是3周，然后恢复主要趋势。熊市的反弹经常持续14天，有时是21天，然后恢复向下或主要趋势。

2. 7天的倍数

7的平方或49天，对于趋势的变化是非常重要的。你可以在第42天之后开始留意这种变化。但是，第一个变化的信号直到第45天或第46天才出现，它们是一年或365天的1/8。一年的1/16是23天。因此，46天和23天的时间对于观察趋势变化都很重要。

下一个重要的是63～65天，因为7×9=63天，8的平方是64。81天或9的平方也很重要。90～91天等于一年的1/4，或7×13。这对于留意趋势变化都非常重要。当然，下一个重要的是大约182天，即一年的1/2。

3. 年

后面，我们将提到4个季节，即年的划分，它们是春天、夏天、秋天和冬天，对于观察趋势变化很重要。但是，时间的划分是来自重要高低价格的实际日期开始。

重要的年周期分别是：1、2、3、5、7、9、10、12、14、15、18、20、21、22½、24、25、27、28、30、40、45、49、56、60、84和90（这是大周期）。我们找到周期的1/2位置（它是最重要的），还有1/8、1/3和2/3位置，并且观察这些周期比例的趋势变化。例如：

90年大周期等于1080个月；

1/2是45年，即540个月；

1/4是22½年，即270个月；

1/8是11¼年，即135个月；

1/16是5⅝年，即67½个月。

30年周期或其他周期按照同样的方式划分。

4. 7年的倍数

7年的倍数或84个月，对观察趋势变化更加重要。它们是7年、14年、21年、28年、35年、42年，以及非常重要的49年，因为它是7的平方。接下来，56和63是非常重要的，因为63等于7×9。81（9的平方）非常重要。

价格上也能使用7。例如，98（2×49）；126（2×63）；162（2×81）等。

5. 年时间周期——三角形和正方形

当从重要低点开始的1/3年，与从其他重要高/低点开始的1/4年或1/2年同时出现时，它对于趋势变化至关重要。每年的1/2时间周期始终是最重要的，它与历史最高价的1/2及区间的1/2位置产生的阻力位同等重要。通过将高级计算器放在周高低点图表上的练习、研究和比较，你将看到价格和时间周期是如何运行的。

(六)时间、价格、成交量、速度、斜率或趋势

当一个时间周期完成,成交量就会增加,市场开始快速上涨或下跌。斜率或趋势大多由45°线来决定,它是最重要的,但是其他角度线可以用于判断趋势。斜率或趋势是第四维,通过角度线显示了市场是慢速的,还是快速的,是非常激烈的——即在45°线上,还是平缓的——即在45°线下。它导致了缓慢攀升的行情,后来可能重夺重要的角度线,然后增加角度线的斜率,并开始更快地上涨。

所有这些显示在高级计算器上,或者52方形上。

(七)使时间和价格成正方或平衡的三种方式

(1)使最低价和最高价与用周表示的时间达到平衡。

(2)平衡区间,区间是指极高点和极低点之间的区域。

(3)通过使价格和时间(周时间周期显示在高级52方形上)达到平衡,得到第四维。

(八)价格刻度

价格刻度在104、208、312、416和520等点位上下,和时间周期平衡。谷物的价格刻度是每蒲式耳4美分,股票的价格刻度是每股1.00美元。价格和时间一样被8等分和3等分。

棉花、咖啡、可可、禽蛋的刻度——每1/8美分等价于10点。因此,对棉花或以100点对应1美分的其他任何商品来说,52将表示520,104将表示1040。禽蛋周高低点图表——禽蛋以很小的5个点交易。我们在日高低点图表上使用10点对应1/8英寸。经验证明25点对1/8英寸(它代表1周)的刻度效果最好。因此,在日图上的52格表示1300,即13美分,104代表2600,156代表3900,208代表5200,即每打禽蛋52美分等。一年对应13美分,它的1/2是6½美分,1/4将是325,1/8将是162。因此,如果要得到26美分以上的阻力位,你要加上6½,得到32½,依次类推。

所有这些都显示在这张长达40年的价格表上。所有你们必须做的是横着找出标为"1/2"的周期,得到每年里的确切日期。当从重要高/低点开始的时间是1/2年,即180天时。以同样的方式,你从这张表得到基于52方形的阻力位。

十一、如何使用高级计算器

计算器上的一行可以用作一个月或一年,但是这个计算器是设计来用于在周高低点图表上判断重要的趋势变化的。

(一)如何在周图表上使用高级计算器

把计算器的底部或“0”放在任意价格之下的“0”位,或者把它放在低点价格上,然后你会看到角度线经过以及显示阻力位的地方。

把在高点标为“顶部”的计算器放在重要价格形成这一天,然后你就可以看到从顶部向下的重要阻力的角度线。

(二)内方形或1/2点

把计算器放在历史最高价或区间的1/2位置。把计算器放在高/低点形成的同一行,这里被标为1/2或26周。把计算器放在1/2位置过26,将显示出阻力位,以及价格是强势还是弱势。

(三)45°线的内方形

45°线的内方形从26开始(26是52的1/2),然后上下移动。它经过26,即52的1/2。从“0”开始上升的45°线经过52和104,从顶部或者高价位下降的45°线经过52,并终止于“0”。所有这些始于任意重要高低点的重要45°线经过1/4、1/2、3/4等位置。如你所见,时间和价格达到平衡。

(四)最重要的时间周期

最重要的时间周期是距离重要高低点日期有1、2、3年或更多年的周年纪念。其次重要的是一年的1/2。第三重要的一年的3/4,即39周。第四重要的是一年的1/3,即17周。而一年的2/3,即35周也是非常重要的趋势变化时间。

在你计算周时间周期时,你必须也要考虑重要的3年周期、5年周期、7年周期、10年周期、15年周期(30年周期的一半)、20年周期(60年周期的1/3)和30年周期(它是360个月的完整周期)。距离重要高/低点的时间越长,变化就越大——因为每年的时间周期至少增加一天,同时在完整周期结束前,要在闰年额外增加一天。

时间和价格表显示了1年正好有52周,或364个日历日。考虑闰年以及时间以每年1天的速率增加,你就知道减去多少时间,就可以调整整个时间周期。

(五)季节性时间周期

在计算季节性时间周期时,我们不要从1月1日开始计算,而是要从春天开始的日期3月21日开始计算。这些在表上按1/8、1/3等标注的时间如下。

5 月 5 日,1/8 年或 6½周[1]。

6 月 21 日,1/4 年或 13 周。

7 月 23 日,1/3 年或 17 周。

8 月 5 日,3/8 年或 19½周。

9 月 22 日,1/2 年或 26 周。

11 月 8 日,5/8 年或 32½周。

11 月 22 日,2/3 年或 35 周。

12 月 21 日,3/4 年或 39 周。

2 月 4 日,7/8 年或 45½周。

3 月 20 日,1 年或 52 周。

(六)仲季[2]时间周期

它们是 5 月 5 日、8 月 5 日、11 月 8 日和 2 月 4 日。重要的趋势变化出现在这些仲季日期的附近,但是所有以上时间都应该注意重要的趋势变化。

时间和重要的高低价格表,在其顶部的数字从 1 ~ 38。重要的时间显示了确切的日期,如果你需要查看第 7 年的某些东西,你找到标为"7"的那一列,然后向下移到 1/2位置,你将发现 7½年是 390 周,等等,在同一行的任意价格都将是重要的阻力位。

通过研究、联系和体验高级计算器,你将了解这些 7 的倍数时间和价格是多么有价值。

W.D.Gann

1955 年 1 月 10 日

---

[1] 这里的"年和周,都是指与 3 月 21 日相隔的时间"。

[2] 仲季,指仲夏、仲春、仲秋和仲冬。既季节的中期。

第十章　高级图表

高级图表是不变的，它代表了自然角度和不变的阻力点位，无论价格，时间还是成交量。这些点不会变化，你应该仔细地在每张不同的高级图表上研究它们，并学会如何应用它们。

一、高级十二方图[1]

这张高级图表是十二方图，即 12×12 正方形，第一个正方形结束于 144，第二个正方形结束于288，第三个正方形结束于432，第四个正方形结束于576，这些将包含大部分你所需要的。但是，你可以根据需要组成任意多的正方形。

高级十二方图可以应用于任何东西——时间、空间、价格或成交量，涨跌的点数、天数、周数、月数和年数。

在第一个从 1～144 的正方形里，我画出了更细的角度线，来显示小正方形[2]里的中心或者最强的阻力位。对于小的高低点来说最强的小中心是：14、17、20、23、50、53、56、69、86、89、92、122、125、128、131。大中心[3]是遇到最强阻力的地方。这些数字是 66、67、78 和 79。股票涨/跌至这些价格，将遇到强大的阻力。下一个强的角度线是 45°，在其上最强的阻力数字是 14、27、40、53、66、79、92、105、118、151 和 144。十二方图上另一条 45° 对角线是同样强的。这些数字是 12、23、34、45、56、67、78、89、100、111、122、133。参见图 10－1。

穿过每个 1/4 大小[4]的正方形中心的 45° 线，它所经过的这些数字是次强的。这些数字是 7、20、33、46、59、72、61、50、39、28、17 和 6。在正方形的另一边，在你经过中点之后，这些数字是 73、86、99、112、125、138、139、128、117、106、95 和 84。在正方形顶

---

[1] 原文直译为“高级 12 图表”。这里“12 图表”指的是 12×12 正方形图表。所以，简称为十二方图。

[2] 指 3×3 正方形。

[3] 指 12×12 正方形的中心。

[4] 指 12×12 正方形的 1/4 大小，即 6×6 正方形。

	1	2	3	4	5	6	7	8	9	10	11	12
12	12	24	36	48	60	72	84	96	108	120	132	144
11	11	23	35	47	59	71	83	95	107	119	131	143
10	10	22	34	46	58	70	82	94	106	118	130	142
9	9	21	33	45	57	69	81	93	105	117	129	141
8	8	20	32	44	56	68	80	92	104	116	128	140
7	7	19	31	43	55	67	79	91	103	115	127	139
6	6	18	30	42	54	66	78	90	102	114	126	138
5	5	17	29	41	53	65	77	89	101	113	125	137
4	4	16	28	40	52	64	76	88	100	112	124	136
3	3	15	27	39	51	63	75	87	99	111	123	135
2	2	14	26	38	50	62	74	86	98	110	122	134
1	1	13	25	37	49	61	73	85	97	109	121	133

图 10－1　十二方图

端和低端上的数字，是形成重要的高低点的重要价格，因为它们是相反的数字，并且等于中点[1]。第一个正方形的这些数字是 1、13、25、37、49、61、73、85、97、109、121、133。高点数字是 12、24、36、48、60、72、84、96、108、120、132 和 144。这些对于量度天数、周数、月数和年数是非常重要的。

从东向西穿过正方形中心，把正方形等分的这条相反角度线，是非常强的角度线之一，因为它等于 1/2。任何股票涨/跌至这些价格，将遇到阻力，并形成高/低点。这些数字是 6、7、18、19、30、31、42、43、54、55、66、67、78、79、90、91、102、103、114、115、126、127、138、139。请记住，任何东西从起点移动 3 段的时候，它到达它自身位置的平方，这是第一个强阻力。当它移动 6 段就到达相反位置，即等于它自身位置的一半，遇

[1] “相对”是指正方形顶端与底端相对。“等于中点”指它们相加除 2 等于中间值。

到更强的阻力。从自身位置移动9个位置或段，它就到达3/4点，另一个平方。第8、第9段是最强和最难通过的点，因为这是死亡区域。下一个更强的是结束于144的第12段或第12列。任何东西到达这一点遇到最强阻力。但是，一旦它移到这个正方形外，进入第2个正方形里3个点，也就是147，将显示更强。但是，在到达这点以后，它将不再回到141，即第1正方形里3个点。当股票进入第2个12方形，它移动得更快。当从任何高/低点时间或月数，进入第2个正方形，那么它就运动得更快，无论上涨还是下跌。应用同样的规则到第3、4、5、6个正方形。在高级十二方图的第3、4个正方形里，你将发现，根据时间分段，在用月数来量度时，大部分大牛市和大熊市达到极点。所有其他应用于空间运动，角度和时间的规则，都可以和高级十二方图一起使用。图10－2是禽蛋十二方图的高级360°正方形。

Master 360° Circle Chart

		1	2	3	4	5	6	7	8	9	10	11	12	1	2	3	4	5
12	24	360	720	1080	1440	1800	2160	2520	2880	3240	3600	3960	4320	4680	5040	5400	5760	6120
	23	345	705	1065	1425	1785	2145	2505	2865	3225	3585	3946	4305	4665	5025	5385	5745	6105
11	22	330	690	1050	1410	1770	2130	2490	2850	3210	3570	3930	4290	4650	5010	(5370)	5730	6090
7/8	21	315	675	(1035)	1395	1755	2115	2475	2835	3195	3555	3915	4275	4635	4995	5355	5715	6075
10	20	300	660	1020	1380	1740	2100	2460	2820	3180	3540	3900	4260	4620	4980	5340	5700	6060
	19	285	645	1005	1365	1725	2085	2445	2805	3165	3525	3885	4245	4605	4965	5325	5685	6045
3/4 9	18	270	630	990	1350	1710	2070	2430	2790	3150	3510	3870	4230	4590	4950	5310	5670	6030
	17	255	615	975	1335	1695	2055	2415	2775	3135	3495	3855	4215	4575	4935	5295	5655	6015
8 2/3	16	240	600	960	1320	1680	2040	2400	2760	3120	3480	3840	4200	4560	4920	5280	5640	(6000)
5/8	15	225	585	945	1305	1665	2025	2385	2745	3105	3465	3825	4185	4545	4905	5265	5625	5985
7	14	210	570	930	1290	1650	2010	2370	2730	3090	3450	3810	4170	4530	4890	5250	5610	5970
	13	195	555	915	1275	1635	1995	2355	2715	3075	3435	3795	4155	4515	4875	5235	5595	5955
1/2 6	12	180	540	900	1260	1620	1980	2340	2700	3060	3420	3780	4140	4500	4860	5220	5580	5940
	11	165	525	885	1245	1605	1965	2325	2685	3045	3405	3765	4125	4486	4845	5205	5565	5925
5	10	150	510	870	1230	1590	1950	2310	2670	3030	3390	3750	4110	4470	4830	5190	5550	5910
	9	135	495	855	1215	1575	1935	2295	2655	3015	3375	3735	4095	4465	4815	5175	5535	5895
4 1/3	8	120	480	840	1200	1560	1920	2280	2640	3000	3360	3720	4080	4440	4800	5160	5520	5880
	7	105	465	825	1185	1545	1905	2265	2625	2985	3345	3705	4065	4425	4785	5145	5505	5865
3 1/4	6	90	450	810	1170	1530	1890	2250	2610	2970	3330	3690	4050	4410	4770	5130	5490	(5850)
	5	75	435	795	1155	1515	1875	2235	2595	2955	3315	3675	4035	4395	4755	5115	5475	5835
2 1/6	4	60	420	780	1140	1500	1860	2220	2580	2940	3300	3660	4020	4380	4740	5100	5460	5820
1/8	3	45	405	765	1125	1485	1845	2205	2565	2925	3285	3645	4005	4365	4725	5085	5445	5805
1	2	30	390	(750)	1110	1470	1830	2190	2550	2910	3270	3630	3990	4350	4710	5070	5430	5790
	1	15	375	735	1095	1455	1815	2175	2535	2895	3255	3615	3975	4335	4695	5055	5415	5775
		30° 1/12	60° 1/6	90° 1/4	120° 1/3	150° 5/12	180° 1/2	210° 7/12	240° 2/3	270° 3/4	300° 5/6	330° 11/12	360° □	30° 1/12	60° 1/6	90° 1/4	120° 1/3	150° 5/12

[Master 360° Square of 12 Chart for Eggs]

图10－2　高级十二方图

二、九方形

你已经知道了高级十二方图的解释（它代表天数、周数、月数和年数），并且在十二方图或圆方图中的时间量度，也可以用于测量价格走势和阻力位。

九方图是非常重要的，因为9个数字用于使得每件事情得到保证。不从0开始重复，我们就不能超越 9。如果我们把 360°除以 9，就得到 40，它表示 40°、40 个月、40 天、40 周、40 年，并且说明了为什么底部和顶部经常出现在这些以圆的 1/9 量度的角度线上。这就是为什么以色列的孩子有 40 年处于荒野。参见图 10－3。

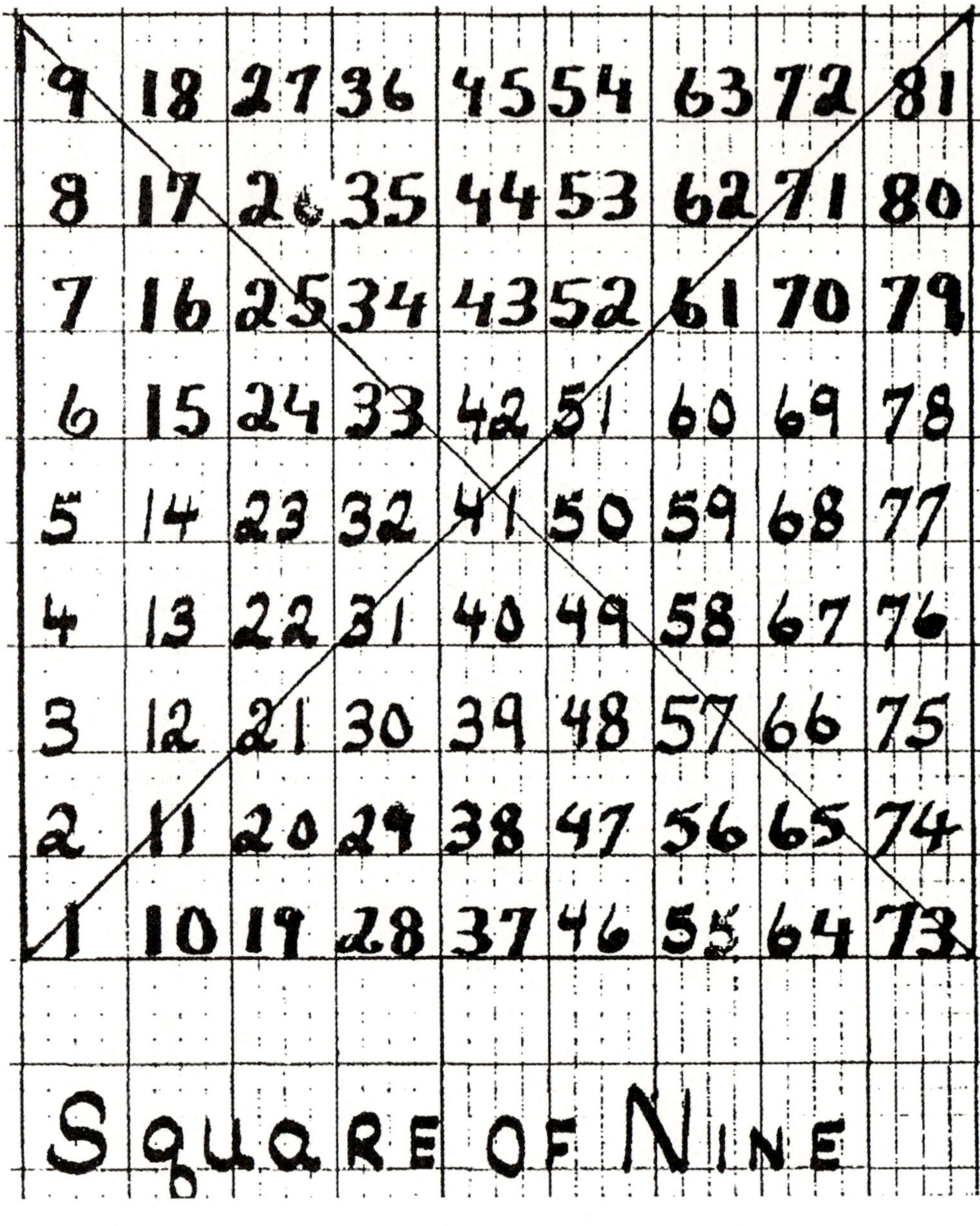

9	18	27	36	45	54	63	72	81
8	17	26	35	44	53	62	71	80
7	16	25	34	43	52	61	70	79
6	15	24	33	42	51	60	69	78
5	14	23	32	41	50	59	68	77
4	13	22	31	40	49	58	67	76
3	12	21	30	39	48	57	66	75
2	11	20	29	38	47	56	65	74
1	10	19	28	37	46	55	64	73

SQUARE OF NINE

图 10－3　九方形

如果我们把 20 年，即 240 个月除以 9，得到 $26\frac{2}{3}$个月，形成一个重要的角度 $26\frac{2}{3}$°，或月数、天数、年数。9×9＝81，完成了第一个九方形。请注意这个角度，以及它们如何穿过中心。第二个九方形结束于 162。注意这是与主要中心相对的。第 3

个九方形结束于243，它等于243个月或20年零3个月，由于这个时间经常在周期改变之前经常流逝，有时超过3个月或更多。第四个九方形结束于324。请注意45°线穿过325，预示着这里的周期改变。完成360°需要4个九方形，还多36。注意361等于19×19，那么证明九方形在计算重要角度线和探明差异上具有重大价值。

在中心从1开始，注意7、21、43、73、111、157、211、273和343，都在一条45°线上。来到另一边，请注意3、13、31、57、91、133、183、241和307落在另一条45°线上。请记住，你有四种方法可以从中心沿着45°线，或180°线，90°线穿越，在测量一个平面时，它们都大致相同。注意8、23、46、77、116、163、218、281和352都落在从主要中心引出的角度线上。还要注意，4、15、34、61、96、139、190、249和315都落在从主要中心引出的另一条角度线上。所有这些都是重要的阻力位置，并量出重要的时间因子和角度线。

要把九方形和高级十二方图，以及360°圆周图联系起来，非常仔细地研究。本节内容参见图10－4、图10－5。

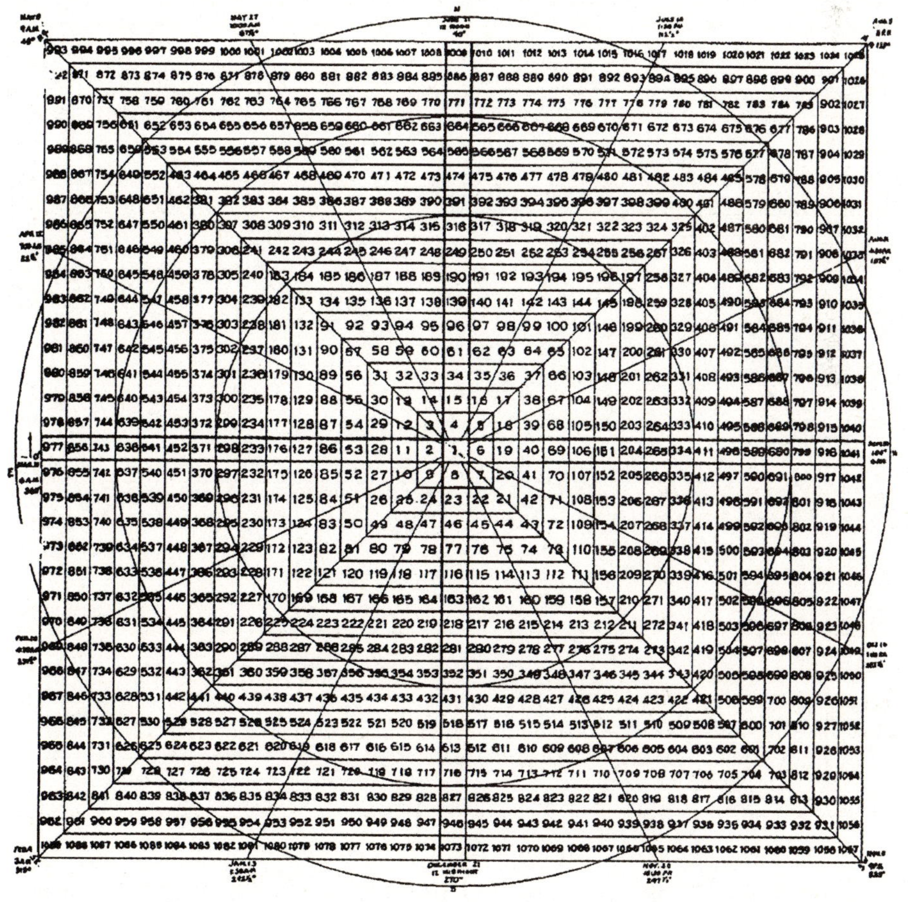

图10－4 高级360°圆周图

9	18	27	36	45	54	63	72	81
8	17	26	35	44	53	62	71	80
7	16	25	34	43	52	61	70	79
6	15	24	33	42	51	60	69	78
5	14	23	32	41	50	59	68	77
4	13	22	31	40	49	58	67	76
3	12	21	30	39	48	57	66	75
2	11	20	29	38	47	56	65	74
1	10	19	28	37	46	55	64	73

90	99	108	117	126	135	144	153	162
89	98	107	116	125	134	143	152	161
88	97	106	115	124	133	142	151	160
87	96	105	114	123	132	141	150	159
86	95	104	113	122	131	140	149	158
85	94	103	112	121	130	139	148	157
84	93	102	111	120	129	138	147	156
83	92	101	110	119	128	137	146	155
82	91	100	109	118	127	136	145	154

171	180	189	198	207	216	225	234	243
170	179	188	197	206	215	224	233	242
169	178	187	196	205	214	223	232	241
168	177	186	195	204	213	222	231	240
167	176	185	194	203	212	221	230	239
166	175	184	193	202	211	220	229	238
165	174	183	192	201	210	219	228	237
164	173	182	191	200	209	218	227	236
163	172	181	190	199	208	217	226	235

SIX SQUARES OF NINE

252	261	270	279	288	297	306	315	324
251	260	269	278	287	296	305	314	323
250	259	268	277	286	295	304	313	322
249	258	267	276	285	294	303	312	321
248	257	266	275	284	293	302	311	320
247	256	265	274	283	292	301	310	319
246	255	264	273	282	291	300	309	318
245	254	263	272	281	290	299	308	317
244	253	262	271	280	289	298	307	316

333	342	351	360	369	378	387	396	405
332	341	350	359	368	377	386	395	404
331	340	349	358	367	376	385	394	403
330	339	348	357	366	375	384	393	402
329	338	347	356	365	374	383	392	401
328	337	346	355	364	373	382	391	400
327	336	345	354	363	372	381	390	399
326	335	344	353	362	371	380	389	398
325	334	343	352	361	370	379	388	397

414	423	432	441	450	459	468	477	486
413	422	431	440	449	458	467	476	485
412	421	430	439	448	457	466	475	484
411	420	429	438	447	456	465	474	483
410	419	428	437	446	455	464	473	482
409	418	427	436	445	454	463	472	481
408	417	426	435	444	453	462	471	480
407	416	425	434	443	452	461	470	479
406	415	424	433	442	451	460	469	478

图 10－5　6 个九方形

三、6 个九方形

你将会看到6个不变的图表，每个包括81个数字。第一个九方形从1到81，每件事必须有一个底，一个顶和四个边，才能成为一个正方形或立方体。第一个结束于81的正方形是底，地基，地板或起点。第2～5个正方形是四条边，都同样包含81个数字。第6个九方形是顶，意味着它是倍数，这参考圣经，或一个东西通过自乘复制自己。9×9＝81，6×81＝486。我们也可以使用9×81＝729。数字5是这些数字中最重要的数字，因为它是平衡或者主要中心。在它两边各有四个数字。注意在九方形里，它如何被显示为平衡或中心数字。

我们从中心1开始，一圈圈环绕直到我们遇到360，来将圆变为正方形。注意九方形出现在361。这里的原因是：它等于19×19，1作为开始，1到360代表开始点到结束点。361是一个开始下一个循环的转换点。我们应该保留第一个空间，或使它为0，那么我们将得到360。在数学里，每件事情必须证明。你可以从中心开始并向外计算，或者从外围开始并向内计算。从左边开始，并向右到中心，或者到外边缘，或者是正方形边。

注意九方形或圆周的正方，我们从 1 开始，向上到 19，然后继续横穿，直到获得 19 列。再次得到 19×19 正方形。注意，在重要的中心里，即所有从四角和东、南、西、北引出的角度线达到中心的地方，数字 181 出现，显示了在这一点，我们正在穿过赤道或重心，并在圆周的另一半开始。参见图 10－6。

SQUARE OF THE CIRCLE

1	2	3	4	5	6	7	8	9	10	11	12	13	14	15	16	17	18	19
19	38	57	76	95	114	133	152	171	190	209	228	247	266	285	304	323	342	361
18	37	56	75	94	113	132	151	170	189	208	227	246	265	284	303	322	341	360
17	36	55	74	93	112	131	150	169	188	207	226	245	264	283	302	321	340	359
16	35	54	73	92	111	130	149	168	187	206	225	244	263	282	301	320	339	358
15	34	53	72	91	110	129	148	167	186	205	224	243	262	281	300	319	338	357
14	33	52	71	90	109	128	147	166	185	204	223	242	261	280	299	318	337	356
13	32	51	70	89	108	127	146	165	184	203	222	241	260	279	298	317	336	355
12	31	50	69	88	107	126	145	164	183	202	221	240	259	278	297	316	335	354
11	30	49	68	87	106	125	144	163	182	201	220	239	258	277	296	315	334	353
10	29	48	67	86	105	124	143	162	181	200	219	238	257	276	295	314	333	352
9	28	47	66	85	104	123	142	161	180	199	218	237	256	275	294	313	332	351
8	27	46	65	84	103	122	141	160	179	198	217	236	255	274	293	312	331	350
7	26	45	64	83	102	121	140	159	178	197	216	235	254	273	292	311	330	349
6	25	44	63	82	101	120	139	158	177	196	215	234	253	272	291	310	329	348
5	24	43	62	81	100	119	138	157	176	195	214	233	252	271	290	309	328	347
4	23	42	61	80	99	118	137	156	175	194	213	232	251	270	289	308	327	346
3	22	41	60	79	98	117	136	155	174	193	212	231	250	269	288	307	326	345
2	21	40	59	78	97	116	135	154	173	192	211	230	249	268	287	306	325	344
1	20	39	58	77	96	115	134	153	172	191	210	229	248	267	286	305	324	343

图 10－6　19×19 正方形

我们有几何角度线工作的理由、原因和缘由的天文学和数学证据。在你获得进展，证明了自身的价值后，我将给你高级数字和神奇字句。

四、六边形图表

因为每件事都是周期运动，没有什么是直线运动，所以这张图表向你展示了角度如何影响非常低价和非常高价的股票，以及为什么股价越高，它们运动得越快，因为它们向外移动，导致在45°线之间的距离是如此之远，以至于没有什么能阻止它们，它们自然加速上涨和下跌。六边形图表参见图 10－7。

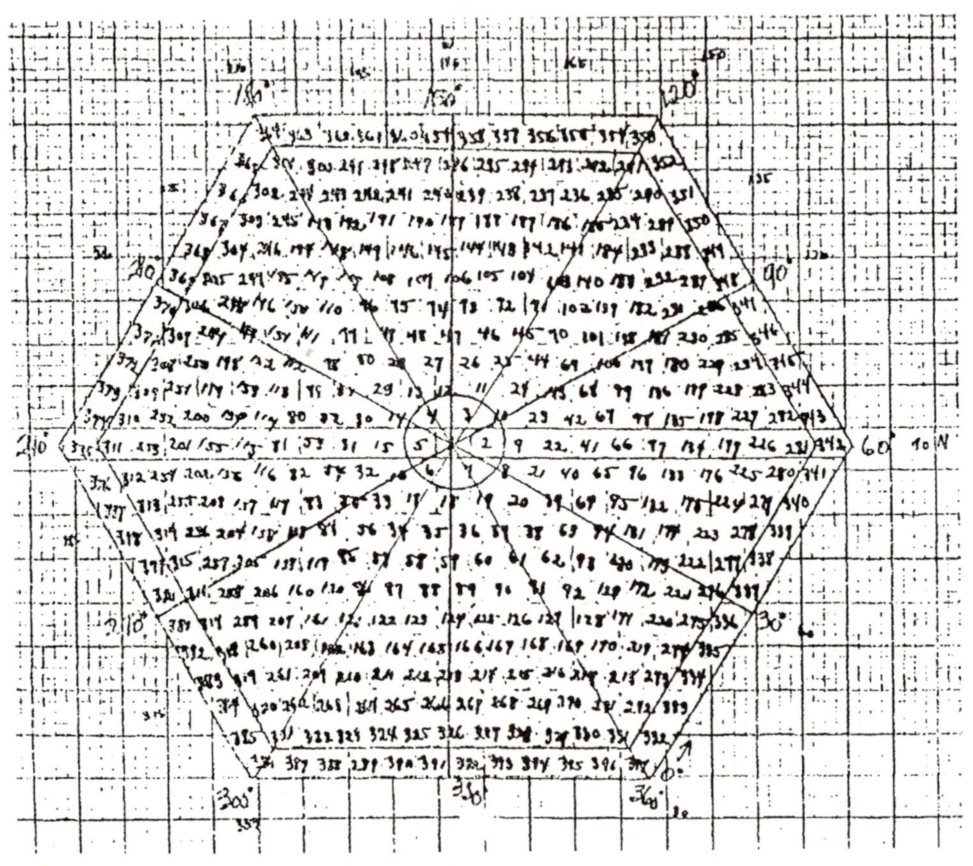

图 10－7　六边形

我们以中心为“1”的圆开始，虽然这只包含 1，但是这个圆同样是 360°。然后，我们在这个圆周围放上一系列圆，六个数组成第二个圆，比第一个圆多 6，第二个圆结束于 7，使得在这个角度线上的 7 成为非常重要的月份、年份、周和天，第 7 天是神的日子和休息日。第 3 个圆结束于 19。第 4 个圆结束于 37——比前一个圆多 18。第 5 个圆结束于 61，比前一个圆多 24。第 6 个圆结束于 91，比前一个圆多 30，第 7 个圆结束于 127，比上一个圆多 36。注意从第一个圆开始，我们每转一圈就多 6。换句话说，当转动六圈时，我们多了 36。注意这组成了第一个六边形，因为这等于 127 个月，说明了一些运动为什么要运行 10 年零 7 个月，或者持续到它们到达六边形图的平方，或者重要的最后一条 45°线。

第 8 个圆结束于 169，比上一个圆❶多 42。不止一个理由说明，这是非常重要的角度，一个重要的时间因素。它是 14 年零 1 个月，即 7 年周期的一倍。通过对照图表，你将会发现，重要的高点和低点在这条角度线达到顶点。

第 9 个圆结束于 217，比前一个圆多 48。第 10 个圆结束于 271，比前一个圆多 54。注意 271 是从第一个圆开始后第 9 个圆，或者是第 3 个 90°或 270°，圆的 3/4 位置，一个强势位置。所有这些可以通过高级 12 方图、四季和九方形来确认，也可以通过六边形图来确认，显示数学证明总是精确的，无论用多少方法或从哪个方向去计算。

第 11 个圆结束于 331，比上一个圆多 60。第 12 个圆结束于 397，它完成了这个六边形，从起点算起在 11 个圆里多了 66。66 个月，或者 5 年零 6 个月，标志了股票的主要走势的高潮。注意它们经常在第 60 月达到顶点，然后反转❷，并在第 66 个月形成第二个顶部或底部。注意在高级 12 方图上的数字 66。在九方形上请注意它，并且注意在六边形图上，66 出现在 180°线上，所有这些确认了在这一点的强角度线。

我们有一条 66°线，一条 67½°线和一条 68°线，确认这一点成为双重强的顶部和底部，或者双倍涨跌空间。

请注意六边形图上的数字 360，它完成了 360°圆。从起点算起，这出现在六边形图的 150°线上，但是从中心测量，它将等于 90°或 180°，使这里成为很难通过的强势点，并成为一个运动的终点和另一个运动的起点。

在中心为“1”的六边形图上，还要注意 7、19、37、61、91、127、169、217、271、331 和 397，都在这条径直的角度线上，都是时间上重要的点。从“1”开始，跟随其他角度线，注意 2、9、22、41、66、97、134、177、226、281 和 342 都是在相同的 90°线上，或者按六边形图测量的 60°和 240°线。

仔细看这张图表的每条重要的角度线，你就会明白，为什么阻力会在这些天数、周数、月数和年数遇到，为什么股票在这些强势的重要位置，按照时间，要停下来，并形成顶部和底部。

当股票穿到 120°线上方时，尤其是在 127°或 127 点，走出第一个六边形的平方以外，它的影响将变得更快速，它将更快地上涨下跌。注意在中心附近，从 6 到 7 你会遇到 180°线，或者 90°线，但是当股票离开 162，在遇到其他强的角度线之前，它将向上到 169。那就是为什么，当股票变得越高和它们从时间中心运动时，快速涨跌会出现。

---

❶ 原文这里直译是“第一个循环”，显然有误。

❷ 注意这里“反弹”和前面的“顶点”，不是指下跌中的反弹，和上涨的顶点，而是上涨趋势中的下跌和下跌趋势中的上涨，以及涨跌的极限。

记住所有东西都在寻找重心，重要的顶部和底部根据重心，以及从重心、基础或起点（无论是高点，还是低点）得到的时间值而形成。笔直向上或水平的角度线，可能正好与股票运行的天数、周数、月数或年数相同。因此，股票涨到22½将遇到22½°线。如果它运行超过22½天、22½周或者22½月，它也将遇到这条角度线。当这些角度线被遇到，并且遇到的角度线向上时，它越高，遇到的阻力越大。向下运行时，这条规则相反。

市场走势的形成和其他事情的构造是一样的。它就像建造一座大楼。首先是地基，然后必须完成四堵墙，最后封顶——但不是所有的都要封顶。因为市场里的时间与空间，这个立方体或六边形完全证明这套法则有效。当一座大楼被建造时，它是根据四方形或六边形来建造的。它有四堵墙或四条边，一个底部和顶部，因此，它是一个立方体。

在制订股市里的20年周期中，第一个60°或5年，从形成立方体的底部开始。第二个60°就到了120°，完成第一条角度线，或第一条边，并且用完10年周期。第三个60°或第二条边结束于15年或180°。这是非常重要的，因为我们完成大楼的一半，必然在这里遇到最强的阻力。第四个60°，即20年或240个月，组成第三条边。我们现在完成了大楼的2/3，一个达到顶点并完成20年周期的位置。第五个60°，即300°，天，周或月，完成了25年，第一个五年的重复，但是它组成大楼的第四条边，是非常重要的角度线。第六个60°，即360°完成一个整圆，用我们的时间来算结束于30年，它在45°线上每月变化1°组成顶部。这是一个完整的立方体，然后我们重新开始。

将这与六边形图联系起来学习，对你会有帮助。参见图10-8、图10-9。

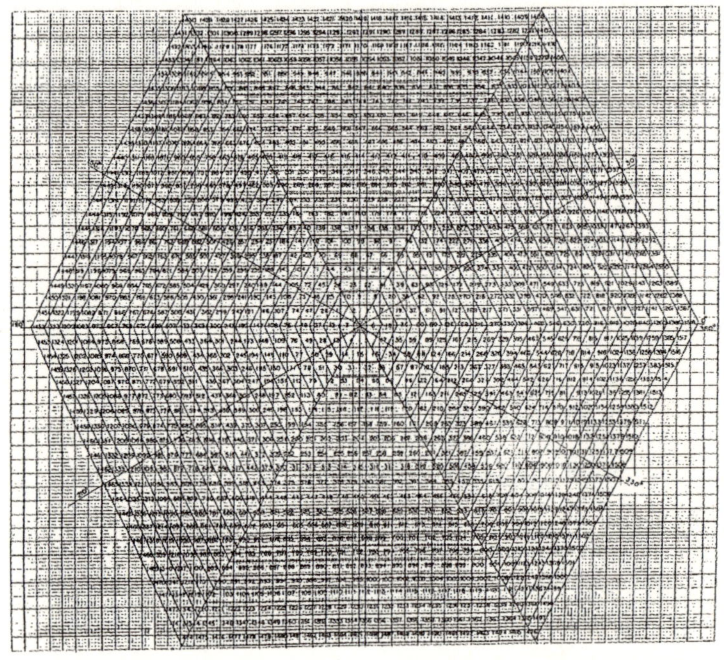

图10-8　六边形图

图 10－9　六边形图

五、高级 360°圆周图

这个图表从“0”开始，围绕圆周运行至“360”。我们首先将圆除以 2 得到 180°，再将 180°除以 2 得到 90°，然后将 90°除以 2 得到 45°，再将 45°除以 2 得到 22½，继续将

22½除以2得到11¼°，最后将11¼除以2得到5⅝°——所有这些组成了圆周里的重要角度线。

我只显示了从3¾°到360°的所有重要角度线。这些角度线用红色画出来，因为它们是重要的角度线。

将圆周除以2之后，下一个重要的数字就是除以3。通过除以3，我们就得到120°、240°和360°，使之成为重要的三角位置。然后我们将120°除以2就得60°、150°、210°、300°和330°。我们将60°除以2就得到30°及其相应比例部分。将30°除以2就得到15°以及散布在圆周里的相应比例的角度线。然后将15°除以2，我们就得到散布在圆周里的7½°。

将一天24小时按圆周分割等于每小时15°。这个圆有48是7½°，它在量度日、周、月的时间周期方面很重要。

仔细地研究高级360°图表，你将会发现为什么周期会重复。当任何事物运转到180°时，将会向对立面下降：每个角度上升到180°时就到达圆周另一边上的对冲位，这就是为什么顶部和底部每次都出现在这些角度上的原因。例如，在某个时候出现在90°或90个月的顶部，将相隔90°或90个月后出现，将会有相似的顶部，它们引起快速波动和疾速涨跌。因为这个角度是如此陡峭，以致于股票在反转之前，不能长时间保持。

注意每14年和每15年，或180个月出现一次的，或者遇到一条180°线或一条笔直上下的角度线时的顶点。当接近这条角度线时，走势多么快速，它们上涨和下跌得多么快，反转多么迅速。45°、135°、225°、315°也是一样。当顶部和底部有规律的，并且间隔相等月份时，注意这是如何证实这些重要的市场运动。注意22½°线，以及下一个重要角度线，30°线，然后是45°线。然后注意60°和67½°是紧邻在一起的，但都是非常重要的角度线。还要注意112½°与120°，都是重要角度线，并且紧邻在一起，预示着重要的顶部和底部。还要注意150°和157½°，紧邻在一起的强角度线，预示着重要的顶部和底部。一直以此类推下去。

当圆周被2等分和3等分，以及再次等分时，我们在360°圆周里得到如下重要角度线和时间，空间与成交量的量度值。

5⅝，7½，11¼，15，16⅞，22½，27⅞，30，33¾，37½，39⅜，45，50⅝，56¼，60，61⅞，67½，73⅛，75，78¾，82½，84⅜，90，95⅝，101¼，105，106⅞，112½，118⅛，120，123¾，129⅜，135，140⅝，146¼，150，152⅞，157½，163⅛，168¾，174⅜，180，185⅝，191¼，196⅞，202½，208⅛，210，213¾，219⅜，225，230⅝，236¼，240，241⅞，247½，253⅛，258¾，264⅜，270，275⅝，281¼，286⅞，292½，298⅛，300，303¾，309⅜，315，320⅝，326¼，330，331⅞，337½，343⅛，348¾，354⅜，360（它完成了这个圆）。

这些数字都是通过一个角度分割获得的，是1/2、1/3、1/4、1/8、1/16、1/32和1/64

量度值。

将这些数字与你的高级十二方图、九方图、六边形图和高级 360°图相比较，你会发现它们如何证实了重要的角度线和时间因子。

数字 7 在决定周、日、月和年上的顶部是如此重要，以致于我们必须将圆周 360°的第一个 1/7 是 $51\frac{3}{7}^{\circ}$，第二个 1/7 是 $102\frac{6}{7}^{\circ}$，第三个 1/7 是 $154\frac{2}{7}^{\circ}$，第四个 1/7 是 $205\frac{5}{7}^{\circ}$，第五个 1/7 是 $257\frac{1}{7}^{\circ}$，第六个 1/7 是 $308\frac{4}{7}^{\circ}$，第七个 1/7 完成这个圆周，等于 360°、360 天、360 周、360 个月或 360 年。如果你将这些数除以 2，你也将得到其他重要的和有价值的角度线，它们将会证实并对应其他图表上的其他角度线。

一年的 1/7 或一个圆周的 1/7，说明了为什么如此多的快速市场运动在第 49 天或第 52 天达到顶点，以及为什么第 7 周在顶点方面如此重要，第 7 个月和第 7 年也是如此。

$1\frac{1}{2}$乘以 $51\frac{3}{7}$等于 $77\frac{1}{8}$，说明了为什么在这个点附近的角度线如此强大，以及为什么第 77 天、第 77 周、第 77 个月对顶点是如此重要。本节相关内容参见图 10－10～图 10－13 以及图 10－15～图 10－16。

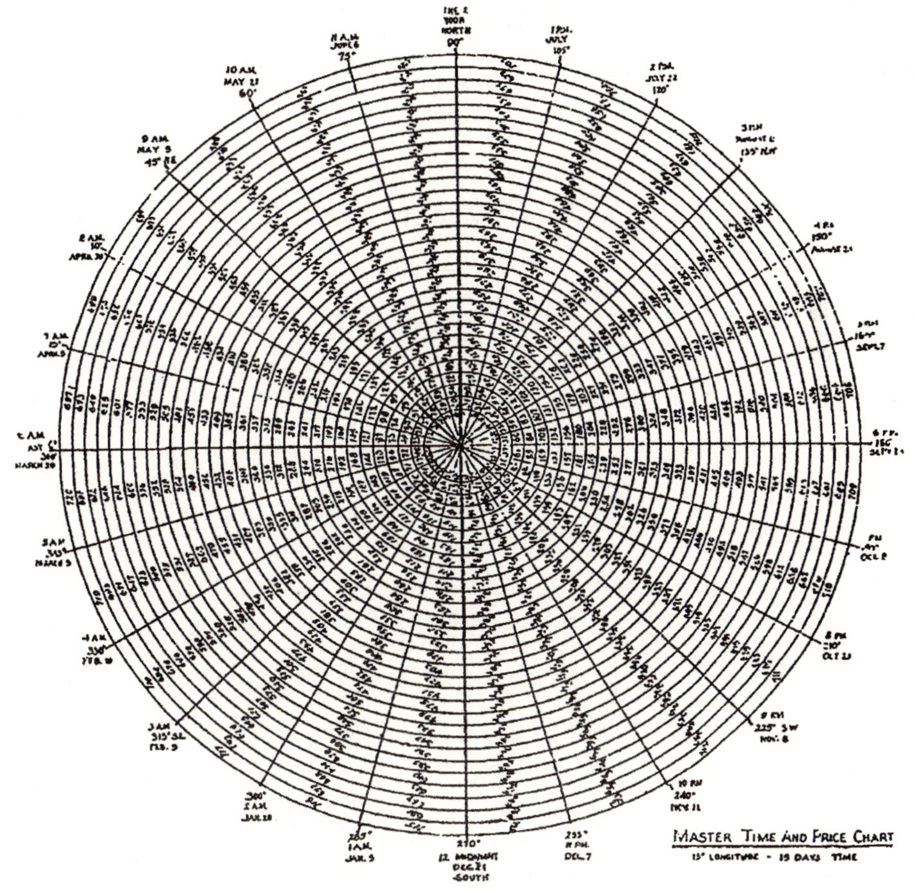

图 10－10　高级 360°圆周图

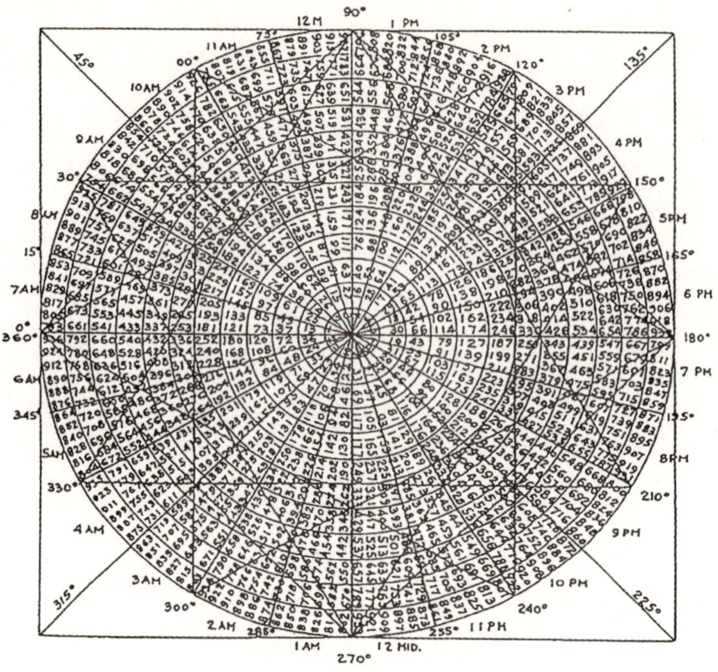

图 10－11　高级 360°圆周图

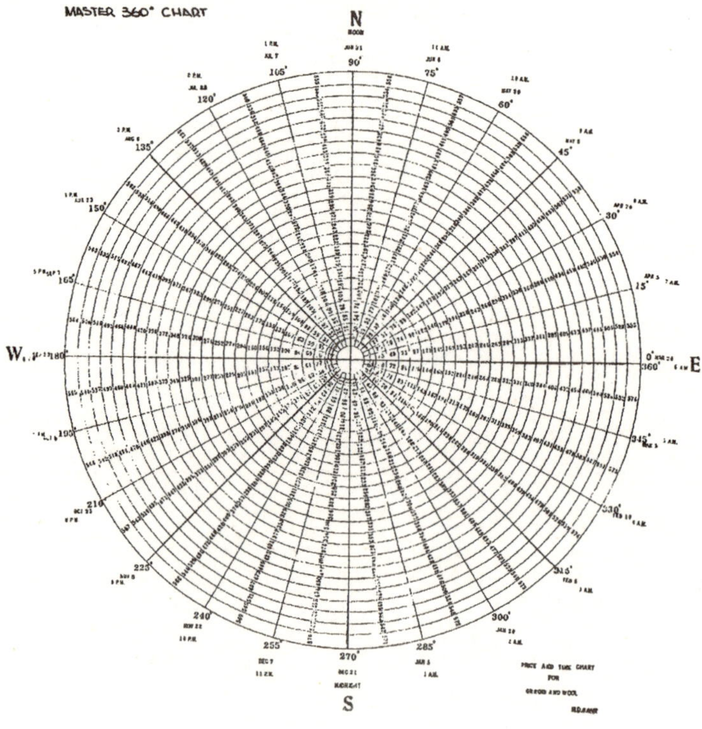

图 10－12　高级 360°圆周图

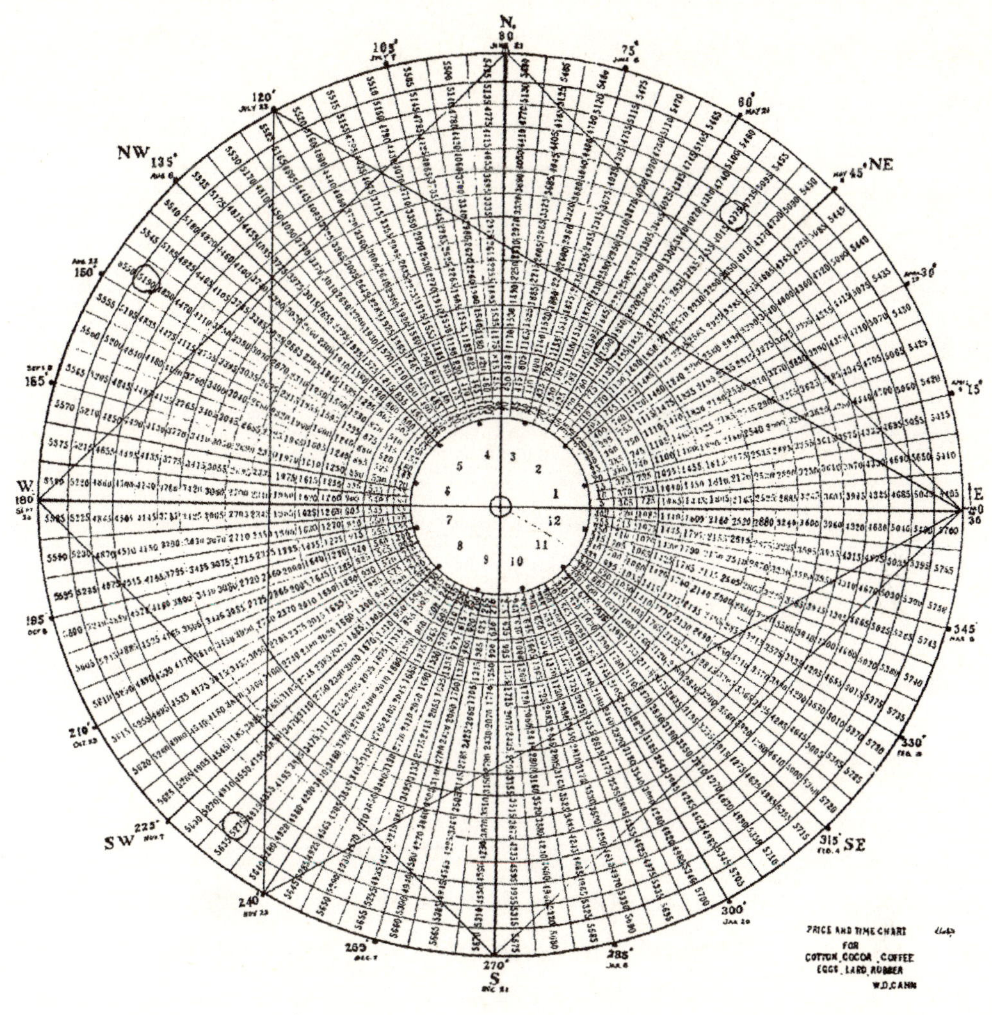

图 10－13　高级 360°圆周图

六、高级 360°圆周图的平方

高级 360°圆周图的平方就是 90×90，包含 8100 个正方形，区域或空间。因此，360 的正方形将包含 32400[1]个小空间。

这就说明了为什么股票在同一区间上下波动这么多次，因为它正在作出正方形里每个空间的单元数或摆动。例如：

90（的平方）的 1/8 等于 1012½。

90（的平方）的 1/4 等于 2025。

[1] 32400＝90×360。

90(的平方)的 1/2 等于 4050。

90(的平方)的 3/4 等于 6075。

90(的平方)的 1/3 等于 2700。

90(的平方)的 2/3 等于 5400。

360 的平方,或 360 乘以 360 等于 32400。

360(的平方)的 1/4 等于 8100。

360(的平方)的 1/3 等于 10860。

360(的平方)的 1/2 等于 16200。

360(的平方)的 2/3 等于 21600。

360(的平方)的 3/4 等于 24300。

360(的平方)的 7/8 等于 28350。

这些位置对成交量,还有时间和价格量度,都非常重要。假如你想知道用来填充或设计 90 × 90 正方形的天数。一年有 365 天,20 年就是 7300 天,算上闰年的话会比这差一点。因此,大约需要 22 年 2 个零 10 天来设计 90 × 90 正方形上每一个摆动。

七、螺旋图表

螺旋图表描绘了任何从零开始,并开始一圈圈地旋转的东西的正确位置、时间和空间。它准确地显示了随着一圈圈的螺旋,数字是如何逐渐增大的;以及为什么随着股票变老,它们的运行变快;或者当价格达到更高价位时波动更加迅速。在中心点,起点或零点,需要 45°来代表 1 个点。当股票从中心开始转动 7 圈,那么它就需要 7 个点来到达 45°。当它围绕中心转动 12 圈,那么在触及 45°线之前,它需要 10 个点的空间。这也就意味着,股票可以在一个方向运行 10 个月,而不会遇到任何导致非常大的反弹的事情。在这张图表上,我们仅仅显示了 45°、60°、90°、120°、135°、180°、225°、240°、270°、300°、315°和 360°。这显示了圆周被 2,4,8 分割的部分,也显示了的 1/3 位和 2/3 位,全都是必要的和重要的角度,我们将它们像这样放置,以便你能看到空间和时间是如何形成剧烈波动的。

八、纽约股票交易所的不变图表

图 10 - 14 是 20 × 20 的正方形,即高 20,宽 20,总计是 400,它可以用来测量天数、周数、月数或年数,并决定顶部和底部何时在强角度上形成,正如这张不变的图表所显示的。

PERMANENT CHART

	1	2	3	4	5	6	7	8	9	10	11	12	13	14	15	16	17	18	19	20
	20	40	60	80	100	120	140	160	180	200	220	240	260	280	300	320	340	360	380	400
	19	39	59	79	99	119	139	159	179	199	219	239	259	279	299	319	339	359	379	399
	18	38	58	78	98	118	138	158	178	198	218	238	258	278	298	318	338	358	378	398
	17	37	57	77	97	117	137	157	177	197	217	237	257	277	297	317	337	357	377	397
	16	36	56	76	96	116	136	156	176	196	216	236	256	276	296	316	336	356	376	396
	15	35	55	75	95	115	135	155	175	195	215	235	255	275	295	315	335	355	375	395
	14	34	54	74	94	114	134	154	174	194	214	234	254	274	294	314	334	354	374	394
	13	33	53	73	93	113	133	153	173	193	213	233	253	273	293	313	333	353	373	393
	12	32	52	72	92	112	132	152	172	192	212	232	252	272	292	312	332	352	372	392
	11	31	51	71	91	111	131	151	171	191	211	231	251	271	291	311	331	351	371	391
	10	30	50	70	90	110	130	150	170	190	210	230	250	270	290	310	330	350	370	390
	9	29	49	69	89	109	129	149	169	189	209	229	249	269	289	309	329	349	369	389
	8	28	48	68	88	108	128	148	168	188	208	228	248	268	288	308	328	348	368	388
	7	27	47	67	87	107	127	147	167	187	207	227	247	267	287	307	327	347	367	387
	6	26	46	66	86	106	126	146	166	186	206	226	246	266	286	306	326	346	366	386
	5	25	45	65	85	105	125	145	165	185	205	225	245	265	285	305	325	345	365	385
	4	24	44	64	84	104	124	144	164	184	204	224	244	264	284	304	324	344	364	384
	3	23	43	63	83	103	123	143	163	183	203	223	243	263	283	303	323	343	363	383
	2	22	42	62	82	102	122	142	162	182	202	222	242	262	282	302	322	342	362	382
	1	21	41	61	81	101	121	141	161	181	201	221	241	261	281	301	321	341	361	381

图 10－14　不变图表

例如,纽约股票交易所成立于 1792 年 5 月 17 日。因此,我们以 1792 年 5 月 17 日的“0”开始,1793 年结束于 1,此时股票交易所示 1 岁。1812 年是 20;1832 年是 40;1892 年是 100;1852 年是 60;1912 年是 120;1872 年是 80;1932 年是 140。注意,139(即 1931 年)到达 45°,位于第 20 行之下,这是第 7 个区域,或者第 7 个空间,它指明了 1931 年是熊市的结束和牛市的开始。但是,在第 139 年末到达这个角度时,我们一定要留意 1931 年的 5 月和 6 月左右的突破。

你会注意到,将正方形分成相等部分的数字,经过 10、30、50、70、90、110 等。1802 年是 10,1822 年是 30,1842 年是 50,1862 年是 70。注意 1861 年,此时内战爆发,是在数字69上,它是一条45°线。然后,注意1882年5月末在一条90°线上,同时水平横穿的180°的1/2位置。

1902年,它又位于110这个1/2位置;在1903年和1904年到达45°线。注意1920年和1921年在129到达45°线;1922年,牛市的第一年,位于1/2位置的130。注意1929年是第137个数字,或第137月,并且到达45°线,1930年位于第四个正方形上的1/2位置,一个强阻力位,预示了一个急速的暴跌。

138又是高级十二方图上的1/2位置。

1933年是第8区的141上,位于20×20正方形的第二象限的中心或1/2位置。

1934年和1935年的5月末,分别是142和143。1935年出现在第8区这个重要中心的45°线上,而且是在第二个正方形(整个正方形的1/2)的1/2位置上,它预示着一个下跌,和在1936年内的上涨的底部。随后在1937年到达145,它位于这个正方形里向上这列的1/4位置。

如果你研究周数,月数和年数,并将它们应用在这些重要的位置和角度线上,你将会看到,它们在过去的走势中如何决定重要的顶部和底部。

九、美国钢铁公司的名字图表

美国钢铁公司的名字,包括17个字母。因此,根据它的名字组成美国钢铁公司的不变正方形,就需要17×17,即平方数289。因此,17(实际上是美国钢铁历史最低价的2½倍),是一个重要位置。

价格34、51、68、85、102、119、136、153、170、187、204、221、238、255、272都是重要的,因为它们在美国钢铁公司的名字和角度图上达到重要的摆动位置。

基本数字或低点,例如9,美国钢铁的最低数字,根据它的与其名字相一致的摆动,所有这些有时导致它与其他股票有轻微摆动。因为每个股票根据它自己的基础——起始点、数字和名字来运行。

对于自然角度和高级图表,美国钢铁运行良好,因为它的数字是9,并且始终正好出现9点摆动,结束于261,它距离起点或最低位是28个9。

研究所有这些不同表格将有助于你理解阻力位。

十、美国的不变高级图表

我们对美国使用7的平方,因为美国的名字包括7个字母,它的平方是49,一个非常重要的和必要的数字。

我们的美国图表开始于1492年10月12日。组成这些7的平方,并且放上这些年。你将会注意到，它是如何显示出美国恐慌的年份以及繁荣的年份。

你也可以组成一个 21 ×21 的正方形，它是美利坚合众国这个名字的字母数。这些角度线和重要位置，全都将相同于我们使用“美国”这个名字，因为 7 的 3 倍是 21。但是，你会得到一些更强的角度线和更重要的位置，如果你组成 21 ×21 正方形的话，它会延伸到 441，它的 1/2 是 220½。你研究这些不变图表越多，你就越会重视它们的巨大价值，并且会看到数字的确决定未来的每件事情，以及几何角度和数学点可以量度每个阻力位、时间、价格、空间和成交量。

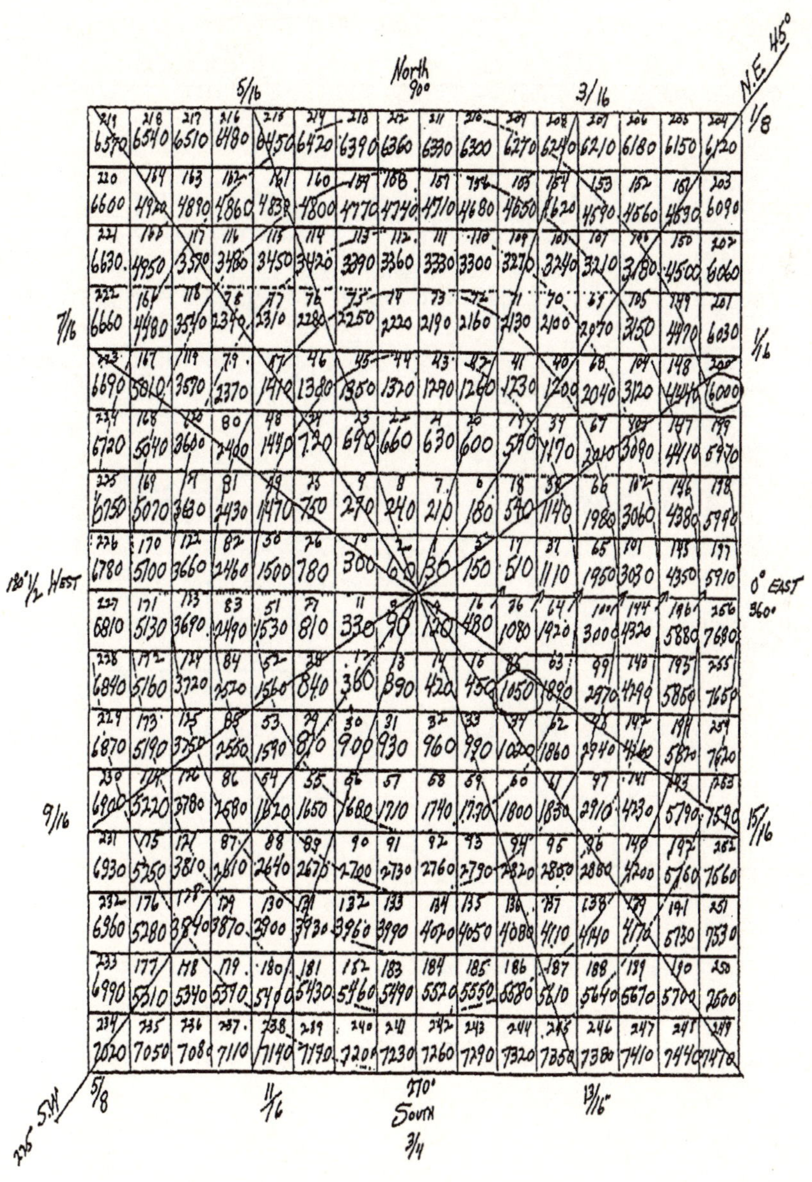

图 10 – 15　360° 正方形

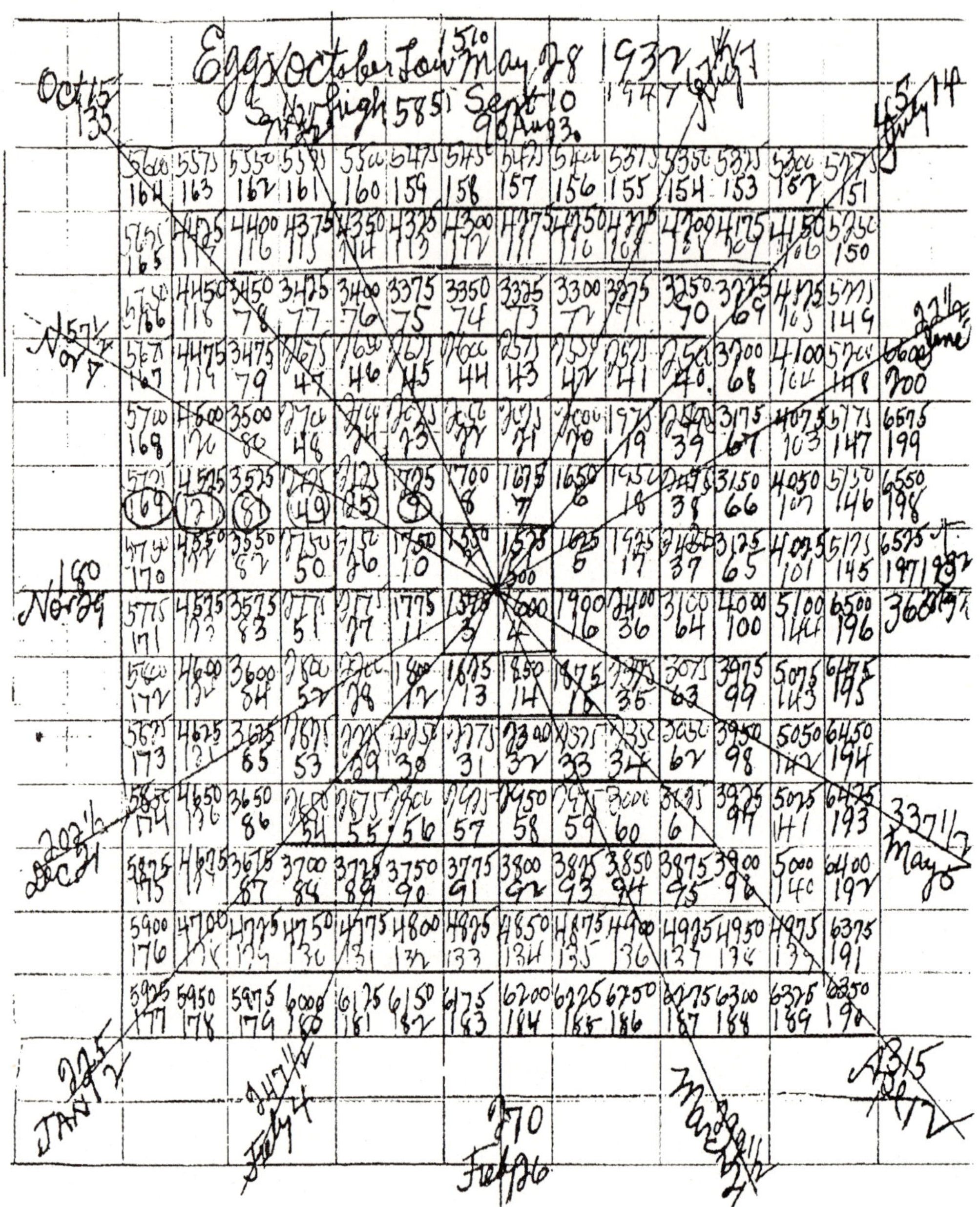

图 10－16　360°正方形

附录一　市场预测数学公式——时间、价格与趋势的高级数学计算器

这张图表是在透明塑料上绘制的，以便你可以把它放在日、周和月高低点图表上，并且很容易地看到几何角度线上的时间与价格的位置。它为实现快速地、精确地、方便地计算而设计，以节省时间和防止错误。

12 的平方在计算时间周期上总是重要的，因为 1 年有 12 个月。144 方形是伟大的❶正方形，对时间和价格来说，比其他任何正方形都要好，因为它包含了从 1 ~ 144 的所有正方形。这张图表把时间和价格都分为 9 段，因为 9 是最大的数。在日图表横轴上，9 个空间等于 9 天、9 周或 9 个月，在日图表纵轴上，9 等于谷物的 9 美分，股票的 9 个点或者棉花的 90 个点。

在 144 方形里的一列包含 144 个数。这就等于谷物的 144 美元，股票的 144 点，或者是棉花的 1440 点——如果使用 10 点对应 1/8 英寸的刻度。

高级 144 方形包含 324 平方英寸，每平方英寸包含 64 个单位，总计 20736。这是 20736 天、周或月，它的适当比例被用作时间和价格的量度，因为这❷是大周期。

一、144 方形的大周期

这个正方形的时间周期是 20736 天，周或者月。它的一半是 10368 天，1/4 是 5184 天，1/8 是 2592 天，1/16 是 1296 天，1/32 是 648 天，1/64 是 324 个日历日或交易日。1/128 是 162 天，1/256 是 81 天，即 9 的平方。

二、周时间周期

大周期的周数是 2962 周零 2 天。它的 1/2 是 1481 周零 1 天，1/4 是 740 周，1/8

❶ 原文“great”。

❷ “这”应该指的是 20736 周或月。

是370周零2天，1/16是185周零1天，1/32是92周零4天，1/64是46周零两天。月时间周期大周期的月数是681个月零23天，它的1/2是28年零9个月零23天。1/4是14年零5个月零8天，1/8是7年零2½个月，1/16是43个月❶。从任意主要高低点所计算的周和月时间周期要记下来，它们决定着未来的趋势。主宰数字是3、5、7、9和12。9和它倍数是最重要的，因为9个数字加在一起是45。下一个最重要的数字是7，在《圣经》里，这个数字比其他数字提到的次数更多。一周有7天，7个日历日等于5个交易日，它们的倍数应该被放在你的日、周和月图表上。7的平方是49——它是非常重要的时间周期。2个7的平方是98，3个7的平方是147，4个7的平方是196——196也是14的平方。下一个重要的数字是5，它是1和9之间的平衡数。5的平方是25，2个5的平方是50——它正好是7的平方加1，使得49～50对趋势变化非常重要。3个5的平方是75，4个5的平方是100——100是10的平方，它对变化也很重要。

3在《圣经》里提到的次数仅次于7。7和3是重要的，因为3×3=9，即3的平方，它是第一个能实现比自身大的平方数的奇数。3必须在每种可能中都使用。

3×7=21，3×5=15，3×9=27，3×12=36——36非常重要，因为它是6的平方。

12也在《圣经》里提到很多次，它很重要。耶稣选择12条戒律。1年有12个月，黄道有12宫。在144方形里，重要的12❷是12、24、36、48、60、72、84、96、108、120、132和144。这些对日、周和月的时间和价格都是重要的。

3和5的重要性价格和时间的运动，无论在日、周还是月图表上，都有三个重点：价格、时间和成交量、斜率或趋势——它是几何角度线，显示时间是否正在影响和驱动价格沿着平缓的或陡峭的角度涨/跌。还有四个因素，它们是价格、时间、成交量和速度。时间是最重要的因素，因为当时间到了，成交量增加，行情的速率或速度增加，在角度线上的斜率或趋势向上/下移动得更快。时间和价格的五个因素是高点、低点、中点、开盘价和收盘价。趋势通过收盘价来表现，尤其是在市场非常活跃的时候。如果价格收盘于中点之上，或者接近高点，趋势是上升的。如果它收盘于中点之下，或接近低点，卖盘比买盘更大，趋势是向下的，至少暂时如此。将主要时间因素和几何角度线与高级数字计算器联合起来应用所有的规则。

三、时间和价格的最强阻力位

在使用高级144方形时，最强的阻力位是1/4、1/3、2/3、3/8、1/2、5/8、3/4、7/8以

❶ 原文"months and days"，看起来还有零几天，但是没有给出具体天数，所以翻译时略掉"天数"。

❷ 即与12相关的。这里为保持与原文一致，没有转译。

及1[1]。

四、三角点

三角点，即绿色角度线经过的位置是最重要的。它们是72、144、36、48、96、108以及在高低点的144方形的结束位置。

144方形里的正方形角度线经过的这些正方形对时间和价格阻力具有重要意义。它们是36、45、54、63、72、90、108，以及在高低点的144方形的结束位置。当价格在位置36，时间周期的天数、周数或月数也是36，价格和时间成正方，它对观察趋势变化很重要。利用144方形，你可以得到1～144的任意正方形。假设你想得到72方形，你横着移到时间72，如果在图表上的价格是72，价格和时间就达到平衡，或者说完成正方，并且这里是在45°线上，也是时间、价格和趋势数学高级计算器的中点。

（一）留意趋势变化位置

大多数趋势变化，出现在时间周期位于144方形的一半和结束位置，或1/3，2/3，1/4，3/4位置时。因此，你必须始终观察最高点和次高点及低点的时间正方，还有最低点和第2或第3个较高的低点的时间正方，以及与区间成正方所需要的时间，还有正方形在高级144方形里的位置。

例如，小麦的历史最低价是28美分。因此，在1952年3月，每28个月将与最低价成正方。小麦的历史最高价是1917年5月11日，此时五月合约的价格是325。因此，与最高价成正方需要325月。五月合约的最低价是44美分，因此时间与最低价成正方需要44个月。44～325的区间是281美分，就需要281个月、281周或者281天与它成正方。观察高级计算器，你会看到2个144的和等于288。因此，你要在281～288之间，或者在第2个144方形接近结束时，留意趋势的变化。7×44（这个极低点）等于308。因此，6½×44等于286，这距离144方形或第2个正方形的结束位置不到两个点，使得286成为观察趋势变化的一个重要时间周期。与五月小麦最高价325成正方时，需要2个144方形，还多37。因此，当时间在144方形内达到36天，36周或者36月时，你会看到遭遇阻力。因为向前136个时间周期，你就看到始于72（72是内方形）的向下45°线与一条横线36（按照价格刻度）相交于36。通过这种方式，你能看到，高级图表将显示与最高点、最低点和区间的正方相对应的时间和价格阻力。所有从任意商品期货、股票平均指数以及个股的高低点价格和区间开始计算的时间周期，都应该用这种方式计算出来。

[1] 原文“the complete square of 144”直译“这个完整的144方形”。

通过回顾这些图表和将高级计算器放在它们上面，并计算过去的历史记录，你将会成功地运用时间、价格和趋势高级计算器。通过这种方式，你将学会它如何运用，并向自己证明这个高级计算器的巨大价值。

(二) 小时周期

当市场非常活跃且价格幅度变化很大时，记录小时高低点图表与你记录日高低点图表是同样重要的，小时图表将会给出趋势的第一个变化。由于一天有 24 小时，因此需要 6 天通过 144，总共需要 864 天通过 144 的平方。目前除了假期外，所有的交易所每周交易 5 天，大多数品种每天交易 5 小时，

因此按每周 5 天和每天 5 小时的速率，通过 144 将需要 28 天零 4 小时。(谷物类的交易时间是 225 分钟或者每天 3.75 小时。按每周 5 天和每天 3.75 个小时的速率，通过 144 将需要 38 天零 1½个小时。)

(三) 大的年时间周期

穿过等于 20736 的 144 方形，需要 56 年 9 个月零 23 天，这是一个非常重要的时间周期。次重要的是这个时间周期的 1/2(即 26 年 5 个月零 8 天)和 1/4(即 14 年 2 个月零 19 天)。14 年周期始终是非常重要的，因为它是 2 个 7 年周期。14 年等于 168 个月，而 169 个月是 13 的平方，使得它对于趋势的变化非常重要。同时，这也是一个重要的时间阻力位。

大的年时间周期的 1/8，是 7 年 1 个月零 10 天，是十分重要的！1/16 是 42 个月零 20 天，1/32 是 21 个月零 10 天。1/32 是一个重要的时间周期，因为它接近于 22½ 个月，22½是 360°圆周的 1/16。

(四) 间距 9 和时间周期 9

图表被 9 等分就得到价格阻力或时间阻力的九方形，如前所述，在日图表上它相当于 9 美分，周、月图表也一样。也就是说，每 1/8 英寸相当于 1 美分。对不同的商品使用不同的刻度。(参见针对不同商品的说明。)

图表被 9 等分就得到 16 个价格阻力或时间阻力的九方形，如前所述，日图表上它是 90 个点，在周图表上是 135，在月图表上是 270。以 20 点刻度计算则是 2880，9 个间距等于 180 点。红色角度线都画在九方形上。内方形的 45°线始于 72，因为 72 是 144 的 1/2。

这些角度线出现在 72，144 和 72。绿色的直线是时间或价格 144 方形的 1/3。

（五）绿色角度线

绿色角度线是 2 ×1 线，它在一个时间单位里上涨 2 格或 2 个点。在 45°线之下的另一条角度线是 1 ×2 线，它需要 2 个单位时间来上涨一个间距，或在谷物的每个时间单位（1 天、1 周或 1 个月）里上涨 1 美分。这些从高点向下的角度线以每单位时间 2 个点或 2 个间距，或每单位时间 1/2 间距、1/2 点或 1/2 美分的速率移动。绿色角度线和红色角度线之间的距离，确定了价格可以上涨或下跌多少。

当行情进入内方形，它对趋势变化很重要，正方形里的时间角度线和位置，在它进入的时间表明了价格是要上涨还是下跌。还有，当价格跌至内方形的 45°线以下时，它表明了弱势。

（六）何时开始新的正方形

当日、周或月图表的时间周期已经达到 144，你就开始一个新的正方形。但是，为了得到位置，你只要将高级正方形移到 144，并将它放在图表上，就得到下一个正方形的位置。

（七）最强和最弱的位置

在 144 方形里，最大数量的角度线穿越或彼此交叉的地方，是最大的阻力位，比如像 25 和 2 ×1 线彼此交叉的地方。

研究和练习过去的市场走势，你将很快地学会如何利用高级图表来判断趋势。如何使用高级 144 方形遵从在高级预测教程中给出的所有关于角度线的规则。

将这张图表放在日、周或月图表的底部或 0 位，或者将这张图表的底部放在低点价格，或高低点价格以及区间的正方上，显示时间和价格达到平衡的位置。

当你算出极高点或区间的中点时，将这张图表的高/低点放在中点上，它将给出正确的位置和趋势。但是，如果你将中心（即 72）放在价格的中点上，那么你将得到时间的正确位置，并且可以看到价格和时间如何在高级 144 方形里运行，以及始于 72（144 方形的重心或 1/2 位置）的内方形。

（八）日历日和交易日

对于任何一种图表，我们移动一个间距，代表一个时间单位。因此，它就需要 144 个交易日，或 144 个日历日来完成 144 方形。当价格穿过一个正方形进入另一个正方形时，趋势变化通常发生，并且在高级图表上的时间周期和几何角度线，将会告诉你趋势将向哪个方向变化。

(九)闰年

在计算时间周期的精确天数和周数时,闰年必须要解决,要加上额外的一天。从1864年开始,闰年如下:1868、1872、1876、1880、1884、1888、1892、1896、1904、1908、1912、1916、1920、1924、1928、1932、1936、1940、1944、1948和1952。

(十)如何把高级144方形放在图表上

为了在任意一张日、周或月图表上得到正确的位置,你必须将高级图表准确地放在它们上面。高级图表的顶部有威廉·D.江恩制作的时间和价格图表在它上面。始终将它放在你的图表底部,除非行情上涨到更高价位,此时你要将它放在72,或标为"底部0"的低点。

将高级图表放在任意一张图表的"0"位,或任意高低点当天的一个低位。将高级图表放在72——即144的1/2上,或者任意价格区间1/2位置上,或者最高价的1/2位置上。

始终将高级计算器放在所有前期高低点上,来得到趋势变化和阻力位。绝不忽视极高点和极低点价格。高点到低点的1/2位置,以及任何商品和股票历史最高价的1/2位置也非常重要!

(十一)时间周期和价格阻力

360°圆周对于时间周期和价格阻力是最重要的。首先,我们将圆周分成2等分,就得到一半180,它对于时间或价格的天数、周数或月数是最重要的。接着,我们将圆周分成3等分,就得到120、240和360。再次,我们将圆周分成4等分,就得到90、180、270和360,它们组成了正方,并且是最重要的。

将圆周分成8等分,就得到8个45°线,它们是45°、90°、135°、180°、225°、270°、315°和360°。下一个重要的是将圆周分成16等分,就得到22½°线。我们将圆周分成32等分,就得到11¼°及其倍数的角度线和时间周期。将圆周分成64等分,就得到5⅝°和它的倍数。

下表显示了每个5⅝的划分,我们向下到第16行,它等于90°,即圆周的1/4,而16是64的1/4。这种横读的布局给出了所有倍数,在黑线之间的数字是最重要的数字。

圆的 64 等分表

1.5⅝	17.95⅝	33.185⅝	49.275⅝
2.11¼	18.101¼	34.191¼	50.281¼
3.16⅞	19.106⅞	35.196⅞	51.286⅞
4.22½	20.112½	36.202½	52.292½
5.28⅛	21.118⅛	37.208⅛	53.298⅛
6.33¾	22.123¾	38.213¾	54.303¾
7.39⅜	23.129⅜	39.219⅜	55.309⅜
8.45	24.135	40.225	56.315
9.50⅝	25.140⅝	41.230⅝	57.320⅝
10.56¼	26.146¼	42.236¼	58.326¼
511.61⅞	27.151⅞	43.241⅞	59.331⅞
12.67½	28.157½	44.247½	60.337½
13.73⅛	29.163⅛	45.253⅛	61.343⅛
14.78¾	30.168¾	46.258¾	62.348¾
15.84⅜	31.174⅜	47.264⅜	63.354⅜
16.90	32.180	48.270	64.360

从 1～10 的平方要重点观察时间和价格阻力，因为它们是圆周中重要的度数。

它们是 1、4、9、16、26、36、49、64、81、100、121、141、169、196、225、256、289、324 和 361——它等于 19 的平方。

将圆周分成 6 等份，就得到两个不包括在这张表中的阻力和时间周期。它们是 60°和 300°。

将圆周分成 12 等份也是很重要的，因为一年有 12 个月，这精确地作出时间周期。下面是没有显示在上面这张表中的度数：30°、150°、210°和 330°。将圆 24 等份得出经度 15°，大约是 15 天。因为一天有 24 小时，地球 24 小时绕轴自转一周，所以这些时间十分重要。以下是未包含在表格中的其它角度：15° - 75° - 105° - 165° - 195° - 285° - 345°。在圆周的 64 等分表中，从左到右看，第 2 列始终与第 1 列相差 90°。例如，第 1 是 5⅝，下一列中的第 17 是 95⅝，即增加了 90。第 33 个是 95⅝加上 90 所得到的 185⅝，第 49 是 185⅝加 90 所得到的 275⅝。在粗线之间的第 8 行第 1 列是 45，接下来是 135、225 和 315，彼此间隔 90。第 1 列底部的 16 对应着 90，横着看下去是 180、270 和 360。所有这些数字与第 8 行的那组数字相差 45，是最重要的时间和价格阻力。为了帮你了解圆周内这些度数的重要性和其价值，你取得高低点价格和时间周期，特别是周数和月数，并检查它们，你就会看到，它们多么完美地运行到这些重要度数上！

记住你必须始终要计算价格从极低点或次低点上涨了多少点（美分），或者从极高点或次高点下跌了多少点（美分）。还有从主中点，或次中点，或重心涨跌了多少美分。你将会发现重要的中值位非常接近于圆周内这些自然度数。

例如，五月大豆极高点436¾，极低点67，得出中点是251⅞。对照圆周的64等分表，你会发现第45是253⅛，中点与之非常接近。下一个436¾的1/2是218⅜，第39是219⅜，非常接近这个自然阻力位。现货大豆的极低点是44，44和436¾之间的中点是240⅜。240是2/3圆，或者一个三角点，241⅞在圆内的第43上。44这个极低点，仅仅比重要的阻力位45少1点。67是五月期货的历史最低点，只比67½少1/2点。67½是12/64[1]，或者0到90的3/4，67½也是45和90的一半，这就是五月大豆在67~69之间形成五年低点的原因，这预示着紧跟在三重底（在不同的3年里于67~69之间形成）之后的大涨。

下一步要考虑的时间周期是1932年12月28日，这是五月大豆的低点。1947年12月28日是第15年或者第180月，180是360°圆的1/2，使它成为一个非常重要的时间周期。五月大豆在1948年1月15日到达极高点，仅超过15年周期18天。以同样的方法检查所有其他时间长度和时间周期，你将发现它们在360°圆周内运行得多么完美！

[1] "12/64"指64等分表里的第12。

附录二　五月大豆的时间与价格平衡

1939 年 7 月 27 日，五月大豆期货处于历史最低价 67 美分，因此，这个价格的正方[1]或平衡是 67 天、67 周或 67 个月。67 方形被附在[2]描图布上，所以，你可以把它放在日、周或月高低点图表上，并观察正方形里的位置，以及基于“时间和价格”的阻力。这个正方形显示了价格阻力位的 1/8、1/4、1/3、3/8、1/2、5/8、2/3、3/4、7/8 以及 67（即整个正方形）。[3] 从左向右穿过图表顶部和底部的时间，也被划分为 1/8，1/3 和 2/3。第一个完整的时间周期 67，或第一个正方形，被标上了画圈的 1，如此这样一直到第 12 个时间正方形[4]。价格按照同样的方式标记。你将会注意到 436¾，这个五月大豆曾经卖出的最高价，在这个正方形[5]的 1/2 位置。它在第 7 个正方形里，也是 6½ 个价格的正方形。这是从 0 计算的结果。而从 67 到 436¾总共是 369¾，5½ × 67 等于 368½。当最高价或最低价出现时，对照时间周期去弄明白，如何在角度线上和正方形里计算“时间和价格”，这是很重要的。

1948 年 1 月 27 日和 1939 年 7 月 27 日相差 102 月。这相当于第 1 个正方形 67，外加第 2 个正方形里的 35。你移到 35 并向上找到价格 436，将会发现它比 67 的某个正方形[6]的一半多 1½个时间周期，并且[7]在从 0 向上的 45°线上，使这里成为“时间和价格”的阻力卖点。

1948 年 1 月 15 日和 1939 年 7 月 27 日相差 3095 天，这是 442 周零 1 天。

402 是 6 个 67，由此得出 442 在第 7 个正方形里，42 是 67 的 5/8，价格是 6½个 67

---

[1] 原文“the squre of . . . the price”直译“这个价格的正方形”，是指时间与价格成 1∶1 关系。

[2] 原文“is enclosed made up”直译“被附着组成”，即附着在描图布上。

[3] “1/8”指的是价格的 1/8，这里就是 67 的 1/8。后面的“67（即整个正方形）”，指的就是 67 本身，或者 8/8。

[4] 原文“the squre in time”直译，“时间里的正方形”，或“时间正方形”，即前文的“价格的正方形”。

[5] 这里“这个正方形”指的是 12 个正方形里的第 7 个正方形。

[6] 原文“the half of the square”直译“这个正方形的一半”。“这个正方形”，指的是“67 的某个正方形”，即第 N 个正方形。下文中这种表述多次出现，明显看出实际值与 67 或 44 的某个比例不符，其真正原因就是实际值指的是第 N 个 67 的某个比例，而不是指 67 的直接比例。

[7] 原文“but”，“但是”的意思不浓，更接近于承上启下的连接词。

(436)。价格等于 180°,一个强阻力位。而时间周期等于 225°,一个强阻力位和止损位在 440 的卖空价格。

时间上求得 67 的平方,需要 4489 天。这个时间在 1951 年 11 月 10 日到期。注意五月大豆和当时其他大豆的位置,你将会看到时间周期和价格对应得多么好。

4489 天,相当于 641 周零 2 天。注意 637 是 9½ ×67,641 比它[1]多 4 周。

1953 年 2 月 5 日和 1939 年 7 月 7 日相差 706 周。注意 670 是 10 个 67。由此得到第 11 个正方形里的 36 周。沿着 36 向上画线,直到触及价格坐标。它出现在 45°线上的价格 304。五月大豆正在 292 卖出。注意 292 是第 5 个 67 里的 3/8 阻力位。因此,它们是处于弱势的位置,因为它们在时间周期的下面。时间周期刚好超过第 11 个正方形的 1/2。注意 10½个 67 是 703½周,价格要是强势,它必须在 304 以上。

2 月 6 日五月大豆下跌到 285¼。注意这是 67 的某个正方形的 1/4,一个次要支撑位,而第 4 个 67 终点是 268。

1953 年 2 月 5 日,距离 1939 年 7 月 27 日是 4942 天。这是 73 个 67 零 51 天。换句话说,日历周期是第 74 个正方形里的 51 天。注意 50 天是 67 的 3/4,当然,2 月 4 日是在正方形里的 50 天或 3/4 位置。价格在 2 月 4 日收盘于 292,它是在 3/8 位置。在日图上这说明价格是处于弱势位置,主要趋势将是向下。因此,在月、周和日图表上,基于 67 正方形的位置,主要趋势非常明白地向下。注意在日图上 2 月 21 日是从 1939 年 7 月 27 日开始的第 74 个正方形的终点。因此,这是一个重要的日期,去观察次要趋势的变化。假设价格在 276,即第 5 个正方形的 1/8 位置,或者在 268,即第 4 个正方形的终点,它是重要的支撑和上涨位置。

1920 年 2 月 15 日,现货高点 405。1953 年 2 月 15 日将是第 396 个月。注意 395 是也是第 6 个 67 的 7/8。20 的平方总是非常重要的,这是 400 个月。因此,1953 年 6 月 15 日将终止 20 的平方,并在七月或十一月大豆上,成为重要的趋势变化。

1932 年 12 月 28 日,大豆现货低点 44 美分,因此,我们使用 44 的正方形。1952 年 12 月 28 日相隔 240 月,即 20 年周期。1953 年 2 月 28 日距离最低点有 242 个月。注意 242 是 5½个 44,显示这里是时间上的强阻力,而且 286 是 6½个 44。因此,当 2 月 6 日价格在 285¼卖出,它是价格的一半,而且时间也是一半,这就是引起快速突破的原因。第 7 个 44 的 1/4 是 275,第 6 个 44 的终点是 264。在第 7 个正方形里,44 的 2/3 是 293,44 的 3/4 是 297。当价格回到 3/4 以下时,在 2 月(这里是第 5 个时间正方形 44 的 1/2)以后,价格再没有重新站在它上面,这总是很重要的。44 和 67 的正方形都可以用于判断价格和时间的阻力,也可以使用高级计算器和 144 的正方形。

你可以把日、周或月图表放在描图布上,并在正方形上得到正确的时间位置,你将

[1] 原文“the half of the square”直译“这个正方形的一半”,即 9½个正方形,也就是指前文的 637。

能看到何时价格处于强势或弱势。

长年地研究并计算自然数的正方形，高低点价格及其区间的正方形，在判断主要趋势和次要趋势的变化方面是非常重要的。

你必须不断地把这些时间周期与价格阻力位相对照，那么，你将会学到更多的关于如何使用大豆的 44、67 以及 144 的正方形。

你也可以使用“时间和价格”的高级 144 方形，因为通过把它放在图表上，你可以得到从 1～144 的任何平方。高级 144 方形给出价格和趋势的计算，你应该在所有重要高点和低点使用高级计算器。

附录三　时间与价格的高级图表

附图 1 表从中心 1 的平方开始，顺时针转动，围绕着出现在 45°线上的奇数平方（有 1、9、25、49、81 等）顺时针转动。偶数的平方在相反的 45°线上，从 2 的平方 4 开始，并沿着这条角度线上继续扩展。这就产生了时间和价格的变化量 2。这就是价格上的两个点和时间上的 2 天、2 周或 2 个月。这张图表证明了为什么价格运动在更高的价位，运动得更快，并且在正方形里精确地表示出阻力位。

例如，五月大豆最低价 44，这是在 7 的平方以内。从 43 到 49 是 90°。当价格在 436¾时，从 421～441 也是 90°。因此，在这些角度线之间波动需要 20 个点，而在低位它只需要 5 个点。时间周期也是一样的。目前五月大豆距离 1932 年 12 月 28 日是 253 个月，你将注意到，从 241 到 257 是 90°，或价格上的 16 点，或时间上的 16 个月、周或天。你会注意到第 253 月在 22½°线上，或者在从起点算起的 112½°线上。这条角度线的相反点是 1 月 13 日，使得 1 月 13～15 日对于趋势变化很重要。从左手东面的 3 月 21 日开始的时间周期是季节性时间周期。你可以从大豆的 12 月 28 日（它刚好是季节性日期 12 月 21 日过一点）开始，得到时间上的相同位置。1 月 15 日距离 22½°线刚好 2 天，五月大豆最低点 7 月 27 日，刚刚超过 22½°线所在的 7 月 14 日。

五月大豆所有的重要高点都画上了绿色圆圈。重要的低点都画上了红色圆圈。你会注意到 44 刚好是 45°线上的点，最高价 435¾在 45°线上，也在绿色的 22½°线上。五月大豆低点 67 是 1939 年 7 月 27 日，在一条绿色的 22½°线上。我从这些重要的高点和低点画出了 45°线和 90°线，以便你可以看到这些重要的阻力位。

例子，五月大豆最近的高点是 311¼，形成于 1953 年 12 月 2 日，在 90°线上，或者 436¾正上方，也在从 44 和 277 引出的 22½°线上。你会注意到 310 位于从 1953 年 8 月的低点 240 引出的 45°线上，使得这里成强阻力和卖压。

253 月是红色数字，价格 305 位于从低点 233 和低点 240 引出的 90°线上。价格 305 位于从 44、344 和 240 引出的 45°线下方。它在从 240 引出的 0°线上。当价格是 303 时，它将位于从 240 引出的 45°线下方。完整的圆周或者一圈运动对于观察趋势变化是最重要的。从 240 到 305 是一个完整的正方形，循环或者圆周运动，但是为了到达 90°线，价格必须达到 308。从经过 307 的 45°线，到 90°线所在的 316，或一般是 311，自然形成阻力和卖压。

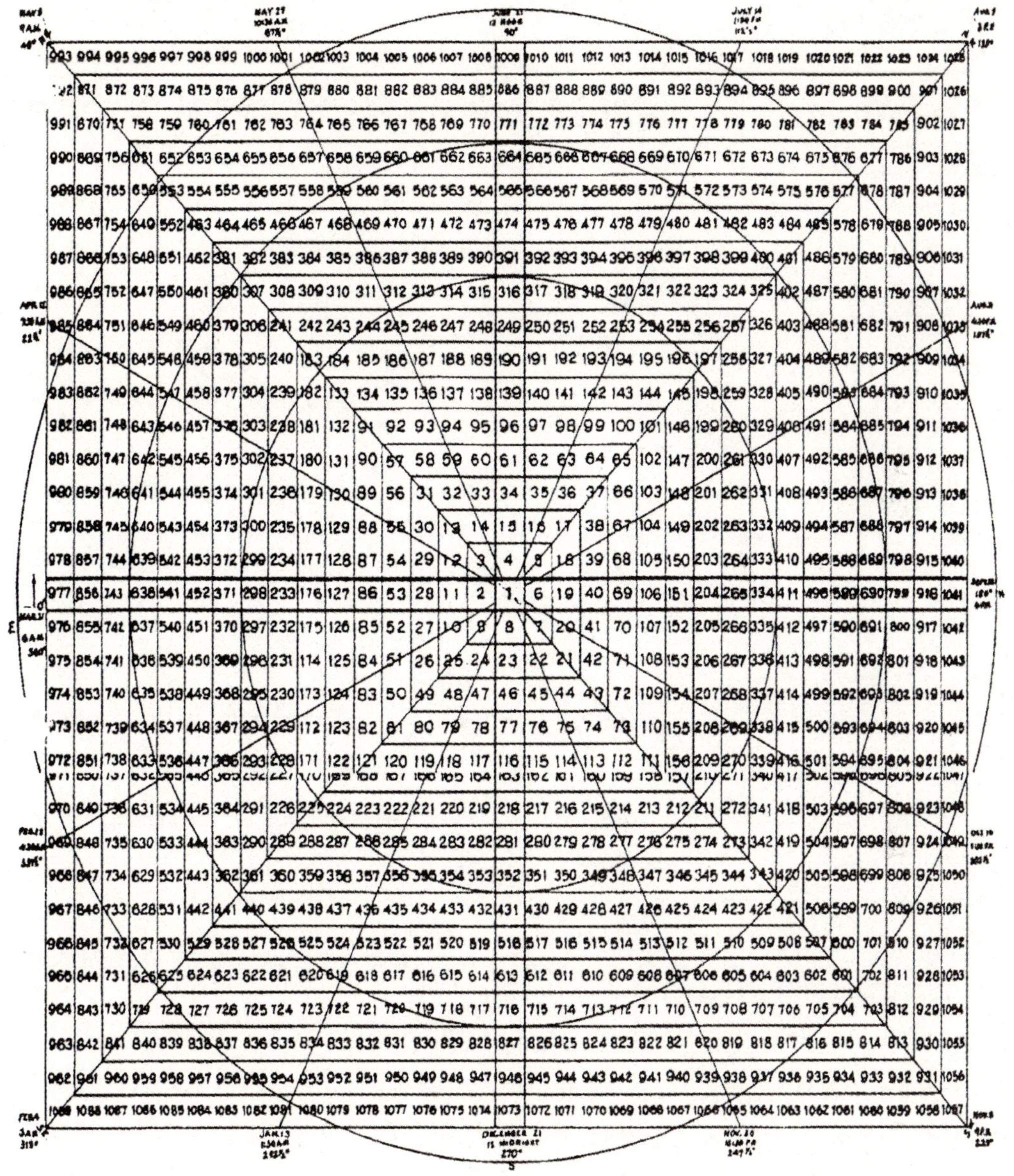

附图 1　时间价格高级图表

当五月大豆在 12 月 17 日下跌到 296 的时候，它们是在从 44 引出的 45°线上，因为时间是 252 个月，加上 44 就得到 296，使得这里成为一个暂时的支撑和买点。它比 0°或最低价 44 以东的 180°高 1 美分。

你应该经常考虑价格从最高到最低已经变化多少度。从高点 311 到 298 是 $67\frac{1}{2}°$，加上 $11\frac{1}{4}°$，将是 $78\frac{3}{4}°$ 或 90°的 7/8。

当价格从240涨到305时,它绕行了360°,即一个完整圆。因此,311比360°圆多转了33¾°。价格到自高点340以来的下一个自然数阻力位❶289,它位于90°线上❷,也就是17的平方上,同时还在自然数平方所组成的45°线上。从311绕行90°是285❸。下一个重要的阻力位将是277~276,它们与311相距180°❹,并且位于同一条22½°线上。计算所有月高低点和周高低点的时间周期,研究它们在正方形里与价格具有怎样的关系。

例如,对五月大豆来说,1954年1月9日周末是1953年8月20日低点后的第20周。注意20位于从1开始的22½°线上,如果价格跌到303以下,将处于这条时间角度线下方,如果价格下跌到297,将在0°❺线上,或者与时间20相距180°。

1920年2月15日,最高价405。1953年11月15日与之相差405个月,因此,12月15日是406个月,1月15日是407个月,并且303与这条时间角度线相距0°或130°。

1945年1月15日高点到1954年1月15日是72个月。在正方形里找到72,你将会发现72与44在同一条线上,并且这条线横穿过价格295。因此,如果价格在这❻以下,它将处于弱势。

1954年1月15日~2月15日是第73个月,73在一条45°线上,自然地使得2月对趋势变化来说很重要。

1939年7月27日(五月大豆低点67)到1954年1月27日是174个月。注意174与价格296相对,第176月是3月27日,它处于两条红线之间的平衡位置,季节性时间被标为3月21日,使得这里对观察趋势变化来说很重要。假设价格是288,它处于时间周期176的90°线上。当然,176与低点69相冲,而且第178月即5月27日,与五月大豆最低点67正好180°相冲。

如果你花点时间去研究和反复练习这张高级图表,并且使用所有时间周期和价位,你将很快发现,只从这张图表就很容易判断出趋势的变化。

---

❶ 所谓“自然数阻力位”是指“自然数的平方所形成的阻力位”,289是自然数17的平方。

❷ 即在240的正下方。

❸ 从图上看,311的正下方是288,288的左边一格是285。

❹ 连接277~276的中点到311,是在一条直线上,也就是说它们相距180°。

❺ 原文是“on no degrees”直译“在没有度(数)上”。

❻ 指的是穿过44、72、295的这条线。

附录四　时间与价格的圆周形图表

附图 2 完全不同于高级正方形图表，它用于谷物和羊毛期货。它也可以用于股票。外圆从右边标着“E”和 3 月 20 日的地方开始，“E”代表东方。这是每年的季节性时间，因为地球围绕轴 24 小时旋转一周，我们按经度 15°来等分，它相当于经度的 1 小时，即大约 15 天[❶]。春季从 3 月 20 日～5 月 6 日，是 45 天，即经度的 3 小时。从 3 月 20 日～6 月 21 日是一年的 1/4，即 90°，或经度 6 小时。7 月 23 日是一年的 1/3，或者说与 3 月 20 日相差 120°。这是经度的 8 小时。

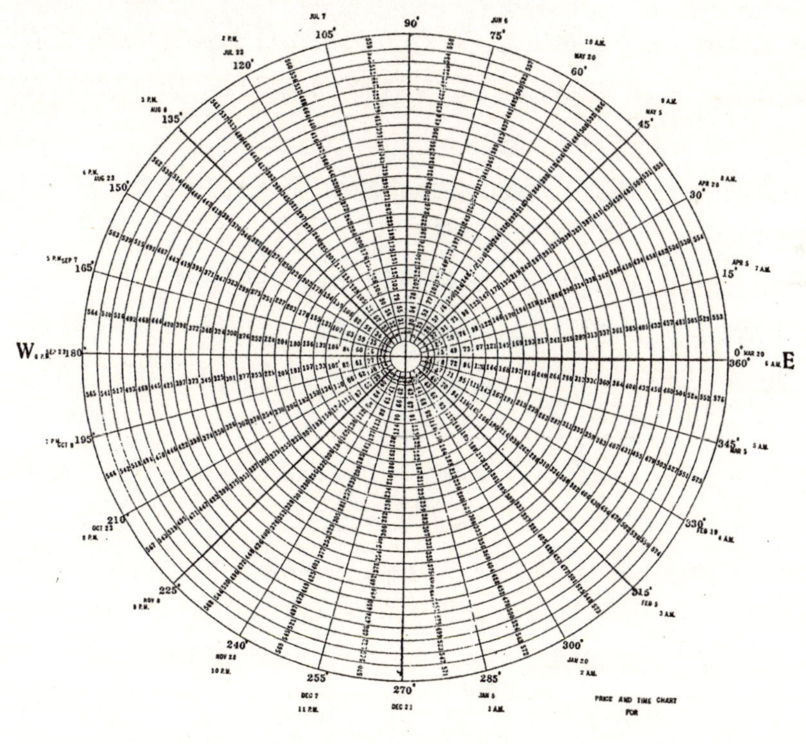

附图 2　360°圆周图

❶　特别要注意，经度的 1 小时，并不是 1 小时时间，而是以小时表示的经度。360°被分为 24 小时，所以经度的 1 小时就是 15°。而这里的经度 1 小时，相当于一年的 15 天。

9 月 23 日与 3 月 20 日相距 180°，即经度的 12 小时。这张图是每年地球围绕太阳的公转，时间周期与外圆相同。一个完整的圆周是 12 个月，即 365¼天。对于月时间来说，360 个月组成一个圆，对周时间来说，360 周组成一个圆，而 364 周是 52 的 7 倍或 7 年。价格也沿着 360°圆变化。五月大豆的 44 美分位于日期为 5 月 5 日的 45°线下方 1 美分，405 也位于相同的度数，因为它是把 45 加上 360。五月大豆的低点价格 67 位于 67½°，即 60°和 75°的 1/2 位置。价格 470¾位于 76°45′，因为它是一个整圆 360°再加上 76¾°。

你将会注意到内圆中时间和价格是从 1（即 0°）开始，以 24（即 360°）结束，形成一个完整的圆周，等于地球围绕它的轴转一圈。这些被用作每日价格波动的循环，如下：24、48、72、98、120、144、168、192、216、240、264、288、312、330、360、384、408、432、466、480、504、528、552 和 576（这是 24 的平方）。这意味着当这些价格达到时，它们对应的经度是 24 小时，也就是完成了 360°的循环。

从 1 或 0 开始，3 美分对应 45°。6 美分对应 90°，即圆的 1/4。9 美分对应 135°。12 美分对应 180°，即圆的 1/2。15 美分对应 225°°，即圆的 5/8。18 美分对应 270°，即圆的 3/4。21 美分对应 315°，即圆 7/8。24 美分对应 360°，即一个整圆等。我给五月大豆的最高价画了一个绿色的圆，给最低价画一个红色的圆，以便你可以看到从任意高点或低点出发，价格何时到达 45°、90°、120°、135°、180°、225°、240°、270°、315°和 360°。

一个完整的圆，即 24 美分的圆周运动对于趋势变化很重要。48 美分是次重要的，而 3 倍圆周运动，即 72 美分更重要❶。

例如：大豆低点 239½。注意 240 是第 10 个圆的终点，如果我们给它加上 72，得到 311¼。因此，当大豆达到 311¼时，就已经完成一个完整的循环，这是一个强阻力和卖点。当价格从 311¼到 296 下跌了 15 美分时，它们向下移动了 225°，即一个圆周的 5/8，使得这里成为阻力位。注意价格 296 是在 120°线上，时间是 7 月 23 日，接近于 7 月 17 日，296 是从最近的高点 344 向下 2 圈。跟着这条角度线穿过 180°线，你将会看到在 296 对面的 44、65 和 144。你也将会注意到 295 与 67 这个最低价相距 180°，即正好相反。当价格下跌到 294 时❷，它是在这条角度线下，也在自然的 90°线下。下一步你将观察 287，它是一个从 311 向下的完整的 24 美分循环。如果价格下跌到这个价位下，你将看到 284 和 44 在同一个圈，68 和 164 与 67 在同一个圈里。当价格从低点 201½上涨到 344½时，它从低点向上只差 1½美分就是 6 个完整的循环，但是价格停在 344½，因为它紧邻着 7 月 7 日的底，并且与低点 44 和 67 相距 180°。

❶ 依据语意，应该理解为 24 美分很重要，48 美分的重要程度比 24 美分低，而 72 美分又比 48 美分重要。

❷ “在这条角度线下”指经过 344 与 296 的这条角度线。

注意436紧邻着日期为5月20日的60°线。这距离低点67是150°,与低点44的距离大致相同,因为67和44它们只相差15°。当价格在436时,它比67多369美分。注意369与日期为8月8日的135°线相邻。这是一条自然阻力线,距离低点44是180°。

当价格从436¾到301½,它下跌了135¼点,而135是在这个大循环的45°线上,202是在150°线上,即与8月23日紧邻。它紧邻着154的循环,也与311这个最高价相反。311是344½向下33。查找价格33,你将发现它紧邻45°线或135°线,请注意8月3日,另一个阻力的确认。

从201½到311½差110。查看110,你会发现它在210°线上,与旧的高点314正相反。210对应的日期是10月23日。价格达到最高价311¼,它是在日期为3月5日❶的345°线上。它在时间上超前❷,涨到72美分预计会有调整。

当价格回跌到305,它将在时间为12月7日的255°线下面。价格受时间控制,而时间引起价格变化,时间角度线是价格的阻力。这些都是以经度的小时来衡量,它是基本的几何角度,并且决定着趋势的变化。通过对照过去的记录,你可以看到这计算得多么精确。

例如,1920年2月15日高点435。这个价格紧邻着一条45°线,这条45°线经过315,日期为2月5日。你将会观察到趋势的变化,因为它处于正确的年周期。同时在这个圆周里,价格位于360°线上下45°,决定了每日波动和快速涨跌。首先,你看周和月的位置,然后你看日位置,并观察日图的阻力。在12月2日,日高低点图表给出了第一个趋势变化的信号,并且显示了时间的转折。因为它从低点239½以来完成了3个价格循环(以24为一圈)。

为什么240是一个支撑点?一个原因是240是圆的2/3,从高点436¾到低点44的主要中点是240⅜。下一个重要的中点是218⅜,即436¾的一半。注意219紧邻45°线,日期为5月6日。219位于大圆上210和225的中点,从低点67到高点436¾的中点是251。注意在这个以24为一圈的圆里,252是在180°线上,日期是9月25日,使得这成为非常重要的阻力位。当价格涨到这个价位以上时,它将继续上涨到311,并且它在突破252以后,再不会跌至249以下❸。假设大豆下跌到276,它们将在180°线上,或中点252向外1圈。

以相同的方式分析谷物的价格,使用这种独立的图表去标注高低点价格和日期,然后角度线就将显露出来。

---

❶ 原文是"3月8日",但是从图上看,345°线标的是3月5日。

❷ 原文所指不太明确。

❸ 作者这里没有解释,为什么涨过252就是311,也没有说为什么穿过252,就不会再低于249。

附录五　五月桑托斯咖啡的行星经度

一、五月桑托斯咖啡的经度:1954年3月19日高点8729

使用1点对应1°的刻度,8729相当于双子宫29°。使用30点对应1°的刻度,8729相当于摩羯宫21°,使用12点对应1°的木星刻度❶,8729相当于白羊宫7°30′。使用1美分对应1°的刻度,8729相当于双子宫27°16′。

28171.00美元相当于摩羯宫11°45′。

1954年3月19日,五月合约的平均价格是8663,它相当于白羊宫28°,即与以日心测量的木星相差60°❷。以日心测量的木星位于双子宫20°35′,这意味着价格8729在这个度数❸。以日心测量的天王星在巨蟹宫21°2′,价格在与它对冲的摩羯宫21°,1954年4月16日距离1931年4月16日低点435是276个月。按每个月50点计算,45°线在1954年3月19日通过8715,同时太阳从1931年4月16日移动了8253°。把它与435相加得到8688。作为阻力角度线。

三月咖啡——1936年10月1日低点300。到1954年4月1日的时间是210个月,按每月30点计算,45°线通过5600,按每月40点计算,它❹通过8700。

1931年4月16日~1954年3月19日——以地心测量的土星移动了285°38′,这将得到价格8572。1936年10月1日~1954年3月19日——以地心测量的土星移动了231°,这对应于价格7230。

1940年5月15日到1954年3月19日——土星移动了181°35′,得到价格6990,按45点对应1°计算,将得到8715。

1940年8月19日——土星移动了173°23′。按45点对应1°计算,这相当于价格

---

❶ 这里"木星刻度"比较奇怪,但是原文如此,非译文有误。

❷ 木星的日心经度是双子宫20°35′,看不出与白羊宫28°相差60°。翻译无错,问题在原文。

❸ "价格8729在这个度数",一时想不出所指为何,读者自行根据上下文理解。此处翻译无错。

❹ "它"指45°线。

8760。

以日心测量的土星——1931 年 4 月 16 日到 1954 年 3 月 19 日，土星移动了 287°15′，它相当于摩羯宫 17°13′，对应价格 8632。

1936 年 10 月 1 日，土星移动了 225°，对应价格 7150。

1940 年 5 月 15 日，土星移动了 179°44′，对应价格 5940。

1940 年 8 月 19 日，土星移动了 176°14′，对应价格 5842。

1954 年 3 月 19 日以日心测量的行星：

木星 89°35′相当于双子宫 29°35′。

以日心测量六颗行星❶的平均是 164.17°，相当于处女宫 14°17′。

土星 14.44°相当于天蝎宫 4°44′。

天王星 111.52°相当于巨蟹宫 21°2′。

以地心测量的行星：

海王星 204.35°相当于天秤宫 24°35′。

以地心测量的六颗行星的平均是 173.26°，相当于处女宫 25°26′。

冥王星 144°相当于狮子宫 24°。

火星 221°相当于天蝎宫 1°。

以日心测量的木星到土星的一半是 152.09°，相当于处女宫 2°9′。土星、木星、天王星、海王星的平均值❷是 155.10°，相当于处女宫 35°10′❸，这个平均值的 1/2 相当于双子宫 17°35′。木星、天王星的 1/2 是 100.43°，相当于巨蟹宫 10°43′❹。以地心测量的木星到天王星的 1/2 是 93.48°，相当于巨蟹宫 3°48′。

每个月的重要日期——1 日、15 日、18 日、19 日。目前市场正在靠近这些日期❺。

1953 年6 月 19 日——低点 5050❻。　7 月 17 日——低点 5555。

8 月 17 日——高点 5765。　9 月 15 日——低点 5565。

9 月 21 日——高点 5710。　10 月 9 日——最近的低点 5470。

10 月 19 日——高点 5660。　12 月 9 日——高点 6240。

1954 年1 月 13 日——高点 7470。

1 月 19 日——低点 6560——距离 6 月 19 日是 7 个月。

3 月 15 日——高点 5625　3 月 18 日——低点 5465。

---

❶ 原文并未指明是哪六颗行星。

❷ “平均值”未指明是日心经度还是地心经度，个人理解是日心经度。

❸ 原文是“5°10′”，根据上下文，应该是原文错误。

❹ 原文是“巨蟹宫日心经度 10°43′”，显得重复，省略了“日心经度”。

❺ 从本章写作时间 1954 年 3 月 20 日看，这里指日期接近 18 日，19 日。

❻ 原文是“五月咖啡低点 5050”，为了排版方便，省略了“五月咖啡”。

3月19日——高点8729——这个最高价距离6月19日低点9个月,距离1月19日低点2个月,距离1953年9月15日低点6个月,距离10月19日高点5860[1]是5个月。

二、日心经度与地心经度的相位

1954年3月24日——木星进入天蝎宫(以日心测量)266[2]。

6月24日——木星与土星相距120°(以日心测量)。

4月12日——太阳与木星相距60°(以地心测量)。

4月15日——太阳与海王星相距180°(以地心测量)。

4月13日——木星与土星相距135°(以地心测量)。

4月16日——木星与冥王星相距60°(以地心测量)。

4月26日——木星与海王星相距120°(以地心测量)。

4月26日——太阳与土星相距180°(以地心测量)。

4月非常重要。受这些相位的影响,在价格方面,这里应该有很强的活跃性和很宽幅的震荡。

地心经度与咖啡走势(从最低价开始)的对应关系:

1931年4月16日~1953年8月7日——火星绕行了12圈[3]。

1954年10月29日——火星与它在1931年4月16日的位置正好对冲,或相距180°。

1936年10月1日到1953年9月19日——火星绕行了9个360°。

1954年12月9日——火星绕行了9½圈,或与它在1936年10月1日的位置对冲。

1940年5月15日到1953年6月12日——火星往返了7次或绕行了7整圈。

1954年4月9日——火星绕行了7½圈,或与它在1940年5月15日的位置对冲。由于火星的逆行,它将在1954年7月7日再次位于7½圈,并且在8月17日将第三次与原来位置对冲,这是非常重要的。[4]

1940年8月19日~1953年9月15日——火星绕行了7圈。请注意在那一天的咖啡低点。

1954年12月4日——火星绕行7½圈,即与它在1940年8月19日的位置对冲。

---

[1] 前面说10月19日高点是5660,这里说是5860,不知道那一个正确。均保留,读者自己判断。

[2] 原文直译"木星的日心经度进入天蝎宫",为符合阅读中文习惯,进行了文字调整。下同。

[3] 原文未指出转动的方式,即是"自转",还是围绕太阳"公转"或者在黄道内的移动。

[4] 简单说,1954年4月9日,7月7日和8月17日,火星都位于离1940年5月15日7½圈的位置。

如果咖啡在1954年3月22日和24日之间开始下跌，它将持续下跌到4月15日左右，直到木星对土星和太阳对海王星的相反相位都完成了。根据这些日期，当木星与海王星相距120°，太阳与土星相距130°时，你应该观察反弹到1954年4月16日的可能性。这可能引起快速的反弹，后面跟着是急速的下跌。研究所有这些上述日期，把它应用到咖啡，你将很快学会更多关于什么引起趋势变化。

1954年3月20日对谷物或其他商品应用相同的规则，通过研究和练习，你将学会如何判断从强势到弱势再到强势的趋势变化。

W.D.Gann

附录六　谷物的价格刻度

一、不同商品的价格刻度

(一)大豆、玉米、燕麦、黑麦和小麦

日、周和月高低点图表的刻度总是相同的:1 美分对应 1/8 英寸,或者 8 美分对应 1 英寸。为了使时间平衡,或使时间与价格成正方,你要使用 1 个单位时间对应 1 美分价格。

例如,1939 年　　:7 日五月大豆的极低点是 67 美分。这需要 67 个日历日,或 67 个交易日来使价格平衡,也可以是 67 周或 67 个月来对应,或使时间平衡❶。

(二)可可

日图表的刻度是 15 个点对应 1/8 英寸,某些日图表是 10 个点对应 1/8 英寸。周图表是 30 个点对应 1/8 英寸。月图表中,有些显示为 20 个点对应 1/8 英寸,有些则是 30 个点。为了使时间平衡,或成正方,将高/低点价格除以刻度,你就能得到使价格平衡或成正方的时间。

(三)咖啡

日高低点图表的刻度是 20 个点对应 1/8 英寸,这效果最好。周图表的刻度是 20 个点和 30 个点对应 1/8 英寸,而月图表是 30 个点对应 1/8 英寸。为了获得使价格平衡的时间,需要将高/低点价格除以刻度。

(四)棉花

日图表的刻度是 10 个点对应 1/8 英寸。周图表是 15 个点对应 1/8 英寸。月图

❶ 虽然按照原文“balance time”,这里翻译成了“使时间平衡”,但是根据上一句和这一句的对照,应该是“67 周或 67。

表是 20 个点对应 1/8 英寸。但是,某些月图表则是 30 个点对应 1/8 英寸,趋势和角度按照这两种刻度工作得很好,因为 20 个点在每份 100 包的合约上等于 100 美元,而 30 个点则等于每份棉花合约 150 美元。棉花每波动 1 个点等于每份合约 5 美元。为了使价格与时间平衡,将高/低点价格除以刻度。

(五)禽蛋

日图表刻度是 10 个点对应 1/8 英寸。周图表是 25 个点对应 1/8 英寸,它等于 1 美分的 1/4,或每份合约的盈亏是 36 美元。你有了一张刻度为 35 个点对应 1/8 英寸的图表,这等于每份合约 50.40 美元。

月图表刻度是 50 个点对应 1/8 英寸,它是每打 1/2 美分,或每份合约 72 美元。你有了一张刻度为 70 个点对应 1/8 英寸的图表,这等于每份合约 100.80 美元。禽蛋的最小波动是 5 个点,或每份合约 7.20 美元。每打 1 美分,即 100 个点等于 144 美元。

为了得到使高低点或区间(任何高低点之间的差值)平衡所需要的时间,你要将价格除以刻度,以得到所需要的时间。当你使用 25 个点的刻度时,你可以用 4 乘以高点价格,就得到使价格平衡的时间。当刻度是 50 个点对应 1/8 英寸时,你可以乘以 2。但是,如果你始终用高/低点价格除以刻度,那么你很少会出错。

二、几何角度

读一遍所有关于如何从高/低点开始绘制角度线,以及如何从 1/2 价格(可以是最高价的 1/2,或极高点和极低点之间的 1/2)开始绘制它们的说明。45°线是从任意顶/底,或任意 1/2 位置开始绘制的角度线中最最重要的角度线。

从你的图表顶端或底端横着标上天数、周数或月数的日期,这样你将会知道角度线何时到达高/低点,以及何时时间和价格成正方或平衡。你应该在周图表上用箭头标上:6½、13、19½、26、32、35、39、45½、52,并且在第 2 年、第 3 年或更多年里继续做标记——即把 1 年标为 58½周,1¼年标为 65 周,1½年标为 78 周。你将会有一张长达 30 年的显示 11 个这些时间周期的表格。计算从禽蛋的高/低点开始,这样你就可以看到何时时间是 1/4 年,1/2 年,1/3 年,2/3 年,3/4 年和 1 年,或是自极高点/极低点以来任意年的终点。时间和价格的阻力位这些是 360°圆的一定比例,它们如下:11¼、22½、33¾、45、56¼、60、67½、78¾、90、101¼、112½、120、123¾、135、146¼、157½、168¾、180、191¼、202½、213¾、225、236¼、247½、258¾、270、281¼、292½、300、303¾、315、326¼、337½、348¾和 360 这个完整的圆。这些位置应该标出时间周期和价格,并留意重要的趋势变化。

(一)自然数的平方

这些数字是:4、9、16、25、36、49、64、81、100、121、144、169、196、225、256、289、324和361。通过研究过去市场在这些重要的时间周期、价格阻力位的活动情况,并且留意未来的价格活动,你将会认识到时间周期和价格阻力位的巨大价值。但要记住时间始终是最重要的,它引起了价格的趋势变化。

(二)绘制角度线的起始位置

1. 从日、周或月图表上的任何重要的顶/底开始绘制角度线。总是首先画45°线,然后是左边的1×2线,以及右边的或45°线之下的2×1线。这是最重要的三条角度线。但是,在你需要时,还可以使用所有其他的角度线。

2. 从任意价格低点开始画一条直线或水平线横贯图表底部。从任意价格高点开始画一条直线横贯图表顶部。当45°线或任意其他角度线到达这些基准线时,它就使价格或价格的一定比例,如1/8、1/4、1/2等成正方或者平衡。例如,十月禽蛋的低点是1950年10月2日,这条角度线应该从3225横贯底部。十月禽蛋的高点价格是5855,这条直线应该横贯顶部。一条以每周25个点速率从3225向上移动的、并与5855水平线相交叉的45°线,意味着价格与时间达到平衡,时间与从3225到5855的区间达到平衡,即区间与时间相等。我们利用45°线使区间成正方时,就用25去除区间,这与我们在高/低点价格上所做的计算是相同的。见从1947年9月10日直至今日的十月禽蛋的周图表。我在图上放置了所有时间周期和角度线,并且用箭头标记了留意趋势变化的重要位置。我在这张图表上已经放置了在任何时候你所需要使用的一切。因此,你可以把它当做任意其他商品的样图。

3. 在顶/底形成的那一天的"0"开始画45°线[1],并且延伸它一直到任意的前期高/低点。例如,从1950年10月2日的"0"开始画45°线,当它达到3225时,就意味着价格被时间所平衡。当此角度线到达5855时,意味着时间和价格达到平衡或者是完成了从0开始的正方形。为了获得角度线从0~5855所需要的时间,你将5855除以25,这就得到234周才能成正方或使5855平衡。当然,你要八等分和三等分这个时间周期,并且标出这些位置,正如我在十月禽蛋周图表上所做的那样。当45°线穿过任何顶/底的价位时,你要留意趋势的变化。

当你从3225或其他价位开始画十月禽蛋的1×2线,它以每周50个点的速率移动,当这条角度线到达5855时,它意味着1/2的时间与价格达到了平衡,或者成正方。

---

[1] 原文"a 45 degree angle of any other angle from zero"翻译出来是"从0引出的任意其他角度线的45°线"。本段最后一句的45°线也是如此修饰的。经反复推敲,应该是原文错误。

1 ×4 线每周上移 100 点，当它到达 5855 时，这意味着 1/4 的时间与价格达到了平衡。在跌市中要反过来用这条规则，当始于任意顶部的 45°线到达低位时，这表明时间和价格已经平衡，或者成正方。从任意顶部开始的 1 ×2 线每周下跌 50 点，当它到达低位时，这表明 1/2 的价格被时间所平衡。

4. 以每周 25 点计算使 3225 平衡或正方所需的时间。你就得到 129 周。这个低点开始，在图表上标记 129 周。当你到达这一天时，从基线 3225 向左下方引出一条 45°线。当这条角度线与从 3225 向上引出的 45°线相交叉时，它就位于一半位置，价格上穿这条角度线是很重要的，它预示着更高的价位。当然，这将穿越价格的 1/2 或 50% 位置。把这条规则应用到任意其他的商品，或任意其他价格上，那么你将会知道，当角度线穿过价格正方形的结束位置时，一个必要的趋势变化将会出现，价格可能处于强势或弱势位置。

(三) 平衡 5855

将这个价格除以 25，你就得到 234 周。沿着基线移到价格 5855，并从此处向左下方引出一条 45°线。当这条角度线与从 5855 向下引出的 45°线相交，并落在此交点之下时，它将预示着更低的价格。这个 234 周的时间周期必须被八等分和三等分，以找到在任意其他图表上所标注的对应比例的时间周期，正如我在十月禽蛋周图表上所表示的那样。这样，你就能够确定时间和价格何时相抵，也能够看到在角度线相交，价格走到交点之上或之下时的趋势变化。当价格位于 45°线之上或之下时，价格将会处于最强势或最弱势的位置。但是，你也必须使用所有其他的角度线来确定趋势变化。

将这些相同规则应用于谷物或任意其他商品。通过学习和实践，你将学会如何判断由强转弱、由弱转强的趋势变化。

W. D. Gann

1954 年 11 月 6 日

附录七　主时间因素和用数学规则预测

一、预测

市场的每一个运动都是自然法则和早已存在的前因导致的结果,可以提前许多年确定。未来只不过是过去的重演,正如《圣经》明确指出的:

"已有的事,后必再有。已行的事,后必再行。日光之下并无新事。"——Eccl. 1:9

(译注:引自《圣经/旧约/传道书(Ecclesiastes)/1:9》)

任何周期性运动的事物都是自然法则的作用和反作用导致的结果。通过研究历史,我发现了在未来重复的周期。

二、主要时间周期

一定会有主要和次要、大和小以及阴和阳。为了准确预测未来,你必须知道主要周期。大部分盈利来自于主要周期快结束时的快速运动和巨大波动。

我验证和对照过历史行情,以便确定主要和次要周期并且确定将来周期会在哪一年重演。在多年的研究帮实践检验之后,我发现下而这些是要用到的最可靠的周期:

(一)大周期——主要时间周期——60 年

这是所有周期中最大和最重要的周期,它每 60 年,或者在第 3 个 20 年周期的终点进行重复。查阅从 1861 年到 1869 年的战争周期和 1869 年之后的恐慌,你会发现这个周期的重要性;另外,60 年后——1921 年到 1929 年——历史上最大的牛市和最大的恐慌随之而来。这证明了这个大时间周期的准确性和价值。

(二)50 年周期

每 49 到 50 年就会出现一个主要周期。一个极限高价或低价的"半世纪"周期——持续5到7年——出现在50年周期的终点。“7”是一个《圣经》中提到许多次的致命数字。它带来了经济紧缩、萧条和恐慌。7乘7等于49,它象征着引发极端波动的致命灾年。

(三)30年周期

30年周期非常重要,因为它是60年周期或者说大周期的一半,包含3个10年周期。在对股票进行年度预测时,你应该始终比较30年前的记录。

(四)20年周期

最重要的时间周期之一是20年周期或者说240个月周期。大多数股票和平均指数的运行,较之任何其他周期,更接近这个周期。参考后面提供的“20年预测图”的分析。

(五)15年周期

15年是20年周期的3/4,而且最重要,因为它等于180个月,或者说是圆的一半。

(六)10年周期

下一个重要的主周期是10年周期,它是20年周期的一半以及60年周期的1/6。它还非常重要,因为它等于120个月或者说是圆的1/3。本质上类似的极限高点和低点波动每10年就会出现。股票明显地接近每个偶数10年周期出现变化。

(七)7年周期

这个周期等于84个月。你应该从任何重要顶部和底部观察7年。42个月或这个周期的一半非常重要。在第42个月附近,你会发现许多组合。21个月或这个周期的1/4也很重要。其实,一些股票在从以前的顶部或底部起的10到11个月形成顶部或底部,实际上是因为这是7年周期的1/8。

有一个84年周期——它等于12乘7年周期——对其一定要非常关注。这个周期的一半等于42年,1/4等于21年,1/8等于10½年。这是1921年8月的底部和1932年7月的底部之间相距近11年时间的原因之一。这种变动经常出现在大周期或60年的终点。底部和顶部经常出现在135°角上或第135个月附近,或从任何重要顶部或底部起的11¼年周期上。

(八)5年周期

这个周期非常重要,因为它是10年周期的一半和20年周期的1/4。市场中最小的完整周期或者耗竭期是5年。

(九)次要周期

次要周期是3年和6年。最小的周期是1年,市场经常在第10个月或第11个月出现变化。

三、未来周期规则

股票以10年为周期运行,每5年耗竭一次——一个5年周期上涨,一个5年周期下跌。以极限顶部和极限底部标记所有周期的起始,无论是主要还是次要周期。

规则1:牛市运动通常运行5年——2年上涨,1年下跌,再2年上涨,完成一个5年周期。5年运动的终点出现在第59或60个月。始终注意第59个月的变化。

规则2:熊市经常下跌5年——先下跌2年,然后上涨1年,再下跌2年,完成了5年的震荡下降。

规则3:牛市或熊市运动极少单边上涨或下跌超过3~3½年而不出现3到6个月或1年的反方向运动,除非是在主要周期的终点——像1869年和1929年。许多运动在第23个月到达极点,而不会持续2年整。观察周线图和月线图,确定极点是否会出现在运动的第23、24、27或30个月,或者在极端运动中出现在第34到35或第41到42个月。

规则4:在任何顶部上加上10年,会给出下一个10年周期的顶部,重复大致相同的平均波动。

规则5:在任何底都上加上10年,会给出下一个10年周期的底部,重复类似的一年,和大约相同的平均波动。

规则6:熊市运动经常形成7年周期,或者说是3年加4年的周期。从一个完整的底部开始,先加上3年得到下一个底部,然后在这个底部再加上4年得到7年周期的底部。例如:1914年的底部——加3年得到1917年的恐慌低点,然后在1917年上加4年得到1921年,另一个经济萧条的低点。

规则7:对于任何主要或次要顶部,加上3年得到下一个项部;然后在那个顶部上再加3年,这会为你提供第3个顶部;在第3个顶部上加4年得到10年周期的最终顶部。有时候,从顶部开始计算的趋势变化会发生在时间周期的常规终点之前,因此,你应该注意观察第27、34和42个月可能发生的反转。

规则8:从任何顶部加上5年,得到5年周期的下一个底部。为了得到下一个5年周期的顶部,可以从任何底部加上5年。例如,1917年是大熊市的底部;加上5年得到了1922年——次级牛市运动的顶部。我为什么说"次级牛市运动的顶部"呢?因为大牛市应当结束于 1929 年。

1919 年是顶部;加上 5 年得到 1924 年作为 5 年熊市周期底部。参考规则 1 和 2,它们告诉你牛市或熊市运动很少在同一个方向上运行超过 2 到 3 年。从 1919 年开始的熊市运动是 2 年下跌——1920 年和 1921 年;因此,我们仅仅预计在 1922 年的 1 年反弹;然后 2 年下跌——1923 年和 1924 年,这完成了 5 年熊市周期。

回顾 1913 年和 1914 年,你会发现,要完成从 1913 ~ 1914 年的底部开始的 10 年周期,1924 年必须是熊市年。

然后注意 1917 年是一年熊市的底部;加上 7 年得到 1924 年,也是熊市周期的底部。然后,1924 年加上 5 年得到 1929 年周期的顶部。

四、月行情预测

月度运动可以用和年度运动相同的规则判定:

在重要底部上加 3 个月,然后加 4 个月,一共 7 个月,来得到小底部和回调点。

在大的上升趋势中,回调往往不会持续超过 2 个月,第 3 个月开始上涨,与年度周期的规则相同——2 年下跌,第 3 年上涨。

在极端的市场中,回调有时候仅仅持续 2 或 3 周;然后上涨重新恢复。在这种情况下,市场也许持续上涨 12 个月,没有任何一次月底部破位。

在牛市中,次级趋势也许会反转并且下跌 3 ~ 4 个月,然后反转并再次跟随主趋势向上。

在熊市中,次级趋势也有可能上涨 3 ~ 4 个月,然后反转并跟随主趋势向下,尽管,作为一条一般规则,熊市中股票不会反弹超过 2 个月;然后在第 3 个月破位,并且跟随主趋势下跌。

五、周行情预测

周运动提供了次要级别的趋势变化,也许会演变成主要的趋势变化。

牛市中。股票往往会下跌 2 ~ 3 周,也可能是 4 周,然后反转并且再次跟随主趋势向上。作为一条规则,趋势会在第 3 周的周中反转向上,而在第 3 周的周末高收,股票仅仅逆着主趋势运行 3 周。某些情况下,趋势变化直到第 4 周才出现;出现反转之后,股票在第 4 周的周末高收。

在熊市中颠倒这个规则。

在伴随着大成交量的快速行情中,一次运动往往运行 6 ~ 7 周才出现此级别反转,某些情况下——像 1929 年,这些快速运动会持续 13 ~ 15 周或者说 1/4 年。这些是上涨或下跌的极点。

由于一周有 7 天,而 7 乘 7 等于 49 天或 7 周,这往往标志着一个重要的反转点。因此,你应该在第 49 到 52 天左右观察顶部或底部,有时候趋势变化会出现于第 42 到 45 天,因为 45 天周期等于 1/8 年。另外,在 90 到 98 天结束时观察极点。

市场下跌了 7 周之后,也许会横向整理短短 2 或 3 周,然后反转向上,这与第 3 个月出现趋势变化的月规则相一致。

始终关注股票的年度趋势,并且考虑它是否处于牛市或熊市年。在牛市年份,月线图显示上涨,曾有多次回调 2 或 3 个月的情况,然后休整 3 或 4 周,之后进入新价格区域,上涨 6 到 7 周以上。

股票形成顶部并且回调了 2 到 3 周之后,也许会反弹 2 到 3 周而没能走到第一个顶部之上,然后在一个交易区间内维持数周,没有上穿最高的顶部,也没有突破周线的最低底部。在这种情况下,你可以在那个区间的低点附近买入,在高点附近卖出,用 1 到 3 点距离的止损单进行保护。然而,更好的策略是在股票显示出明确的趋势之前不要买入也不要卖出;然后,在股票穿越之前的最高点时买入,或者在它突破区间最低点时卖出。

六、日行情预测

每日运动提供了最小级别的变化,规则与周级别和月级别周期相一致,尽管它只是它们的一个小部分。

在快速行情中,与主趋势方向相反的运动仅仅会持续 2 天。与主趋势一致的上涨或下跌进程会在第 3 天重新恢复。

每日运动可能逆行于主趋势,但仅仅会运行 7 ~ 10 天:然后再次追随主趋势。

在一个月期间,自然的趋势变化出现在以下日期附近:

6 ~ 7 日;14 ~ 15 日;23 ~ 24 日。

9 ~ 10 日;19 ~ 20 日;29 ~ 31 日。

这些小运动的出现与个股的顶部和底部有关。

从前期的顶部或底部开始算起的第 30 天,观察趋势变化非常重要。然后观察从顶部或底部算起的 60、90、120 天的趋势变化。180 天或 6 个月——非常重要,有时候标志着更大的行情变化。另外,在重要顶部或底部起的第 270 天和 330 天,你应该留意观察重要的次级,甚至往往是主要的变化。

(一)1 月 2 ~ 7 日和 15 ~ 21 日

每年,留意观察这段时间,并且注意形成的最高价和最低价。要直到这些高价被穿越或低价被突破，才考虑趋势向上或向下。

很多情况下，如果股票在1月初形成低点，那么这个低点直到7月或8月才会被突破，有时候全年也不会被突破。同样的规则也可以应用于熊市或主趋势向下时。1月初形成的最高价往往是全年的高点，而且直到7月或8月才会被穿越。例如：

1930年2月，美国钢铁在166形成了低点，这个价位是1921年到1929年的中间点，而于1930年1月7日再次跌到了167¼。当钢铁的这个价位被突破时，预示着更低的价格。

（二）7月3~7日和20~27日

7月份就像1月，是大多数股票支付股息的月份，投资者通常在这个月的月初左右买入股票。要留意观察7月的顶部、底部以及趋势变化。回顾图表，注意在距离1月的顶部或者底部180天之后，有多少次趋势变化发生在7月。例如：

1932年7月8日，低点；1933年7月17日，高点；1934年7月26日，市场的低点。

七、如何划分年度周期

把一年2等分得到6个月——对立点，或180°角——等于26周。

把一年4等分得到3个月的周期或90天或90°角，它等于1/4年或13周。

把一年8等分，这等于1½个月、45天并且相当于45°角。它还是6½周，这表明了为什么第7周总是如此重要。

把一年16等分，这等于22½天或大约3周。这说明了为什么市场运动仅仅上涨或下跌3周然后反转。作为一条规则，如果股票连续4周收高，它将走向更高。第5周对于趋势变化和快速上涨或下跌也非常重要。第5是上升日、上升周、上升月或上升年，鉴于主要周期的临近结束，始终标志着快速的上涨或下跌。

牛熊日历年

研究年高低点图，并且回顾很长一段时间，你就会看到哪些年份是牛市的顶点，哪些年份是熊市的开始与结束。

每个十年纪元，或10年周期，也就是100年的1/10，都标志着重要运动。从1到9的数字很重要。你所要学会的不过是用你的手指计算数字，以便确定市场处于什么类型的年份。

第1，新十年纪元是熊市结束，牛市开始的年份。查看1901年、1911年、1921年。

第2，或者在第2年，是小牛市年，有时候是熊市反弹开始的年份。见1902年、1912年1922年、1932年。

第3,开始熊市年,但始于第2年的反弹也许会运行到3月或4月才耗竭:或者始于第2年的下跌也许会一路向下,在2月或3月形成底部,像1933年。查看1903年、1913年、1923年。

第4,第4年是熊市年,但结束了熊市周期并且为牛市奠定了基础。对照1904年、1914年。

第5,第5年是上升年,牛市非常强势的一年。见1905年、1915年、1925年、1935年。

第6,是牛市年,这一年,开始于第4年的牛市运动在这一年的秋天结束,快速下跌开始。见1869年、1906年、1916年、1926年。

第7,是个熊市数字而且第7年是熊市年,因为84个月或84°是9的7/8。见1897年、1907年、1917年,但要注意1927年是60年周期的终点,所以不会有太大的下跌。

第8,是牛市年。价格在第7年开始上涨,在第8年到达了第90个月。它非常强,通常会出现大涨。回顾1898年、1908年、1918年、1928年。

第9,是最大的数字,而第9年是所有牛市中最强的。最后的牛市运动在在极端上涨之后于这一年到达顶点,价格开始下跌。熊市通常在第9年的终点开始开9月到11月,并且出现急剧下跌。见1869年、1879年、1889年、1909年、1919年和1929年——上涨最大的年份,在这一年的秋季到达顶点,急剧下跌随之而来。

第10,是熊市年。通常会反弹到3月和4月;然后剧烈下跌到11月和12月,那时一个新周期开始,另一轮反弹发动。见1910年、1920年、1930年。

涉及的这些数字和年份,我们指的都是日历年。要想理解它们,研究1891~1900年、1901~1910年、1911~1920年、1921~1930年、1931~1939年。

10年长期持续不断地反复重演,而最大的上涨和下跌出现在20年周期和30年周期的终点,还有50年和60年周期的终点——这比其他周期更强。

八、预测要记住的重点

时间是最重要的因素,直到明显的时间已经到期,大涨或大跌才会开始。时间因素的重要性超过空间和成交量。当时间到位,空间运动将会开始,大成交量将会出现——无论上涨还是下跌。在大行情的终点——月、周或日级别的——一定占用时间去完成吸筹和散筹。

对于每一个个股,据据它距离底部或顶部的时间长度来确定它的趋势。每只股票,根据它自己的基础,都有它自己的1、2、3、5、7、10、15、20、30、50和60年的顶底周期,不必考虑其他股票的运动——即使它们也在同一个板块里。因此,要单独评判每只股票并且保存它们的周线和月线图。

没有参考始于顶部或底部的角度，没有考虑市场的位置，没有考虑个股的周期时，就绝对不要判定主趋势已经向某一个方向改变了。

在判定反转运动之前，始终考虑年度预测和大时间尺度耗尽与否。不要忽略自主要顶部和底部起的时间信号，以及成交量和几何角度上的位置。

日线图给出第一个短期变化，也许运行 7 ~ 10 天；周线图给出下一个重要趋势变化；而月线图标记最强的趋势变化。记住，根据年度周期，反转前，周线会运行 3 ~ 7 周，月线会运行 2 ~ 3 个月或更多。

年度底部和顶部：留意观察一只股票是否每年都在形成更高或更低的底部很重要。例如：如果股票连续 5 年每年都形成更高的底部，那么形成比前一年更低的底部就是一个反转信号，而且也许标志着一个长期下跌周期。当股票在熊市中连续多年形成更低的顶部时，这个规则也同样适用。

当出现极端上涨或下跌，市场第一次反向运行了前一轮运动幅度的（1/4）~（1/2）时，你要考虑趋势已经改变，至少暂时地改变。

观察空间运动很重要。当向上或向下的运动的时间耗尽时，空间运动会给出反转点，突破极限低点到极限高点之间的幅度的 1/4，1/3 或 1/2，这表明主趋势已经改变。

研究我提供给你的所有讲解和规则：反复研读，因为每一次阅读都会使它们变得更加清晰。研究图表并且在实际交易以及历史行情中验证这些规则。这样，你就会有所进步并且领悟和意识到我的预测方法的价值。

九、如何进行年度预测

我以前说过，未来只不过是过去的重演；因此，要预测未来，你必须参考以前的循环周期。

以前的 10 年和 20 年周期对未来影响最大，但要完成预测，最好有过去 30 年的记录以供查阅，因为重要的趋势变化出现在 30 年周期的终点。当我对 1935 年的某些市场进行预测时，我查阅过这些年份——1905 年、1915 年和 1925 年。对于 1929 年的预测，我对照过 1919 年——回溯 10 年；1909 年——回溯 20 年；1899 年——回溯 30 年；以及 1869 年——回溯 60 年，最大的周期。

你还应该关注 5、7、15 和 50 年周期，注意市场是否正在非常接近地重复它们中的某一个。

十、主 20 年预测图（1831 ~ 1935 年）

为了做出年度预测，你必须参考我的主 20 年预测图，看看周期如何运行，以及如何重演过去。

以前讲过,对于预测未来市场运动,20 年周期是最重要的周期。它是 60 年周期的 1/3,而当 3 个 20 年周期耗尽时,重要的牛市和熊市运动就会终止。

为了让你明白和学会周期重复的方式,我制作了一张从 1831 年开始的 20 年周期图。为了显示从 1831 年到目前的所有周期,我们在图表上延续了工业和运输股自 1831 年到 1855 年的月高点和低点。从 1856 年起,我们使用 W. D. 江恩铁路股平均指数,一直到道琼斯平均指数在 1896 年开始。之后,我们使用道琼斯工业股平均指数。

1860 年,20 年周期结束之后,

下一个周期开始于 1861 年,运行到 1880 年,

下一个周期开始于 1881 年,运行到 1900 年,

下一个周期开始于 1901 年,运行到 1920 年,

下一个周期开始于 1921 年,运行到 1940 年。

把每个 20 年周期的月高低价放在一个图表里,很容易看出周期如何重复。周期的年份以 1 ~ 20 标记。研究这个图表,注意在每个周期的第 8 和第 9 年发生了什么——总是会到达极限高价。例如:

(一)1929 年度预测

根据我的 60 年周期的发现,我曾经图示了 1929 年会像 1869 年、1909 年和 1919 年那样重演。回顾 20 年,我们发理顶部于 1900 年 8 月到达;而 60 年前,顶部于 1869 年 7 月到达。如果你读过我 1929 年的年度预测,你会看到,我已经图示了顶部一定不会晚于 8 月底出现并且指出“黑色星期五”会在 9 月出现。完全遵循 1869 年顶部的话,顶都会出现在 1929 年 7 月,某些股票那时会形成顶部。遵循 1909 年顶部的话,我们可以预测顶部会在 8 月,平均指数和许多个股的实际高点于 1929 年 9 月 3 日到达。回溯至 1919 年,我们发现,平均指数于 7 月形成了第一个顶部,大跌紧随其后,而极限高点形成于 11 月初。

从所有这些顶部开始——1869 年、1909 年 1919 年——急剧下跌在当年秋季随之而来,就像它们在 1929 年一样。于是,你明白要追随大幅大涨并且确定它何时到达顶点是多么容易。我们除了用 20 年和 60 年周期预测这个大牛市;并且如此接近它在 1929 年的顶点外,没有其他方法。

(二)1869 ~ 1873 年和 1919 ~ 1933 年

1869 年的顶部之后,股市持续下跌并且于 1873 年 11 月到达低点。看看其他周期里有多少底部在这个时间左右到达。在 1929 年的大跌之后,注意 1933 年 10 月,道琼斯指数到达最后的低点:然后紧接着上涨到了新高位,穿越了 1933 年 7 月的顶部。

（三）1935 年度预测

要预测 1935 年，我们观察这个 20 年图表，我们正靠着 1855 年、1875 年、1895 年、1915 年运行。因此，我们看看这些年份都发生了什么。我们发现，1895 年的高点于 9 月到达；1915 年，当年的高点于 11 月到达。

然后，回顾 1865 年、1885 年、1905 年和 1925 年，这些年份是 10 年周期的第 5 个区域。我们发现，1865 年，高点于 10 月到达；1905 年，高点在 10 月份；1925 年，高点在 11 月份。

那么，我们预测 1935 年时就有了一个很好的指南，我们会知道要在哪个月观察顶部和趋势变化。我的 1935 年年度预测——于 1934 年 10 月做出——指出了 10 月 28 日的顶部和 1935 年 11 月 15 – 16 日的次级顶部。

还有从图表中获取优势的其他方法。确定趋势的一个方法是，在相同的区域里对照以前的周期。例如，道琼斯 30 种工业平均指数于 1935 年 5 月穿越了 108 之后，处于第 15 年区域中所有以前年份的平均最高价之上。因此，市场指出了更高的价格目标，并且表明会有牛市运动。

（四）1936 年度预测

如果我们想预测 1936 年，我们对照第 16 年区域的年份，即 1856 年、1876 年、1896 年和 1916 年。因为 60 年是一个非常重要的周期，我们首先观察 1876 年，然后是 1896 年和 1916 年。

1876——我们发现平均指数上涨并且在 3 月到达高点；然后下跌到年底。

1896——其次，我们观察 1896 年，这是回顾 40 年或 2 个 20 年周期，一个非常重要的总统选举年，就像 1936 年一样。我们发现，一个中等的反弹持续到 2 月份，下跌到 3 月份，然后小幅反弹到 5 月，从这开始恐慌下跌随之而来，于 1896 年 8 月 8 日伴随平均指数多年来的最低位到达极点。从那时起，牛市开始，价格到 12 月份一直走高。

1916——下一个重要周期是 29 年后，或 1916 年。我们发现，价格在 1 月下跌，2 月份温和反撵，然后急剧下跌到 4 月，反弹到 6 月，然后下跌并且在 7 月形成底部，从这起大牛市开始，于 1916 年 11 月在战时市场形成顶部。紧跟着一轮自 11 月下旬到 12 月的恐慌性下跌。

这就完成了从 1936 年回顾的 60、40 和 20 年周期的对照。接下来，我们看看图表另一面 20 周期的第 6 年或 10 年周期的第 6 区的周期。这些年份是 1866 年、1886 年、1906 年和 1925 年。

1866——我们发现 1866 年有一轮在 2 月到达底部的急剧下跌；然后上涨，当年的顶部在10月。

1886——我们发现一轮急剧下跌。底部在1月，温和反弹到3月，然后在5月急剧下跌到新低；急剧上涨，于11月到达高点，在12月急剧下跌。

1906——要考虑的下一个重要周期是1906年。那一年，始于1896年伟大的麦金利繁荣到达顶点。铁路平均指数到达了至那时为止的历史最高价。从1月的高点起；紧接着急剧下跌到5月。这么大量的卖盘是由旧金山在地震引发的。然后，反弹到6月。随后急剧下跌到7月，底部恰好略高于5月的低点。从这个低点开始上涨到9月，形成了另一个顶部；但低于1月的顶部；随后下跌到12月，1907年的恐慌紧随其后。

1926——要考虑的下一个重要的10年周期是1926年，那时伟大的柯立芝牛市如火如荼。从1925年12月的低点开始，股市反弹到了1926年2月；然后急剧下跌到3月，一些股票跌幅达100点。从这个底部开始，急剧上涨到新高位，于8月到达项部；然后于10月再次急剧下跌到底部，随后反弹到12月，但股市没能回到那年8月到达的高点。

现在，当我准备预测1936年时，我会考虑所有周期。我会回顾并查阅7年周期、14年和15年周期——30年周期的一半。但是，在撰写本文时，根据我的未来周期知识和经验，我预期1896年的周期会在1936年重演。

1936年很可能是一个不明确的选举年，就像1896年一样，当时布莱恩白银恐慌导致了一轮进入8月的恐慌性下跌。很可能出现三角竞争，两位民主党总统候选人和一位共和党候选人。1936年当然将是一个投资者和投机者受到惊吓并且卖出股票，从而导致急剧下跌的时间。

我认为，在撰写本文时，第一次下跌将于1月份开始，以急剧下跌结束。2月——市场也许会在一个狭窄的交易区间内窄幅盘整，伴随着一些反弹。但3月份将有另一轮下跌，就像1926年那样。我确信，5月份和6月份将有另一轮下跌，特别是在5月下旬，因为这将走完从1932年低点起的4年周期和从1930年4月高点起的6年周期，这全都预示着重要的趋势变化。

我们知道总统候选人提名将在7月进行，因此在这个月要小心不确定性和下跌，除非急剧下跌在那之前已经出现。始于1896年8月的周期终点相当重要，无论股市多高或多低，很可能在8月底之前会出现某些急剧下跌。再者，9月的后半个月，存在着急剧下跌的不确定情况和可能性。这也许是最后的低点，而且如果有迹象表明共和党的选举会使政府更迭——对此，在撰写本文时，我认为这将发生——也许会出现选举反弹。

9月、10月和11月全都很重要，因为这些月份是从1929年顶部起的7年和从1929年10月和11月恐慌下跌起的7年。我预期11月的选举之后会出现反弹，至少持续到12月初。如果出现情况改善的迹象,而且,如果大众对当选者感到满意,那么上涨很可能会持续到12月,在年底左右到达最高价。

这只是一个大纲,并没有给出全部完整的计算和详细的年度预测。

(五)个股

我告诉过你,不要根据平均指数预测个股的趋势。平均指数提供的是整体趋势,尽管许多股票会跟随平均指数的趋势,但你还是要单独计算每只股票,以它在几何角度上的位置和时间周期来确定股票年度内可能形成顶部和底部的月份。

取任何个股并且绘制像主预测图表那样的图表,前推10年或20年,观察顶部和底部是如何形成的。我绘制了美国钢铁10年和20年周期的图表,而且总是很高兴把这些图表提供给我预测课程的学生,这样他们就可以研究个股并且坚信这个理论对个股甚至比对平均指数更有效。

如果不确定时间周期的确有规律地重复而且未来的市场运动是可能预测的,你就不能研究主20年预测图和周期。通过研究阻力位、几何角度、成交量与周期的关系。在行情的尾部你可以确定趋势何时改变。

十一、重要时间周期的快速运动和极点

回顾工业或铁路平均指数或任何个股的月线图,查看出现快速上涨和快速下跌的月份,从各个重要顶部和底部以来的月数,非常重要。

观察在重要几何角度或360°圆的如下比例位置如何形成顶部和底部。

11¼	56¼	*90	123¾	168¾	213¾	247½	292½	326¼		
22½	*60	101¼	*135	*180	*225	258¾	*300	337½		
33¾	67½	112½	146¼	191¼	236¼	*270	303¾	348¾		
*45	78¾	*120	157½	202½	*240	281¼	*240	281¼	*315	*360

(*非常重要)

这些角度测算时间周期。始终观察从任何重要顶部或底部起的45、60、90、120、135、180、225、240、270、300、315和360个月附近发生了什么,因为所有这些角度就像45°一样非常强大和重要,预示着强大的极点。

回顾1896年以来的道·琼斯工业股

回到1896年8月的极限低点:

1897——1897年4月出现了一个次级低点。我们发现,从1896年8月低点起的第11到13个月有一轮快速上涨。

1898——快速上涨出现在从1897年和1896年底部起的第16和第24个月,快速

下跌出现在第 17 和第 25 个月。

1899——牛市年。快速上涨出现在从 1896 年起的第 29 ~ 第 32 个月和从 1897 年底部起的第 21 到第 24 个月。快速下跌出现在从这些底部起的第 32 和第 40 个月。

1900——快速上涨出现在从 1897 年底部起的第 42 ~ 第 44 个月和从 1896 年底部起的第 50 到第 52 个月。

1901——快速下跌出现在从 1897 年起的第 49 个月和从 1896 年低点起的第 57 个月。于 6 月到达顶部。

1903——熊市年。从 1901 年顶部起的第 22 到 23 个月出现了快速下跌；从 1897 年底部起的第 72 ~ 第 78 个月和从 1896 年底部起的第 80 到第 86 个月也出现了快速下跌。底部于 1903 年 10 月和 11 月到达。

1904——快速上涨出现在从 1903 年底部起的第 12 到 14 个月。

1905——在第 16 到 18 个月快速上涨：在第 19 个月快速下跌；在 1903 年底部起的第 25 到 27 个月快速上涨。

1906——于 1 月到达顶部。在从 1983 年底部起的第 30 个月快速下跌。

1907——在从 1906 年顶部起的第 14 个月和第 19 ~ 22 个月出现快速下跌。极限低点在 1907 年 11 月到达，这是从 1896 年底部起的第 135 个月，从 1897 年低点起的 127 个月和从 1906 年顶部起的 22 个月。

1909——顶部于 10 月到达，是从 1906 年顶部起的 45 个月和从 1907 年底部起的 23 个月，从 1896 年起的 158 个月。

1914——7 月，快速下跌，是从 1909 年顶部起的第 57 个月，从 1912 年顶部起的 21 个月。极限低点出现在 12 月，从 1906 年顶部起的 107 个月，从 1912 年顶部起的 26 个月，从 1896 年低点起的 220 个月，从 1907 年底部起的 84 个月或 7 年和从 1903 年底部起的 134 个月。

1915——这是一个战争年。3 月和 4 月的快速上涨出现在从 1914 年底部起的第 3 和第 4 个月。5 月是剧烈、陡直的下跌，从 1907 年 11 月底部起的 90 个月和从 1896 年底部起的 225 个月。注意这些快速匀速是在 90°和 225°，即 45°加上 45°或 180°。

1916——4 月，剧烈下跌，是从 1914 年底部起的 16 个月，从 1906 年顶部起的 123 个月，从 1896 年低点起的 236 个月。9 月，快速上涨，从 1914 年低点起的 21 个月，从 1896 年低点起的 240 个月，这是 20 年周期的终点，预示着重要的趋势变化。11 月，快速上涨的顶部。道·琼斯工业股平均指数到那时为止的最高价。这是从 1914 年底部起的 23 个月和从 1896 年底部起的 243 个月。12 月，急剧下跌，从 1914 年底部起的 24 个月。

1917——8 ~ 12 月，快速下跌，从 1916 年 11 月顶部起的 9 到 13 个月，从 1914 年底部起的 32 ~ 36 个月，从 1907 年底部起的 117 ~ 121 个月和从 1896 年低点起的 252

到256个月。

1919——快速上涨开始于2月持续到7月。这是从1916年顶部起的27~32个月和从1914年低点起的50~55个月。1919年2月是从1907年低点起的135个月和从1896年底部起始270个月。第135和270个月是圆周的3/8和3/4,对于趋势变化和运动的开始非常重要。10月和11月初是最后的顶部,是从1916年顶部起的36个月。11月,恐慌性下跌,从1917年低点起的23个月,从1914年底部起的59个月(5年周期的终点),从1896年底部起的279个月。

1920——11月和12月,快速下跌,从1919年顶部起的12到13个月,从1917年低点起的35到36个月,从1914年底部起的72个月,从1907年底部起的157个月,从1896年底部起的291到292个月。

1921——8月,熊市的低点,从1919年顶部起的21个月,从1914年底部起的80个月,从1907年底部起的165个月,从1896年底部起的300个月。

1924——5月,形成最后的低点,快速上涨开始,历史上最大的牛市之一,结束于1929年。这是从1919年顶部起的54个月,从1921年低点起的33个月,从1914年低点起的113个月,以及从1896年低点起的333个月。

1926——3月,大跌,部分股票跌了100点。这是从1924年低点起的23个月,从1923年低点起的29个月,从1921年低点起的55个月,从1914年低点起的135个月,以及从1896年低点起的355个月。

8月,股票到达至那时为止的最高价,道·琼斯工业平均指数在166。这是从1924年5月低点起的27个月,从1923年10月低点起的34个月,从1921年底部起的60个月,从1907年低点起的225个月,以及从1896军低点起的360个月或30年。然后紧接着到10月下跌了20点,这是从1896年底部起的新30年周期里的2个月。

1928和1929年是历史上运动最快的年份。

1929——5~9月,最快的运动之一,平均指数几乎上涨了100点。最后的高点在9月。这是:

从1919年顶部起的118个月；　从1921年8月低点起的97个月；

从1909年顶部起的240个月；　从1914年低点起的177个月；

从1926年3月低点起的42个月；从1907年低点起的262个月；

从1924年5月底部起的64个月；从1896年低点起的第二个30年周期里的37个月。

从1923年低点起的71个月。

注意,月线图上的32、40、67½、75、120、180强时间角度于1929年10月和11月走完。

1930——4月,另一轮大跌前的最后顶部。这是从1926年3月低点起的49个月,从1924年低点起的71个月,以及从1923年低点起的78个月。5月,陡直、剧烈的下跌。这是从1907年低点起的270个月,从1896年低点起的第二个周期里的45个月。然后,快速下跌到1931年。

1931——9月,道·琼斯平均指数跌了46点。这是从1929年顶部起的24个月,从1923年和1924年低点起的95和86个月,从1921年低点起的121个月或一个新10年周斯的起点,从1914年低点起的201个月,以及从186年起的新周期里的61个月。

1932——7月8日,到达了熊市的极限低点。这是从1896年低点起的新周期里的71个月,从1921年低点起的131个月,从1923年和1924年低点起的105和96个月,从1930年4月顶部起的27个月,以及从1929年顶部起的34个月。8月和9月,股票急剧、快速上涨。这是从1929年顶部起的35和36个月,从1930年4月顶部起的28和29个月,从1896年低点起的新周期里的72和73个月,以及从1921年低点起的132到133个月。

1933——4~7月,快速上涨。这是从1929年顶部起的43~46个月。始终在45个月或45的倍数附近观察极点。这还是从1930年顶部起的36~39个月,从1932年低点起的9~12个月,以及从1896年起的新周期里的80~83个月或走完了新30年周期里消耗了一个7年周期。1933年10月,回调低点,是从1930年4月顶部起的42个月,从1929年顶部起的49个月,从1932年低点起的15个月。

1934——2月,顶部。这是从1930年高点起的46个月,从1929年高点起的53个月,从1933年低点起的12个月,从1932年低点起的19个月,从1926年8月起的新30年周期里的90个月(最重要)。从这个顶部起,出现急剧下跌。7月,大牛市运动前的最后低点。这是从1929年顶部起的58个月,从1930年顶部起的51个月,从1932年低点起的24个月。进入了这个新30年周期的第9年,正如以前的阐释,市场表明大牛市在1935年紧随其后。

以同样的方法回顾个股并且计算它们的周期。留意出现极限高点和低点时的月份,并且注意出现快速上涨和下跌时距离每个底部和顶部的月数。留意从重要顶部和底部开始的时间周期,你就能知道时间周期何时走完以及何对可能发生趋势变化。另外,在3~4月、9~10月和11~12月左右观察季节性趋势变化。

这些工作都有助于你挑选将会出现大涨和大跌的股票。你研究得越多,你学会的知识就越多,你就能赚取的利润就越大。

十二、组约证券交易所永恒图

这张主图表是20的正方形,即纵向20横向20,总共400,它可以用来测算日、周、月或年，以及确定顶部和底部何时依靠强角度形成，正如这张永恒图显示的那样。这张图表能非常好地计算 20 年周期，因为它是 20 的正方形。例如：

纽约证券交易所成立于 1792 年 5 月 17 日。因此，我们于 1792 年 5 月 17 日从“0”开始。1793 年落在“1”上，那时证券交易所是 1 岁。1812 年出现于 20，1832 年在 40，1852 年在 60，1872 年在 80，1892 年在 100，1912 年在 120，1932 年在 140。注意，1932 年的 140 或 7 乘 20 相当于 90°角，是在第 7 区或横向第 7 个空间的顶部，这表明 1932 年是熊市运动和大周期的终点，以及牛市的起点。我们会在 1932 年 5 月到 7 月附近观察极点，因为从周期结束于 1932 年 5 月 17 日。

你要注意到把正方形分成两个相等部分的数字，横数是 10、30、50、70、90、110 等等，1802 年出现在 10，1822 年在 30，1842 年在 50，1862 年在 70。注意，爆发内战的 1861 年在数字 69 上，这是在 45°上。然后注意 1882 年 5 月结束在 90°角上，而且是在横向 180°角的 1/2 点上。

再者，1902 年在 110 上，1/2 点，1903 年和 1904 年到达 45°。注意，1920 年和 1921 年在 129 上到达 45°，1922 年——牛市的第一年——在 130，1/2 点上。

注意，1929 年在第 137 个数字或第 137 个月上，到达 45°角；1930 年在第 4 个正方形的 1/2 点上，一个强阻力点，这预示着陡直、剧烈的下跌。

再者，在主 12 图表上 138 在 1/2 点上。

1933 年在 141 上或第 8 区的起点，在 20 正方形四等分的第 2 个的中心或半路点。

1934 年和 1935 年 5 月的终点在 142 和 143 上，而 1935 年出现在第 8 区主中心的 45°角上，在第 2 个正方形——走到了整个正方形的 1/2——的半路点上，这预示着大级别的市场运动。

你还可以从 1492 年 10 月 12 日开始——那时哥伦布发现了美洲大陆——使用这个图表。1892 年是 400 年或 20 的平方的终点。1932 年是新 20 的正方形的 40 年。

你可以把这个 20 的正方形用于个股的时间周期和价格阻力位。

如果你研究周、月以及年周期，并且应用这些重要的点和角度，你会发现，它们决定了历史运动的重要顶部和底部。

十三、如何交易

你完全掌握了所有的课程之后，在交易前确保你是正确的。绝不猜测。只根据明确的信号交易。

(一) 开始交易前你必须知道的

你必须知道如何应用所有的规则；如何从顶部和底部画几何角度或移动平均线：

如何画时间和价格正方形，如何画重要的45°角或线——它相当于一条移动平均线。你必须知道在哪里设置止损单，而且必须检查当年处于什么周期，即根据主预测图确定是牛市年还是熊市年，主趋势应该上涨还是下跌。

在你进行交易前——无论是买还是卖——考虑每只个股在月线图上的位置；还要考虑周线图，然后是日线图。如果它们全都证实是上升趋势，买入就有把握——假如你确定了设置止损单的位置。另一方面，如果周期表明这是熊市年，而且月线、周线和日线图表明下降趋势，那么这就是一个卖空时机，此外，你必须寻找最重要的点——设置不超过3点距离的止损单的地方并且尽可能地接近。

(二)交易前要关注什么

下面是你买卖股票前必须考虑的重点：

1. 无论是牛市还是熊市年，通过年度预测确定时间周期年，以及整个市场的主趋势是上涨还是下跌。

2. 个股的周期，无论是上涨还是下跌年。

3. 在始于顶部和底部的角度线和时间周期上的月度位置。

4. 在始于顶部和底部的时间周期和角度上的周度位置。注意是否它正在使从顶部或底部起的时间形成正方形。

5. 在始于重要顶部和底部的角度线上和时间周期中的日度位置。注意股票是否接近最近的顶部或底部的正方形。

6. 价格阻力位。注意股票是否接近任何半路点或其他支撑或阻力点。

7. 注意股票是否在相同水平附近维持了数日、数周或数月，以及它是否将要穿越或突破始于顶部或底部的重要角度线。

8. 查看成交量。注意股票的成交量是否在过去数天或数周有所增加或减少。

9. 检查历史上行情上涨或下跌的空间或价格运动。找出过去数周或数月最大的上涨或下跌幅度。例如，如果股票已经出现了数次5点的回调，在你检查它时，如果你发现它从过去的顶部下跌了3点，而且月线、周线和日线图上趋势向上，价格接近支撑角度线。你就可以买入并在离其2~3点的位置设止损单；然后，如果股票下跌超过5点，就超过了先前的回调限度，显示了趋势变化，你应该平仓。

10. 记住，用来确定股票位置的最重要因素是几何角度。确信好从“0”以及从最近的顶部和底部开始的角度。

11. 千万不要忽略这一事实——交易前你必须有明确的信号。

12. 最重要的是——始终要确定设置止损单以限制风险。

（三）模拟交易练习

在你感觉已经掌握了所有规则，并且清楚地知道如何确定股票的趋势和开始交易的位置之后，进行模拟交易练习，直到你彻底明白了如何及何时使用规则，你将更加确信并且建立自信。如果你在模拟交易中犯了错误，那么你也会在实际交易中犯错，你就不要准备开始交易。当你相信自己有能力开始交易时，应用所有的规则并且只根据明确韵信号交易。如果你确定不了趋势或买入或卖出价，不能确定设置止损单的位置，那就一直等到你得到了一个明确的信号。等待时机，你总是能赚钱。亏损和根据猜测赚钱无助于你。

（四）何时结束交易

你开始实战后，当你做了一笔交易，直到你根据规则有了明确的买入或卖出信号或者移动止损单被触发的时候，才平仓或兑现利润。取得成功的途径是始终跟随趋势，而且直到趋势改变才出场或平仓。

（五）何时要等待并且不做交易

知道何时不进场就像要知道何时进场那样重要。当你发现股票已经在一个狭窄的交易区间内维持了很长时间，则不做交易，比如说，一个 5 点或 3 点的区间，还没有跌到以前形成的底部之下或穿越以前形成的顶部时。股票也许会在一个交易区间内逗留数周或数月，直到穿越以前的顶部或突破以前的底部才显示出大行情或趋势变化。如果股票在这个位置并不活跃，就还不是进场交易的时候。

不进行交易的另一个时间是当股票在两条重要角度线之间收窄——没能跌破这一条或穿越另一条。等到它走出这一区域并且给出了明确的信号，你才进入交易。

在长期下跌之后，股票几乎总是会收窄并且维持在一个交易区间内很长时间。那么在你交易前，你应该等到股价突破始于底部的角度或穿越始于顶部的角度而且股票突破了一个前期顶部。换言之，任何时候，在你有了一个明确的界定清楚的趋势时再交易。

十四、交易需要的资金

在做任何交易前，你必须知道成功交易需要的资金量和你在任何一笔交易上所承受的风险的准确数额，以便始终有资金进行交易。

你可以从 10 股、100 股、1000 股或任何其他数量开始交易，而要点是恰当地分配你的资金并且平均分散风险来保护你的资金。

无论你的交易资金是多少,遵守这个规则:把你的资金分成10等份,而且在任何一笔交易上的风险决不超过你资金的10%。一旦你连续亏损了3次,就减少交易单位并且每笔交易的风险不超过剩余资金的10%。如果你遵守这个规则,必定会成功。

作为一般规则,我始终认为使用至少3000美元的资金交易100股股票比较合适,并且在每笔交易上把风险限制在3点或以内。用这种方法,你能用你的资金做10笔交易,而市场要消灭你的资金必须连续击败你10次,不会如此的。你应该尽量在你仅仅需要使用1到2点的止损单的价位进行交易,这会降低风险。

如果你想以少量股数开始交易,每10股使用300美元的资金,并且在最初的交易中风险决不超过3点。如果可能,尽量使第一笔交易在你的止损单不会超过1或2点的价位。

始终遵守的规则:在你开始交易前解决这个重点。如果你不打算严格遵守这个规则,就不要开始交易。决不允许把猜测或人性的弱点带进你的交易中。谨遵"资金"规则,而且在任何一笔交易上决不冒超过你资金1/10的风险。遵守数学规则,你就会成功。

十五、金字塔交易

你应该仅仅在成交量高于通常水平的活跃市场中进行金字塔交易或增加你的交易。角度线上的位置和活跃的成交量,会向你显示何时进行金字塔交易。你应该直到股票进入角度线上的强势或弱势位置,或者穿越前期顶部或前期底部突破整理区间时,才开始金字塔交易。

(一)如何进行金字塔交易

如果你正在交易100股,在你以3点或10%以内的风险做了第一笔交易后,先不要进行金字塔交易,不要买入或卖出第二批,直到市场在于你有利的方向上运动了至少5点;然后,买入或卖出第二批,在两笔交易上用不超过3点的止损单进行保护。

例如:我们假定在买入第二批后,趋势反转,两笔交易的止损单在你第二单买入下方3点处被触发。这使你最后一笔交易亏损3点,第一笔交易获利2点,即仅有1点的净亏损。另一方面,如果市场持续向对你有利的方向运动,你买入第二批后你的利润将翻倍。

当市场朝着对你有利的方向上运动了5点以上时,你买入第3批,把第1批和第2批的止损单向上移动,并且把全部3笔交易的止损设置在不超过3点距离的地方而且如果可能就尽可能近。

只要市场朝着对你有利的方向上运动了5点,就继续进行金字塔交易,始终用止损单跟随向上。如果在5到75之间交易的股票已经朝着对你有利的方向上运动了15到25点，你应该开始观察趋势变化，并且谨慎地买或卖另一批，这一批你也许会出现亏损。

(二)拉升或金字塔运动

金字塔交易中的大利润产生于收集和派发之间的拉升，也就是在股票通过收集区间之后。金字塔交易应该在股票穿越了双重或三重顶部并且脱离了收集区之后开始。然后，当你介入了这个运动时，每上涨5点买入，用不超过最后一笔交易3点的止损单保护。

在下跌的市场中的规则相反：在股票突破双重或三重底部并且脱离了派发区后，每下跌5点时卖空，用最后的交易之上不超过3点的位置设置止损单保护。

(三)快速行情和宽幅波动

当股票100美元之上交易非常活跃而且运动非常快速时，你会发现最好每隔7到10点进行交易。角度和价格阻力位以及前期顶部和底部将决定设置安全止损单的点位。

在像1929年10月和11月的恐慌下跌那样的快速运动的市场中，当你在活跃的股票上进行金字塔交易而有了巨大的利润时，你可以继续做空并在上方10点的位置设置止损单。然后，在剧烈下跌之后取消原来的止损单并把它们设在低点之上大约5点处。当市场如此迅速地运动时，你不必等到股票到达角度上的强势位置。在上涨的市场中规则相反。

(四)最安全的金字塔交易规则

当股票在极限高位或极限低位交易时，使用金字塔交易的最安全的规则之一是以100股开始，当股价朝着对你有利的方向上运动了5点时，再买入或卖出50股；然后，当股价再运动了5点时，买入或卖出30股；然后，当股价再运动了5点时再买入或卖出20股，并且继续以这个数量跟随市场向上或向下，直到主趋势发生改变。

(五)何时不进行金字塔交易

开始或继续进行金字塔交易时，首先要考虑安全因素。错误发生于买入或卖出第二批太接近积累或派发点。大涨或大跌后，在开始金字塔交易之前，你必须等待明确的趋势变化。

当股票接近双顶时，决不进行金字塔交易买入第二批；当股票接近双底时，绝不卖空第二批。

股票常常在一个 10 ~ 12 点的区间内维持数天或数周，上涨和下跌，不会穿越形成的最高的顶部或突破过去形成的底部。只要它盘亘在这个区间内，你就不应该进行金字塔交易。当它走出了这个区间，穿越了最高的顶部或突破了最低的底部时，就预示将出现一轮更大的运动，你应该开始金字塔交易。

始终检查再检查，遵守所有规则，研究用于预测的主要和次要时间周期、始于顶部和底部的角度、顶部和底部之间的价格阻力点。如果你忽略了一个要点，也许会使你犯错误。记住，整体不会在局部的集合之外，而局部构成了整体。如果你遗漏了一部分或一个规则，你就不会得到完整的趋势指标。

W. D. Gann

1935 年 11 月

舵手江恩理论经典书系·理解大师思想的钥匙

智慧传承·经典魅力·名家解读·良师益友·终身受益

侯本慧、郭小舟“黄皮书”系列（即将出版）

《江恩投资实战技法》

《江恩角度线与时间之窗》

《江恩投资几何学原理》

本系列为侯本慧系列经典黄皮书的再次修定出版，本系列为中国最早的江恩理论技术教材，因其阐释到位、通俗易懂而影响了几代股民，被奉为国内江恩理论第一教材。

江恩手稿讲解（即将出版）

作者：（美）比利·琼斯
译者：武京丽

本书是江恩理论权威、兰伯特-江恩出版社社长比利·琼斯的代表作，由比利在上个世纪80年代陆续发布的江恩技术研究编辑而成，全书根据江恩手稿和手绘图，对江恩理论中的若干重要技术做出了深刻清晰的解释，是全球江恩技术研究者最重要的参考资料。书中包含的数十幅江恩手绘图也是第一次和国内的江恩学者见面，是极其宝贵的技术资料。

江恩教程图表册

咨询电话：010−65934271
咨询网址：www.duoshou108.com
淘宝（天猫）商城独家销售店铺：舵手图书

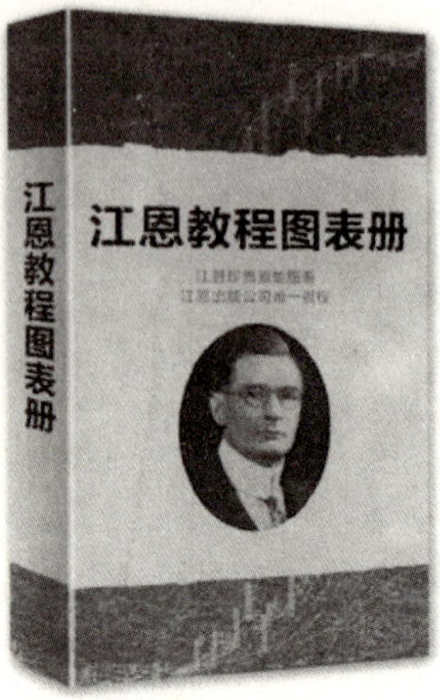

《江恩商品期货教程》和《江恩股票市场教程》的学习都是基于一系列丰富的具有极高价值的江恩图表。如果离开了对应的图表，很难准确理解原文。这些图表都是江恩大师留下的珍贵手稿，我们只能选取少部分可以缩小的图表加在书中，而大量的手绘图、彩图、全幅大图和超大尺寸高清图，没有办法全部装订在教程中，因此我们将它们单独印制，封装在特别设计的精美包装盒中，并附上相应的中文说明。

希望进一步深入学习和研究的读者可以根据我们的订购电话获得，或者登陆舵手投资俱乐部www.duoshou108.com查询订购。

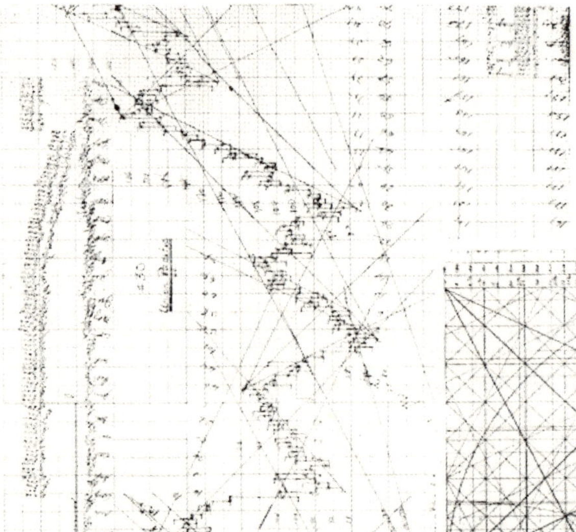

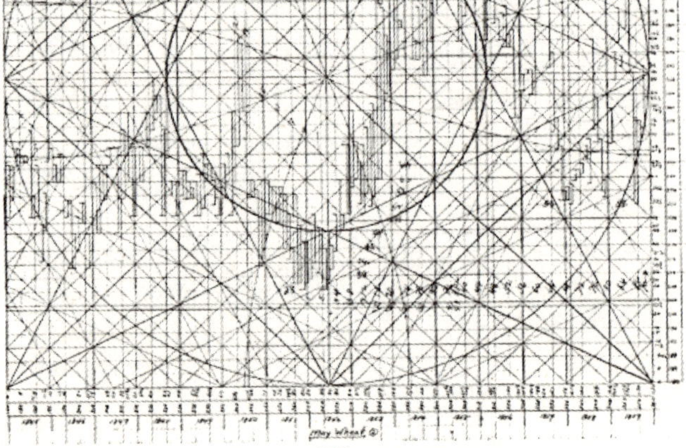

#27